本书由国家自然科学基金面上项目“孝文化的经济学研究及其对养老体制改革的政策启示”（项目号：71874051）资助出版

中国大学生成长行为调查报告

邓卫广 著

湘潭大学出版社

图书在版编目（CIP）数据

中国大学生成长行为调查报告 / 邓卫广著. -- 湘潭：湘潭大学出版社，2022.3
ISBN 978-7-5687-0723-7

Ⅰ. ①中… Ⅱ. ①邓… Ⅲ. ①大学生—人才成长—调查报告—中国 Ⅳ. ①G645.5

中国版本图书馆 CIP 数据核字（2022）第 041563 号

中国大学生成长行为调查报告

邓卫广 著

责任编辑：罗 联 姚海琼
封面设计：谈振威
出版发行：湘潭大学出版社
社　　址：湖南省湘潭大学工程训练大楼
电　　话：0731-58298960 0731-58298966（传真）
邮　　编：411105
网　　址：http://press.xtu.edu.cn/
印　　刷：广东虎彩云印刷有限公司
经　　销：湖南省新华书店
开　　本：710 mm×1000 mm 1/16
印　　张：18.75
字　　数：347 千字
版　　次：2022 年 3 月第 1 版
印　　次：2022 年 3 月第 1 次印刷
书　　号：ISBN 978-7-5687-0723-7
定　　价：68.00 元

前　言

湖南大学中国大学生追踪调查与研究团队自 2015 年年底开始进行中国大学生追踪调查，克服重重困难，终于交上一份满意的答卷，形成了本报告。报告对第一轮中国大学生调查收集的数据进行了简要介绍和分析，全面阐述了中国大学生方方面面的经历和现状，方便各界学者对大学生这一群体进行研究。

非常感谢张亚斌院长、黄建欢主任、宋杰处长、马华华副书记、徐国正部长、蔡立军主任、盛拯伦主任、祝树金副院长、谢树玉副书记等学校及学院各级领导对本项目不遗余力的支持，感谢华岳、李雪、刘懿、文娉、肖海翔、曲丹、何昱、刘征驰、王任、肖皓、李曼、彭洒逸等各位老师对项目辛勤的付出。

在中国大学生追踪调查的执行过程中，众多湖南大学学生参加了数据收集以及整理分析工作。其中，该报告的编写分工为：黄杨阳、黄俊钦编写第 1 章和第 2 章；王梦园、吴颖编写第 3 章；黄俊钦、余成博编写第 4 章；陈毕、周倩编写第 5 章；钟立颖、曹亚丹、何胡梅妮、杜雨欣、张美仪、刘彦均编写第 6 章；钟立颖、黄俊钦编写第 7 章；吴潇然、吴华云编写第 8 章；张斌、姬冰心编写第 9 章；金娅妮、吴颖、余成博编写第 10 章；魏梦娅编写第 11 章；黄俊钦、魏梦娅编写第 12 章；谢欣然、徐晓芳进行报告整体的修改与检查。感谢所有参与者以及调查员的辛勤工作。

由于水平有限，时间仓促，疏漏之处，恳请读者批评指正。

目　录

第 1 章　导　论

中国有在校大学生超过 2500 万人，2015 年毕业的大学生近 750 万人，是一个非常重要且具有活力的群体。高等教育投资是中国家庭最为重要的教育投资，牵涉到众多家庭。对于这个重要群体的经济状况、经济行为特征等，人们缺乏总体了解和研究，也缺乏相关的大型数据库。尽管有一些零散调查和研究，但既不全面系统，也不够深入和细致。

中国大学生追踪调查（CCSLS）项目是湖南大学主持的第一项具有独立知识产权的大型调查项目。该项目由湖南大学经济与贸易学院主持，同时得到了金融与统计学院、工商管理学院、经济与管理研究中心、招生与就业指导处、学生工作处等部门的大力支持。新加坡国立大学、香港中文大学、中山大学、西南财经大学等国内外大学的知名学者也对该项目的推进提供了广泛的帮助。

中国大学生追踪调查预期通过对全国大学生的调查，搜集及追踪大学在校生和刚毕业大学生的多时点信息，获得大学生整体发展的资料，为全方位了解大学生现状和未来发展提供依据，为社会提供可靠的信息来源，为学术研究提供科学数据，为政府决策提供数据支持。我们力求汇集各方力量，逐步打造一个多维度的、具有国际影响力的大学生追踪数据库。

1.1　中国大学生追踪调查简介

中国大学生追踪调查（CCSLS）由湖南大学中国大学生追踪调查与研究团队（以下简称团队）主持开展，旨在提供全面的大学生现状及未来发展的信息数据，形成以大学生追踪调查为核心的大学生整体数据库。大学生追踪调查整体数据库将整合学校系统内现有的在库信息和调查获得的追踪数据信息。以下为数据库拟包含的信息模块：

（1）学习学业：大学期间的学习情况。包括学生课程选择、学习时间投入、学习态度，以及课外学习情况等内容。同时考察大学生选择学校和专业的主要考虑因素。追溯幼儿园、中小学时期的学习情况、学习经历和学习习惯。

（2）教师教学：着重调查大学期间教师特征和教学情况。追溯幼儿园、中小学时期任课教师的情况。

（3）学校环境：学校基础设施、资金和人员投入情况。包括学校对学生和教师的管理方式等。

（4）家庭背景：在不同时期家庭的主要信息。如：家庭收入，家庭结构规模，住房，家庭成员的受教育程度、职业和工资等。

（5）投资消费：重点调查大学生的炒股等投资行为。收集大学生的消费习惯，各类消费的金额、影响因素等。

（6）职业就业：考察在校大学生的就业期望，包括工作类型、环境和工资待遇等的期望。毕业实际出口，不仅包括是否在劳动力市场就业，还考察出国、考研等状况。调查毕业生在不同时间对未来职业的规划预期、工作经历等，包括工资福利、工作时长、行业职业和工作转换等。

（7）创业创新：涉及创业创新的变量达200多个。调查主要从家庭成长环境和高校创业教育两个角度展开，全面调查了创业意识形成的影响因素。

（8）社会交往：包括朋友构成、交往方式等的调查。着重关注微信朋友圈的使用、网络社区的知识分享行为。

（9）身心健康：关注身体健康和心理健康，尤其关注每天的具体作息时间安排，同时调查锻炼、饮食、抽烟、喝酒等情况。

（10）时间利用：该调查是对学生的工作日、休息日的24小时的时间利用的调查。

（11）主观意识及行为：包括恋爱和婚姻观念及行为，以及家庭观和社会观等。

团队由湖南大学经济数据研究中心提供项目资金支持。项目计划对高校的在校生及毕业生进行代表性抽样调查，目前计划将调查分为三步：第一步是完成湖南大学本校的调查；第二步是对湖南省的高校进行抽样调查；第三步则是迈向全国，对全国的高校进行抽样调查，并与国际接轨。

项目于2015年11月21日正式启动，截止到2016年4月8日，已顺利完成第一步调查，即完成了对湖南大学本校本科学生样本的调查，收集有效样本总数6819个，其中在校生样本6537个，毕业生样本282个。得益于湖南大学的全国综合性大学地位，调查样本学生的户籍分布于全国31个省（自治区、直辖市），样本学生专业覆盖了工学、经济学、管理学、理学、文学、法学、艺术学等7个专业大类，67个明细专业，具有一定的全国代表性。

本报告是基于第一步调查收集的数据，对目前在校大学生与毕业生的状况进行系统而多维度的客观描述，便于全面深入地了解我国大学生，为大学生的成长与高等教育的发展提供政策依据。

1.2　调查实施

1.2.1　抽样

1. 总体概述

湖南大学坐落在中国历史文化名城长沙，史承于公元976年创办的岳麓书院，前身是1903年由岳麓书院改制设立的湖南高等学堂，1926年定名湖南大学，1937年成为国立大学，享有“千年学府，百年名校”之誉。学校是国家“211工程”“985工程”重点建设的高水平大学，现设有研究生院和23个学院，学科专业涵盖哲学、经济学、法学、教育学、文学、历史学、理学、工学、管理学、医学、艺术学等11大学科门类。拥有25个博士学位授权一级学科，41个硕士学位授权一级学科，20个专业学位授权学科，建有国家重点学科一级学科2个、二级学科14个。截至2013年10月，湖南大学在校全日制本科生为20856人，在校全日制硕士生为12259人，博士研究生为2492人，外国留学生为504人，成人本科生为4457人，成人专科生为2748人，在职研究生为6283人，预科生为87人。

2. 在校生抽样

由于时间与资金的限制，本轮调查中的在校生只选取了本科在校生作为调查对象。整体抽样方案采用了分层、二阶段和规模度量成比例（PPS）的抽样设计。

第一阶段是在全校范围内按各个专业的权重抽取一定数量的班级。该阶段采用PPS法，其权重为各专业的学生人数。

表 1-1 为第一阶段抽样结果。

表 1-1　第一阶段抽出班级样本容量

专业类	班级数/个
法学	20
工学	160
管理学	39
经济学	60
理学	18
文学	25
艺术学	10
其他	2

注：具体专业类分类见表 1-5。

第二阶段则从抽取的样本班级中再抽出个体学生样本。在充分保证数据真实性的条件下，该阶段考虑到各年级大学生的实际调查难度，适当地调整了各年级样本所占比重，但同一年级在该阶段的抽样，仍以每班学生人数为权重采用 PPS 法抽样。

表 1-2 为各年级中的样本班级抽出样本学生与班级总人数的比例。

表 1-2　各年级样本班级抽出样本学生与班级总人数的比例

年级	比例
大一	1：1
大二	2：3
大三	1：2
大四	1：5

也就是说，大一的样本班级中，直接按 1∶1 抽出样本学生；大二的样本班级中，则按 2∶3 的比例抽出样本学生；同理，大三、大四的样本班级则分别按1∶2、1∶5 的比例抽出样本学生。

因此，在末端抽样时，大一的样本班级里的学生全部抽出为样本；而大二的抽样则是从每个样本班级里随机抽出三分之二的学生作为样本；大三则从每个样本班级里随机抽出二分之一的学生作为样本；大四则从样本班级里随机抽出五分之一的学生作为样本。

最终抽样结果如表1-3和表1-4所示。一方面，我们尽可能地保证了样本与总体的结构相似性，确保了样本的代表性。另一方面，我们也充分考虑到各年级学生的特点，保证了回收数据较高的有效性。

表1-3 最终抽样结果专业分布

专业类	计划样本容量	实际调查样本容量
法学	420	405
工学	3200	3166
管理学	780	764
经济学	1200	1139
理学	350	349
文学	500	485
艺术学	200	198
其他	35	31
总计	6685	6537

表1-4 最终抽样结果年级分布

年级	样本容量
大一	2661
大二	1998
大三	1360
大四	518

3. 毕业生抽样

为了充分利用有限的资金和时间，并确保时效性，我们第一轮调查选定的毕业生总体为当时刚毕业的湖南大学2014届毕业生，总体人数4968人。我们以学生的专业为分类标准采取了分层抽样的方法，计划以17:1的比例抽取300个样本（实际有效样本为282个），从而确定了各专业需要抽取的样本数，再运用随机数法完成分层样本的抽取，保证了样本与总体的结构基本相符。

1.2.2 调查准备

1. 问卷录入

在网络普及的当今，大学生无疑是网民的主力军。为了充分利用电子问卷的易接纳特性，避免录入数据时造成的二次污染，节约调查成本，以及方便受访大学生接触到问卷，我们决定将电子问卷录入到问卷网站，计划以发送问卷链接的形式向受访者发放问卷，以方便受访者在其熟悉的终端（手机或电脑）完成问卷。经过广泛的讨论和对比研究，我们最终确定选用“问卷星”网站。

“问卷星”是一个专业的在线问卷调查、测评、投票平台，专注于为用户提供功能强大、人性化的在线设计问卷、采集数据、自定义报表、调查结果分析等系列服务。与传统调查方式和其他调查网站或调查系统相比，“问卷星”具有快捷、易用、低成本的明显优势，已经被大量企业和个人广泛使用。

同时，为了保证数据的质量，我们选用了“问卷星”的企业版，确保电子问卷的稳定性与保密性。

2. 调查的组织形式

考虑到受访者具有共同的归宿——湖南大学，调研团队决定充分利用学校的各方面资源，包括通过学生工作部、团委、学生会、校友会等渠道来接触受访者。计划由团队联系湖南大学学生工作部中负责各个专业年级的辅导员，委托其协助向各班下达有关此次调查的通知，以班级为单位由班干部组织同学集中填写问卷。

为了进一步提升调查数据的质量，调研团队还组织了一支直属于团队的调查员队伍。团队对调查员进行了细致的筛选和培训。调查员主要负责：推动与监督班级调查研究工作的具体开展；保障调查回收数据的真实性与准确性；保证整个调查研究项目公开透明；保持团队中心与同学们之间的联系。

因此，团队设计出以下流程用于在校生的调查：如图 1. 1 所示，在辅导员下达通知后，由我们的调查员与接受调查的班级负责人联系，共同协商确定该班的调查时间，在约定的调查时间及地点，由班级负责人召开班会组织同学集中起来填写问卷，同时调查员亲临现场进行宣传解答和监督指导，保证数据质量。

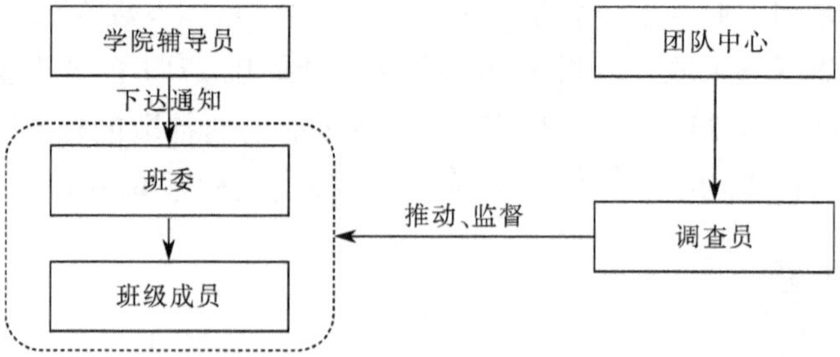

图 1.1 在校生调查流程图

毕业生的调查则是由团队以学校名义先向毕业生发送调查邀请邮件，后续再由调查员联系毕业生进行访问。

3. 宣传工作

在正式开展调查之前，除了委托辅导员协助向各班下达有关本次调查的通知，团队还自行设计了海报、传单，用于在校园内展示与派送。同时还通过学校各大校园媒体以广播、推送文章等形式进行广泛的宣传，从而使我们的调研项目宣传既正式又接地气，进而取得了同学们的理解和支持。

4. 调查员招募与培训

前已提及，调查员在我们的调查中起到至关重要的作用，团队也非常重视调查员的质量。因此，调查员的招募只面向湖南大学在校学生，要求有足够的责任心、耐心和热心，具备优秀的沟通能力、应变能力和时间协调能力，并由参加过其他大型调查项目、具有较丰富的入户调查经历的团队成员负责此次调查员的督导工作。

本轮调查招募的调查员总数近 150 人，平均每位调查员负责 6 个在校班级，4 位毕业生样本。由于调查员全部为湖南大学在校学生，因此能较好地消除其与受访者的距离感。调查员培训于项目启动仪式的当天举办，培训内容包括：调查员职责、项目流程、问卷内容、访问技巧及电子问卷的注意事项等。详情可以参考《访问员培训手册》。

1.2.3 数据收集

CCSLS 于 2015 年 11 月 21 日正式启动，于 2016 年 4 月 8 日结束第一轮调查，耗时 138 天，除去期间的寒假时间 36 天，平均每日成功访问样本 64 个。在保证高效率的同时，团队也特别注重数据的真实可靠性。下面是本项目在数据真实性、可靠性方面的优势：

第一，受访者素质高，相对淳朴。本次调查的样本全部是湖南大学学生，受到过高等教育，具有较高的公民意识和素养。虽不排除有极少数样本对调研项目持有排斥心理，但大多数样本都是乐意配合、支持科研事业发展的。

第二，调查员经过非常严格全面的培训，且热情洋溢。本次的调查员全部是湖南大学学生，非常乐意为学校的项目建设贡献出一份力，同时期待着在这个大型研究项目中有所收获。经过培训，调查员认识到调查的重大意义，全面认识了解了问卷的内容结构，把握了填写问卷需要注意的各种细节，掌握了良好的调查沟通技巧等。

第三，对接和谐。由于受访者和调查员都是同校同学或校友，可以激发共同记忆，大大消除了受访者对调查员的戒备心理，有利于营造和谐的访问气氛。

当然，除了上述优势，团队还制定了必要的保障措施：

第一，问卷有效性检测。除了用“问卷星”自带的通过设置有效条件筛选无效样本，团队还对数据进行了检查清理，保证只有有效数据进入数据库。同时，及时检测问卷调查中出现的自相矛盾的问题，并及时反馈给受访者，提升数据的有效性。

第二，及时回馈受访者。对于有效的毕业生样本，团队送上具有母校情怀的礼品作为回报。对于有效样本率达到要求的班级，团队则发放可观奖金作为班级建设费用。

第三，建立健全调查员管理机制。安排团队成员轮流在调查员交流群值班，确保及时解答调查员的疑问。同时，统计每位调查员的成果，定时发放调查员奖金用以激励。

第四，对每个数据值进行人工和程序检测。数据收集完备之后，对每个数据进行人工和程序交叉比对检测，尽可能保障数据的质量。

1.2.4 调查小结

湖南大学作为全国综合性大学，学生来自五湖四海，学科专业涵盖哲学、经济学、法学、教育学、文学、历史学、理学、工学、管理学、医学、艺术学等11大学科门类，学生总体具有较好的全国代表性。

团队采取科学的抽样调查方法与严格的数据质量控制，充分利用学校各方面的资源和发挥自身优势，确保数据的真实性与可靠性，进而能够有效反映总体的各项特征。

1.3 大学生的分类与界定方法

为了能反映大学生内部不同群体的具体情况，本报告对大学生进行了简要分类，主要依据包括专业、性别、年级、地区、城乡等。以下为具体界定方法。

1.3.1 专业大类

根据“中国教育在线”网发布的《专业大类标准专业汇总》，我们将湖南大学所开设的专业进行了分类，见表1-5。

表1-5　专业大类分类

专业大类	明细专业
工学	土木工程、建筑环境与能源应用工程、给排水科学与工程、建筑学、城乡规划、环境工程、环境科学、机械设计制造及其自动化、工业工程、车辆工程、能源与动力工程、工程力学、测绘技术与仪器、电气工程及其自动化、自动化、电子信息工程、计算机科学及技术、通信工程、软件工程、信息安全、智能科学与技术、物联网工程、数字传媒技术、化学工程与工艺、电子科学与技术、材料科学与工程、材料成型及控制工程、生物医学工程
理学	化学、应用化学、数学类、应用物理学、统计学、生物技术
经济学	金融学、保险学、统计经济学、国际经济与贸易、经济学、财政学
管理学	工程管理、工商管理、市场营销、会计学、财务管理、财务管理（金融工程）、信息管理与信息系统、电子商务
法学	法学、行政管理、政治学与行政学
文学	英语、日语、广告学、新闻学、汉语言文学
艺术学	风景园林、环境设计、工业设计、视觉传达设计、产品设计、表演、广播与主持艺术、广播电视编导
教育学	运动训练
历史学	历史学

1.3.2　地区及其他

在地区分类中，我们按大学生的户籍所在地将大学生分成东部、中部、西部三个群体。参照中国统计年鉴的区域划分标准：东部地区包括北京、天津、河北、辽宁、上海、江苏、浙江、福建、山东、广东、海南11省（直辖市）；中部地区包括黑龙江、吉林、山西、安徽、江西、河南、湖北、湖南8省；西部地区包括内蒙古、广西、重庆、四川、贵州、云南、西藏、陕西、甘肃、青海、宁夏、新疆12省（自治区、直辖市）。

在城乡分类中，我们主要按大学时期的家庭居住地将大学生分成了农村学生与城镇学生。

此外，我们还按性别将大学生分成男生、女生，按年级分成大一、大二、大三、大四，以及其他根据各部分具体情况的分类。

第 2 章　基本信息与家庭背景

本次问卷调查，共回收 6819 份有效调查问卷，受访者均为湖南大学学生。在这 6819 位受访者中，毕业生数量为 282 人，在校生数量为 6537 人。在校生中参与调查的男生数量为 3261 人，女生数量为 3276 人，数量相当；毕业生中参与调查的男生数量为 185 人，女生数量为 97 人。在校生的年龄绝大部分集中在 19 ~ 22 岁，“00 后”共 6 人，最小年龄 15 岁。毕业生的年龄主要在 23 ~ 26 岁。本次调查，共涉及学校全部 67 个专业，覆盖文科、理科和工科。其中，在校生接受调查人数排在前 5 位的专业分别是：土木工程、金融学（含金融工程）、会计学、电气工程及其自动化、国际经济与贸易专业。毕业生接受调查人数排在前 5 位的专业分别是：土木工程、电气工程及其自动化、国际经济与贸易、金融学（含金融工程）、机械设计制造及其自动化。因此，调查对象的覆盖面较广，样本分布比较合理，代表性较强，具有一定的参考价值。

2.1　总体情况

2.1.1　样本分布

湖南大学的在校生和毕业生均以中东部地区学生为主，其中中部地区比重最大，而西部地区比重明显小于另外两个地区。其中，来自中部地区的样本将近半数为湖南本地人，如图 2-1 和图 2-2 所示。

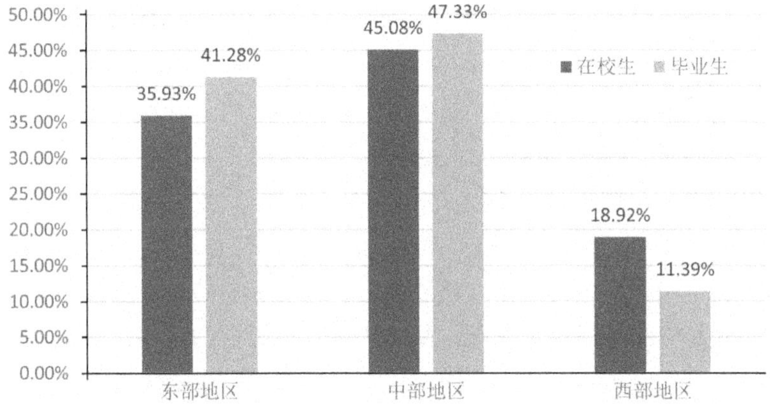

图 2-1　在校生与毕业生的地区分布比较

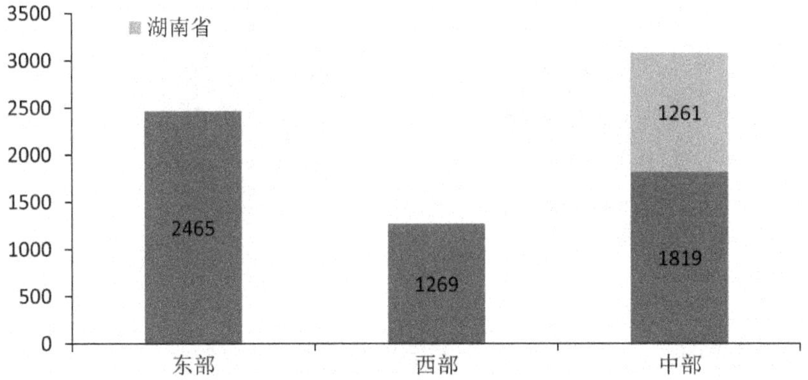

图 2-2　样本地区分布

注： 区域划分参照中国统计年鉴的区域划分标准。东部地区包括北京、天津、河北、辽宁、上海、江苏、浙江、福建、山东、广东、海南 11 省（直辖市）；中部地区包括黑龙江、吉林、山西、安徽、江西、河南、湖北、湖南 8 省；西部地区包括内蒙古、广西、重庆、四川、贵州、云南、西藏、陕西、甘肃、青海、宁夏、新疆 12 省（自治区、直辖市）。

如图 2-3 所示，在被调查的湖南大学学生中，有七成来自城镇，只有三成来自农村。因此，也可以从侧面看出，与城镇相比，农村籍学生上重点高校的比例仍然偏低，农村籍学生的升学压力更大，农村家庭教育成本相对更高，等等。这是中国教育不公平现象的真实写照，其背后隐藏的是教育机构的等级体系，以及依附在教育等级体系下的社会群体之间的分化。很明显，城乡“90 后”拥有的教育资源差异极大，优质的教育资源主要惠及部分占有优势经济社会地位的人群，而更多的容易被人忽略的、在经济社会地位上处于劣势的人群却无法分享优质的资源。这也难怪社会上有“寒门难再出贵子”之论。当然，读大学对农民家庭的孩子来说，是摆脱家中“足蒸暑土气，背灼炎天光”的生活窘况，实现社会流动的最重要途径之一，由于社会关注，在国家政策的帮助下，会有越来越多的农民家庭的子女接受高等教育。

从样本的男女比例来看，女生占了51%，反映了当前高校男少女多的现实情况。据统计，1980年高考恢复三年后，女生比例不足30%，直至2007年，全国普通高校新生中女生的比例首次超过男生，实现了逆转。在过去，多子女家庭占大多数，教育资源难以均衡分配，加之传统重男轻女的思想，导致普通家庭有可能举全家之力供养男孩上大学，这造成了历史上大学里男生数量高于女生的状况。随着计划生育的施行，独生子女家庭大量出现，同时，人们的物质生活水平不断提高，家庭在供养子女上大学时已不存在性别选择的问题。

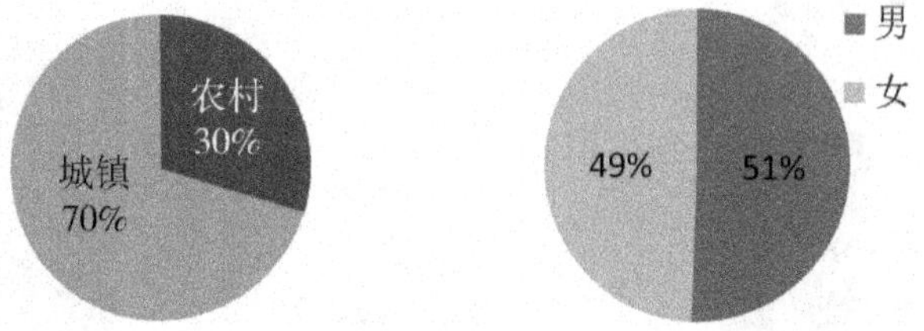

图2-3 城乡、性别样本分布

2.1.2 政治面貌

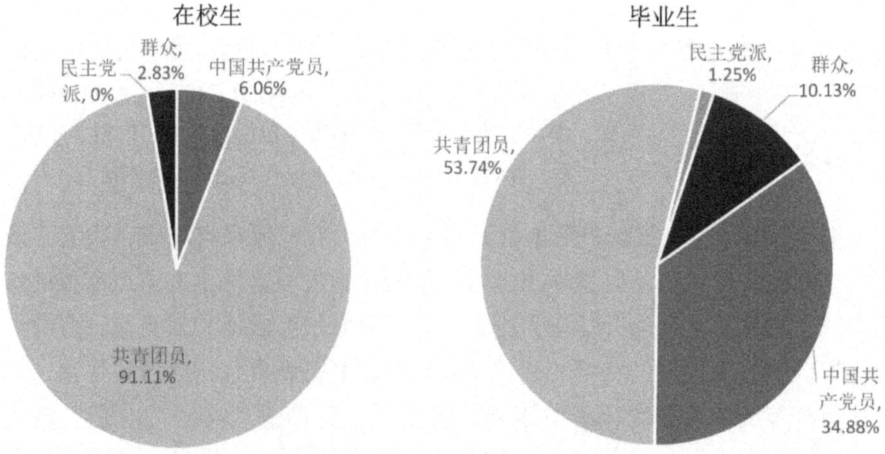

图2-4 在校生与毕业生的政治面貌

图 2-4 反映出在校生以共青团员为主，占 91.11%，而共产党员仅占 6.06%；毕业生党员占比明显增大，达到 34.88%。这说明大学生在大学期间入党积极性较高，当今大学生在获取知识的同时，追求政治参与的意识和热情也在提高，且入党主要集中在高等教育阶段。在中国社会，获取政治身份有助于普通人向上的社会流动，所以，并不排除部分大学生通过入党获取政治身份从而获得更多的机会的动机。

2.1.3　宗教信仰

如图 2-5，在大学生群体中，信仰宗教的比例不高，无宗教信仰的比例为 93.58%。而在有宗教信仰的大学生当中，以信仰佛教居多，所占比例为 2.77%。这从侧面可以说明，佛教在与中国传统文化相互融合后，对中国的传统社会生活产生了深厚影响，也成了我国富有鲜明特色的重要宗教之一。其次还有基督教（0.98%）、伊斯兰教（0.95%）等。可见，当代大学生宗教信仰比较多元化，同时这与学校的少数民族学生的占比较高也有一定相关性。

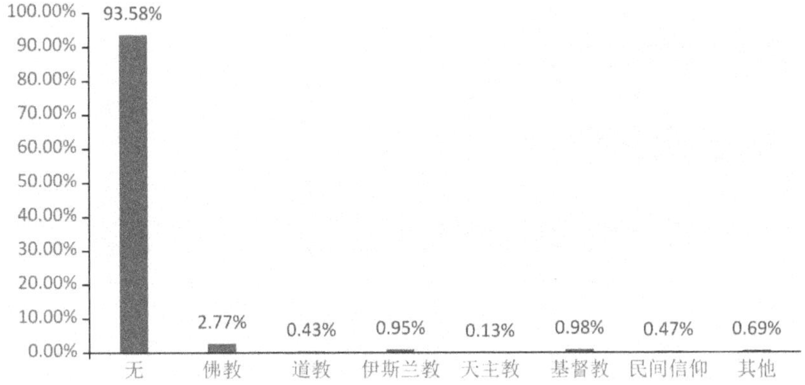

图 2-5　宗教信仰样本分布

2.1.4　民族分布

数据显示，在校生中，92.82% 为汉族，排在前 5 位的其他 4 个少数民族分别为壮族（1.92%），土家族（1.73%），满族（1.04%），回族（0.82%）。毕业生中，94.66% 为汉族，排在前 5 位的其他 4 个少数民族分别为壮族（1.42%），满族（1.07%），苗族（1.07%），土家族（0.71%）。从调查数据看，湖南大学学生中，各少数民族基本都有分布，这为校园内汉族与少数民族同学交流学习提供了平台，同时也有利于激发同学们认识、学习、尊重少数民族地域传统文化，丰富校园文化，增强学生民族凝聚力。汉族同学在与少数民族同学的交流互动中，也可以深刻体会到少数民族地区的经济社会发展状况，有利于培养大学生关心和参与少数民族地区经济建设的意识和责任感。

2.2 在校生部分

2.2.1 性别比例

如图2-6，在校生调查样本以大一、大二学生为主，这是由调查的限制性因素所导致，大三、大四的同学正在实习或找工作，大部分时间不在学校，所以调查难以顺利进行。在接受调查的四个年级中，男女比例基本趋于均衡。

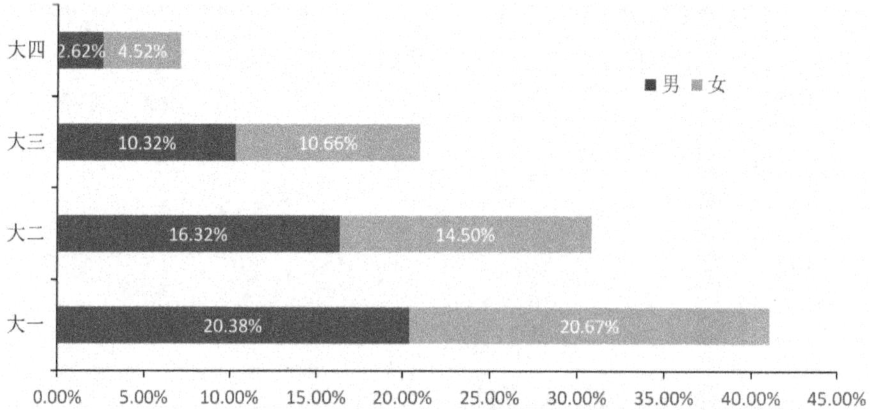

图2-6 在校生各年级占比及男女比例

如图2-7，总体上，理工类专业学生占大多数，社科类人数较少，这一方面与国家建设需要有关，另一方面是因为近年来大学生趋于功利性，选择专业时盲目追求所谓热门专业，而忽视了自身特长和爱好。另外，工学男女比例失衡最严重，女生占比为13.91%；理学及历史学的男女比例较为平衡；理工类学生中男生占大多数，社科类则相反。陆根书等（2009）通过问卷调查发现，除了经济管理、文史哲、医学等专业的性别比较均衡以外，其他专业中均存在不同程度的性别隔离现象，这与本次调查结果有所差异。发生这种变化的原因可能是社会和家庭中存在性别刻板印象，导致男性逐渐从经济、管理、文学等学科中转移到工学中，进而造成了更高程度的性别隔离。高校男女比例失衡的情况由来已久，这对在校大学生的心理成长和将来的就业会造成一些不利影响，对社会一些行业的发展也是不利的。随着各省市陆续宣布取消高考文理分科，推行了 40 年的文理分科将逐渐退出这个时代。这将有利于学习自主权、选择权重新回到学生手中，有利于学生发展自己的学科兴趣和特长，并与未来在大学想学的专业有机结合，选择未来的报考方向，改变当前高考生在专业选择上盲目和跟风的现状，提升大学教育的质量。

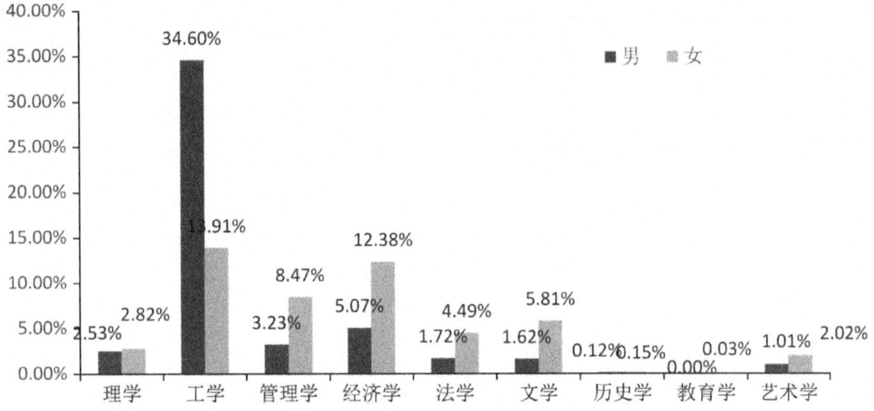

图 2-7　在校生各专业男女比例

2.2.2　期待的最高学历

如图 2-8，约八成的本科在校大学生有在本科毕业后继续深造的意愿。这说明，当代大学生的教育生涯规划并不局限于大学本科教育，这顺应了知识经济时代的发展。大学生的选择开始从“单一出口”向“多口径分流”转变。从整体数据来看，读研成为本科大学生毕业后的首选。结合当前大学毕业生人数连年创历史新高的现实，可以理解为这是一部分大学生为了躲避当前的就业压力，期待获得更好的就业前景以及满足父母的期望所形成的。当然，更多的动机应该是出于学术追求，为了提升自身的综合素质，适应经济社会发展的要求和满足市场对高端人才的需求。大学本科生深造可以满足因产业升级，现代服务业（如医疗、教育、金融）和高端制造业对高端人才的需求，降低大学生人才供给与产业升级不匹配的风险。我们有理由相信，在中国经济社会发展进入中速增长的“新常态”的大背景下，具有较强个性化倾向的“90 后”大学生，其就业观念与以往相比已有了较大的不同，观念上更加务实。如果当前大学生对继续深造的意愿持续稳定的话，由于大学生数量持续增加带来的就业难问题将不再那么突出。另外，女生更倾向于止步硕士，比例为59.56%，比男生高出约11个百分点；而男生愿意继续深造到博士的比例更高，为26.93%。马良等（2016）也发现男生的深造意愿相对女生更加强烈。一方面，女生及其家长对教育的期望丝毫不亚于男生及其家长对教育的期望，在接受更高层次的教育方面不存在明显的男女不平等的现象。不过，这也透露出在就业市场上女生只有通过获取更高的学历才能赢得与男生同样的就业岗位的窘境。另一方面，男生愿意继续深造到博士的比例更高，是因为读博的机会成本更大，女生由于生活、生理等方面的限制，没有男生那么自由的选择。最后，要指出的是，由于本次调查的样本均来自湖南大学，我们是否可以设想层次越高的学校，大学生选择继续深造的比例就会越高。换言之，不同层次的高校大学生对本科毕业后出路的选择偏好差异很大。这样的情况持续下去会不会拉大社会不同群体之间的差距？这是值得我们进一步探究的问题。

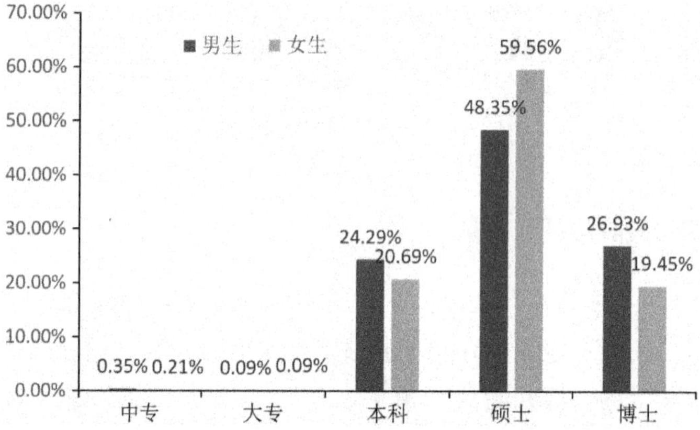

图 2-8　不同性别学生期待的最高学历（在校生）

2.2.3　父母情况

图2-9为在校生父亲与母亲的出生年代分布。可以发现，2012级至2015级大学生的父母亲以60、70年代为主，而且父母的年龄差距不大。这一时期的父母正赶上国家实行改革开放、恢复高考、实行计划生育等。所以，大部分父母都有读书工作的经历，对孩子的期望普遍较高，也给予了孩子成长前所未有的优越条件。该时间段的父母对当今大学生群体的教育状况和对其价值观念的形成有显

著的影响。

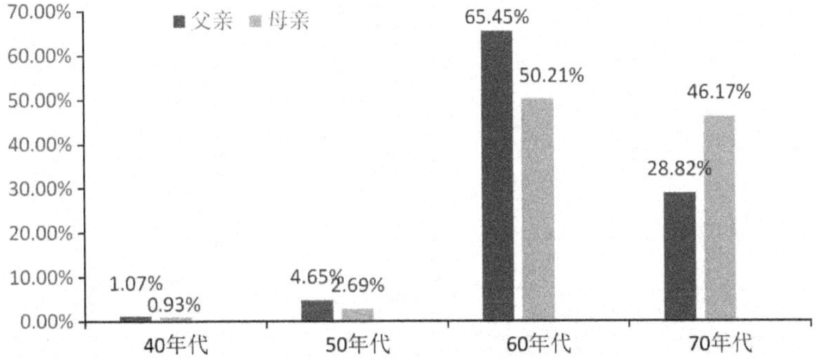

图 2-9　父母的年龄段分布（在校生）

表 2-1 和表 2-2 显示，在校生父母的受教育程度主要集中在初中和本科，文化程度普遍较高，而且父母受教育程度的地区差异较大。另外，由于本次问卷仅在湖南大学发放，若问卷发放扩大到社会各层次高校，家长的学历情况应该有所不同。父母受教育程度的不同也会对其子女的教育产生影响。

表 2-1　在校生父亲受教育程度

受教育程度	东部	西部	中部	总计
无文化	0. 43%	1. 78%	0. 78%	0. 84%
小学	7. 54%	14. 39%	8. 72%	9. 37%
初中	20. 35%	25. 63%	25. 52%	23. 68%
高中	17. 88%	14. 63%	20. 16%	18. 29%
中专	6. 43%	6. 47%	6. 11%	6. 29%
大专	13. 07%	14. 07%	14. 56%	13. 93%
本科	28. 10%	21. 10%	20. 83%	23. 50%
硕士	4. 60%	1. 21%	2. 38%	2. 95%
博士	1. 62%	0. 73%	0. 95%	1. 15%

表 2-2　在校生母亲受教育程度

受教育程度	东部	西部	中部	总计
无文化	2. 04%	4. 53%	2. 31%	2. 63%
小学	13. 62%	20. 21%	14. 29%	15. 17%
初中	21. 20%	24. 17%	26. 84%	24. 31%

续表

受教育程度	东部	西部	中部	总计
高中	14.73%	14.47%	17.78%	16.06%
中专	9.11%	7.84%	8.92%	8.79%
大专	15.28%	12.05%	13.34%	13.79%
本科	21.07%	15.28%	14.83%	17.16%
硕士	2.17%	0.81%	1.26%	1.50%
博士	0.77%	0.65%	0.44%	0.60%

图 2-10 为大学生父母职业情况。数据显示，大学生母亲的职业中最多的是专业技术、科技工作人员，排其次的是农民，父亲职业最多的是产业工人，排其次的是专业技术、科技工作人员。父母所从事的职业对子女的受教育状况有着显著的影响，社会优势阶层的后代能够比社会劣势阶层的后代拥有更多接受高等教育的机会（郭丛斌，2006）。此外，还可以发现，中高层领导、企业管理人员、私营企业业主及军警职业中，父亲所占比例明显高于母亲。从数据可以看出，无业、失业、待业者部分父亲为 4.87%，母亲为 13.78%，差异很大，这可能主要是因为中国“男主外，女主内”的传统观念造成的，女性更多会选择在家相夫教子。从数据中还可以看出，性别对职业的影响还是比较大的。从职业类型上看，大学生父母的职业以专业技术性强、稳定性高的职业居多，此类型的工作有利于家庭稳定。结合前面的数据，受访大学生有 30% 左右为农村户籍，而父亲和母亲职业为农民的比例分别为 12.03% 和 14.46%。这在一定程度上说明，在农村，超过一半的父母选择进城务工。由于本次调查的样本均是湖南大学学生，作为一所 985 和 211 高校，其生源质量在全国排名靠前，而从整体数据来看，受访的大部分家庭，父母为白领及以上阶层，其社会地位比较高。这也可以佐证，能否获得优质的教育资源与父母的职业、社会地位以及家庭教育密切相关。

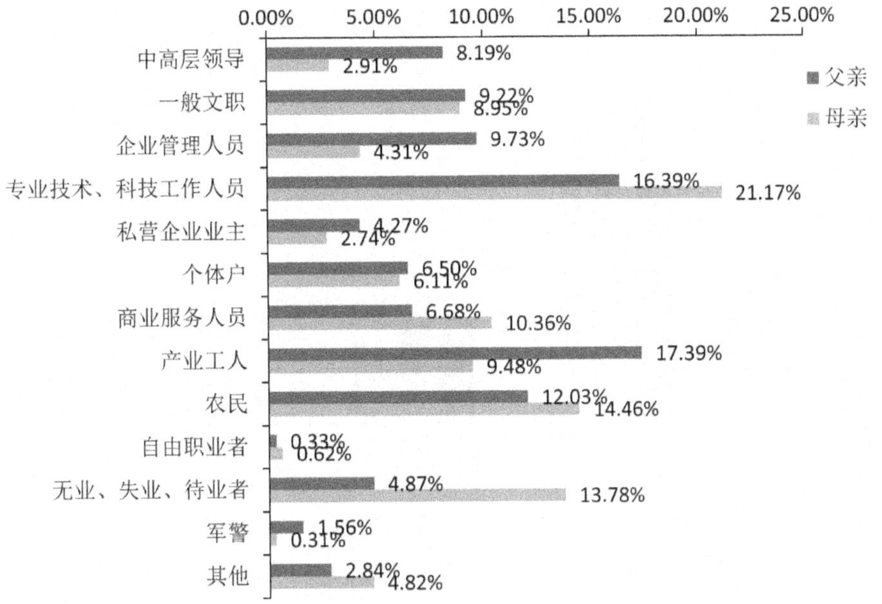

图 2-10　大学生父母职业情况（在校生）

注：图表中的职业简称的全称如下：

中高层领导：党政机关科级及以上公务员，社会团体及事业单位中高层领导；

一般文职：党政机关科级以下普通公务员，企事业单位中的基层管理人员和一般文职人员；

企业管理人员：企业中非业主身份的中高层管理人员或作为部门负责人的管理人员；

专业技术、科技工作人员：在各种机构中专业从事各种专业性工作和科技工作的人员，如医生、教师、工程师、会计师、律师等；

私营企业业主：雇工在 8 人及 8 人以上的私营企业的业主；

个体户：雇工在 8 人以下的小雇主、个体户以及小股东、小股民、房屋出租者、网店店主等；

商业服务人员：在商业和服务行业中从事非专业性、非体力工作的人员；

产业工人：从事体力、半体力的生产工人、建筑工人及相关人员；

农民：主要从事农、林、牧、渔业生产的农民；

自由职业者：艺术工作者（作家、画家）及居家办公的自由职业者；

无业、失业、待业者：无固定职业的劳动年龄人群，城乡无业、失业或待业者；

军警：军人、武警、警察等军事或准军事人员。

如图 2-11 所示，有 68. 66% 的受调查者认为家庭主要决策者是父亲，这符合中国家庭和社会上的男权模式的传统。但比较有趣的是，女生家庭中母亲为家庭决策者的比例高于男生家庭。或许，在相对强势的母亲的教育下的女儿也会有较强的独立性及其他优秀品质，使其可以在激烈的高考竞争中脱颖而出。

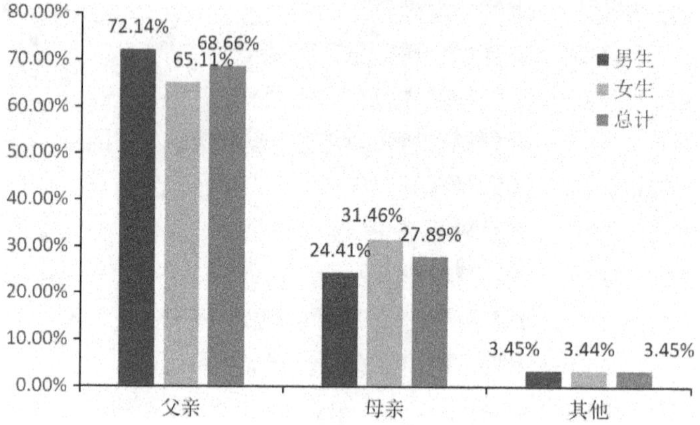

图 2-11　大学生家庭主要决策者（在校生）

如图 2-12，来自比较发达的东部地区的大学生中高收入家庭所占比重较高，相反，来自西部的大学生中低收入家庭所占比重较高，而来自中部地区的大学生中的中等收入家庭所占比重较高。家庭收入存在显著的地区差异，东部地区居民收入高于中部地区，而中部地区居民收入又高于西部地区（孙敬水 等，2013）。这主要是由于地区经济发展差异导致的。结合历史数据，不同地区家庭的年收入均有明显的由低到高向上转移的趋势，这和中国改革开放，特别是近十年中国经济飞速发展密切相关。从基数看，有越来越多的人摆脱贫困走向小康，这有利于中国家庭在满足物质资料消费的基础上，更多地进行精神文化消费。由于本次调查的主体是湖南大学学生，样本中来自中部地区的学生较多，所以难以非常精准地从宏观上比较地区差异，但局部地区收入的差异性还是比较明显，比如高收入家庭主要集中在东部地区，低收入家庭西部地区会更多。这是因为不同地区经济发展的不同步性导致的收入的差异性。

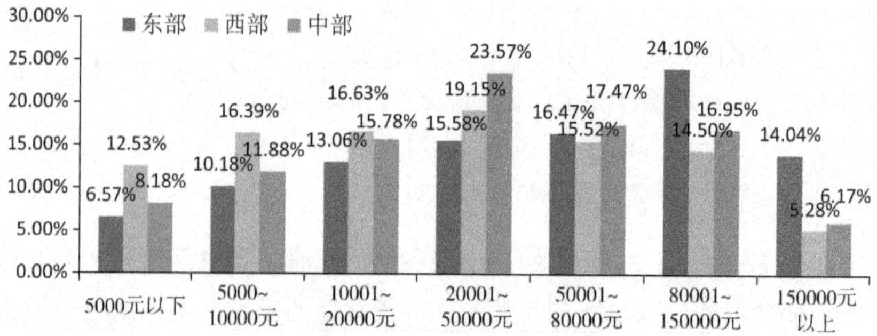

图 2-12　来自不同地区大学生的家庭年平均收入（在校生）

图 2-13 和表 2-3 为大学生父母的月收入情况。可以发现，大学生父母收入呈现右偏钟形分布。从数据上看，还是存在一部分家庭经济困难的大学生，他们既得益于高校扩招所得到的宝贵的学习机会，但同时他们作为弱势群体还需要在生活学习、未来发展上得到更多的帮助。我们国家的资助政策体系已日趋成熟，各高校也积极组织各种勤工俭学活动，在此基础上，我们还可以再探索出一些更高效、更有利于家庭经济困难大学生的解决方案。另外，大部分大学生经济尚未独立，而人际交往的经济化正在成为高校校园人际关系的一个新趋势，并逐渐影响到大学生寝室人际交往，寝室中可能会出现的因贫富差距过大导致的不和谐现象值得我们关注。

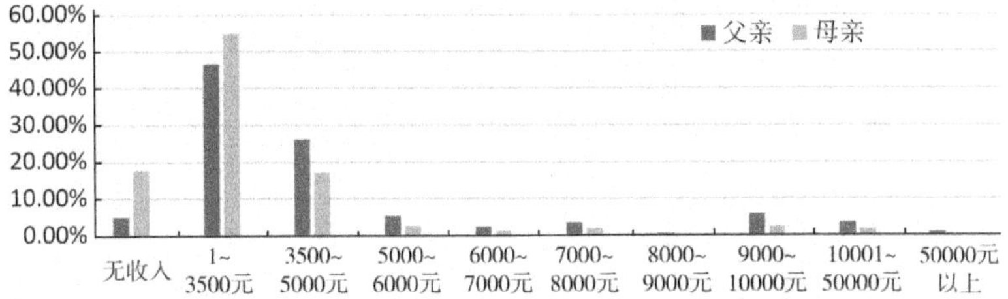

图 2-13　父母的月收入柱状图（在校生）

从表 2-3 中我们发现，父亲与母亲的月收入均值和中位数差异比较大，分别为 2551 元和 1500 元。

表 2-3　父母月收入均值与中位数（在校生）

父亲或母亲	均值	中位数
父亲月收入/元	5803	3500
母亲月收入/元	3252	2000

2.2.4　兄弟姐妹

如图 2-14 和图 2-15 所示，城镇大学生是独生子女的比例高于农村，为 73.63%，而农村中有兄弟姐妹的比例高于城镇，其中“二孩”所占比例最大，为 51.56%。这也反映出计划生育政策落实情况的城乡差异。但随着我国目前“二孩”政策的放开，农村家庭在这方面则又显现出了先见之明。

以性别为分类依据看大学生家庭子女总数，可以发现来自城镇的大学生男女差异不大，而来自农村的大学生男女差异则较大。这一定程度反映了“生男生女一样好”观念的接受程度在城镇与农村的差异。

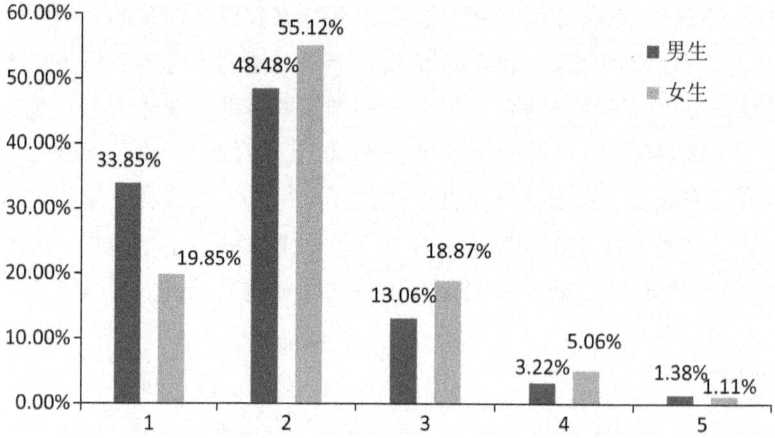

图 2-14　来自农村的大学生家庭子女总数情况（在校生）

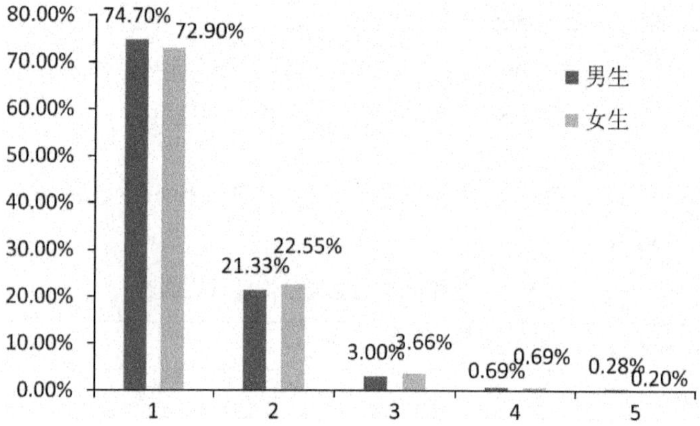

图 2-15　来自城镇的大学生家庭子女总数情况（在校生）

如图 2-16 所示，作为“二孩”中的大学生，男生中家有姐姐所占比重较高，为 44. 67%；女生中则家有弟弟的比重较高，为 35. 98%，这说明大学生“二孩”家庭中“家有姐弟”的组合为数较多。这一现象或许还是因为中国家庭对“生男生女一样好”观念的接受程度较低，传统的“养儿防老”而非“养女防老”的意识在大多数中国家庭里还根深蒂固，所以农村家长想要第二孩的原因很大程度是因为第一胎是女儿。

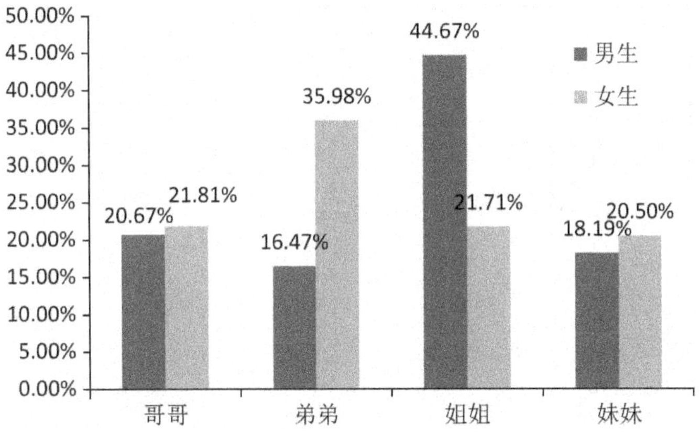

图 2-16　“二孩”中的大学生与其兄弟姐妹的关系（在校生）

2.3　毕业生部分

2.3.1　专业分布

图 2-17 显示，接受调查的毕业生当中，理工科类的毕业生接近非理工科类的 2 倍。这与在校生的情况类似，故在此不再赘述。

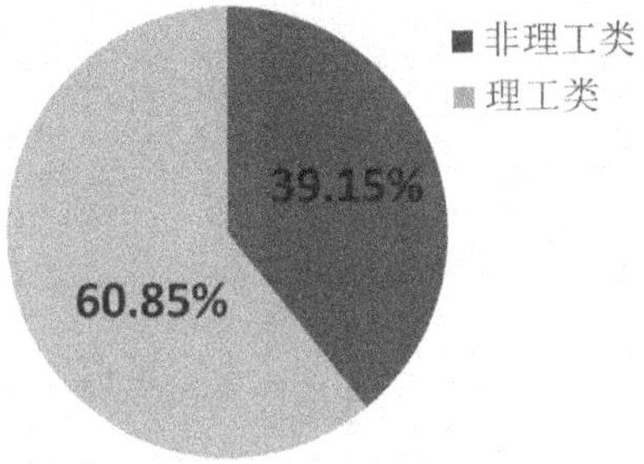

图 2-17　毕业生专业分布

2.3.2　期待的最高学历

如图 2-18，超过八成的本科毕业生有继续深造的意愿，而非直接就业。其中有 64.06% 的毕业生期待读研，16.37% 的毕业生期待能够读博。从整体数据来看，2014 级湖南大学毕业生直接就业的比例相对较小。这也可以看作是毕业生对当今就业难以及国家经济增速放缓的自保措施。通过读研、读博，使自己今后在社会上更有竞争力。这其实也顺应了知识经济时代对人才素质的更高要求。当然，更多的动机应该是出于学术追求，为了提升自身的综合素质，适应经济社会发展的要求和满足市场对高端人才的需求。大学本科生深造可以满足因产业升级，现代服务业（如医疗、教育、金融）和高端制造业对高端人才的需求，降低大学生人才供给与产业升级不匹配的风险。另外，“90后”大学生的人生选择也开始从“单一出口”向“多口径分流”转变。我们有理由相信，在中国经济社会发展进入中速增长的“新常态”的大背景下，具有较强个性化倾向的“90后”大学生，其就业观念与以往相比已有了较大的不同，观念上更加务实。如果当前大学生对继续深造的意愿持续稳定的话，由于大学生数量持续增加带来的就业难问题将不再那么突出。最后要指出的是，由于本次调查的样本均来自湖南大学，我们是否可以设想：层次越高的学校，毕业生选择继续深造的比例就会越高。换言之，不同层次的高校毕业生的出路选择偏好差异很大。这样的情况持续下去会不会拉大社会不同群体之间的差距？

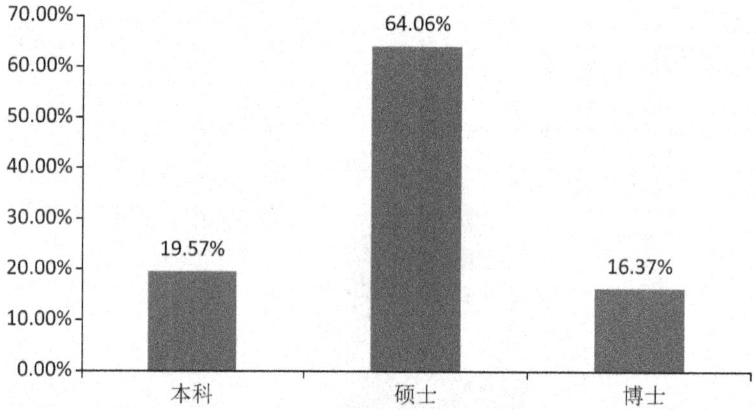

图 2-18　毕业生期待的最高学历

2.3.3　父母情况

如图 2-19 所示，2014 级本科毕业生的父母以 60 年代为主，父母的年龄差距不大。该时间段的父母对当今大学生群体的教育和对其价值观念的形成有显著的影响。这一时期的父母正赶上国家恢复高考，实行改革开放、计划生育等政策。所以，大部分父母都有读书工作的经历，对孩子的期望普遍较高，也给予了孩子成长前所未有的优越条件。

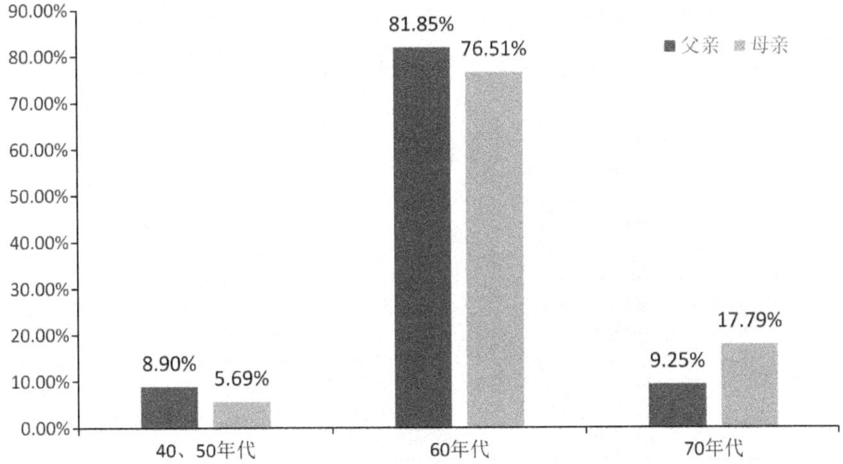

图 2-19　毕业生父母出生年代

表 2-4 描述了毕业生父母受教育程度。可以发现，父亲文化程度集中于初中和高中，而母亲文化程度集中于小学与初中。可见，父亲的文化程度普遍比母亲高。另外，由于本次问卷仅在湖南大学发放，若问卷发放扩大到社会各层次高校，家长的学历情况应该有所不同。

表 2-4　毕业生父母受教育程度

受教育程度	父亲	母亲
无文化	1. 06%	3. 19%
小学	10. 99%	24. 47%
初中	25. 89%	23. 76%
高中	20. 21%	14. 54%
中专	7. 80%	9. 93%
大专	10. 28%	11. 35%
本科	18. 44%	9. 57%
硕士	3. 90%	1. 42%
博士	1. 42%	1. 77%

图 2-20 描述了来自农村和城镇毕业生的家庭主要决策者。可以发现，父亲在家庭决策中占主导地位，但来自城镇的大学生中母亲为家庭主要决策者的比例比来自农村的高，而来自农村的大学生中其他人为家庭主要决策者的比例高于城

镇的。这从侧面反映了农村留守儿童的童年与城镇学生相比，缺少与父母的沟通交流，缺少父母的爱，这也容易产生一些负面问题，不利于孩子的身心健康发展。

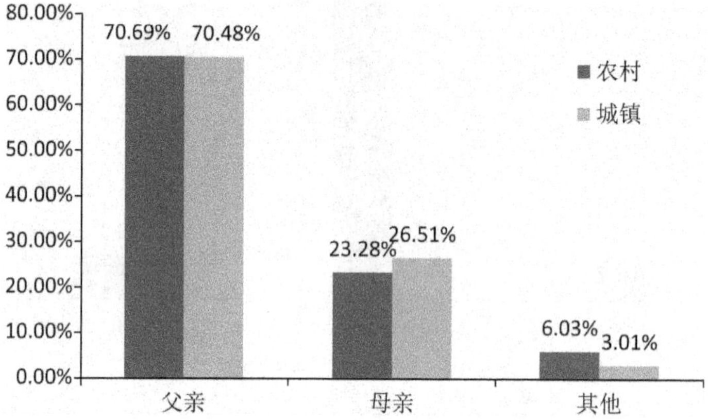

图 2-20　毕业生家庭主要决策者

2.3.4　家庭经济概况

图 2-21 表示 2014 级毕业生 2015 年的家庭总收入情况，其中，家庭收入范围在 20001 ~ 150000 元的毕业生较多。

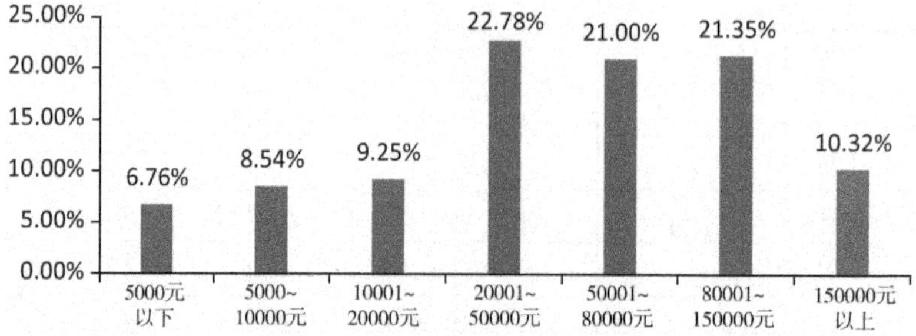

图 2-21　毕业生 2015 年家庭总收入

图 2-22 表示毕业生家庭中自己除外年龄最大的兄弟姐妹的工作情况。其中，有工作所占比例最大，为 60. 36%，其次是在校学生，为 25. 23%。相对于独生子女家庭，非独生子女家庭的压力会小很多。数据显示，非独生子女的兄弟姐妹大部分都有固定的工作，有利于缓解家庭生活压力，同时，个人的生存发展空间也会更大，选择会更自由。

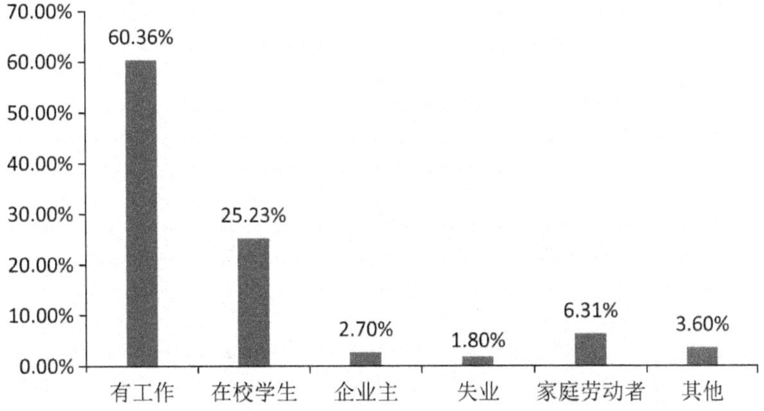

图 2-22　毕业生家庭中自己除外年龄最大的兄弟姐妹工作情况

第3章　教育经历

21世纪是人才的世纪，而人才的培养离不开教育。十年树木，百年树人。无论是对于国家、社会，还是个人，教育都并非一朝一夕之事，都是一个持续全面的过程。同样，接受过或正在接受高等教育的大学生，其能力及素养并非仅由大学阶段的某个单方面教育决定，必定还会受到成长过程中各阶段各方面教育经历的影响。不同的教育经历塑造着不同的大学生，不同的大学生走上工作岗位后或多或少又会影响教育事业的发展。如此循环往复，影响着中国经济的历程。

本部分将从教育基本情况、教育选择和学习态度、课余时间三方面分析大学生的教育经历。其中，教育基本情况涵盖了大学生从幼儿园到大学的全教育背景信息；教育选择和学习态度则反映出大学生的具体学习观；课余时间还将涉及大学生课外活动、社会实践等情况。

由于国家对城乡教育投入的不同、父母教育观念的差异较大、师资力量不均等因素的影响，城乡教育资源存在显著差异，教育水平及教学质量仍有较大的提升空间。在选择大学及专业的过程中，大学的综合排名和声望、父母意愿、兴趣、就业情况等一系列因素影响着大学生的决策。在大学生活中，城乡差异开始变小，专业差异开始显露。不同专业的大学生的爱好与生涯规划存在差异。虽然不同的人有不同的教育经历与生活习惯，但大多数同学都能保持积极向上的态度，安排好课余时间，把握机会，锻炼能力并提升自我。

3.1　毕业生基本教育经历

教育是中国民族实现伟大复兴的关键所在，是为我国培养大批优秀人才的基础和前提。近年来，我国对教育经费的投入不断加大，2013 年达到 30364 亿元，占国内生产总值的比重超过 4％。从基本教育资源来看，我国教育资源分布存在城乡差异，农村幼儿园的普及率仍远低于城镇，且农村学生对小学的教学设施条件和教师水平的评价均低于城镇。从毕业生的学习情况来看，农村学生在大学以前参加各类特长培训班的人数占比均低于城镇，一方面反映了农村的教育资源相对城镇较为匮乏，另一方面则反映了农村地区的教育意识和承担受教育所需费用的能力均低于城镇。在学习过程中，随着学历的不断提高，竞争也越来越激烈，农村学生名列前茅的人数、比例均呈下降趋势。毕业后，由于情感因素，同学们会回访自己的母校，但是相比毕业年份更近的高中与大学，回访小学与初中的频率更低。国家应加大对农村地区的教育投入，减少城乡教育差距。同时有序推进城镇化，进一步缩减城乡教育差距。

3.1.1　教育资源情况

如图 3-1 所示，接受过幼儿园教育的农村学生为 76.72％，占比小于城镇学生的 90.96％，农村男生占比为 71.43％，女生的占比为 87.18％，接受过幼儿园教育的男生比女生少，但城镇男生接受过幼儿园教育的比例略高于女生。农村学生在教育上暂时输在了起跑线上。由于农村幼儿园数量远少于城镇，且农村父母观念落后，没有意识到学前教育的重要性，不舍得且缺乏资金对孩子的学前教育进行投资，导致城乡幼儿园入学率差别较大。因此，国家应该加大对农村学前教育经费的投入，并改变农村父母的教育观念。

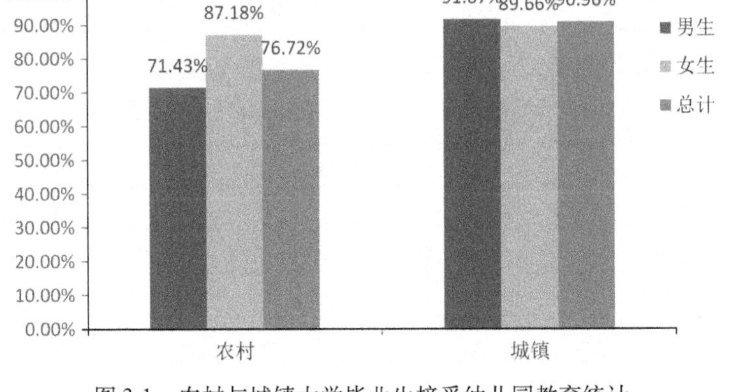

图 3-1　农村与城镇大学毕业生接受幼儿园教育统计

如表 3-1，除大学外，农村学生对教学设施条件的评价都低于城镇学生。农村学生对大学的教学设施条件评价最高，平均分达到3.87分（其中很不满意为1分，不满意为2分，一般为3分，满意为4分，很满意为5分），对幼儿园评价最低，平均分只有2.22分。城镇大学生对高中的教学设施条件评价最高，平均分为3.90分，对幼儿园评价最低，平均分为3.05分。可见，农村教学设施条件较差，城乡教育经费分布不均匀，教育经费分配中的极大差异导致教育过程中农村孩子受教育质量的多重损害，学校基础设施水平和师资水平差距的不断拉大也进一步加剧了城乡教育的不平等性。国家应改变“城市优先”思维，更加关注农村教育的发展，完善农村教学基础设施。

表3-1　农村与城镇大学毕业生对教学设施条件的评价（单位：分）

教育阶段	农村	城镇
幼儿园	2.22	3.05
小学	2.94	3.42
初中	3.17	3.53
高中	3.76	3.90
大学	3.87	3.74

表3-2显示，农村学生和城镇学生都是对高中教师水平评价最高，农村和城镇高中教师的平均得分分别为4.03分和3.91分（其中很不满意为1分，不满意为2分，一般为3分，满意为4分，很满意为5分）；对幼儿园教师水平评价最低，平均分分别为2.45分和3.12分。农村学生对教师水平的评价一般都低于城镇学生，但对高中教师和大学教师的评价高于城镇学生。虽然评分难以避免存在一些主观因素，但也能在一定程度上反映城乡教师教学水平与教学素质的差异。为平衡城乡教育资源差异，可从提高农村师资力量入手。

表3-2　农村与城镇大学毕业生对教师水平的评价（单位：分）

教育阶段	农村	城镇
幼儿园	2.45	3.12
小学	3.34	3.61
初中	3.65	3.74
高中	4.03	3.91
大学	3.90	3.76

图3-2显示，在不同的学龄段就读重点学校的农村学生占比均少于城镇学

生。农村学生中小学是重点学校的仅占 6. 90%，而城镇达到了 39. 16%，就读重点初中的农村学生占比 18. 97%，而城镇学生则高达 51. 81%，高中城乡差距最小，农村就读重点高中的学生人数占比飙升至 74. 14%，只比城镇学生少 8. 39%。这说明虽然城镇学生拥有更多机会，但是教育没有不可逾越的鸿沟，尽管农村学生享受的教育资源相对城镇学生更少，但仍能依靠自身努力改变命运。因此，缩小城乡教育差异，国家的投入是一方面，自身的拼搏也是关键的一方面。

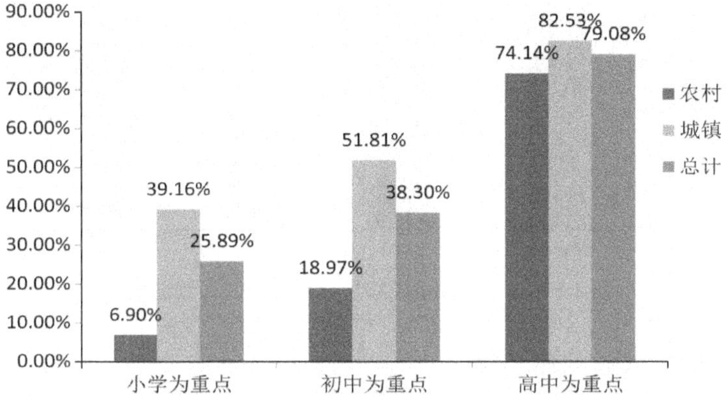

图 3-2　农村与城镇大学毕业生就读重点学校统计

3. 1. 2　奋斗历程

表 3-3 数据显示，从小学到高中，成绩排名由前到后的人数占比呈阶梯状分布，且随年龄增长，排名在前 5% 的人数占比呈收窄趋势，而排名在后 20% 的人数占比呈现出先减少后增加的趋势。大学的成绩排名呈正态分布，排名前 20% 到 50% 的人数占比最多，达到 30. 06%，从小学到大学，排名前 5% 的人数占比持续下降，大学阶段排名后 20% 的人数相比小学、初中、高中占比提高，达到 9. 33%。

表 3-3　大学毕业生不同时段成绩排名统计

排名情况	小学	初中	高中	大学
前 5%	57. 84%	54. 85%	41. 04%	16. 42%
前 5% 到 20%	23. 51%	30. 22%	37. 31%	25. 00%
前 20% 到 50%	12. 69%	10. 07%	14. 55%	30. 60%
前 50% 到 80%	2. 99%	3. 36%	4. 48%	18. 66%
后 20%	2. 99%	1. 49%	2. 61%	9. 33%

图3-3显示，高达84.75%的大学毕业生在小学担任过班干部，85.11%的大学毕业生在初中当过班干部，高中课业繁忙，担任班干部的人数占比下降到77.30%，大学担任班干部的人数占比达到80.50%。可见，大部分学生在提高自己学习成绩的同时，也注重锻炼自己的综合能力。

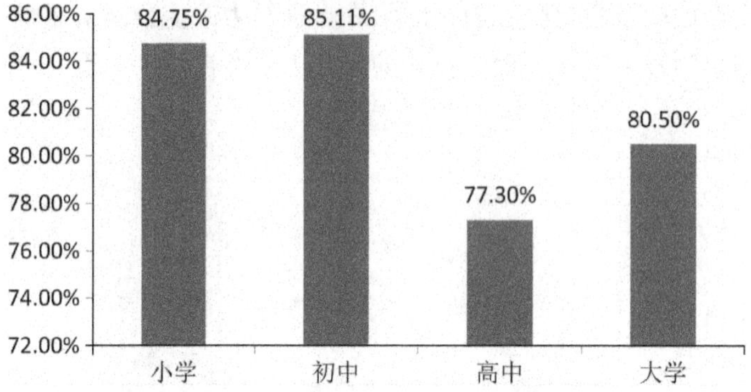

图3-3　大学毕业生中担任过班干部的人数比例

3.1.3　参加特长培训班的情况

如表3-4，在幼儿园阶段，参与特长培训班的农村学生为32.76%，城镇学生为43.98%。农村学生参加的特长培训班的种类和数量均少于城镇学生，在所列特长项中，农村学生没有学英语、乐器与航模的，而城镇学生都有学习。农村学生接受的教育多为数学和语文，占比为6.03%和6.90%，城镇学生学习舞蹈、乐器和绘画的较多，占比达9.22%、6.74%、8.16%。参与特长培训班的女生多于男生，尤其是城镇女生，接近三分之一的城镇女生幼儿园学习了舞蹈，并有接近五分之一的城镇女生学习了乐器，但城镇女生没有学习棋类、球类和航模。从以上数据可以看出，农村家庭相对更重视文化类的教育，而对兴趣培养方面的教育投入相对较少。

表3-4　农村与城镇大学毕业生幼儿园参与特长培训班情况

	农村			城镇			
	男	女	总计	男	女	总计	合计
数学	5.19%	7.69%	6.03%	6.48%	3.45%	5.42%	5.67%
语文	5.19%	10.26%	6.90%	5.56%	6.90%	6.02%	6.38%
英语	0.00%	0.00%	0.00%	3.70%	5.17%	4.22%	2.48%
书法	1.30%	2.56%	1.72%	6.48%	6.90%	6.63%	4.61%
绘画	2.60%	5.13%	3.45%	9.26%	15.52%	11.45%	8.16%
乐器	0.00%	0.00%	0.00%	7.41%	18.97%	11.45%	6.74%

续表

	农村			城镇			
	男	女	总计	男	女	总计	合计
舞蹈	1.30%	7.69%	3.45%	3.70%	31.03%	13.25%	9.22%
棋类	1.30%	2.56%	1.72%	3.70%	0.00%	2.41%	2.13%
游泳	0.00%	2.56%	0.86%	2.78%	5.17%	3.61%	2.48%
球类	2.60%	2.56%	2.59%	1.85%	0.00%	1.20%	1.77%
航模	0.00%	0.00%	0.00%	0.93%	0.00%	0.60%	0.35%
其他	1.30%	0.00%	0.86%	1.85%	3.45%	2.41%	1.77%
无	63.64%	74.36%	67.24%	62.96%	43.10%	56.02%	60.64%

注：此调查为多选题，所以会出现频率加总不为 1 的情况。

如表 3-5，在小学阶段，参加特长培训班的农村学生占比为 30.17%，少于城镇学生的 65.66%。农村学生的特长培训集中在语文、数学、绘画，人数占比比幼儿园有所提高。城镇学生的学习集中在数学、英语和书法。城镇女生接受的培训尤其多，除了棋类、球类、航模及其他，学习特长人数的占比基本都接近或超过了 20%。

表 3-5　农村与城镇大学毕业生小学参与特长培训班情况

	农村			城镇			
	男	女	总计	男	女	总计	合计
数学	18.18%	17.95%	18.10%	29.63%	27.59%	28.92%	24.47%
语文	12.99%	12.82%	12.93%	15.74%	18.97%	16.87%	15.25%
英语	6.49%	7.69%	6.90%	23.15%	34.48%	27.11%	18.79%
书法	6.49%	0.00%	4.31%	22.22%	22.41%	22.29%	14.89%
绘画	7.79%	10.26%	8.62%	17.59%	22.41%	19.28%	14.89%
乐器	1.30%	2.56%	1.72%	10.19%	32.76%	18.07%	11.35%
舞蹈	0.00%	2.56%	0.86%	2.78%	22.41%	9.64%	6.03%
棋类	3.90%	2.56%	3.45%	8.33%	3.45%	6.63%	5.32%
游泳	1.30%	0.00%	0.86%	10.19%	20.69%	13.86%	8.51%
球类	6.49%	2.56%	5.17%	13.89%	1.72%	9.64%	7.80%
航模	0.00%	2.56%	0.86%	1.85%	0.00%	1.20%	1.06%
其他	2.60%	0.00%	1.72%	0.00%	1.72%	0.60%	1.06%
无	68.83%	71.79%	69.83%	37.96%	27.59%	34.34%	48.94%

如表3-6，在初中阶段，参与特长培训班的农村学生占比25%，少于城镇学生的57.83%。农村男生基本没有学乐器、舞蹈、棋类、游泳的，超过10%的农村男生学了英语、数学、语文。农村女生基本没有学游泳的，接近五分之一的农村女生学了数学，是农村女生所学特长中占比最高的。城镇男生和城镇女生学得最多的是英语和数学。接受乐器教育的城镇女生也不在少数，超过了15%。

表3-6 农村与城镇大学毕业生初中参与特长培训班情况

	农村			城镇			
	男	女	总计	男	女	总计	合计
数学	14.29%	17.95%	15.52%	24.07%	27.59%	25.30%	21.28%
语文	11.69%	10.26%	11.21%	12.96%	10.34%	12.05%	11.70%
英语	15.58%	12.82%	14.66%	26.85%	39.66%	31.33%	24.47%
书法	5.19%	2.56%	4.31%	4.63%	1.72%	3.61%	3.90%
绘画	3.90%	10.26%	6.03%	3.70%	12.07%	6.63%	6.38%
乐器	0.00%	2.56%	0.86%	8.33%	15.52%	10.84%	6.74%
舞蹈	0.00%	2.56%	0.86%	1.85%	8.62%	4.22%	2.84%
棋类	0.00%	2.56%	0.86%	2.78%	1.72%	2.41%	1.77%
游泳	0.00%	0.00%	0.00%	2.78%	1.72%	2.41%	1.42%
球类	6.49%	5.13%	6.03%	9.26%	1.72%	6.63%	6.38%
航模	1.30%	2.56%	1.72%	1.85%	0.00%	1.20%	1.42%
其他	2.60%	0.00%	1.72%	0.93%	0.00%	0.60%	1.06%
无	74.03%	76.92%	75.00%	48.15%	31.03%	42.17%	55.67%

如表3-7，在高中阶段，参与特长培训的人数占比均有所下降，农村学生为20.69%，仍少于城镇学生的40.96%。总体上，特长学习集中在数学和英语。农村学生学习数学的人数占比最高，城镇学生学习英语的人数占比最高。与幼儿园、小学、初中学生的特长学习情况相比，高中参加兴趣类培训班的学生较少，说明参加兴趣类特长培训班的学生群体主要集中在幼儿园、小学和初中阶段。

表 3-7　农村与城镇大学毕业生高中参与特长培训班情况

	农村			城镇			
	男	女	总计	男	女	总计	合计
数学	12.99%	15.38%	13.79%	14.81%	18.97%	16.27%	15.25%
语文	10.39%	10.26%	10.34%	10.19%	6.90%	9.04%	9.57%
英语	11.69%	12.82%	12.07%	17.59%	24.14%	19.88%	16.67%
书法	0.00%	5.13%	1.72%	2.78%	1.72%	2.41%	2.13%
绘画	1.30%	2.56%	1.72%	5.56%	5.17%	5.42%	3.90%
乐器	0.00%	2.56%	0.86%	4.63%	5.17%	4.82%	3.19%
舞蹈	2.60%	0.00%	1.72%	1.85%	3.45%	2.41%	2.13%
棋类	1.30%	0.00%	0.86%	0.93%	0.00%	0.60%	0.71%
游泳	1.30%	2.56%	1.72%	2.78%	0.00%	1.81%	1.77%
球类	5.19%	5.13%	5.17%	6.48%	0.00%	4.22%	4.61%
航模	0.00%	0.00%	0.00%	1.85%	0.00%	1.20%	0.71%
其他	3.90%	2.56%	3.45%	0.93%	1.72%	1.20%	2.13%
无	79.22%	79.49%	79.31%	59.26%	58.62%	59.04%	67.38%

3.1.4　同窗情谊与母校情结

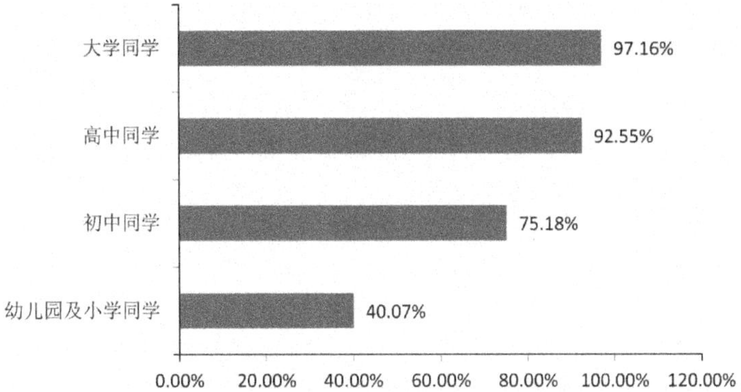

图 3-4　大学毕业与同学保持联系的人数比例

如图 3-4，与幼儿园及小学同学仍保持联系的人数占比为 40.07%，与初中同学仍保持联系的人数占比为 75.18%，与高中同学仍保持联系的人数占比为 92.55%，与大学同学仍保持联系的人数占比为 97.16%。随着年龄的增长，大家走上了不同的人生道路，生活的交集越来越少，共同语言越来越少，加之以前通信方式的缺失，导致和以前同学联系不多。但感情需要经常联系来维护，大学生应该加强与同学的联系，保持良好的人际关系。

表3-8数据显示，在男大学生的回访统计中，回访小学母校次数最少，平均回去3.19次，回高中母校次数最多，达到5.16次。而在女大学生的回访统计中，回访大学次数最多，达到6.09次，回访小学次数最少，为2.58次。从大学生总体回访统计数据来看，女生只在回访大学母校的次数上高于男生，女生平均回访大学母校的次数为6.09，男生回访大学母校的次数为4.65。时间可以改变很多东西，但是校园的回忆和浓浓的师生情却是人生中一笔最宝贵的财富，因此，大学生应心怀感恩，多关心母校的发展情况，多探望辛勤付出的老师们。

表3-8　男女大学毕业生回母校次数统计

	小学	初中	高中	大学
男生	3.19	4.36	5.16	4.65
女生	2.58	2.94	3.94	6.09

3.2　毕业生教育选择

人们在不同学习阶段需要面临不同的选择，同学们在做出选择的同时需要考虑各种各样的因素。其中，在文理科的选择上，选择理科的同学多于文科，且女生选择文科的倾向高于男生；在高校的选择上，学校综合排名和声望、能否考上、学校专业设置和学科排名是学生的主要考虑因素；在专业的选择上，分数线、兴趣、父母意愿和就业情况是学生的主要考虑因素。

3.2.1　文理分科

根据图3-5和图3-6，从总体上看，不论是农村还是城镇，理科生均多于文科生。对于不同性别的大学生来说，理科生仍多于文科生，但是不论是在城镇还是在农村，女生选择文科的比例相对较大。如图3-5，在农村，有25.64%的女生选择文科，而只有3.90%的男生选择文科。如图3-6，在城镇，有27.59%的女生选择文科，而选择文科的男生仅有12.96%。由于古代过于重文轻理阻碍了科学技术的发展，民国时期开始加强理科教育，并在新中国成立之后正式形成重理轻文的倾向。同时，理科比文科容易就业，也使大量学生在分科时倒向理科，这样做会使得精神信念缺失、民族文化遭到轻视。

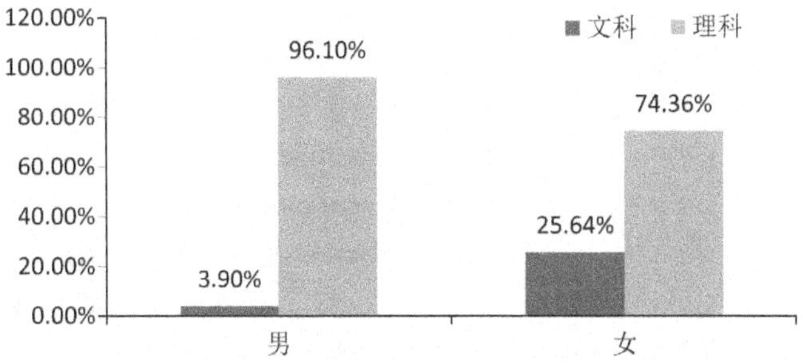

图 3-5　农村大学毕业生选取文理科比例对比图

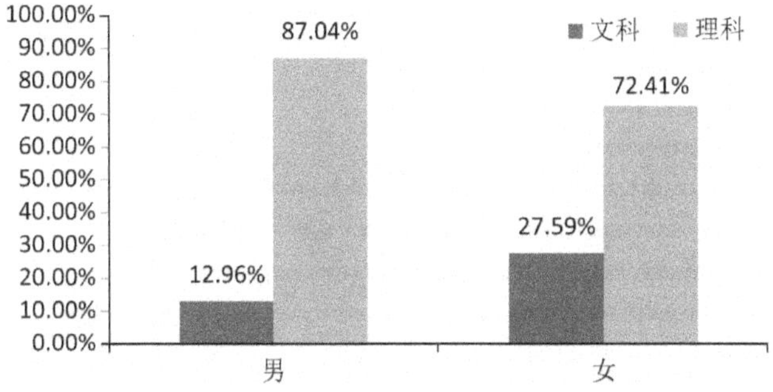

图 3-6　城镇大学毕业生选取文理科比例对比图

3.2.2　选择高校的考虑因素

大学生在选择大学时考虑最多的是学校综合排名和声望，其次是能否考上，第三是学校专业设置和学科排名，这三项对学生选择大学时的影响都占到了 50% 以上，如图 3-7 所示。学校就业情况、离家远近、学校环境对学生选择的影响差别不大，都在 20% 左右，父母愿望在列出的影响因素中所占比重为 17.73%。学校的排名是根据综合学科的设置列示的，很多优秀的偏文科或理科类大学并不占优势，因此，仅参照排名不一定全面，选择大学时应该保持理智，不可尽信排名，还应兼顾其他因素综合考虑。

图 3-8 显示，在选择专业时，大学生考虑最多的是分数线，其次是兴趣，第三是父母意愿，第四是就业情况，这四项对学生选择专业时的影响程度都超过了 50%。老师、朋友的影响在 20% 至 30% 之间。奖学金所占比重最少，只有 1.06%。

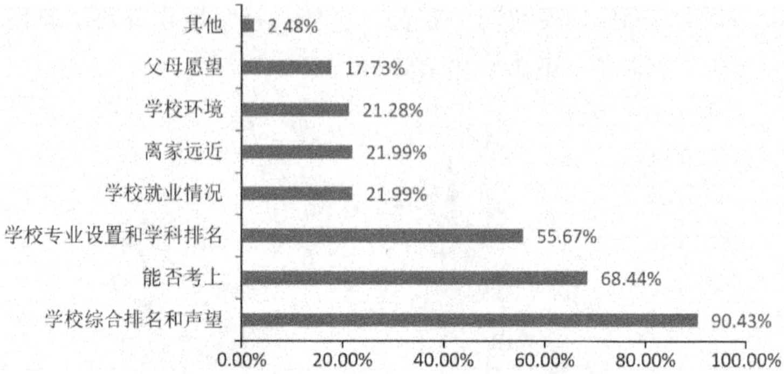

图 3-7　大学毕业生选择大学考虑因素占比统计

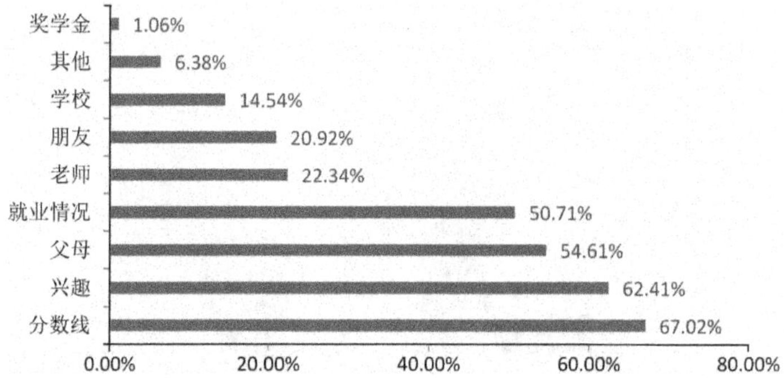

图 3-8　大学毕业生选择专业考虑因素占比统计

王处辉等（2004）发现考生在填报志愿时首要关注的两个因素分别是高校的教学质量和知名度，这与本调查的结果一致。如今社会竞争日益激烈，学生们仍然希望通过接受更高质量的教育以及提高自己的学历背景来提升自己在社会上的竞争力。

3.3　毕业生大学阶段课余生活

大学是自主学习与独立生活的舞台，与中学时期相比拥有更充裕的课余时间。从总体数据来看，理工科学生的平均课余时间高于非理工科学生。不同专业的学生在安排自己的课余时间时也表现出不同的特点，在学习、娱乐、社交恋爱、社会实践等方面各有规划。

3.3.1 课余时间的利用

图 3-9 显示，理工科学生平均每周课余时间有 84.4 小时，非理工科学生平均课余时间为 73.22 小时，理工科学生有更多课余时间。

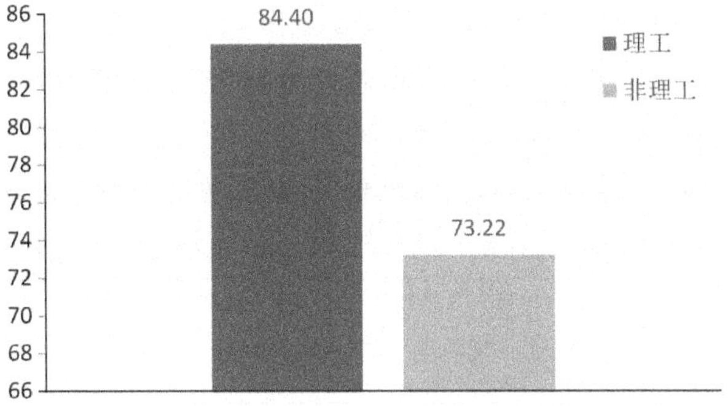

图3-9 毕业生大学时平均每周的课余时间（单位：小时）

如图 3-10，理工科学生用于娱乐的时间最多，占比达总时间的 29.68%，用于学习的时间占 24.64%，用于恋爱社交的时间占 14.99%，用于实习兼职的时间占 13.61%。非理工科学生则将最多的课余时间投入到学习中去，占比达 27.89%，用于娱乐的时间略少，占 27.33%，社交恋爱时间占 15.63%，实习兼职时间最少，只占 14.33%。非理工科学生相对来说更为勤奋。

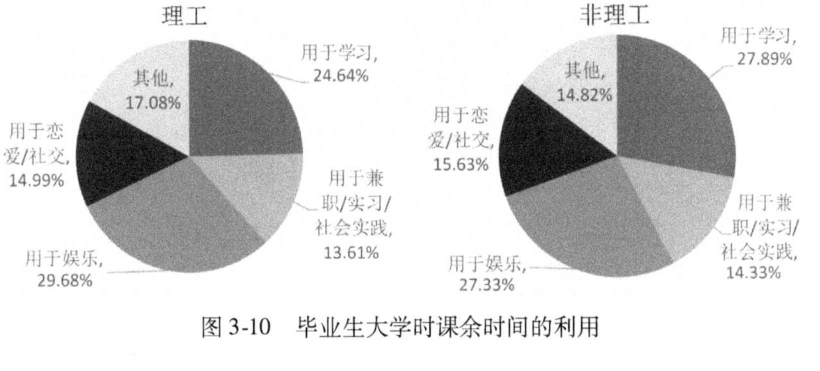

图 3-10 毕业生大学时课余时间的利用

图 3-11 显示，参与文艺体育类社团或学社的大学生占比最多，达到 37.59%，其次是参与社会公益类社团或学社，占 35.11%。参加学生会或团委的大学生占比为 34.75%，参与学术类和就业创业类的只有 14.89% 和 9.57%。没有参加过任何社团或学社的大学生占比为 16.31%。反映了大学生在社团或学社

中相对活跃。社团或学社是大学的重要组成部分，它提供了交友和学习的平台，丰富了大学生活。

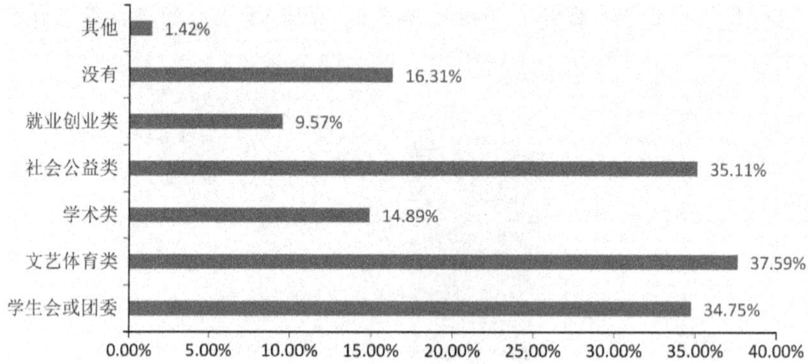

图 3-11　毕业生大学参加的社团和学社

3.3.2　社会实践

图 3-12 显示，参与过社会实践的非理工科学生占比达到 87.39%，理工科学生相对较少，只有 74.27%。非理工科学生更热衷于参与社会实践。

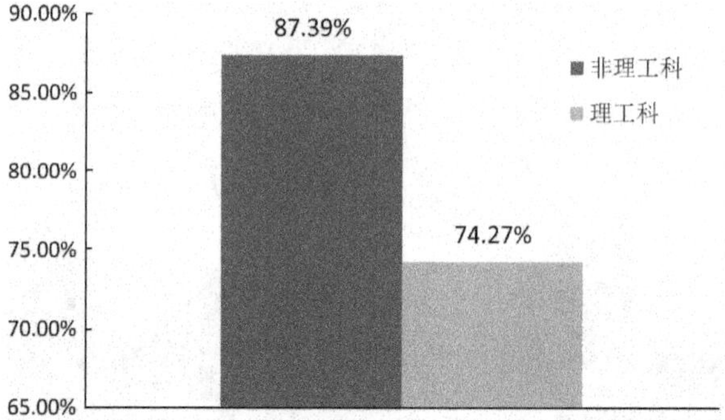

图 3-12　毕业生大学时参与过社会实践的人数占比

图 3-13 显示，73.20% 的非理工科学生所参与的社会实践活动与所学专业具有相关性，只有 55.91% 的理工科学生所参与的社会实践与所学专业相关。说明非理工科学生参与社会实践更具有目的性。

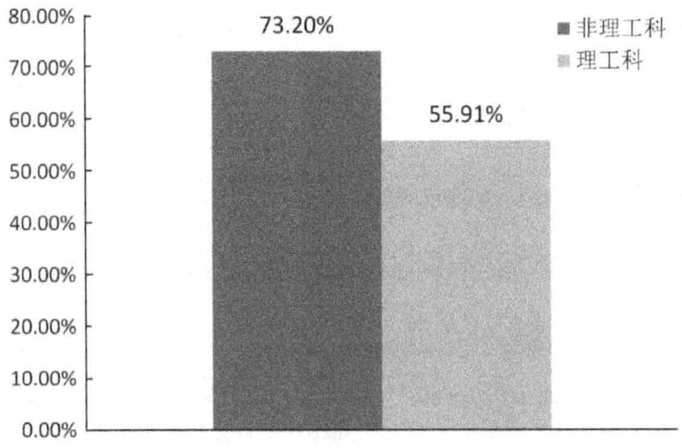

图 3-13　毕业生大学时参与的社会实践与专业相关性

如图 3-14，理工类学生参与技术助理类社会实践活动最多，占比达 53.10%，参与市场调研类社会实践的理工科学生也不在少数，占比 22.07%。非理工类学生则青睐普通文职类工作，占比 38.24%，市场调研类达 30.39%。零售服务类社会实践活动没有很强的专业相关性，参与的理工类和非理工类大学生都略微超过 20%，差异很小。表明专业影响社会实践的选择。

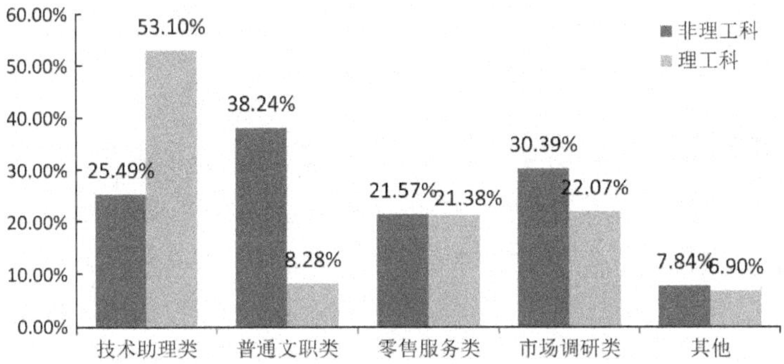

图 3-14　不同专业毕业生的社会实践选择

注：调查为多选题，所以出现频率加总不为 1。

如图 3-15 所示，仅有 11.02% 的理工科学生与 8.25% 的非理工科学生认为参与的社会实践对未来的职业规划没有影响，还有 3.15% 的理工科学生和 2.06% 的非理工科学生不知道有没有影响，其他学生都认为参与社会实践不是白白浪费时间，而是真正有益于他们的成长。

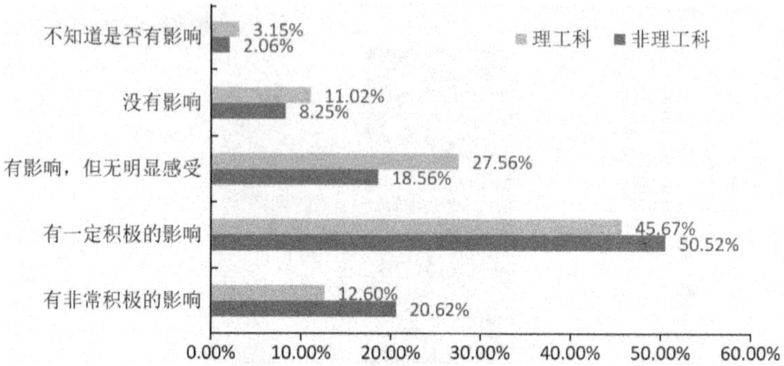

图 3-15　社会实践对不同专业未来职业规划的影响程度

3.4　在校生教育基本经历

从基本教育资源来看，我国教育资源分布仍存在城乡差异，农村幼儿园的普及率仍低于城镇，但随着国家对学前教育的投入加大，与毕业生相比，在校生中农村幼儿园的普及率有所提高。农村学生对小学的教学设施条件和教师水平的评价均低于城镇。从学习情况来看，农村学生在大学以前参加各类特长培训班的人数占比均低于城镇，但相比毕业生，在校农村学生参加特长培训班的比例有所提高。城乡教育资源差异在逐渐缩小，促进了教育公平。

3.4.1　教育资源情况

从图 3-16 显示的数据来看，94.17% 的城镇大学生接受过幼儿园教育，而农村大学生接受过幼儿园教育的占比为 79.97%，相比毕业生数据有所提高。无论农村还是城镇，上过幼儿园的女生都多于男生，但农村男女差幅达 4.66%，城镇只有 0.64%。

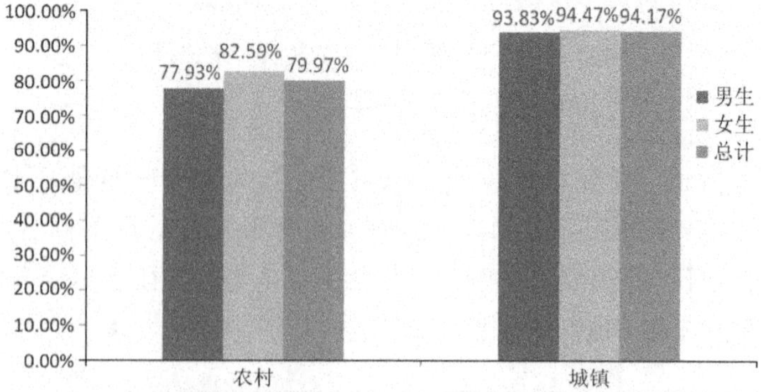

图 3-16　农村与城镇大学在校生接受幼儿园教育统计

如图 3-17，在不同学龄段就读重点学校的农村学生均少于城镇学生。就读重点小学的农村学生占比不到城镇学生的三分之一，就读重点初中的农村学生不到城镇学生的二分之一，高中占比差幅缩至最小，为 11.52%。

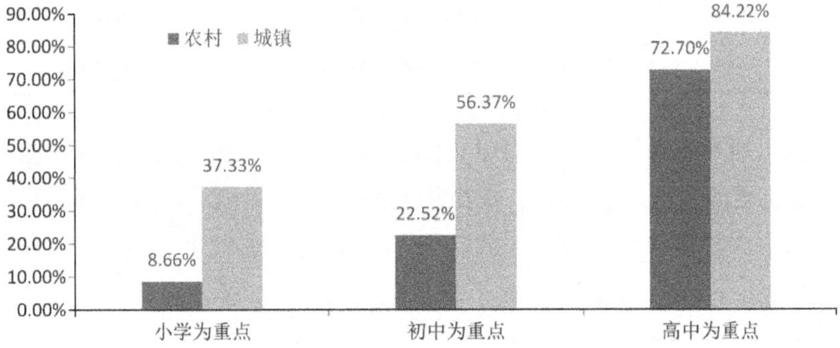

图 3-17　农村与城镇大学在校生就读学校统计

表 3-9 显示，农村学生和城镇学生对教学设施条件的评价都是高中最好，幼儿园最差。农村学生对教学设施的评价普遍低于城镇学生，但对大学教学设施的评价高于城镇学生。

表 3-9　农村与城镇大学在校生对教学设施条件的评价（单位：分）

教育阶段	农村	城镇
幼儿园	2.39	3.34
小学	3.06	3.59
初中	3.24	3.69
高中	3.67	3.99
大学	3.49	3.40

表 3-10 数据显示，农村与城镇大学生都是对高中教师水平最满意，评分分别为 3.93 分和 4.13 分（其中很不满意为 1 分，不满意为 2 分，一般为 3 分，满意为 4 分，很满意为 5 分）。农村在校大学生对教师水平的评价都低于城镇在校大学生。国家应注重农村师资力量的培养。

表 3-10　农村与城镇大学在校生对教师水平的评价（单位：分）

教育阶段	农村	城镇
幼儿园	2.57	3.39
小学	3.35	3.71

续表

教育阶段	农村	城镇
初中	3. 62	3. 92
高中	3. 93	4. 13
大学	3. 68	3. 74

如表3-11所示，从小学到高中，成绩排名由前到后的人数占比呈阶梯状分布，大学的成绩排名呈正态分布。在小学和初中，排名前5%的人数占比占绝对优势，都超过了50%。排名前5%至20%的人数占比也较多，达到了20%以上。高中排名前5%至20%的人数占比最多，上升到41. 27%。排名前5%的人数占比降至38. 67%。在大学，排名前20%到50%的人数占比最多，达到34. 59%。排名前20%的人数占比减少，排名后20%的人数占比激增至7. 59%，而在小学、初中、高中排名后20%的仅占2. 15%、1. 07%和1. 44%。

表3-11　大学在校生不同学习阶段排名表

排名情况	小学	初中	高中	大学
前5%	59. 39%	58. 42%	38. 67%	10. 95%
前5%到20%	24. 60%	29. 85%	41. 27%	26. 37%
前20%到50%	10. 82%	8. 37%	15. 21%	34. 59%
前50%到80%	3. 04%	2. 29%	3. 41%	20. 38%
后20%	2. 15%	1. 07%	1. 44%	7. 59%

3. 4. 2　同窗情谊与母校情结

如图3-18，与幼儿园及小学同学仍保持联系的人数占比为51. 35%，与初中同学仍保持联系的人数占比为85. 83%，与高中同学仍保持联系的人数占比为97. 40%，与大学同学仍保持联系的人数占比为98. 15%。随着年龄的增长，大家走上了不同的人生道路，生活的交集越来越少，共同语言越来越少，加之以前通信方式的缺失，导致和以前同学联系不多。但感情需要经常联系来维护，大学生应该加强与同学的联系，保持良好的人际关系。

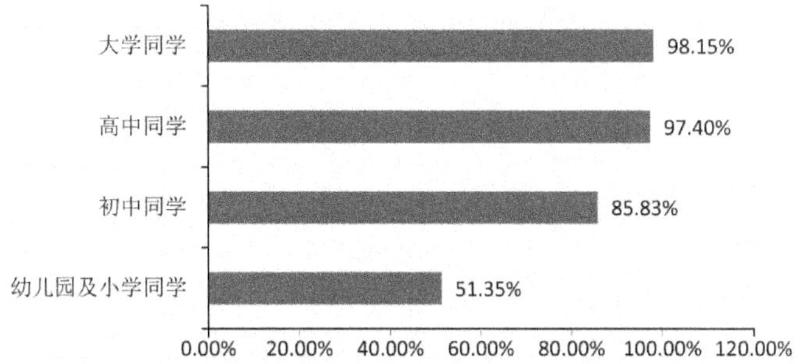

图 3-18　大学在校生与同学保持联系的人数比例

图 3-19 显示，男大学生回访小学母校次数最少，平均回去 4. 11 次，回高中母校次数最多，达到 5. 89 次。女生回高中次数最多，达到 4. 49 次，回访小学次数最少，为 3. 03 次。女生回访小学、初中、高中母校次数均少于男生。

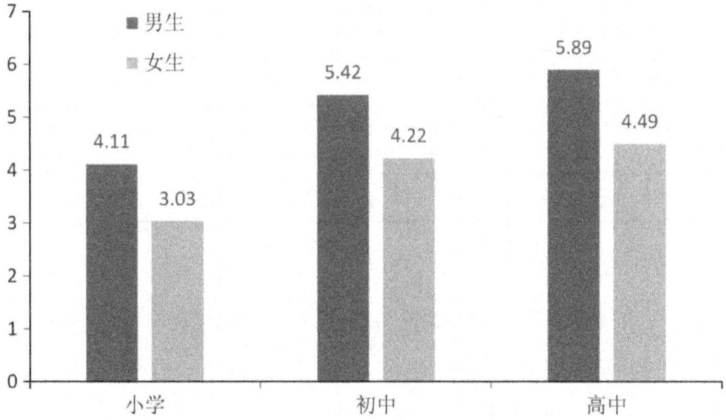

图 3-19　男女大学在校生回母校次数统计

3. 4. 3　课外培训

如表 3-12，在幼儿园阶段，参与特长培训班的农村学生少于城镇学生。农村学生在幼儿园的学习集中在语文、数学，农村女生学绘画和舞蹈的相对较多，但只有城镇女生的六分之一。城镇男生学习最多的是绘画，其次是数学、英语、书法。较毕业生来说，农村的在校生学习特长的种类变多。这是个好现象，说明农村家庭对孩子的教育意识有所提高，摆脱了传统教育观念的束缚，重视学生德智体美劳全面发展。

表 3-12　农村与城镇大学在校生幼儿园参与特长培训班情况

	农村			城镇			
	男	女	总计	男	女	总计	合计
数学	7.78%	7.63%	7.72%	10.14%	9.74%	9.93%	9.29%
语文	6.23%	6.15%	6.19%	6.22%	7.63%	6.97%	6.75%
英语	2.01%	1.72%	1.89%	7.93%	11.08%	9.61%	7.36%
书法	2.29%	1.48%	1.94%	7.79%	9.01%	8.44%	6.55%
绘画	2.66%	4.06%	3.25%	15.54%	24.77%	20.44%	15.44%
乐器	0.92%	1.60%	1.21%	7.47%	17.70%	12.91%	9.50%
舞蹈	0.92%	4.67%	2.52%	3.83%	30.49%	18.01%	13.49%
棋类	0.82%	0.49%	0.68%	4.89%	3.90%	4.36%	3.29%
游泳	0.55%	0.12%	0.37%	3.27%	4.10%	3.71%	2.74%
球类	0.55%	0.37%	0.47%	2.95%	2.27%	2.59%	1.97%
航模	0.18%	0.00%	0.10%	0.69%	0.24%	0.45%	0.35%
其他	0.18%	0.12%	0.16%	0.60%	0.97%	0.80%	0.61%
无	62.82%	65.93%	64.15%	57.86%	40.52%	48.64%	53.16%

注：调查为多选题，所以出现频率加总不为 1 的情况。

表 3-13 显示，在小学阶段，参与特长培训班的农村学生人数占比少于城镇学生。农村学生的特长培训集中在语文、数学、英语，基本都超过了 10%，数学甚至达到了 16.38%。城镇学生的学习集中在英语、数学、乐器、绘画，人数占比都超过或接近 30%，城镇女生接受英语培训的人数占比甚至超过了 40%。

表 3-13　农村与城镇大学在校生小学参与特长培训班情况

	农村			城镇			
	男	女	总计	男	女	总计	合计
数学	15.93%	16.97%	16.38%	34.90%	34.96%	34.93%	29.52%
语文	9.25%	11.56%	10.24%	19.46%	23.26%	21.48%	18.20%
英语	7.69%	13.53%	10.18%	32.09%	43.32%	38.06%	29.94%
书法	4.49%	6.77%	5.46%	20.84%	25.05%	23.08%	17.94%
绘画	4.40%	7.63%	5.77%	21.58%	35.57%	29.02%	22.24%
乐器	2.01%	4.55%	3.10%	18.12%	39.22%	29.34%	21.69%

续表

	农村			城镇			
	男	女	总计	男	女	总计	合计
舞蹈	0.82%	6.77%	3.36%	2.95%	30.29%	17.49%	13.37%
棋类	2.56%	1.11%	1.94%	8.90%	5.48%	7.08%	5.58%
游泳	1.83%	0.74%	1.36%	12.96%	15.55%	14.34%	10.56%
球类	2.66%	0.86%	1.89%	13.92%	9.05%	11.33%	8.58%
航模	0.09%	0.25%	0.16%	2.12%	1.38%	1.73%	1.27%
其他	0.55%	0.37%	0.47%	1.80%	1.71%	1.75%	1.38%
无	72.34%	66.05%	69.66%	30.71%	17.46%	23.66%	37.07%

表 3-14 显示，在初中阶段，农村学生参加特长培训班的人数占比少于城镇学生。农村学生接受的培训集中在数学、英语、语文，学习英语的人数占比与小学阶段相比有所提高。城镇学生接受的培训集中在英语、数学，学习其他特长的人数占比与小学阶段相比有所回落。

表 3-14　农村与城镇大学在校生初中参与特长培训班情况

	农村			城镇			
	男	女	总计	男	女	总计	合计
数学	15.02%	15.62%	15.28%	30.29%	35.44%	33.03%	27.86%
语文	8.61%	9.84%	9.13%	15.40%	18.39%	16.99%	14.70%
英语	12.73%	15.50%	13.91%	32.37%	41.01%	36.96%	30.24%
书法	4.21%	2.34%	3.41%	7.05%	8.20%	7.66%	6.42%
绘画	3.02%	4.43%	3.62%	6.82%	13.28%	10.25%	8.32%
乐器	1.83%	3.20%	2.41%	12.49%	24.73%	19.00%	14.17%
舞蹈	1.19%	2.21%	1.63%	1.57%	9.38%	5.72%	4.53%
棋类	1.65%	0.74%	1.26%	2.54%	2.27%	2.40%	2.07%
游泳	1.47%	0.49%	1.05%	4.79%	6.62%	5.76%	4.39%
球类	3.02%	1.35%	2.31%	11.02%	6.21%	8.46%	6.67%
航模	0.46%	0.12%	0.31%	0.65%	0.69%	0.67%	0.57%
其他	0.64%	0.74%	0.68%	1.71%	2.60%	2.18%	1.74%
无	72.34%	72.20%	72.28%	40.85%	28.30%	34.18%	45.28%

注：调查为多选题，所以出现频率加总不为 1 的情况。

如表 3-15，在高中阶段，农村学生参与特长培训班的人数占比少于城镇学生。农村学生与城镇学生学得最多的是数学、英语、语文，学习数学的城镇女生超过了 30%，在所有调查对象中占比最高。可能是因为农村家庭受到预算的限制，在资源有限的条件下，更倾向于把资源集中在与认知能力提升最相关的数学培训上（Ketkaew & Naruetharadhol，2015）。

表 3-15　农村与城镇大学在校生高中参与特长培训班情况

	农村			城镇			
	男	女	总计	男	女	总计	合计
数学	13.00%	13.41%	13.18%	24.39%	32.64%	28.78%	24.23%
语文	8.70%	8.00%	8.40%	12.26%	14.98%	13.71%	12.16%
英语	10.07%	10.95%	10.45%	22.31%	27.28%	24.96%	20.73%
书法	2.38%	1.72%	2.10%	3.37%	3.98%	3.69%	3.23%
绘画	2.56%	2.34%	2.47%	3.46%	7.11%	5.40%	4.54%
乐器	1.74%	2.34%	1.99%	7.79%	13.03%	10.58%	8.08%
舞蹈	1.01%	1.48%	1.21%	1.80%	6.54%	4.32%	3.41%
棋类	1.47%	0.86%	1.21%	1.34%	1.30%	1.32%	1.28%
游泳	1.56%	0.49%	1.10%	3.14%	4.26%	3.73%	2.97%
球类	3.02%	1.72%	2.47%	6.78%	5.36%	6.02%	4.99%
航模	0.46%	0.12%	0.31%	0.41%	0.28%	0.35%	0.34%
其他	0.64%	1.48%	1.00%	2.31%	2.52%	2.42%	2.00%
无	77.20%	77.24%	77.22%	55.19%	44.78%	49.65%	57.69%

注：调查为多选题，所以出现频率加总不为 1 的情况。

3.5　在校生教育选择和学习态度

在选择理科的学生多于选择文科的学生的大背景下，女生选择文科的倾向高于男生。在高校的选择上，学校综合排名和声望、学校专业设置和学科排名以及能否考上是学生的主要考虑因素。在专业的选择上，分数线、兴趣、父母意愿和就业情况是学生的主要考虑因素。在学习过程中，大部分同学能够保持积极向上的学习态度并形成较好的学习习惯。

3. 5. 1　文理分科

数据显示，不论是在农村还是在城镇，高考分科时选择文科的学生都少于选择理科的学生，且城乡差距不大。选择文科的农村男生占了 8. 61%，选择文科的城镇男生为 9. 08%，选择文科的农村女生为 27. 80%，选择文科的城镇女生为 28. 58%，差幅均不大。由图 3-20 和图 3-21 可以看出，文理科生比例相差较大，重理轻文的现象依旧严重。

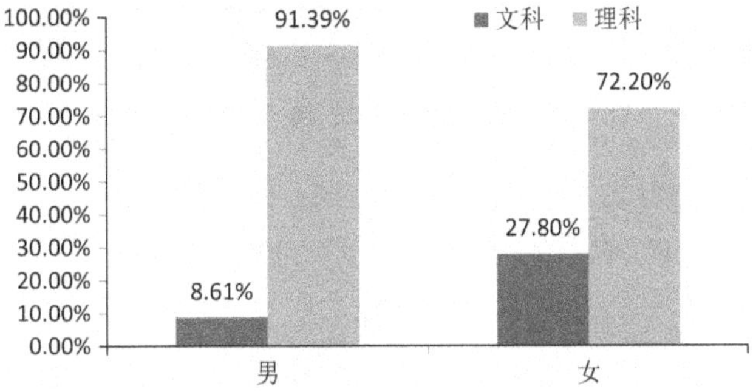

图 3-20　农村大学在校生不同性别文理科生比例

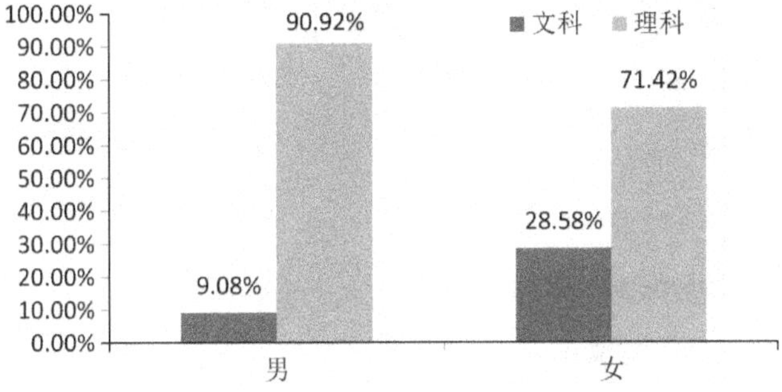

图 3-21　城镇大学在校生不同性别文理科生比例

3. 5. 2　选择高校

图 3-22 显示，学校综合排名和声望对大学生选择学校时影响最大，占到了 85. 96%，学校的专业设置和学科排名对大学生选择学校的影响紧随其后，占到了 65. 76%，第三重要的因素是能否考上，第四重要的因素是学校就业情况。接着是离家远近、学校环境、父母的愿望及其他。学校的综合排名是根据综合学科的设置列示的，很多优秀的偏文科或理科类大学并不占优势，因此，排名不一定

反映该校该学科的综合实力。选择大学时应该理智，不可尽信排名，还应兼顾其他因素综合考虑。

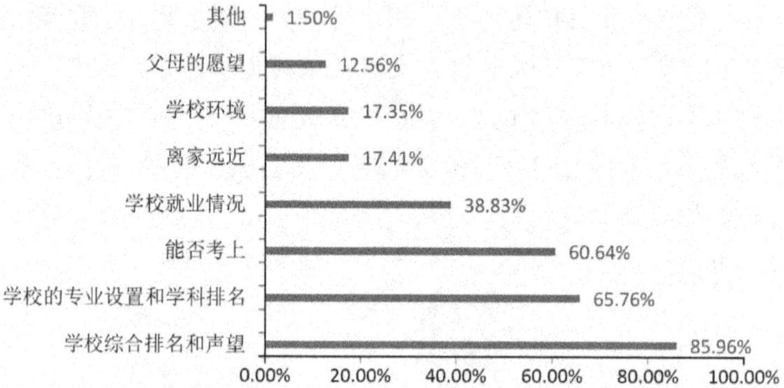

图 3-22　大学在校生选择大学考虑因素占比统计

注：调查为多选题，所以出现频率加总不为 1。

图 3-23 显示，选择专业时，大学生考虑最多的是分数线，其次是兴趣，第三是家人的影响，第四是就业情况。这四项对专业选择的影响较大，均占到了 60% 以上。老师和朋友的影响居于第五和第六，分别为 15. 59% 和 12. 37%。学校和奖学金的影响仅为 8. 14% 和 1. 99%。

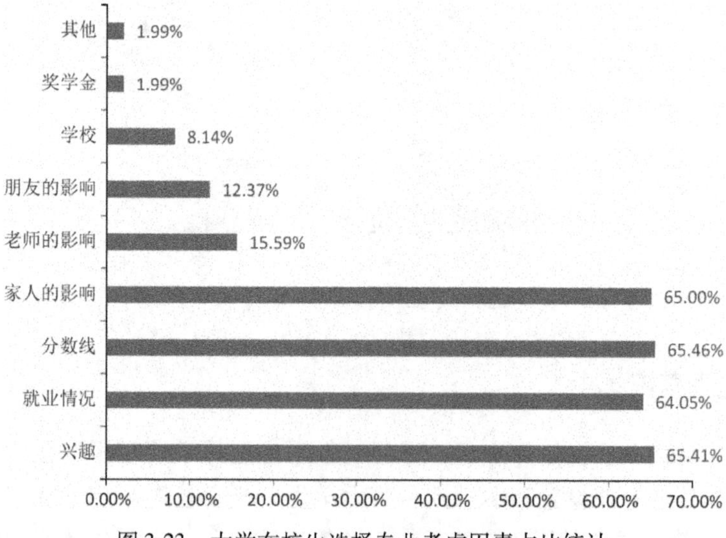

图 3-23　大学在校生选择专业考虑因素占比统计

注：调查为多选题，所以出现频率加总不为 1。

3.5.3　学习态度

如表 3-16，当有严格制度规范约束时，大多数大学生能发扬优良的学风，70.68% 的人坚守考试不作弊的底线，59.00% 的人能按时交作业，55.34% 的人很少逃课。但大学生的自律性相对较差，非常符合经常复习功课的大学生只占 11.64%，非常符合经常制定学习计划的大学生只占 10.58%，预习功课时更加懈怠，只有 6.77% 的人能坚持预习功课。符合、比较符合及非常符合喜欢和别人交流学习经验的大学生共占 82.38%，符合及以上标准的对所学课程很有兴趣的大学生只有 78.83%。学校应该丰富课程形式，为大学生提供更良好的学习环境，满足大学生多样化的学习需求。

表 3-16　大学在校生学习态度统计

	非常符合	比较符合	符合	比较不符合	非常不符合
您对现在所学专业所设课程很有兴趣	11.07%	35.41%	32.35%	17.97%	3.20%
您很少逃课	55.34%	19.83%	18.27%	5.30%	1.26%
您会经常制定学习计划	10.58%	25.29%	31.55%	29.30%	3.28%
您会经常预习功课	6.77%	14.92%	24.74%	45.57%	8.01%
您会经常复习功课	11.64%	24.66%	35.93%	24.29%	3.48%
您按时交作业	59.00%	19.57%	18.69%	2.21%	0.54%
您考试不作弊	70.68%	13.77%	13.75%	1.50%	0.29%
您喜欢和别人交流学习经验	19.91%	29.59%	32.88%	15.99%	1.62%

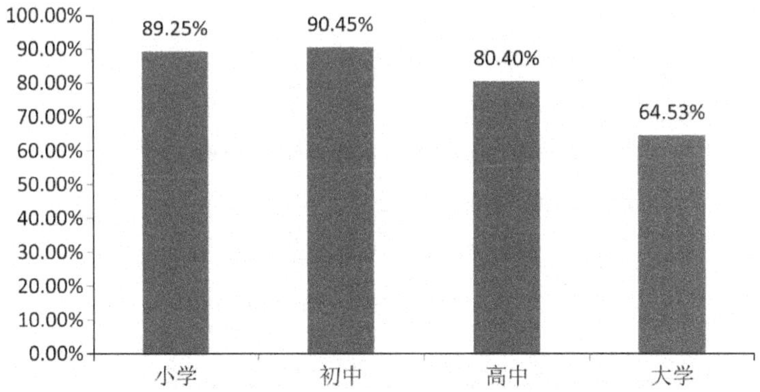

图 3-24　大学在校生担任过班干部人数比例

图 3-24 显示，89.25% 的大学生在小学时担任过班干部，初中时占比上升至 90.45%。高中学业繁重，占比降至 80.40%，大学只有 64.53%。可能是因为大学生从小学到高中当班干部已积累了足够的经验，认为大学无须再锻炼，而应该体验更多不同的活动；也可能因为大学生大多忙于自己的人生规划，没有时间担任班干部。

3.6 在校生课余时间

丰富的课余生活是大学生活中不可或缺的一部分，同学们利用课余时间参加各类社团活动，培养自己的兴趣爱好，提高自己的综合素质。从总体数据来看，理工科学生的平均课余时间多于非理工科学生。不同专业的学生在安排自己的课余时间时也表现出各自的特点，在学习、娱乐、社交恋爱、社会实践等方面各有自己的偏好与目标。

3.6.1 课余时间利用

如图 3-25，参与文艺体育类社团或学社的人数占比最多，达到了 36.84%。参与学生会或团委的人数占比为 33.18%，参与社会公益类的人数占比为 29.72%，居于第三。没有参加任何社团或学社的大学生达到 21.84%，超过了参与学术类社团的 17.55% 和参与就业创业类社团的 8.87%，参与其他社团的学生占 3.47%。参与社团活动的在校生相比毕业生有所减少，说明同学们参与社团或学社的热情度有所下降。一方面，学校应鼓励大学生参加各种社团和学社；另一方面，社团和学社应当多创新，提高同学们的兴趣，吸引更多的学生参与进来。

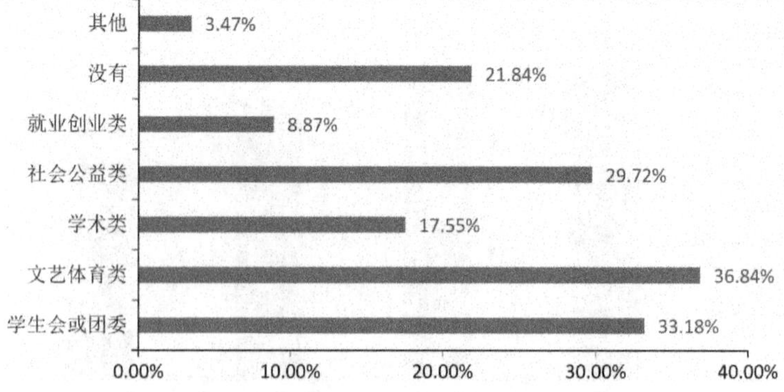

图 3-25 大学在校生参加的社团或学社

注：调查为多选题，所以出现频率加总不为 1 的情况。

如图 3-26 所示，理工科大学生的课余时间平均为 83.19 小时，多于非理工科学生的 78.94 小时。

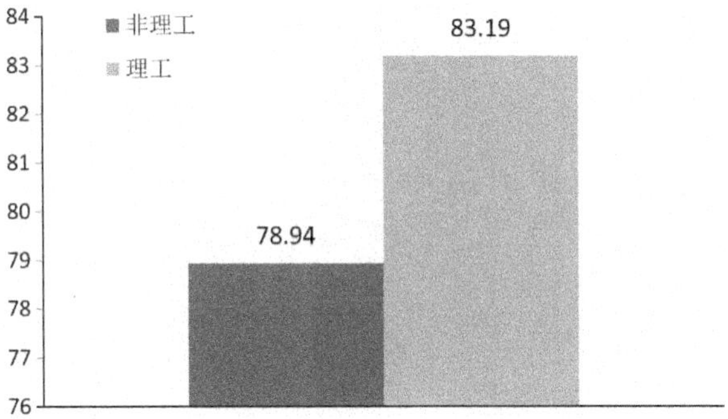

图 3-26　大学在校生平均课余时间（单位：小时）

如图 3-27 所示，非理工科学生将大部分课余时间用于学习和娱乐，分别占课余总时间的 28.16% 和 26.21%，用于恋爱社交和实习兼职的时间占 14.48% 和 12.08%。理工科学生的时间安排结构和非理工科学生差别不大。反映了当代大学生课余时间安排相对合理，课余生活丰富多彩。

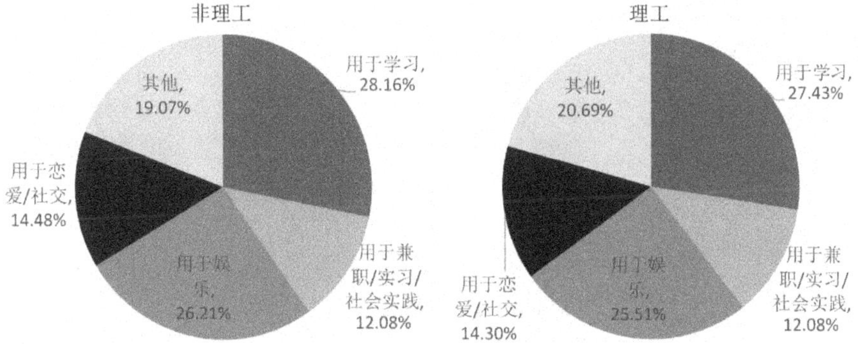

图 3-27　大学在校生课余时间利用

3.6.2　社会实践

图 3-28 显示，71.81% 的非理工科学生参与过社会实践，66.57% 的理工科学生参与过社会实践，可见，非理工科学生参与社会实践的似乎更多。

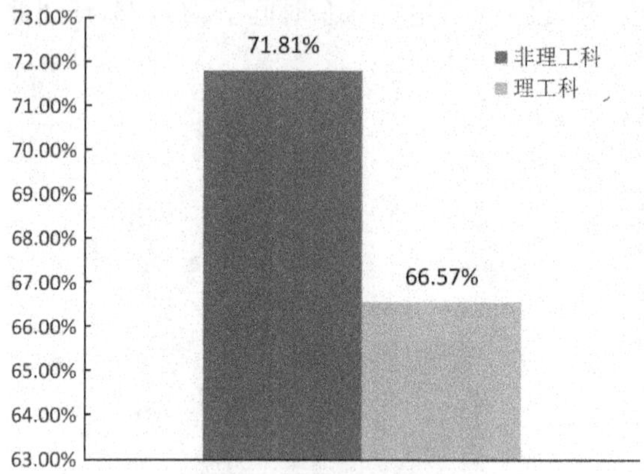

图 3-28　大学在校生参与社会实践的人数占比

如图 3-29 所示，非理工科学生参与社会实践时倾向于选择普通文职类（39. 56%）和零售服务类（36. 24%），参与市场调研类社会实践的非理工科大学生占比达到 32. 86%。理工科学生中参与零售服务类的最多，人数占比达到 33. 61%。参与技术助理类的理工科学生占比居于其次，为 33. 56%。在已列社会实践中，理工科学生参与最少的是普通文职类，而非理工科学生参与最少的是技术助理类。

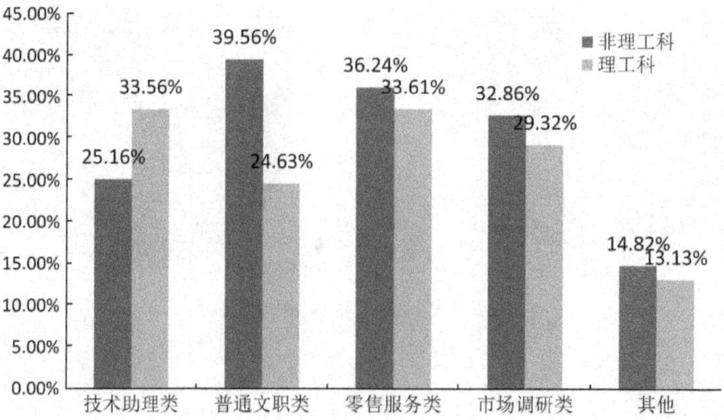

图 3-29　不同专业大学在校生的社会实践选择

图 3-30 显示，有 65. 27% 的非理工科学生认为参与的社会实践与所学专业相关，47. 89% 的理工科学生也如此认为。

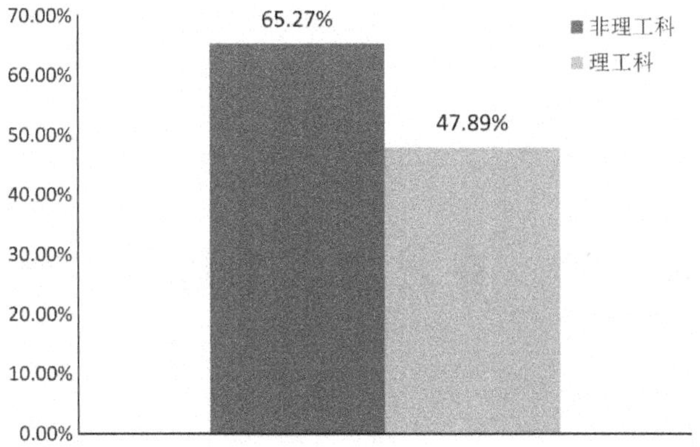

图 3-30　大学在校生社会实践与所学专业相关性

图 3-31 显示，3.55% 的理工科学生和 2.35% 的非理工科学生认为参与的社会实践对将来的职业规划没有影响，2.55% 的理工科学生和 2.35% 的非理工科学生不知道参与的社会实践对将来的职业规划有没有影响，其余的学生都认为社会实践对职业规划有影响。不论参与的社会实践对未来的职业规划的影响如何，大学生应该趁早做好未来规划，积极参与到社会实践中去，积累经验以及学习与同事的相处之道。

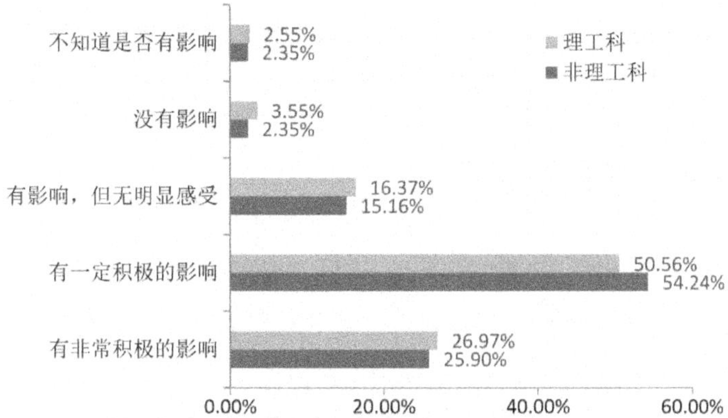

图 3-31　社会实践对不同专业未来职业规划的影响程度

第4章　在校大学生成绩专题

大学生活，比起中小学时期更丰富多彩，对学习成绩的关注程度也相应有所下降，但大学终究还是学生时代，仍脱不了学生的标签——成绩。虽然每个大学的考试机制不同，但学生成绩大致都是按照平时成绩与期末成绩加权平均得来，并且以最终的综合测评为评奖评优的排名依据。

在本报告中，根据CCSLS问卷的设计，在校大学生按成绩排名分成了“大学阶段成绩在班上的大致排名为前5%”“大学阶段成绩在班上的大致排名为前5%～20%”“大学阶段成绩在班上的大致排名为前20%～50%”“大学阶段成绩在班上的大致排名为前50%～80%”和“大学阶段成绩在班上的大致排名为后20%”五组。

4.1　在校大学生成绩的衡量

由于不同学校采用的考试机制不同，同一学校不同专业计算成绩的科目也不同，因此，CCSLS采用成绩排名比例来衡量不同分类在校大学生的平均成绩。具体而言，在校大学生的成绩排名比例的构建如下：

成绩排名比例＝（“大学阶段成绩在班上的大致排名为前5%”人数×2.5%＋“大学阶段成绩在班上的大致排名为前5%～20%”人数×12.5%＋“大学阶段成绩在班上的大致排名为前20%～50%”人数×35%＋“大学阶段成绩在班上的大致排名为前50%～80%”人数×65%＋“大学阶段成绩在班上的大致排名为后20%”人数×90%）/在校大学生总人数。

在校大学生的成绩排名比例衡量特定分组的在校大学生在班上的成绩排名与

班上总人数的比例的均值，取值范围为 0 ~ 100%。如果在校大学生的成绩排名比例为 50%，则表示在校大学生在 100 个人的班里平均排名是第 50 名。成绩排名比例越小，则在校大学生的成绩排名越靠前，表示其成绩越好。

4.2　成绩排名比例

4.2.1　性别差异

如图 4-1 所示，如果对在校大学生按性别分组，可以发现，在校大学生中，男生的成绩排名比例为 38.45%，而女生的成绩排名比例为 33.15%，比男生低 5.3%，也就是说，女生在班上的平均排名比男生靠前 5.3%，这说明在校大学生中女生成绩比男生成绩更好。

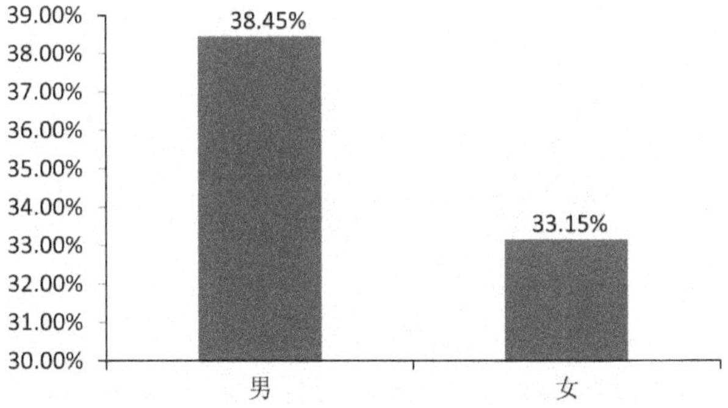

图 4-1　大学生成绩排名比例 – 男生和女生

4.2.2　地区差异

图 4-2 描述了在校大学生成绩排名比例在来自东、西、中部地区学生中的差异。可以看到，来自西部地区的学生最高，为 43.34%；来自东部地区的学生为 34.63%；来自中部地区的学生最低，但也与来自东部地区的学生相差不大，为 33.53%。这表明，来自西部地区的大学生成绩落后于来自东部、中部地区的大学生成绩，而且差距较大，而来自中部地区的学生成绩则又比来自东部地区的学生稍好一点。

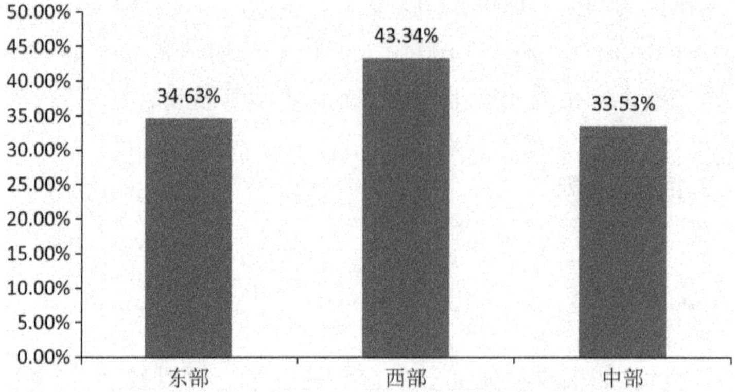

图 4-2　大学生成绩排名比例 – 东、西、中部

表4-1统计了各省（直辖市、自治区）在校生的成绩排名比例。其中，来自浙江、山东、江西的学生成绩排名靠前，分别为26.74%，27.85%和29.68%；而来自青海、新疆、西藏的学生成绩排名靠后，分别为55.76%，56.14%和69.57%。

表4-1　各省（直辖市、自治区）大学生成绩排名比例

序号	省（直辖市、自治区）	学生成绩排名比例
1	浙江	26.74%
2	山东	27.85%
3	江西	29.68%
4	江苏	30.19%
5	河南	30.71%
6	安徽	30.98%
7	广东	31.27%
8	湖北	31.81%
9	福建	32.09%
10	山西	32.48%
11	四川	33.77%
12	河北	33.98%
13	湖南	35.25%
14	内蒙古	35.45%

续表

序号	省（直辖市、自治区）	学生成绩排名比例
15	辽宁	36.33%
16	重庆	37.83%
17	黑龙江	38.44%
18	天津	38.95%
19	陕西	40.28%
20	广西	41.62%
21	吉林	42.13%
22	云南	43.02%
23	甘肃	43.34%
24	海南	44.17%
25	北京	46.22%
26	上海	47.76%
27	宁夏	48.73%
28	贵州	49.49%
29	青海	55.76%
30	新疆	56.14%
31	西藏	69.57%

注：表中不包括港澳台地区学生。

4.2.3　城乡差异

图 4-3 显示了在校大学生成绩排名比例的城乡差异。可以看出，来自农村的大学生成绩排名比例为 36.73%，而来自城镇的大学生成绩排名比例为 35.41%，比来自农村的学生低 1.32%。这说明来自城镇的学生在校成绩比来自农村的学生好，但差距不大。

户籍对城乡大学生的学业选择、学生成绩具有重要的影响，体现为城乡大学生不同的学习目的。城市大学生侧重更早地适应社会和融入社会，而农村大学生侧重学习并为以后进入社会积蓄能量，这种差异性进一步造成了城乡大学生在劳动力市场和城市生活之间的不同境遇（初云宝，2011）。

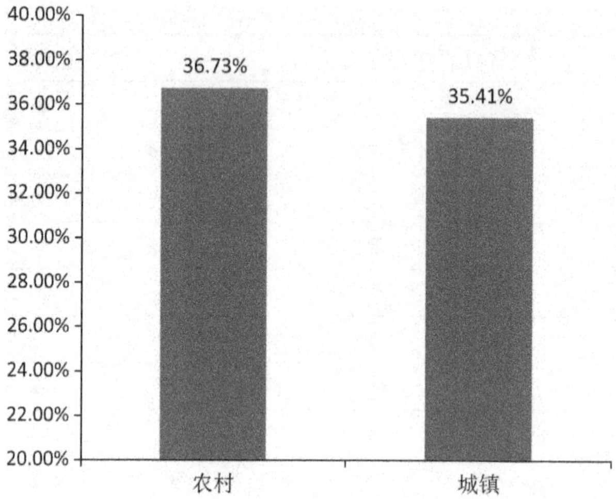

图 4-3　大学生成绩排名比例－农村和城镇

4.3　成绩排名比例的影响因素

4.3.1　影响因素的描述统计分析

成绩排名比例存在着性别差异、城乡差异以及来自不同地区的差异，那么影响成绩的主要因素有哪些呢？这些影响因素的特征如何？天道酬勤是否成立？“拼爹”在成绩上是否管用？目标、兴趣及态度对学习成绩的影响有多大？谈恋爱是否影响学习成绩？以下将对可能影响成绩排名比例的因素进行描述和分析。

图 4-4 描述了不同最高学历期待的在校大学生成绩排名比例差异。可以较明显地看出，期待的最高学历是本科的学生成绩排名比例最高，为 43. 51%；其次是期待的最高学历为硕士的学生，为 34. 48%；期待的最高学历为博士的学生成绩排名比例则最低，为 31. 21%。这说明，期待的最高学历与成绩呈正相关关系，期待的最高学历越高，则当前在校的成绩越好，同时说明有高学历期待的学生往往会对自己的学习要求更严，以便能顺利跨过读研深造的门槛，这一定程度解释了大学中“学霸一般都会继续读研，而本科出来工作的大多都是学渣”这一现象。

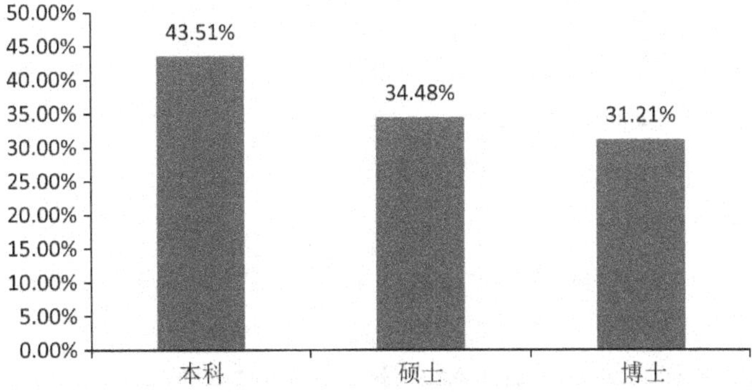

图 4-4　大学生成绩排名比例 – 期待获得的最高学历

图 4-5 分析了大学生对未来职业规划的详细程度与成绩排名比例的关系。可以发现，对未来职业规划的详细程度越高，成绩越好。其中，有非常详细规划的学生平均成绩排名最靠前，为 27.30%；有比较详细规划的为 30.01%；有基本规划的为 35.41%；基本没有规划的为 40.72%；而完全没有规划的学生平均成绩排名最靠后，为 46.65%。

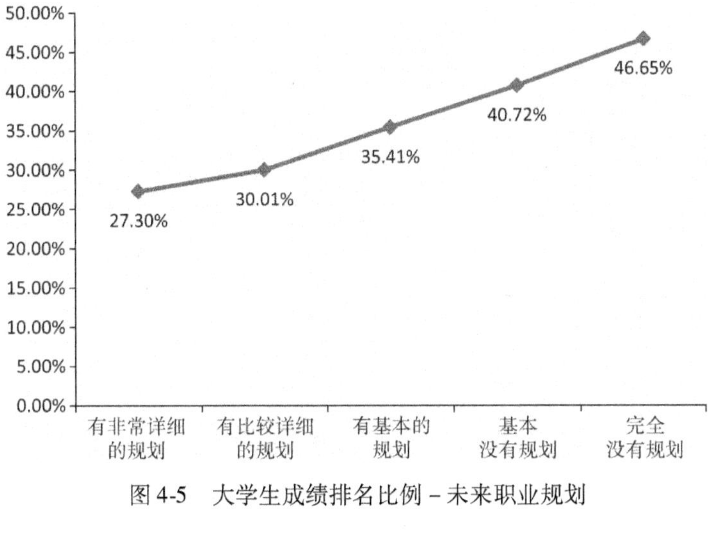

图 4-5　大学生成绩排名比例 – 未来职业规划

从以上的分析可以看出，对未来的期待与规划会影响到在校的成绩，这在一定程度上可以借用期望激励理论（动力 = 效价 × 期望值）来解释。在公平的考试机制下，获得好成绩这样的预期成果也就是期望值；而拥有较高学历期待与较详细职业规划的学生，成绩好对他们带来的效价也越高；促使其努力学习的动力也就越强，成绩也越好。

所谓态度决定一切，学习成绩在很大程度上受学习态度的影响，在 CCSLS 的问卷中，我们将学习态度分成了 8 个方面，从“非常符合”到“非常不符合”，代表该方面的态度从非常端正到非常不端正。

从表 4-2 中可以看出，对所学专业课程感兴趣、制定学习计划、复习功课以及喜欢和别人交流学习经验这四个方面的学习态度对学习成绩影响较大，这些方面态度的两个极端之间的成绩排名比例相差都是 30% 左右。古人云：凡事预则立，不预则废；温故而知新。好的学习计划在很多时候使得后期事半功倍，而及时地复习所学过的知识才能为之后学习新的知识打下牢固的基础。同时，兴趣是最好的老师，如果学习的兴趣都出现了问题，对今后学习的影响不容小觑。此外，与人交流，也同样是一种很好的学习方式，在交流中发生思想碰撞，也是学霸们遨游学海的乐趣之一。

表 4-2　学习态度对在校大学生成绩排名比例的影响

	非常符合	比较符合	符合	比较不符合	非常不符合
您对所学专业课程很有兴趣?	26.17%	32.04%	36.82%	44.01%	54.07%
您很少逃课?	31.58%	36.75%	41.90%	50.78%	54.27%
您会经常制定学习计划?	22.90%	28.93%	36.06%	43.81%	56.07%
您会经常预习功课?	23.68%	28.18%	33.48%	39.58%	45.82%
您会经常复习功课?	24.16%	29.21%	36.87%	43.92%	53.46%
您按时交作业?	32.25%	37.69%	42.55%	49.83%	63.93%
您考试不作弊?	33.83%	37.35%	41.85%	54.41%	57.50%
您喜欢和别人交流学习经验?	27.64%	31.70%	38.64%	45.34%	58.58%
综合学习态度良好	27.78%	32.73%	38.52%	46.46%	55.46%

好的学习成绩不会是凭空而来。一分耕耘一分收获，每一份优异成绩的背后都离不开辛勤的付出。台上一分钟，台下十年功。如果在上课时间大家接收到的信息都是等额的，那么决定你成绩优异与否的一定是自由安排的课余时间。如图 4-6，我们分析了不同成绩排名阶段学生的课余学习时间，发现大致趋势和预计是一致的，排名最前的 5% 的同学课余时间用于学习的相对其他排名段是明显突出的，他们平均课余学习时间约为 27.68 小时。随着排名往后递推，这个时间是逐渐减少的。值得注意的是，排名最后 20% 的同学课余用于学习的时间却比前

50% ~80% 的同学多了约 1.01 小时，这部分同学愿意在课余时间付出更多来弥补学业上的不足是十分积极的现象。相信勤能补拙、天道酬勤，随着一点一滴的积累，这部分同学一定能在原有基础上更上一层楼。

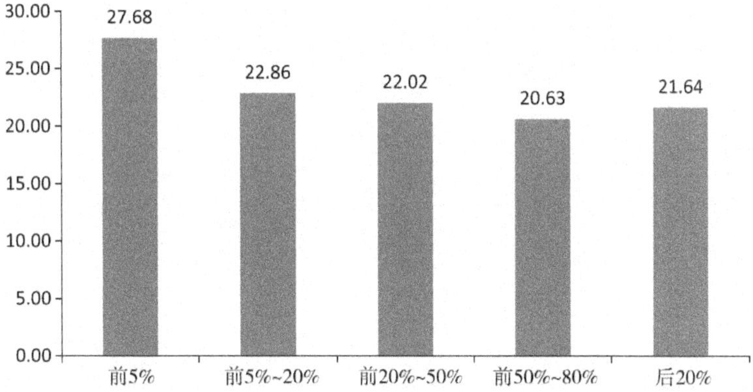

图4-6　各成绩排名阶段的学生平均每周课余用于学习的时间（单位：小时）

家庭对于孩子的成长至关重要，古代有书香门第代代相传的传统，今天也有虎妈狼爸教育下的高才案例。在现代社会中，许多观点认为父母是孩子的第一任老师，父母辈的高智商、高学历或多或少会影响或者遗传给下一代。随着生活成本和教育成本的提高，许多人也认识到家庭收入与子女受教育程度密不可分。在这次调查中，我们将父母的文化程度与家庭年平均收入提取出来作为重点调查对象。

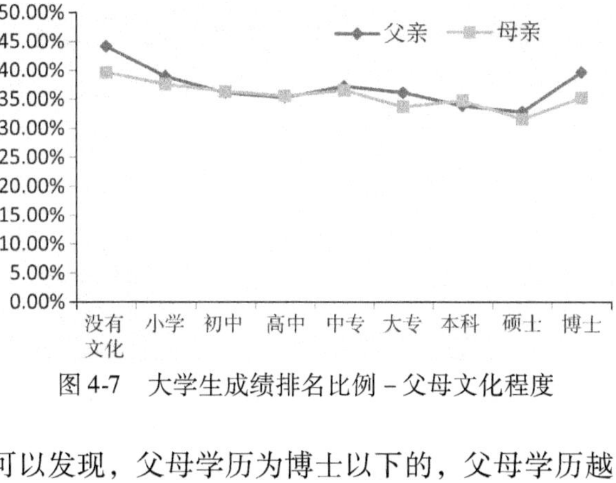

图 4-7　大学生成绩排名比例 – 父母文化程度

从图 4-7 中可以发现，父母学历为博士以下的，父母学历越高，学生在校成绩的排名也就越靠前。这与社会大众的主流观点是基本一致的。但是分界点出现在博士学历，在这一分水岭后，数据完全背离了前期结论且与社会主流观点反向，这些父母学历为博士的学生，成绩反而变差了。一个可能的解释是：博士家长的子女同样还是受家庭文化的熏陶，但不同的是，他们更注重学习的过程和知识的获取，而非成绩排名。

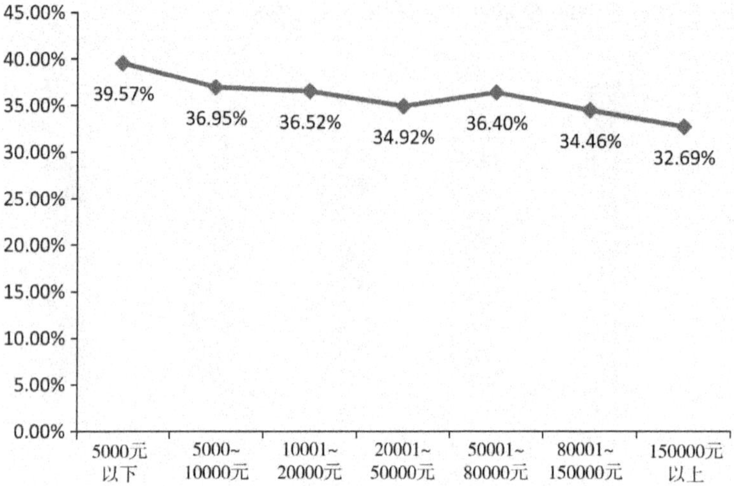

图 4-8　大学生成绩排名比例 – 家庭年平均收入

图 4-8 反映了大学生成绩排名比例与家庭年平均收入的关系。现在教育成本逐年上升，家庭年收入是否会影响到大学生的成绩排名呢？从调查结果中可以发现，家庭年平均收入在 5000 元以下的学生成绩排名比例最高，也就是成绩排名最靠后，为 39. 57%。家庭年平均收入在 150000 元以上的学生成绩排名比例最低，也就是成绩排名最靠前，为 32. 69%。这也反映出了家庭年收入与大学生成绩排名是具有一定正相关性的。结合曲线的趋势可以看出，随着家庭年平均收入的提高，学生成绩有变好的趋势。

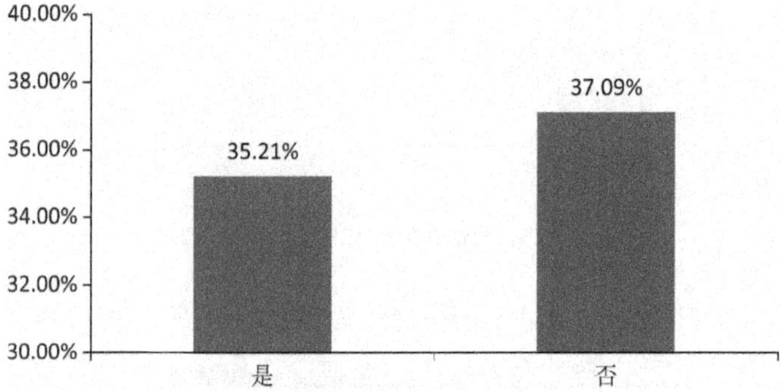

图 4-9　大学生成绩排名比例 – 是否参加过社会实践

图 4-9 表示是否参加过社会实践的大学生的成绩排名比例差异。实践和知识

孰轻孰重一直是大学教育争论的焦点，一直被认为是鱼与熊掌的矛盾问题，我们的调查从这一角度切入，进行了分析。可以发现，参加过社会实践的大学生平均成绩排名靠前，为前 35. 21%，而没有参加过社会实践的学生成绩排名比例为 37. 09%。这说明参加社会实践和学习成绩是正相关的，参加社会实践可能有助于学习成绩的提高。

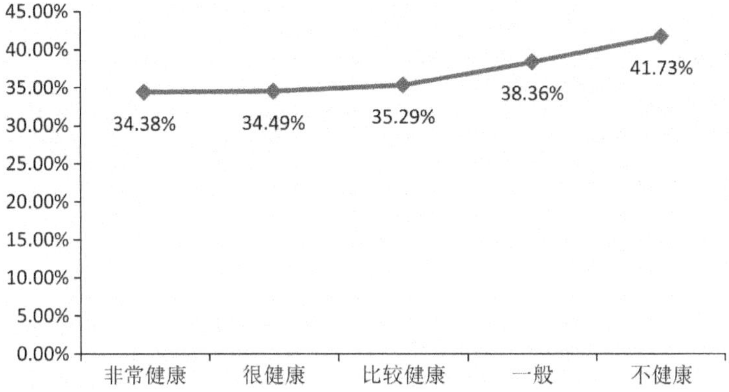

图 4-10　大学生成绩排名比例 – 认为目前自己的健康状况

图 4-10 描述了大学生成绩排名比例与自我健康状况感觉的关系。可以看到，认为自己非常健康的学生平均成绩排名最靠前，也就是成绩最好，为 34. 38%。而认为自己不健康的学生平均成绩排名最靠后，也就是成绩最差，为 41. 73%。可见，"身体是革命的本钱"这句俗语也许在一定程度上是正确的。学习成绩和健康状况呈现正相关的关系。

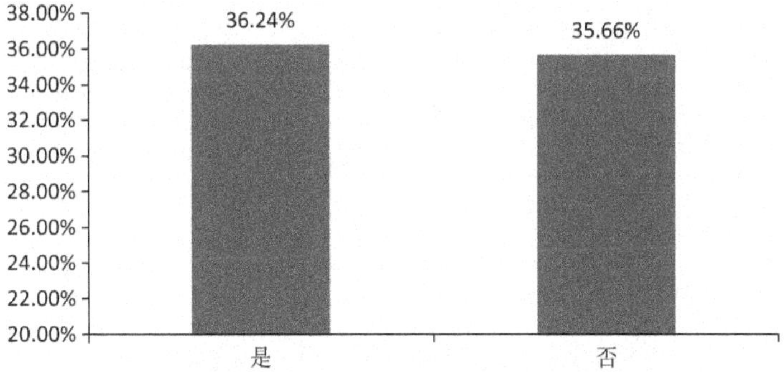

图 4-11　大学生成绩排名比例 – 是否正在谈恋爱

图 4-11 反映了大学生成绩排名比例与是否正在谈恋爱的关系。可以发现，没有谈恋爱的学生成绩稍微好一些，排名比例为 35. 66%，而正在谈恋爱的学生

成绩排名比例为36.24%，但两者相差不大。

4.3.2 影响因素的回归分析

我们通过回归分析模型分析了影响大学生成绩排名比例的因素，具体结果如表4-3所示。

表4-3 影响大学生成绩排名比例的因素分析

因素		是否显著	边际效应
期待获得的最高学历		显著***	期待的学历越高，成绩越好。期待的最高学历高一个等级，成绩排名比例下降4.36%
对未来的职业规划		显著***	对未来的职业规划越详细，成绩越好。对未来的职业规划更详细一个等级，成绩排名比例下降1.73%
学习态度	对专业课程很感兴趣	显著***	越有兴趣，成绩越好。对专业课程的兴趣每升一个等级，成绩排名比例下降1.87%
	很少逃课	显著***	逃课越少，成绩越好。逃课频率每上升一个等级，成绩排名比例上升2.22%
	经常制定学习计划	显著***	常常制定学习计划有利于成绩提升。制定学习计划的频率每上升一个等级，成绩排名比例下降3.22%
	经常预习	不显著	—
	经常复习	显著***	常常复习对提升学习成绩的帮助很大。复习频率每上升一个等级，成绩排名比例下降2.28%
	按时交作业	显著***	按时交作业的频率越高，成绩越好。按时交作业的频率每上升一个等级，成绩排名比例下降1.37%
	考试不作弊	不显著	—
	喜欢和别人交流学习经验	显著***	喜欢交流学习经验的同学，成绩不会差。对和别人交流学习经验的喜欢程度每上升一个等级，成绩排名比例下降1.98%
平均每周课后用于学习的时间		不显著	—
家人文化程度	父亲	不显著	—
	母亲	不显著	—

续表

因素	是否显著	边际效应
家庭年平均收入	显著***	成绩好的同学还部分得益于家境好。家庭年平均收入每增加 1000 元，成绩排名比例下降 0.02%
是否参加过社会实践	不显著	
认为目前自己的身体状况	显著*	健康的身体学出好成绩。认为自身身体状况更良好一个等级，成绩排名比例下降 0.47%
是否谈过恋爱	不显著	—

注：***，**和*分别代表 1%，5%，10% 显著水平上显著。

4.4　总结

从以上分析发现，不同性别与来自不同地区的大学生在校成绩存在差异，其中，女生成绩稍好，来自较发达地区的学生成绩相对较好。

在对成绩影响因素的分析中发现，期待的最高学历、对未来的职业规划、学习态度以及家庭收入都会对学习成绩有较大程度的影响，身体状况、参加社会实践也都或多或少地影响学习成绩，但对父母文化程度这一影响因素进行分析时却又得到了意想不到的结果，值得往后深入探究。

第5章　投资与消费

投资与消费对一个人的一生影响十分巨大，尤其是大学生。通过个人投资赚得盆满钵满，通过个人合理消费将生活品质提升几个档次者毕竟是少数，但大学生是可以实现财富积累、实现自身价值和合理的投资与消费目标的。学会投资，对于一个精神财富相对富有，而物质财富相对匮乏的大学生来说是一个很重要的人生技能。学会消费，不仅是为大学生活增添乐趣，更是为走出校门后的扬帆起航攒足经验。愿每一个大学生都能在相对较少的物质财富下享受到生活的较大乐趣。

本部分将利用 CCSLS 所提供的相关数据报告大学生投资与消费相关内容，包括大学生生活资金来源、每月经济状况、理财产品投资（重点为股市投资）、每月花费情况、相关消费习惯、个人居住情况等方面的数据分析。数据来源丰富，相关分析全面，可以全面反映当代大学生投资与消费的各项情况。

通过上述数据分析，本部分在大学生投资与消费领域得出丰富结论。不论是在校生还是毕业生，由于性别、地区、年级不同而在投资与消费各项中表现差距巨大。从总体来看，大学生仍是投资消费比较理性的社会群体。由于自身可用于投资消费的资金不足，大学生各项投资消费趋于保守。

5.1　投资

掌握丰富的投资技巧将对整个人生财富的积累提供巨大帮助，而在大学期间养成良好的投资习惯则显得尤为重要。本节将由 CCSLS 数据分析大学生财产与经济状况、投资偏好、股票投资、虚拟币投资等方面的情况。相关结论包括：大学生生活开销主要来自父母亲戚，东部大学生拥有的资产与投资金额相较于中西部大学生更多，大学生投资相对保守，虚拟币投资较少，等等。

5.1.1　财产与经济状况

2015—2016 年 CCSLS 数据显示，95.50% 在校生生活开销来自父母亲戚（见图 5-1），而只有 4.50% 的同学会利用勤工俭学、奖学金以及投资收益解决生活开销问题，女生相较于男生更依赖于父母亲戚对其大学生活来源的资助。当今大学生依然受传统观念影响，生活开销主要来自父母亲戚。我们应提倡大学生在不耽误本身学习生活的前提下，通过合适的方式在一定程度上解决生活来源问题，学校相关部门也应提供适当帮助。

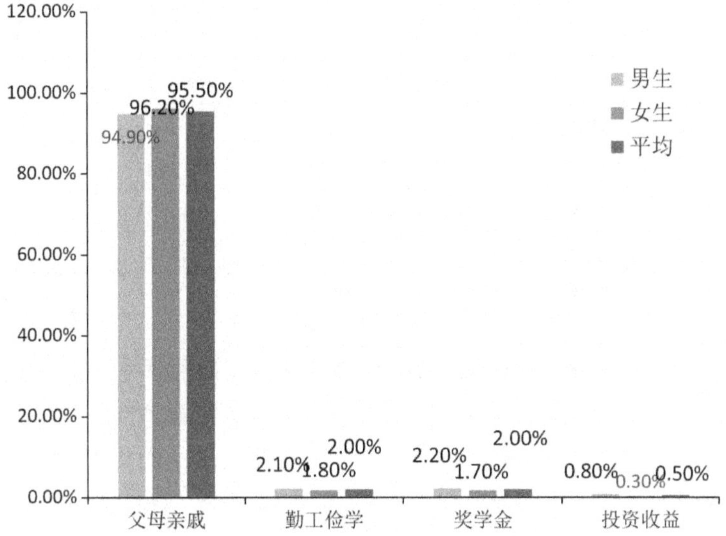

图 5-1　大学生生活开销来源（在校生）

在校生普遍握有一部分可用财产，如表 5-1 所示。大部分在校生握有 1000 元以上资金，西部较东中部差距明显，男生比女生贫穷。平均数明显大于中位数，表明大多数在校生财产较少，也有小部分在校生拥有较多财产。地区财富的显著差异也体现在大学生所拥有的财产上，而来自同一地区的大学生拥有财产差异也较大。广大大学生应树立正确的财产保护观，严防社会中的各种诈骗行为，合理利用自己的各项财产。

表 5-1　在校生财产中位数及平均数

性别	数据类型	东部	西部	中部
男	中位数/元	1500	1000	1265
	均值/元	3773	2641	3004
女	中位数/元	2000	1500	2000
	均值/元	4594	4001	3157

毕业生普遍握有一部分可用财产。如表 5-2 所示，大部分毕业生财产数目达 10000 元以上，东部地区毕业生财产占明显优势，男生比女生富有。平均数明显大于中位数，表明大多数毕业生财产较少，也有小部分毕业生拥有较多财产。地区发展差异引起了拥有财产的差异。在毕业生群体中，男生财产明显多于女生财产，证明男生更多考虑了未来生活压力。

表 5-2　毕业生财产中位数及平均数

性别	数据类型	东部	西部	中部
男	中位数/元	20000	17500	10000
	均值/元	33917	41605	23123
女	中位数/元	10000	5000	10000
	均值/元	17190	7550	20575

如图 5-2 所示，大部分在校生的每月财务状况中没有赤字，其中不少在校生月底还有或多或少的盈余。当然，每月财务中拥有大量盈余的在校生为少数。值得注意的是，在校生中城市学生比农村学生月底盈余者比例更大。

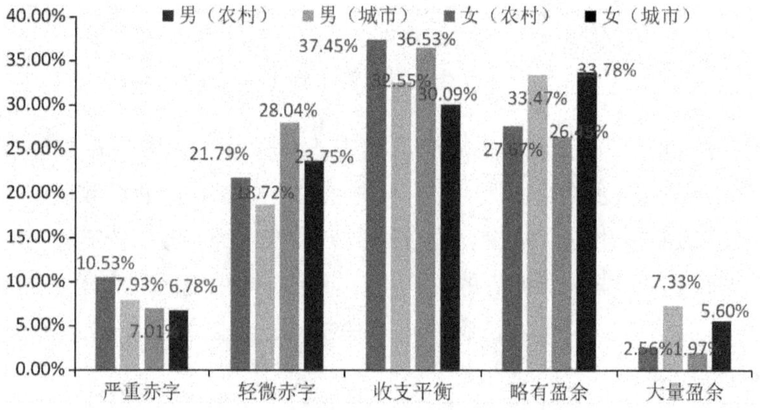

图 5-2　在校生月底经济状况

如图 5-3 所示，绝大多数毕业生的每月财务状况中没有赤字，过半的毕业生月底都有或多或少的盈余。付晓丽（2009）发现大学生群体消费出现超前化的趋势，而我们的调查表明，得益于中国强调培养节俭的好习惯，中国高校的学生在规划个人消费上较为理性。值得注意的是，毕业生中来自农村的女性比其他调查对象盈余更多。无论是在校生还是毕业生，中国传统的节俭习惯一直影响着大学生的生活。赤字将在一定程度上影响大学生活，我们应倡导大学生根据自己已有财产适度且合理地投资消费。

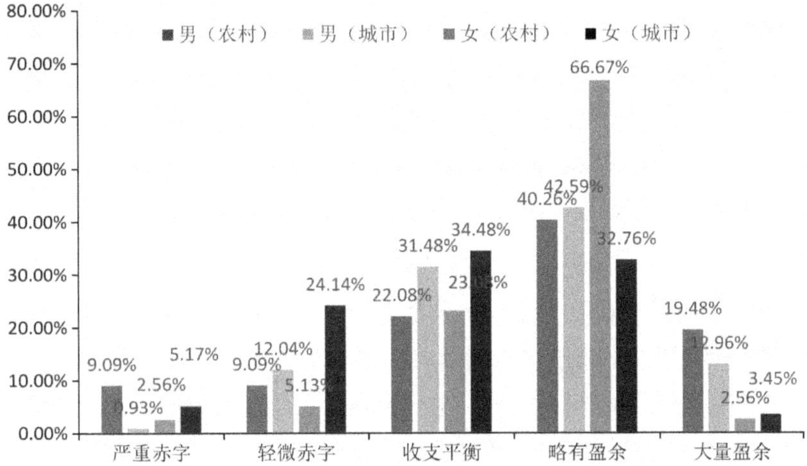

图 5-3　毕业生月底经济状况

5.1.2　投资偏好

如图 5-4 所示，根据 2015—2016 年调查数据，基金类理财产品在在校生中受欢迎程度最高，且远高于其他种类的理财产品。极少数在校生喜欢外汇类理财产品。东部在校生相较于中西部在校生更爱基金类产品。

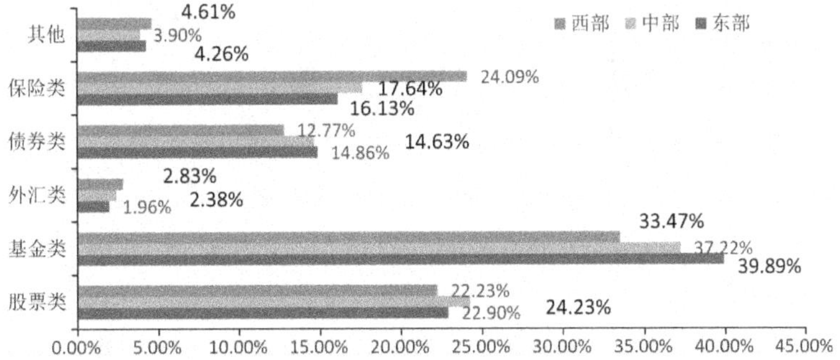

图 5-4　在校生理财产品选择

毕业生中选择基金类理财产品的占比将近一半，远高于其他种类的理财产品，如图5-5所示。只有极少数毕业生喜欢外汇类理财产品。相较于中西部毕业生，东部毕业生更爱基金类产品。

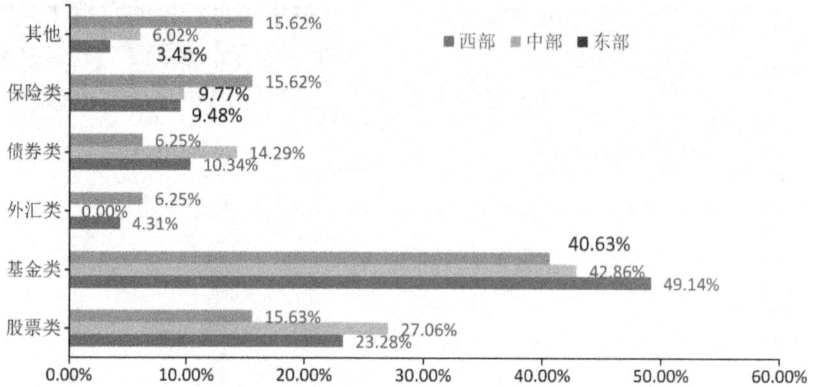

图5-5　毕业生理财产品选择

对于在校生或是毕业生来说，基金类理财产品受欢迎很大程度上是因为其稳定性与收益性都较高，说明广大大学生更喜欢稳定与收益兼具的理财产品，拥有一定的投资理性。大学应在日常教育中注意培养大学生合理有效的投资思维，而政府也应为全体投资者提供一个良好的投资环境。

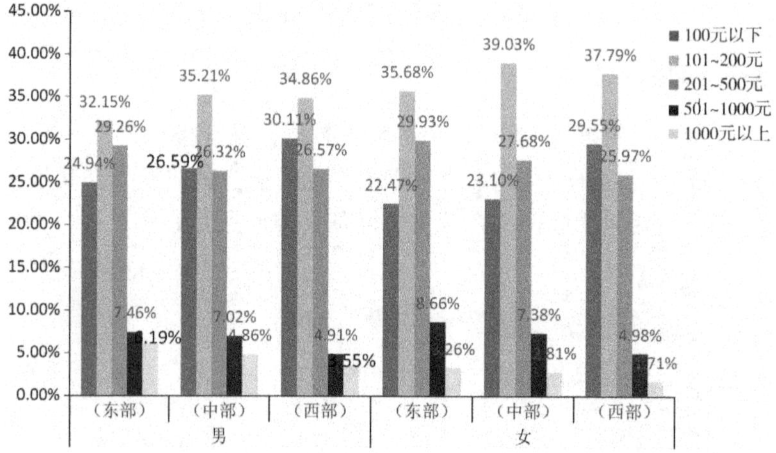

图5-6　在校生每月投资能承受金额占比

根据自身所有财富数量，较多的在校生每月能承受101～200元的中小额投资，其中女生比男生更偏爱这一选项。只有11.00%的在校生作为风险偏好型投资者，会接受每月 500 元以上的投资金额，如图 5-6 所示。相较于中西部学生，东部学生风险偏好程度更大。方洁（2015）认为大学生的理财参与程度与自身经济实力有关。东部地区的学生在资金方面占优，能够更多地参与到投资理财当中，而中西部地区的学生由于经济实力薄弱，参与投资理财具有明显的障碍。广大在校生用于投资的资金较少且自身投资意愿也较弱，学校应设置相关的有质量的课程，提高大学生投资能力。社会投资环境不完善也是阻碍大学生投资的因素，政府相关部门应努力解决投资整体环境的问题。

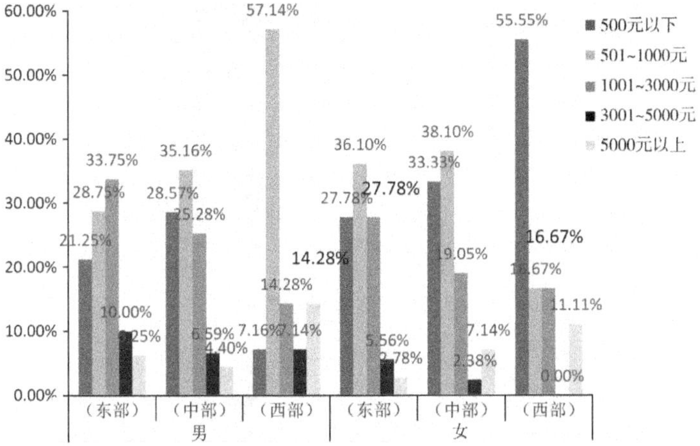

图 5-7　毕业生每月投资能承受金额占比

根据自身所有财富数量，各类别毕业生每月能拿出来投资的金额差距较大，如图 5-7 所示。来自西部的男生中有 57.14% 愿意每月做 501 ~ 1000 元的中小额投资，而来自西部的女生 55.55% 只愿意每月投资 500 元以下。相对来说，501 ~ 1000 元中小额投资依然是大部分毕业生的首选。毕业生有着增加收入的压力，小额投资无疑是毕业生的最佳选择。毕业生们切忌盲目投资，用于投资的资金尽量不影响自身生活质量和未来规划。

5.1.3　股票投资

鉴于家庭理财教育对大学生的投资消费行为的重要影响作用（钟扬，2013），我们对大学生父母的理财行为进行了深入调查。

如图 5-8 所示，在校生调查对象的父母中只有小部分炒股，而且农村父母为股民的人数占比大大低于城市父母。

如图 5-9 所示，毕业生调查对象的父母中只有小部分炒股，而且农村父母为股民的人数占比大大低于城市父母。

不论是在校生还是毕业生，来自城市的大学生中父母为股民的比例明显大于农村父母中的股民比例，显示了城乡居民收入差距较大的不争事实。希望广大父母股民合理投资，为儿女树立良好的投资榜样。

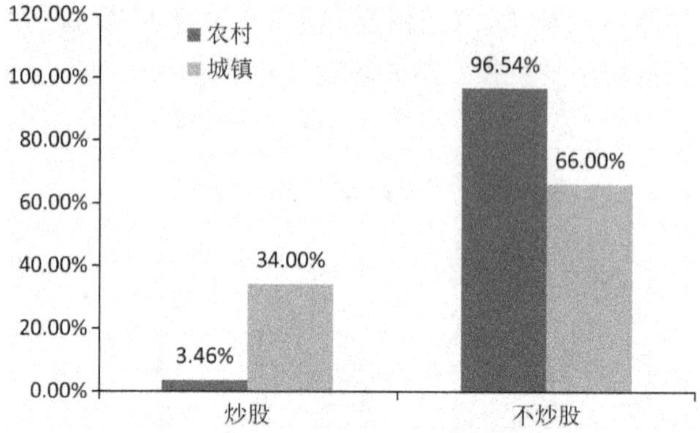

图 5-8　在校生父母炒股情况

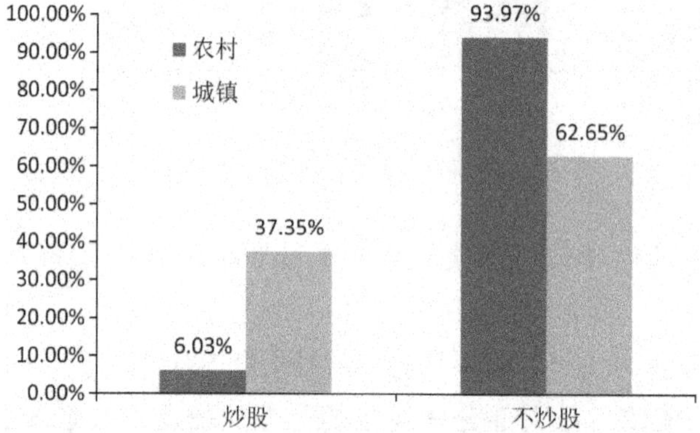

图 5-9　毕业生父母炒股情况

如图 5-10 所示，在校生中 54. 16% 的城市父母股民以及 30. 30% 的农村父母股民都略有收益，占比最多。但从总体来说，农村与城市父母股民炒股收益情况并无明显差异。

如图 5-11 所示，毕业生中无论是农村还是城市，其父母股民略有亏损及略有收益的占比都较大。在在校生和毕业生群体中，父母股民的投资习惯、投资收益情况、风险偏好度将在一定程度上影响大学生自身投资习惯的养成。广大大学生可以借鉴父母股民的投资行为，逐步形成适合自己的投资观。

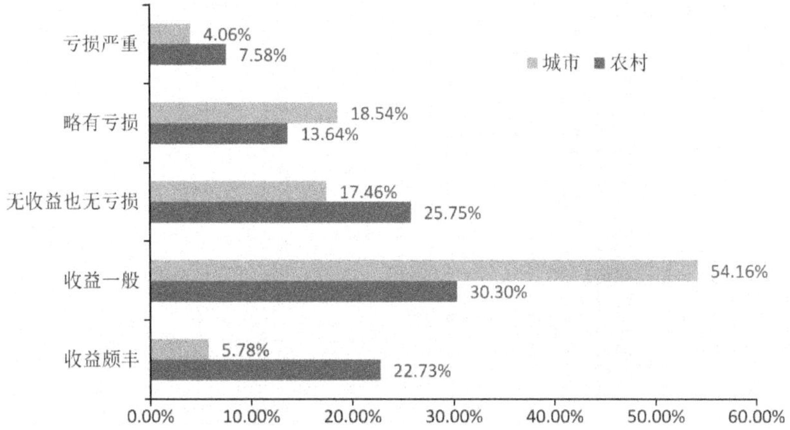

图 5-10　在校生父母股民各收益情况占比

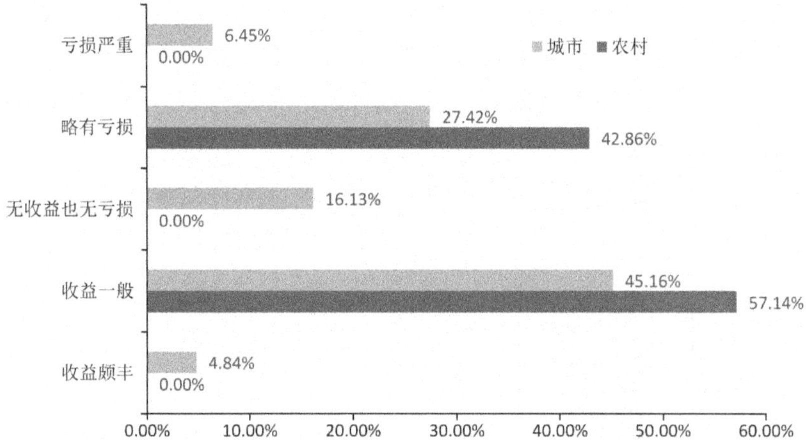

图 5-11　毕业生父母股民各收益情况占比

如图 5-12 所示，绝大多数的在校生并未投资股市，5000 元以上的投资者更是寥寥无几。来自城市的大学生投资股市的占比比来自农村的学生大。由于自身财富匮乏，学习压力较重，股市风云莫测等因素影响，大部分在校生不会进行股市投资。在全民炒股现象愈演愈烈之时，不少大学生也加入其中。值得注意的是，大学生群体可能由于思想不成熟、抗压能力较弱等原因，导致炒股失败，波及日常学习与生活（张雨露 等，2015）。因此，大学生应加强对股市的了解，掌握整个经济状况以及相关政策。在这一方面，学校也可以通过设置股市知识平台等方式切实有效地帮助大学生。

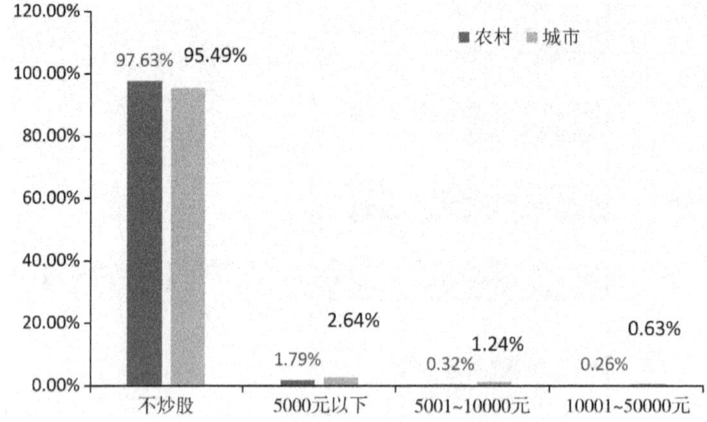

图 5-12　在校生投资股市资金情况占比

如图 5-13 所示，毕业生中投资股市者较少，且投资数目在 5000 元以下的投资者在股民中占大多数。若不对比投资数目，来自农村的毕业生中股民比例小于来自城市的毕业生。毕业生虽然有一定经济来源，但生活压力大、股市经验不足等原因减少了其投资热情。适度且合理的投资可以在一定程度上增加毕业生的收入。为大学生创造规范良好的投资环境，引导大学生理性投资，可以促进整体经济的发展。

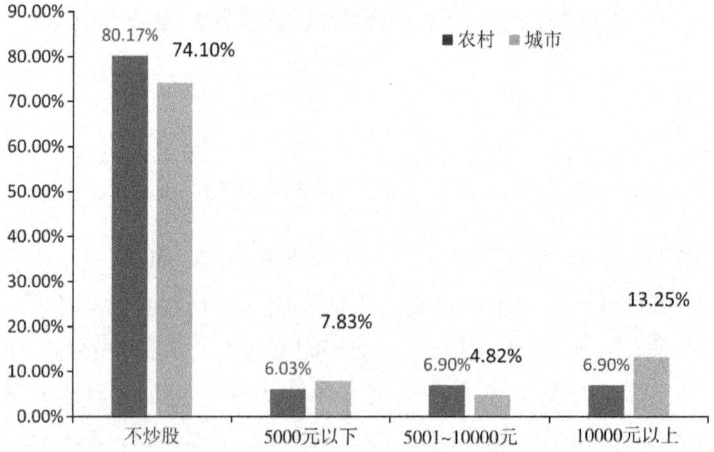

图 5-13　毕业生投资股市资金情况占比

如图 5-14 所示，大多数在校生只持有 0 ~ 2 只股票，女生相比于男生持股只数在 3 ~ 5 只范围内的占比更大，持股在 5 只以上的男生远多于女生。大学生投资股市的相关知识与经验不足、自身用于这方面的精力有限，决定了大学生持股只数较少。集中精力与资金于少数股票适合大学生的投资情况，但也在一定程度上增大了投资风险。

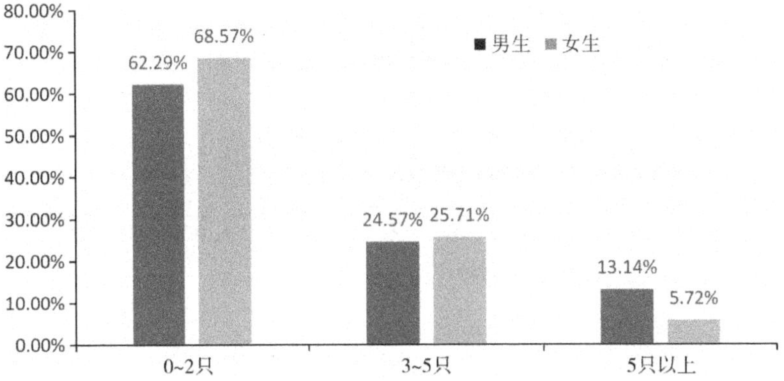

图 5-14　在校生持股票只数占比

图 5-15 表示不同性别在校生买入股票平均持有期，其中，男生更倾向于持股票一个月以内，而女生则一般持股票一个月以上。每位投资者都有不同的股票持有期限爱好，大学生也是如此，我们应尊重每一位投资者的偏好。每位大学生投资者也应努力辨清市场形势，根据自我判断，综合分析出最好的买进和卖出时间，做一个成功的投资人。

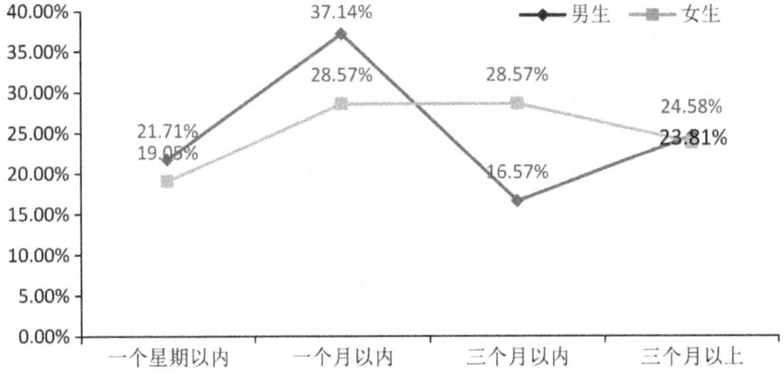

图 5-15　在校生买入股票平均持有期

如图 5-16 所示，32. 38% 的在校女生和 32. 57% 的在校男生只能接受自己股票 10% 以下的亏损，然而也有 38. 10% 的女生和 34. 29% 的男生可以接受股票亏损 20% 以上。女生相较于男生更能接受股票的亏损。

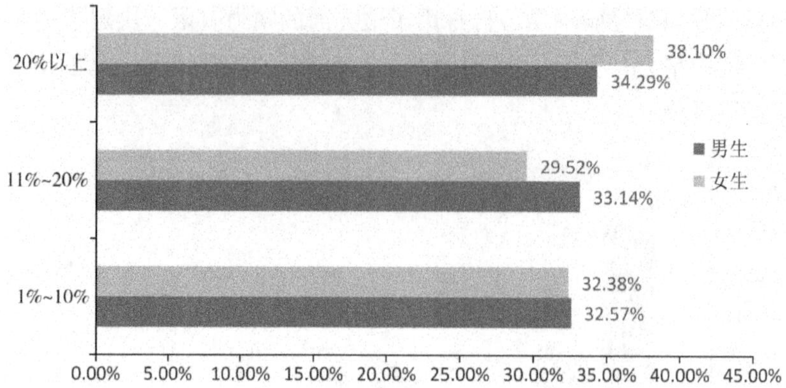

图 5-16　在校生承受股票亏损极限占比

如图 5-17 所示，毕业生在承受股票亏损极限上男女差异较大。毕业生中男生接受股票亏损较大与亏损较小的人数相当，分别为 48. 94% 与 51. 06% 。女生较于男生明显能接受股票的高亏损。无论是在校生还是毕业生，承受股票亏损极限主要取决于自身用于投资的资金数量和风险偏好程度，大学生对于股票亏损的接受极限差距较大，再一次体现了他们的财产数量与风险偏好的差异。

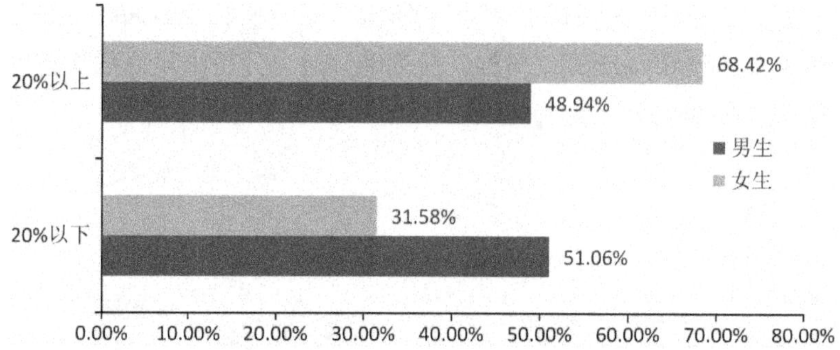

图 5-17　毕业生承受股票亏损极限占比

如图 5-18 所示，只有 29. 52% 的在校女生和 24. 57% 的在校男生在股票盈利 20% 以上时将其卖出，大多数在校生会在股票盈利 10% 以下时将其卖出。男生较于女生对盈利要求更低。大部分在校生对股票的盈利要求较低，相对理性。毕竟大部分在校生作为初入股市的投资新手，获得大量收益比较难以实现，应以学习股市相关知识，培养良好投资技巧为主，争取在可见的将来做一位优秀的投资者。

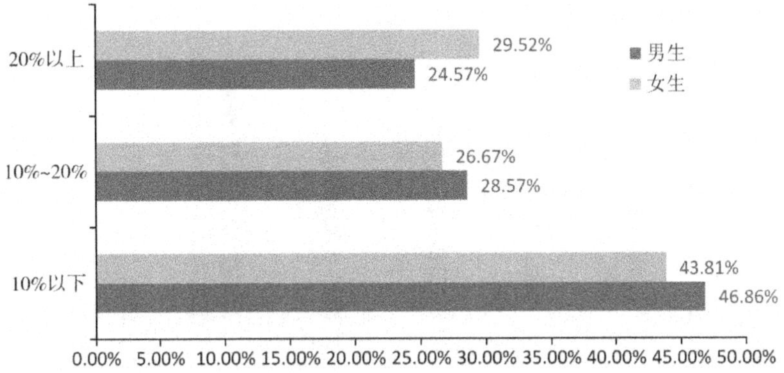

图 5-18　在校生卖出盈利股票时的盈利率占比

如图 5-19 所示，毕业男生中有 61.70% 能接受股票盈利率在 20% 以下时将股票卖出，而这一数据在女生中只有 21.05%。另一方面，有 78.95% 的毕业女生只有在股票盈利 20% 以上时才将其卖出。毕业生中男女卖出盈利股票时的盈利率大不相同，凸显了男生在相较于女生未来压力更大的情况下，在一定投资理性基础上不愿冒更大风险。

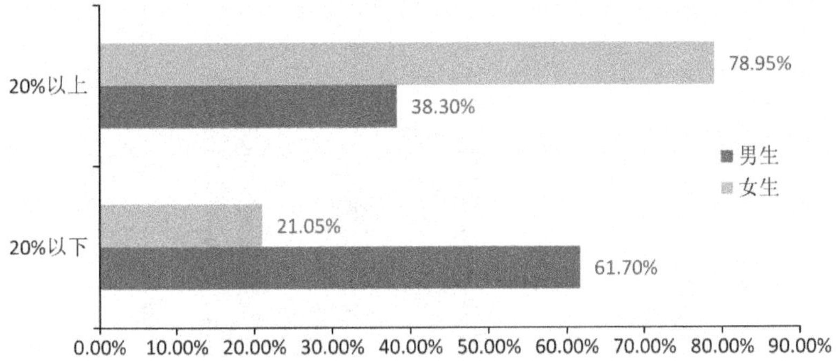

图 5-19　毕业生卖出盈利股票时的盈利率占比

如图 5-20 所示，只有 33.30% 的在校生认为大盘将出现较大变化（包括大跌、大涨和剧烈波动），认为大盘将缓慢上行的人数最多，占比为 34.59%。来自城市的在校生比来自农村的在校生对于股市估计更为保守。

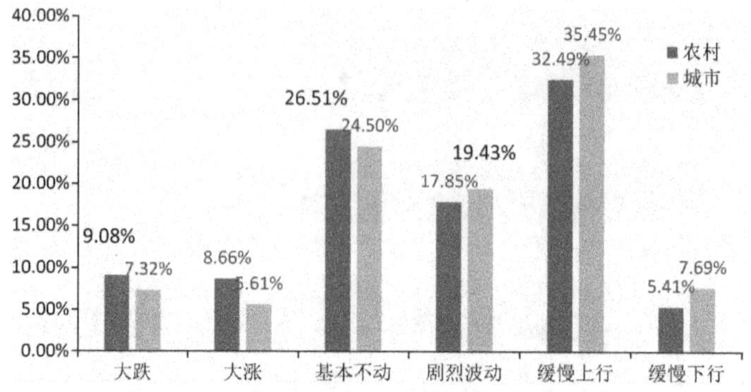

图 5-20　在校生对于中国股市大盘的看法

如图 5-21 所示，大部分毕业生对于中国股市大盘估计较为保守，占比为 73. 05%（包括基本不动、缓慢上行和缓慢下行），其中认为大盘将缓慢上行的人数最多，占比为 37. 23%。来自城市的毕业生比来自农村的毕业生对于股市估计更为保守。对于股市大盘的估计是基于对中国整体经济的估计。大学生对于中国股市大盘估计较为保守，但也普遍乐观，体现了不管是在校生还是毕业生都拥有不错的市场预期，他们对于中国经济稳步向前充满期待。

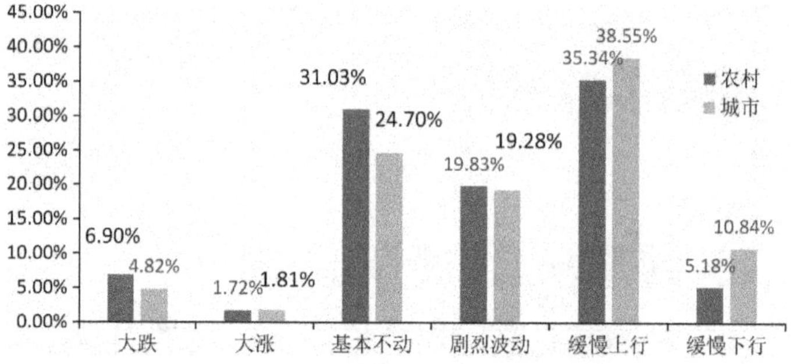

图 5-21　毕业生对于中国股市大盘的看法

5. 1. 4　虚拟币投资

如图 5-22 所示，将近半数的在校生投资过虚拟币，但这一群体几乎都是投资于日常生活中最常见的 Q 币。2014 年和 2015 年入学的在校生，投资虚拟币的比 2013 年及以前入学的多。虚拟币作为新兴的投资方式，引起了大学生的投资兴趣，但由于其不稳定性以及相关行业的不成熟，大学生投资虚拟币应持谨慎态度，政府有关部门应加强对于虚拟币投资领域的管理。

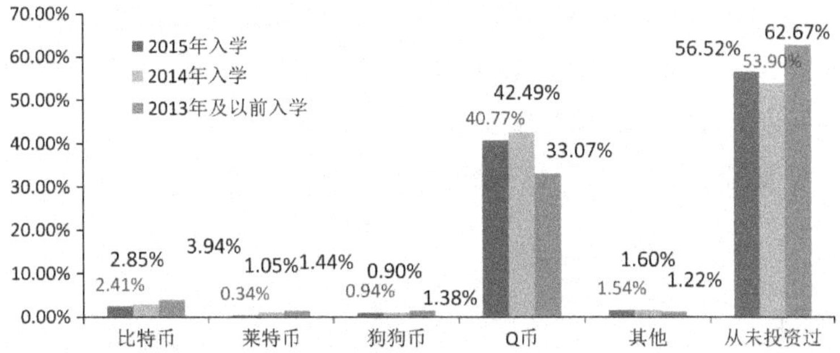

图 5-22　在校生投资虚拟币占比

注：此调查为多选题，所以会出现频率加总不为 1 的情况。

5.2　消费

消费是大学生每日都要面对的话题，合理的消费对大学生生活水平的提高有很大帮助，使大学生在有限的消费水平下享受较大的效用。本节将由 CCSLS 数据分析大学生消费各方面的情况，包括消费观、网购、居住情况等。相关结论包括大学生每月花费存在地区差异、大学生消费较为理性且消费观念正确、大学生买房负担较重等。

5.2.1　消费情况

如图 5-23 所示，2015—2016 年 CCSLS 数据显示，在校生平均每月消费为 1370.58 元，属正常消费范围。东部在校生每月花费相较于中西部在校生更高。由于地区发展水平差异，在校生每月花费也存在地区差异。国家一直致力于缩小地区发展水平差异，高校也加大了对来自落后地区的贫困大学生的资助。

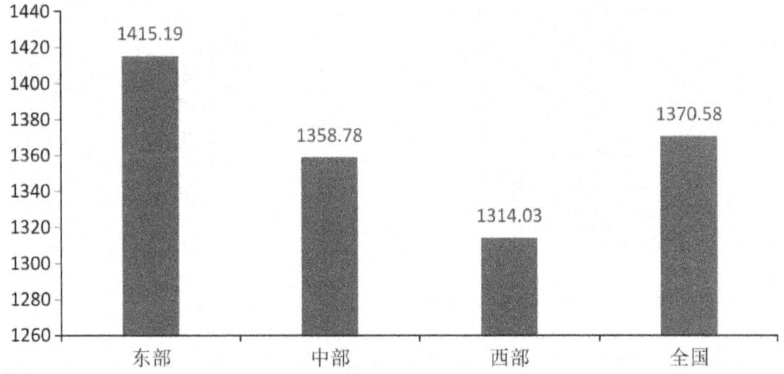

图 5-23　在校生每月平均花费（单位：元）

如图 5-24，毕业生每月平均花费较多，达 2887. 48 元。来自农村与城市的毕业生每月花费有一定差距，城市毕业生月均消费金额接近农村毕业生的 1. 5 倍，这也在一定程度上反映了我国的城乡差距。但随着工作经验的积累，毕业生来自农村或城市对他们每月平均花费的影响越来越小。

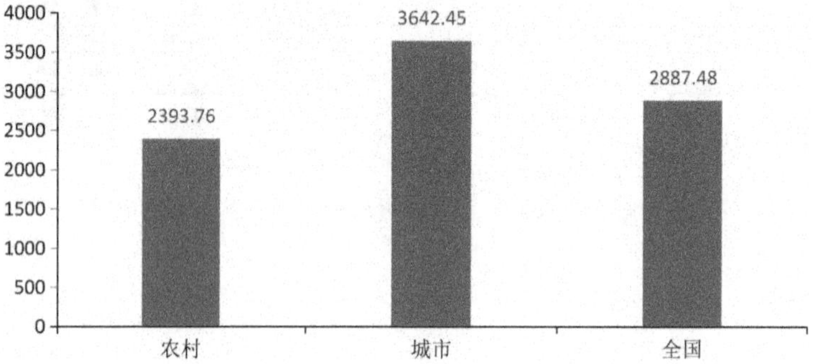

图 5-24　毕业生每月平均花费（单位：元）

如图 5-25 和图 5-26 所示，不论男生还是女生，在校生日常消费呈现多样化，伙食消费仍是主要消费所在，占比达 53. 87% 。女生在衣服饰品及日用品方面消费占比明显多于男生。在男女消费结构差异上，社会认同或者期许仍有显著影响（陆汉文，1999）。学习约占 4% ，而社交娱乐则近 8% ，说明总体上在校大学生消费较为集中、种类丰富，但是合理程度有待提升。

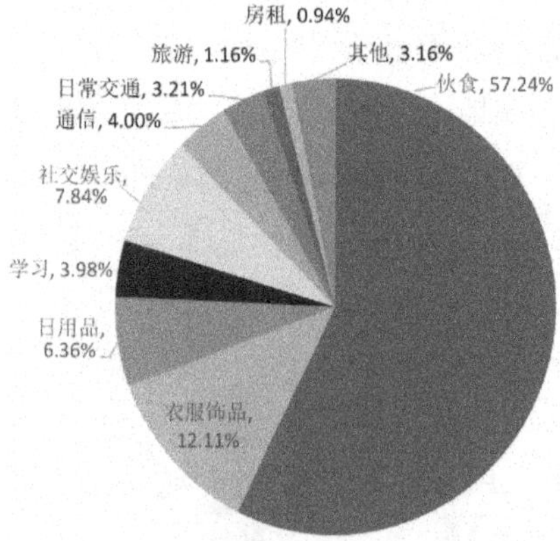

图 5-25　在校男生每月具体花费占比

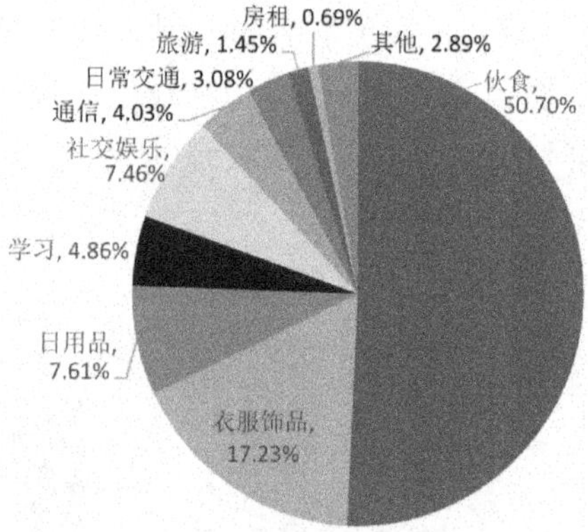

图 5-26　在校女生每月具体花费占比

如图 5-27 和图 5-28 所示，毕业生消费种类丰富，以衣食住的消费为主，占比达 77. 35% 。女生在衣服饰品、日用品以及房租方面消费占比明显多于男生。

不论男生还是女生，毕业生日常消费呈现多样化，衣食住以及社交娱乐消费是主要消费所在。胡娟（2003）认为家庭的过度关爱、社会上不正确消费观的影响、学生自身的不成熟，以及教育监管的不到位均可能影响大学生的消费行为。毕业生生活压力较大，各项消费相较于校园生活有所提高，毕业生切忌攀比心理，切忌过度消费。合理规划自己的各项消费是人生中非常重要的事，大学毕业生需早日成长为经济上完全独立的个体，理性合理消费。

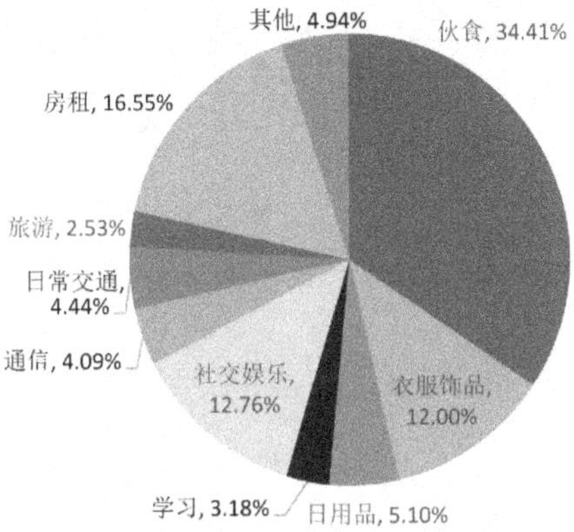

图 5-27　毕业男生每月具体花费占比

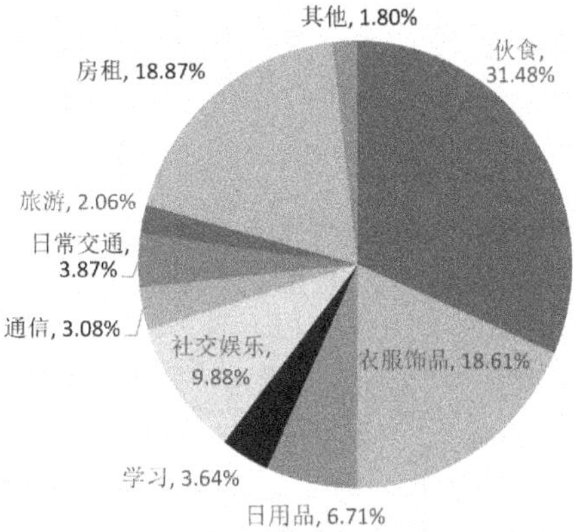

图 5-28　毕业女生每月具体花费占比

5.2.2　消费观

从图 5-29 至图 5-32 分析得到消费方式的选择存在性别差异和城乡差异。首先,大多数学生对待消费是事先做好消费计划再花钱。其次，将男女生进行比较，可以发现男生在消费时更加谨慎，持有能省则省的消费观的男生更多，而女生比男生更倾向于提前进行消费计划。另外，从城市和农村的比较，我们能够得出，来自农村的学生比城市的学生对待消费更加谨慎，随意消费的现象较少。可以看出，大学生作为成年人，并且拥有较高的知识与能力水平，在消费时较为理性，可以依据自身的实际情况制定合理的消费计划，正确规划自己的消费支出。

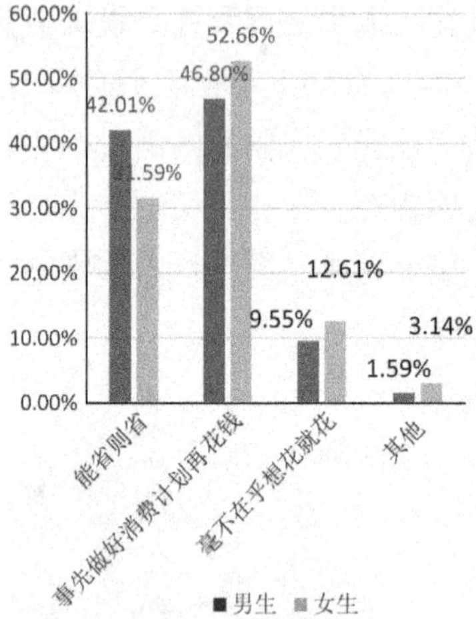

图 5-29　在校生不同消费方式占比

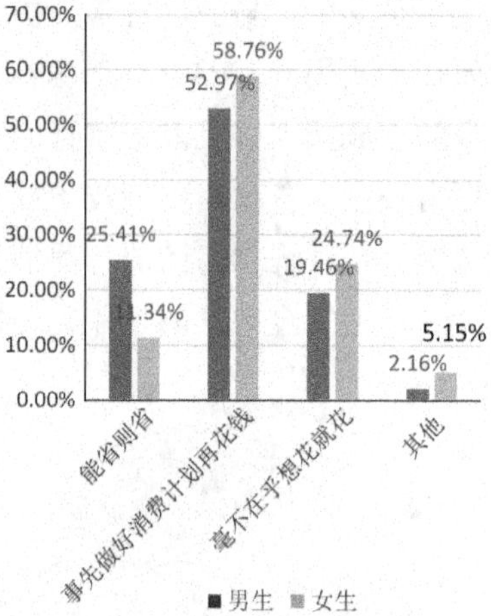

图 5-30　毕业生不同消费方式占比

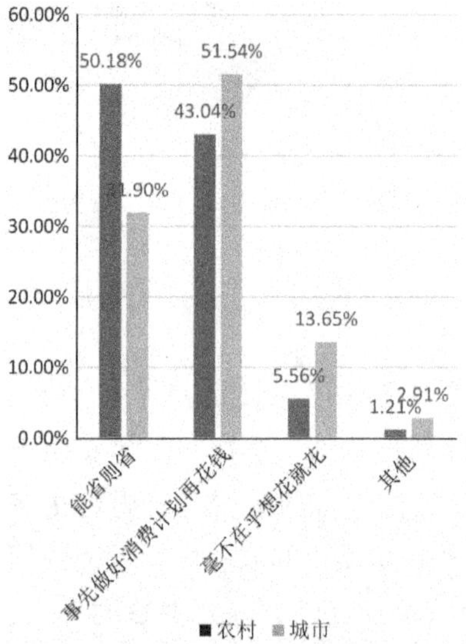

图 5-31　在校生消费方式占比

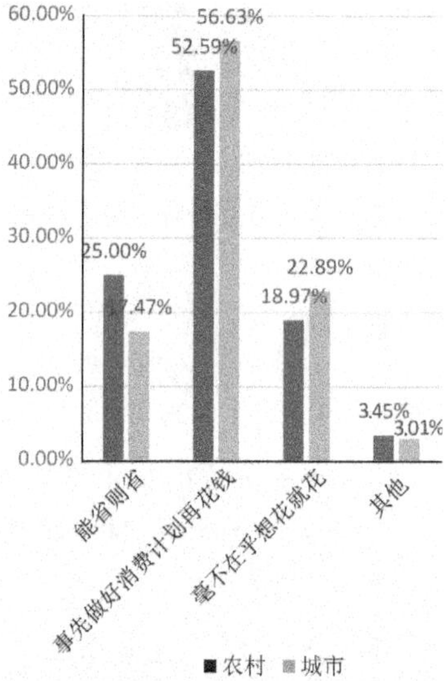

图 5-32　毕业生消费方式占比

从图 5-33 可以看出，随着社会经济的发展，大学生的生活和消费水平不断提高，消费观念和习惯不断改变，大多数学生在消费时较少做记录，只有少部分学生全部做记录。相较于女生，男生做消费记录的人数所占的比例更低，大多数男生比女生更少做记录。我们应该提倡大学生消费时做记录，这不仅便于学生了解自己日常的消费状况，合理规划消费，同时也有助于学生培养勤俭的观念，减少不必要的消费，利于形成良好的消费氛围。

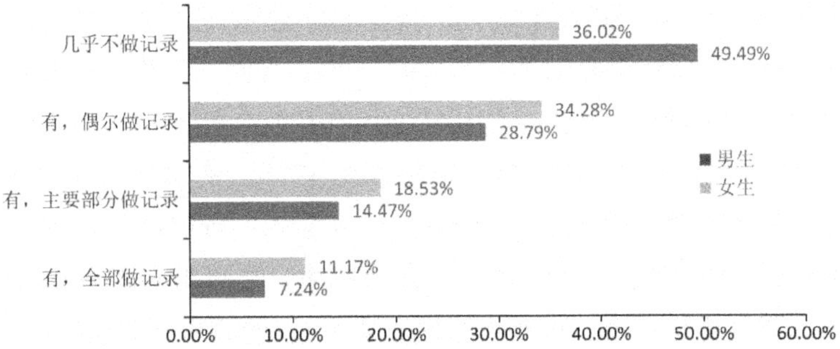

图 5-33　在校生的消费记录情况

如图 5-34 和图 5-35 所示，无论是在校生还是毕业生，男生或是女生，大多数人在消费时偏于理智，少数人会盲目消费。从在校生的消费倾向分析，我们可以看出男生比女生更偏向于理性消费，冲动型消费的女生占比相对于男生更多。大学生作为成年人，并且有较高的知识水平与辨别能力，对待消费更为理性，能够量入为出，适度且理性消费。

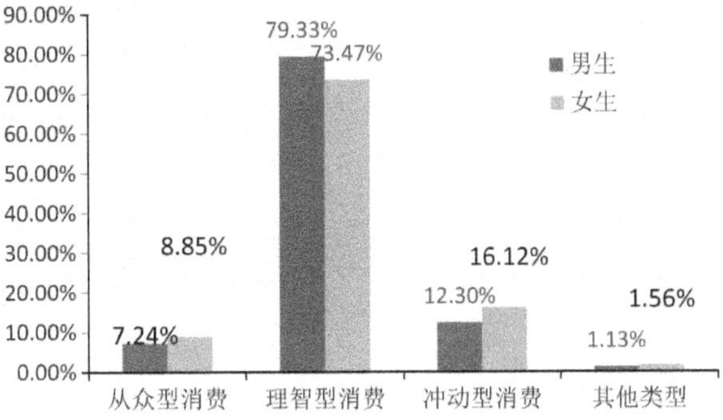

图 5-34　在校生消费倾向

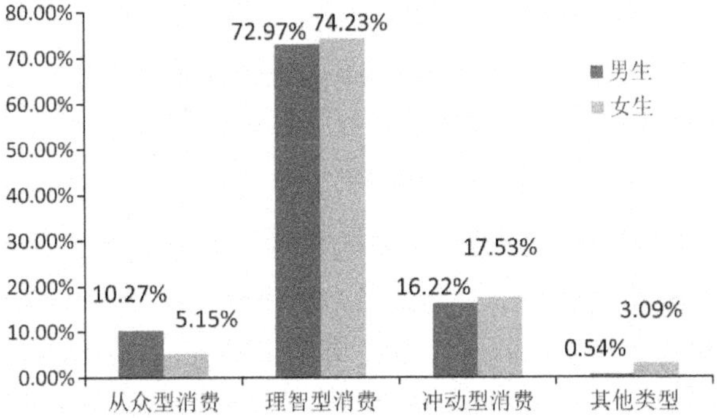

图 5-35　毕业生消费倾向

如图5-36、图5-37和图5-38所示，无论是毕业生还是在校生，选择的大多数买单方式都是AA制和轮流请客；从性别上看，女生更多选择AA制和轮流请客，男生偏向于轮流请客。另外，通过毕业生和在校生的比较，可以发现两者的差异在于在校生大多数选择AA制，毕业生大多选择轮流请客和AA制。随着社会经济的发展，生活和消费水平的提高，大学生聚餐的现象越来越多。大多数学生由于资金有限，在聚餐时选择AA制和轮流请客，可以看出大多数大学生的消费观念较为正确，思想成熟，没有因攀比和虚荣心而盲目消费，这与他们所接受的教育以及社会理性消费观念的传播密不可分。

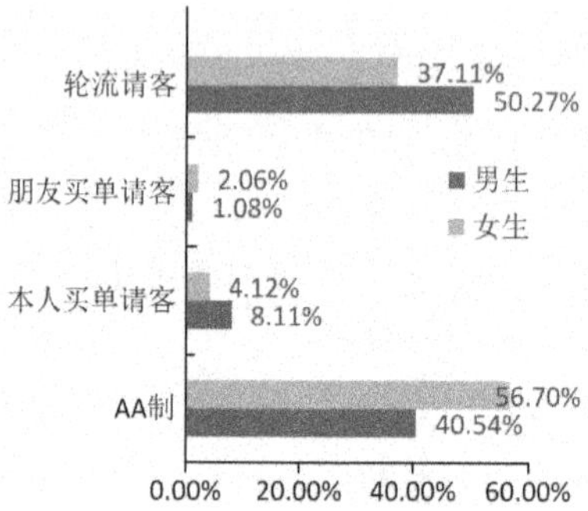

图5-36　毕业生买单方式占比

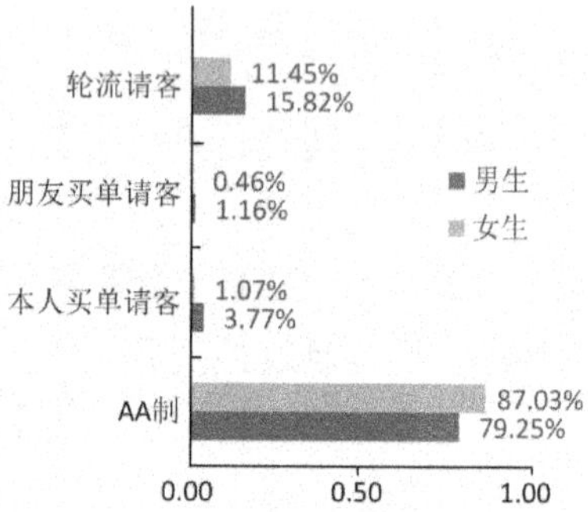

图5-37　在校生买单方式占比

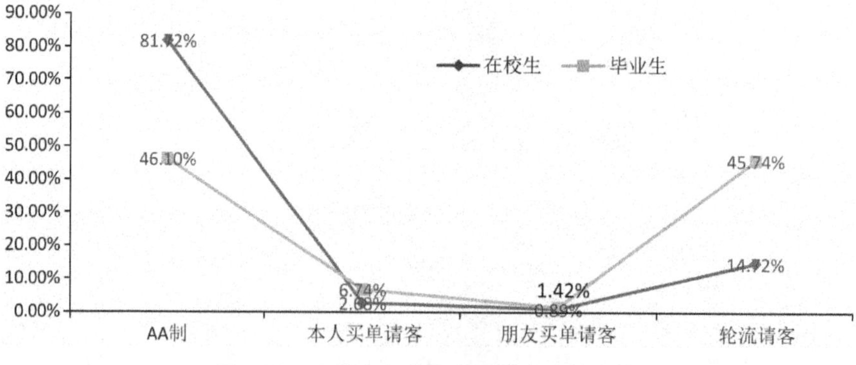

图5-38　在校生与毕业生买单方式的比较

从图5-39和图5-40中可以看出，影响毕业生和在校生购物的主要因素是价格以及实用程度。男女生的差别主要是男生更注重实用因素，女生更看重价格因素。就其他因素而言，在购物时，女生较男生更看重口碑和时尚。可以看出，大多数学生在消费时比较理性，注重商品的实用程度与价格，这是因为目前大学生的经济来源仍然是父母，这使得他们每月所支配的钱大多是固定的，因此，他们的消费较为谨慎。但是，仍有一部分学生的消费观念不成熟，消费时看重物品的品牌以及时尚。对此，学校应该加强对大学生消费观的教育，减少学生之间的攀比之风，名牌之风；同时，社会也应该积极倡导理性消费，营造良好的消费氛围。

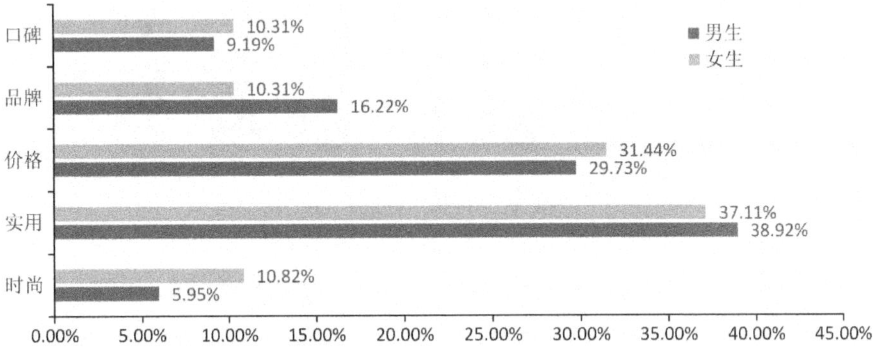

图 5-39　影响毕业生购物的因素

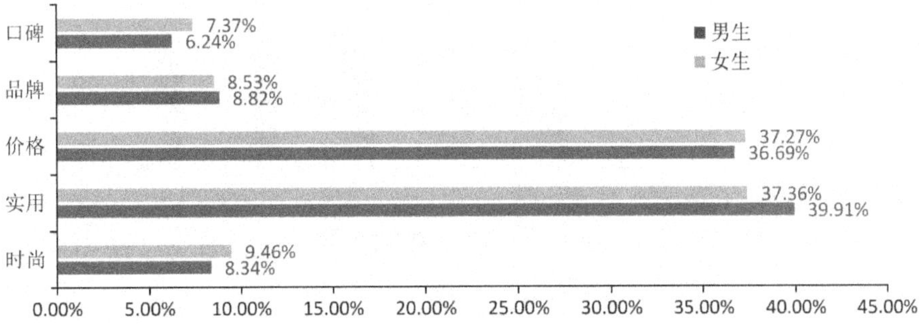

图 5-40　影响在校生购物的因素

5.2.3　大学生网购

当今社会，随着网络技术的不断发展以及大量网上购物平台的出现，网上购物已经成为越来越流行的趋势。如图 5-41 和图 5-42 所示，在校生和毕业生的网购比较频繁，大多数人每月购物 2～3 次，并且两者的网购频率相差较小。无论是在校生还是毕业生，总体上看，女生的网购比男生频繁。网购的普及给学生带来了极大的便利，有利于节省时间且物品选择多样化，针对网购过程中出现的某些虚假信息，学生应该仔细甄别，谨慎对待。同时，政府也应该加强对网购平台的管理，健全相关法律法规，营造一个良好的网购环境。

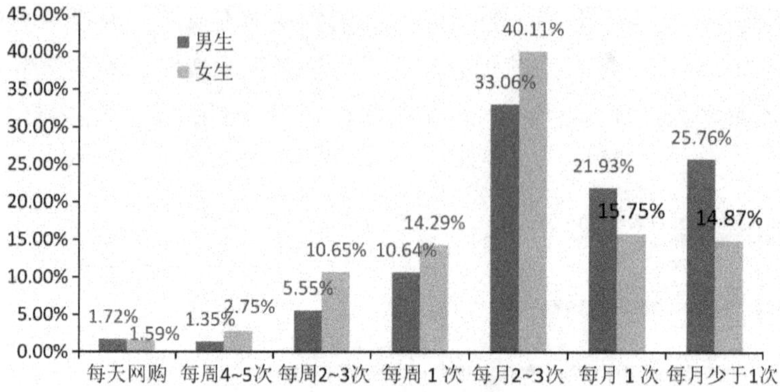

图 5-41　在校生网购频率

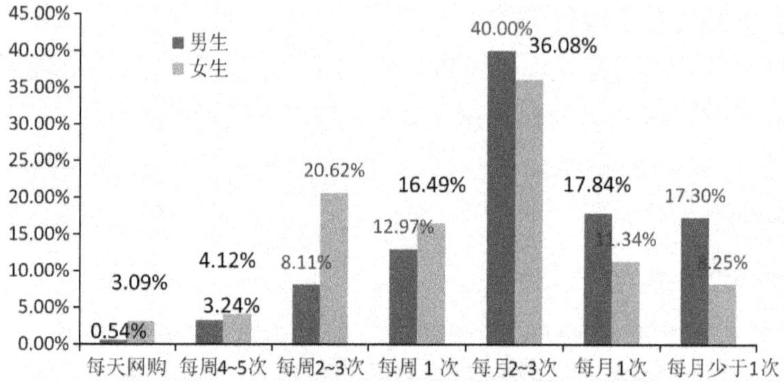

图 5-42　毕业生网购频率

在校生和毕业生的总体网上消费情况相似，男生主要在网上购买衣服饰品以及电子产品，较少购买护肤化妆品；女生主要购买书籍、食品和衣服饰品。男女生的差异主要集中在电子产品以及护肤化妆品上。如图 5-43 和图 5-44 所示，毕业生与在校生消费情况最大的差异是男女生在衣服饰品上的消费，在校的男女生在衣服饰品消费方面的差异大于毕业生。随着个体主义的兴起，大学生越来越喜欢展现自我，因此越来越重视能够满足个性化的商品（兰竹虹，2013）。从图中可以看出，大学生物质消费比重大于精神消费比重，消费结构不合理，大学生在消费时应注重物质性消费和精神性消费的协调发展，合理安排各方面的消费比例，提高消费质量。同时，社会以及学校也应该采取措施积极引导学生形成科学健康的消费观念。

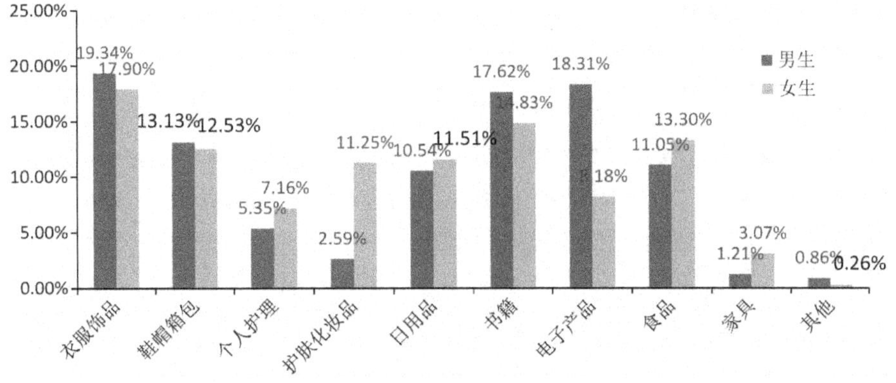

图 5-43　毕业生网上购物状况

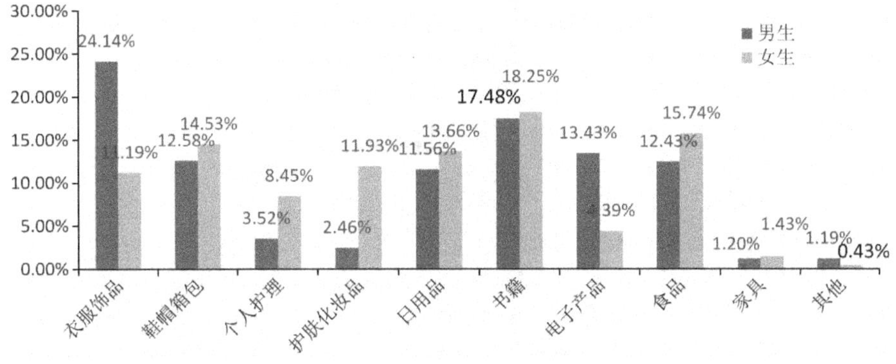

图 5-44　在校生网上购物状况

注：此调查为多选题，所以会出现频率加总不为 1 的情况。

5.2.4　居住状况

如图 5-45 所示，在校大学生大多数选择住在学校安排的宿舍，只有极少数的学生选择其他居住方式。

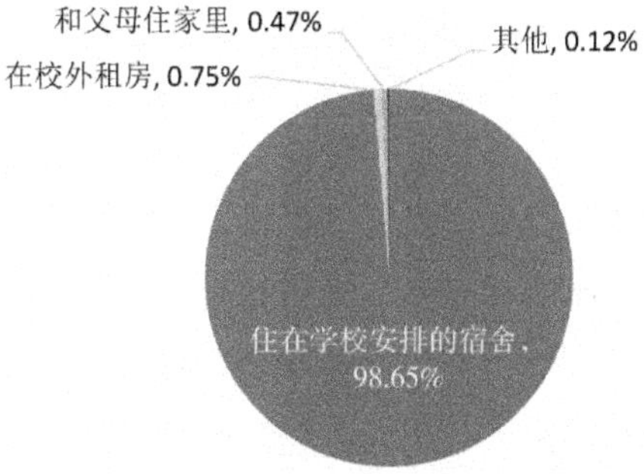

图 5-45　在校生的居住状况

从图 5-46 可以看出，大多数学生在毕业后选择居住学生宿舍以及单位住房，只有少部分选择买房，总体看来是较为均衡的。学生毕业之后是否买房与家庭状况有极大的联系，家住城市的毕业生买房的比例远大于农村学生买房的比例。这种情况与我国现阶段的房价水平以及毕业生薪资水平有极大的关联，我国商品房房价高速上涨，但是由于大学毕业生数量的增加，大学生的竞争力有所下降，大学生毕业 5 年内工资水平相对于高水平的房价来说显得太过微弱，大学生的买房负担重，因此，只有少数学生会选择在毕业后买房，而且选择毕业买房的学生大多数都是依靠家庭出资，很少能够依靠自己的薪资供房。

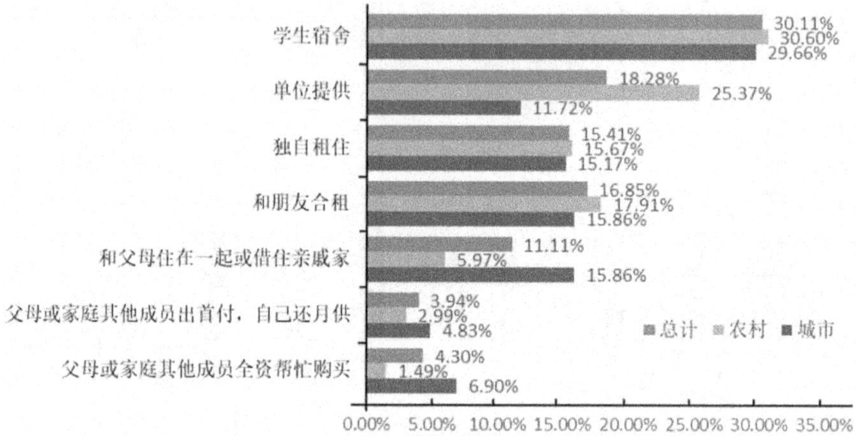

图 5-46　毕业生的居住状况

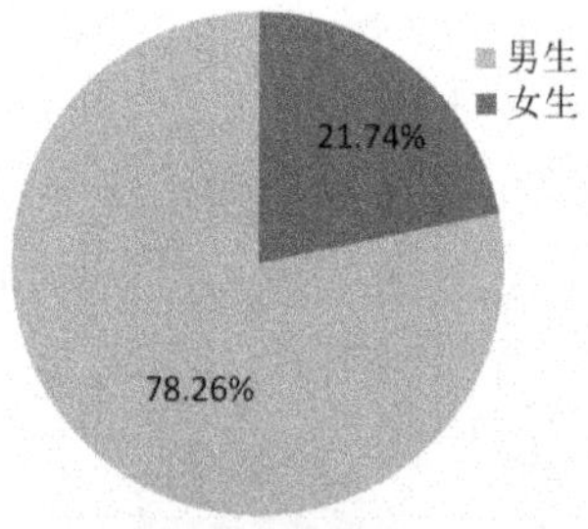

图 5-47　男女生买房的比例

从图 5-47 可以看出，毕业后男生买房的数量多于女生。这种情况与我国传统的婚恋家庭观念有关，即男方是供养家庭的主要力量，需要拥有固定的住房。针对毕业生买房难的状况：一方面，大学生应该积极培养财富意识，努力抓住机会实现自己的价值，改变现状；另一方面，政府也应该采取措施，如控制高房价、建设廉租房等保障毕业生的住房质量与生活水平。

由图 5-48 和图 5-49 可知，毕业生住房面积的选择与性别、家庭状况有一定的关系。来自城市的毕业生大多数选择的住房面积较大，而农村的学生大多数选择的住房面积较小。在毕业后，大多数男生选择的住房面积较大，大多数女生选择小户型。面对高房价与低工资的巨大差异，毕业生如果选择买房，大多数只能依靠家庭的支持，因此，毕业生购房居住面积与家庭状况有着密切的联系。另外，购房面积大小的性别差异主要是由男女生的生活消费观念差异以及社会整体的婚恋家庭观所决定的。大多数男生相较于女生更喜欢大面积的住房，并且，从目前的社会整体价值观念来说，更倾向于男生购买家庭住房，因此，他们在买房时会选择较为宽敞的住房。

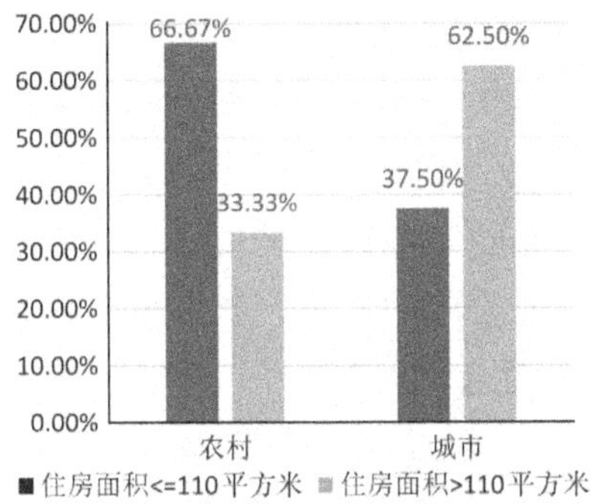

图 5-48　毕业生购房面积的城乡差异

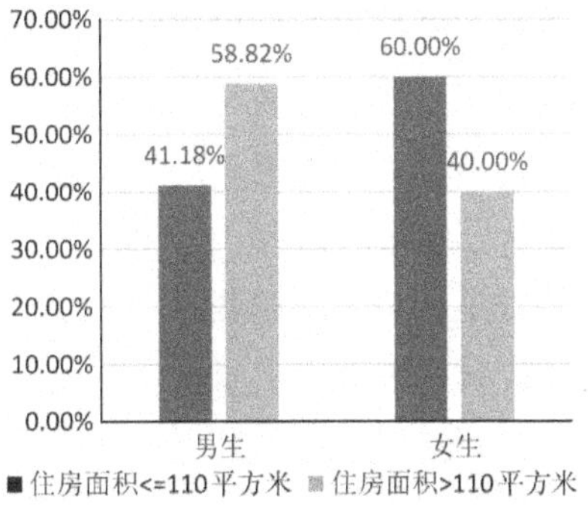

图 5-49　毕业生购房面积的性别差异

第6章　职业意向与工作/创业情况

自高校扩招以来，中国高等教育从精英式教育转变为大众化教育，随着越来越多的青年接受高等教育，就业形势日趋严峻。同时，我国经济新常态带来的产业结构转型也对人才需求产生了影响。因此，就业问题俨然成为目前大学生的一道坎。为了缓解就业压力，政府一直以来都有鼓励和支持大学生自主创业的政策，特别是近年来还提出了“大众创新，万众创业”的口号，越来越多的大学生也顺应时代潮流走上了创业的道路。作为当代社会“天之骄子”的大学生，如何选择自己未来的道路，展现自身才能，实现人生价值，是值得认真思考的问题。

6.1　在校生职业意向

大学生的职业意向对大学生的未来职业生涯有着重要的影响。个人在职业规划方面的努力，不仅能够在客观上使自己获得更多的晋升机会和更高的薪酬，也能够获得更高的职业满意度（Christopher，1994）。大学生的职业意向由职业规划和毕业后的打算来衡量。在职业规划部分，将分别调查大学生是否有职业规划及职业规划的详细程度。在毕业后的打算部分，将调查大学生毕业后选择出国留学、国内读研、创业还是就业。

6.1.1　职业规划

图6-1为不同性别在校生的职业规划情况，可以发现，超过一半的在校生只有基本的规划，其中男生占比52.49%，女生占比56.11%。完全没有规划的人

数较少，男生占比 3.90%，女生占比 2.41%。另外，规划的详细程度呈现钟形分布，男生和女生的职业规划详细情况相近。目前，我国大学生缺乏清晰的职业生涯规划意识，职业发展路径也仍不明确，对自我、对社会的认识都比较局限，难以从全面的角度确定职业发展定位，在参与高校职业生涯指导时，主体意识不强烈，比较被动。因此，大学生的职业规划工作仍然存在困难（吴薇，2009）。

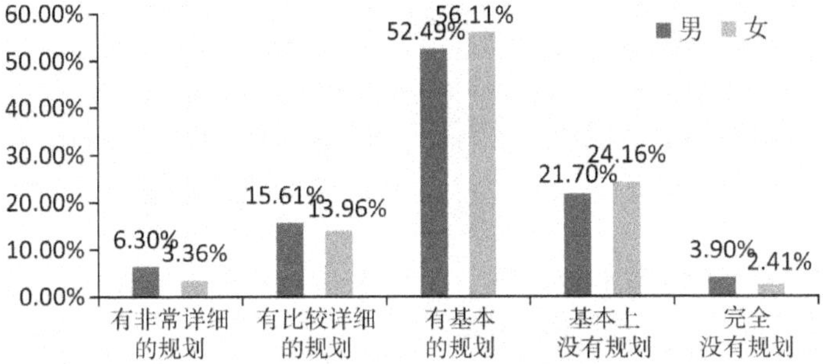

图 6-1　在校生不同性别大学生职业规划情况

从表 6-1 和图 6-2 可以看出：到了大三，有基本规划、详细规划及有非常详细的规划的大学生人数均增多，其中有非常详细的规划的比例由大二的 4.11% 增至 6.03%。大四，即将毕业之际，有比较详细的规划的人数显著增多，比例由大三的 16.92% 增至 23.33%。

表 6-1　不同年级大学生的未来职业规划情况

	大一	大二	大三	大四
有非常详细的规划	4.29%	4.11%	6.03%	6.26%
有比较详细的规划	12.98%	13.68%	16.92%	23.33%
有基本的规划	53.46%	54.66%	54.45%	57.67%
基本上没有规划	26.26%	23.60%	19.72%	11.45%
完全没有规划	3.01%	3.96%	2.87%	1.30%
总计	100.00%	100.00%	100.00%	100.00%

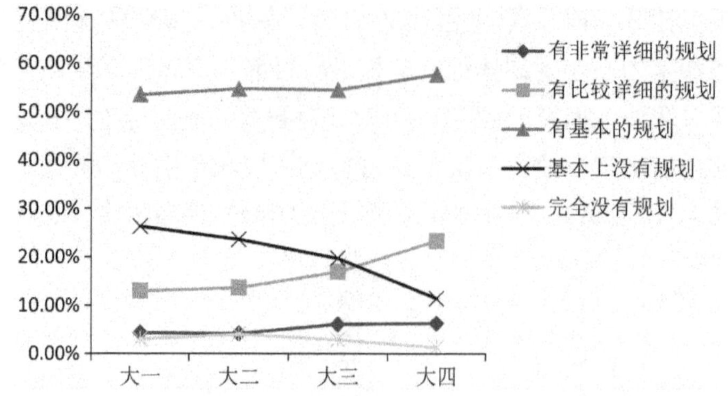

图6-2　在校生中不同性别大学生职业规划情况

如图6-3，在获得工作机会方面，大学生认为实践和工作经验最重要，占到26. 22%，其次是专业知识和沟通表达能力，分别占到23. 17%和21. 21%。外在形象和外语能力是他们觉得最不重要的因素，仅占3. 24%和2. 23%。一方面，说明大学生比较务实，比较偏好加强自身能力；另一方面，说明大学生对外语能力的重视程度不够。

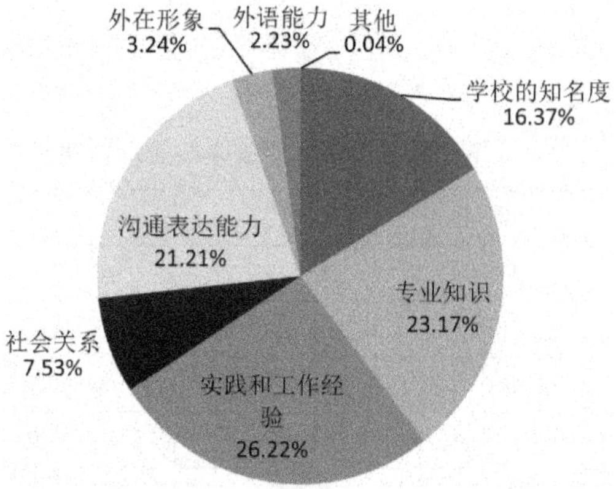

图6-3　在校生认为获得工作机会最重要的方面

图6-4说明，在择业时，大学生认为薪酬待遇最重要，占到23. 71%；其次是发展机会和工作环境，分别占到21. 96%和20. 78%。工作稳定性也在大学生的考虑之中，占到14. 39%。专业对口和社会地位是他们觉得最不重要的因素，仅占3. 50%和7. 34%。这说明大学生比较看重工作的回报和发展潜力，而且不在意从底层做起。

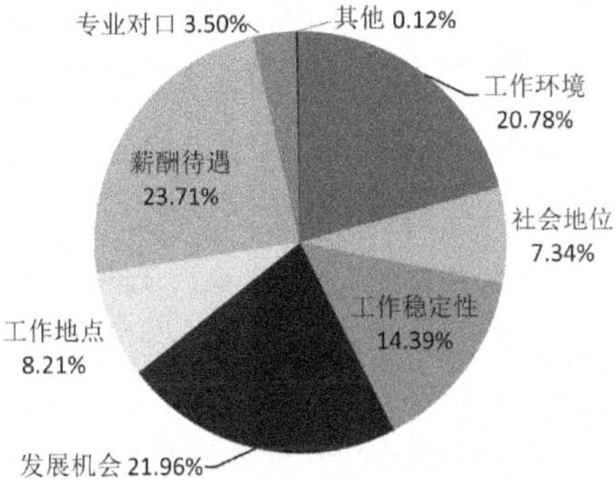

图 6-4　在校生认为择业时最重要的影响因素

6.1.2　毕业后打算

图 6-5 描述了来自东、西、中部地区在校生毕业后打算的差异。可以看到：选择出国留学的人群中，东部学生的意愿最高，占到 15.74%；其次是来自中部的学生，占到 11.87%；西部的学生意愿最弱，占 9.71%。选择国内读研的人群中：中部的学生的意愿最高，占到 51.43%；其次是来自东部的学生，占到 44.01%；西部的学生意愿最弱，占 38.92%。选择创业的人群中：西部的学生的意愿最高，占到 4.77%；其次是来自东部的学生，占到 3.58%；中部的学生意愿最弱，占 3.40%。选择就业的人群中：西部的学生的意愿最高，占到 45.23%；其次是来自东部的学生，占到 34.50%；中部的学生意愿最弱，占 31.19%。

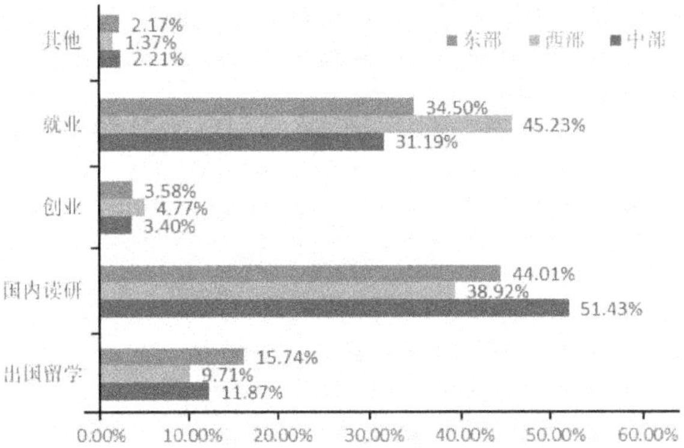

图 6-5　来自不同地区在校生毕业后打算

图 6-6 描述了在校生毕业打算在不同性别中的差异。可以看到，选择就业的人群中，男生和女生分别占 37.34% 和 32.82%。选择创业的人群中，男生和女生分别占 5.49% 和 2.04%。选择国内读研的人群中，男生和女生分别占 45.00%

和 47.87%。选择出国留学的人群中，男生和女生分别占 9.93% 和 15.76%。男女比例差异最大的是出国留学，差异最小的是国内读研。

可以看出，在校生中毕业后打算在国内读研的所占比例最高，甚至超过了打算直接就业的学生所占比例，占了总体的将近一半。从教育部联合国家发展改革委下发的《2015 年全国研究生招生计划的通知》得知，2015 年的硕士研究生录取率约为 34%。看来，虽然现在年年号称“最难就业季”，但在校生读研的竞争压力也毫不亚于就业压力。

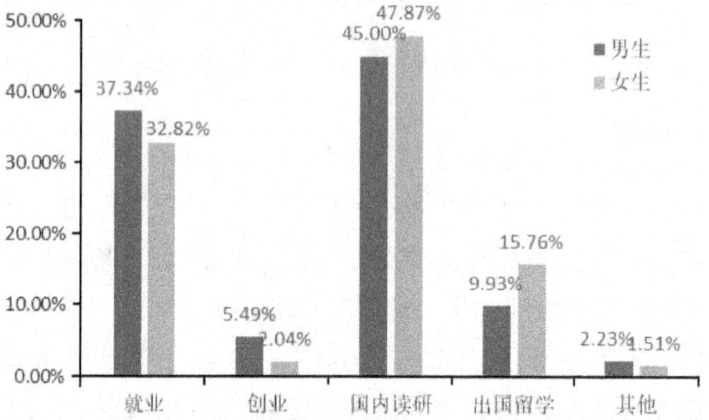

图 6-6　不同性别在校生毕业后打算

图 6-7 描述了大学生毕业后选择就业的原因。可以看到，大学生认为工作可以学到更多的东西最重要，占到 26.35%；其次是对做研究兴趣不大和经济压力，分别占到 23.92% 和 19.52%。喜欢社会实践也在大学生的考虑之中，占到 15.09%。找到了好工作，以及学习成绩不好，读研无望是他们最次要的原因，仅占 5.11% 和 9.29%。这说明大学生比较遵从自己的意愿选择就业。

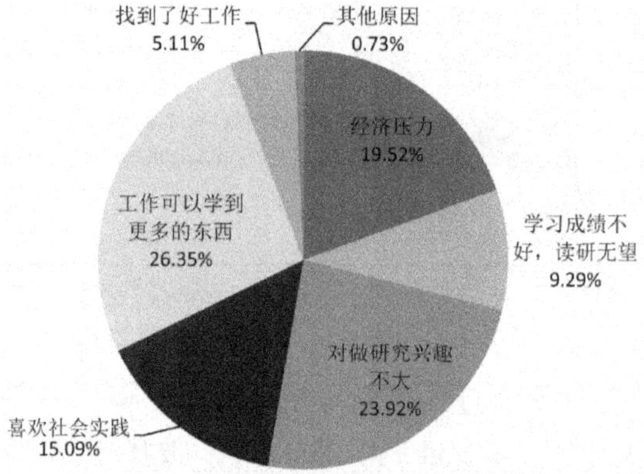

图 6-7　在校生毕业后选择就业的原因

图 6-8 描述了大学生毕业后选择创业的原因。可以看到，兴趣所致，创业是我的梦想是大学生毕业后创业最重要的原因，占到 32. 53%；其次是不想为别人打工，自己更喜欢做老板，占到 26. 43%。经济上的诱惑，创业可以挣很多钱，以及对做研究兴趣不大，分别占到 12. 94% 和 12. 57%。家庭的支持是他们选择创业最次要的原因，仅占 7. 21%。这说明大学生大多数为追求梦想而选择创业。

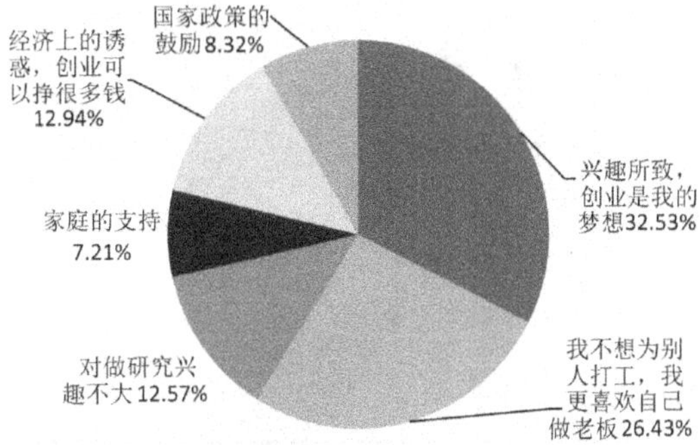

图 6-8　在校生毕业后选择创业的原因

图 6-9 描述了大学生毕业后选择国内读研的原因。可以看到，目前就业压力大，更高的学历应该更有竞争力是大学生毕业后选择国内读研最重要的原因，占到 37. 93%；其次是父母/家人想让他们读，占到 17. 41%。国内学校读研更具有优势和有研究的兴趣也是考虑因素，分别占到 12. 8% 和 12. 81%。舍友或好友都读研是他们选择国内读研最次要的原因，仅占 2. 11%。目前“考研热”仍在急剧升温，越来越多的学生选择通过考研来逃避就业压力，可以说“就业难”进一步推动了“考研热”（丁大建 等，2004）。

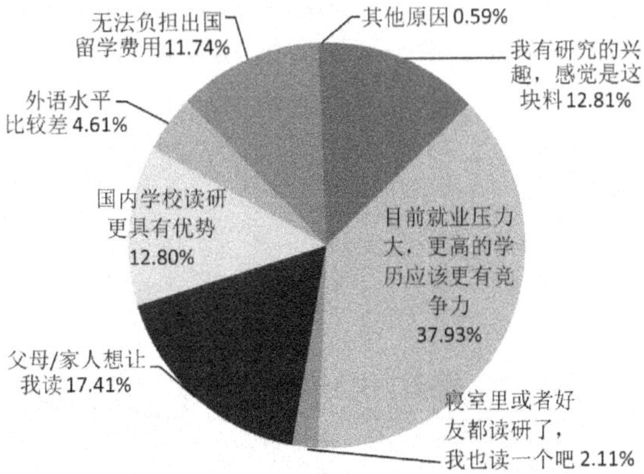

图 6-9　在校生毕业后选择国内读研的原因

图 6-10 描述了在校生毕业后选择出国的原因。可以看到，世界这么大，想出去看看是大学生毕业后选择出国留学最重要的原因，占到 34. 38%；其次是觉得国外学校读研更有优势，占 24. 02%；因为就业压力大而出国的，占 18. 25%。以上三项是最主要的出国留学原因。父母的期待，占 9. 59%，而同学的影响是最次要的原因，仅占 3. 51%。

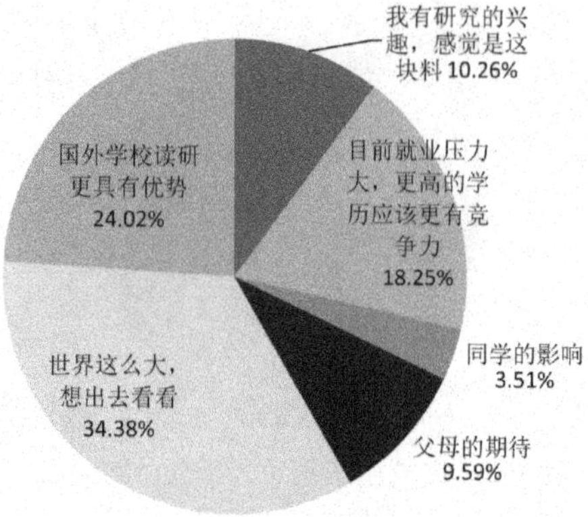

图 6-10　在校生毕业后选择出国留学的原因

6. 2　毕业生职业意向

毕业生的职业意向反映了他们的职业规划。来自不同地区的大学生和性别不同的大学生的职业意向也有差别。

6. 2. 1　毕业生职业规划

如图 6-11，超过一半的毕业生大学期间对未来有基本的规划，其次就是基本上没有规划，说明一部分大学生在大学期间仍有一段迷茫时间，且男生和女生差异并不明显，相比之下，女生中基本上没有规划的比例比男生要大。

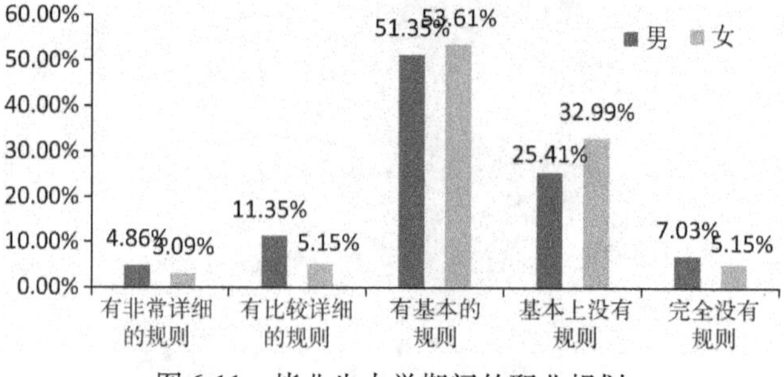

图 6-11　毕业生大学期间的职业规划

图 6-12 描述了职业规划在来自城镇和农村学生中的差异。可以看到，完全没有规划的人群中，来自农村的学生比来自城镇的学生多，分别是 7.76% 和 5.42%。基本上没有规划的人群中，来自农村的学生比来自城镇的学生多，分别是 29.31% 和 27.11%。有基本规划的人群中，来自城镇的学生比来自农村的学生多，分别是 52.41% 和 51.72%。有比较详细的规划的人群中，来自城镇的学生比来自农村的学生多，分别是 10.84% 和 6.90%。有非常详细的规划的人群中，来自农村的学生比来自城镇的学生略多，分别是 4.31% 和 4.22%。总体来看，来自城镇的学生比农村的学生的职业规划更详细。

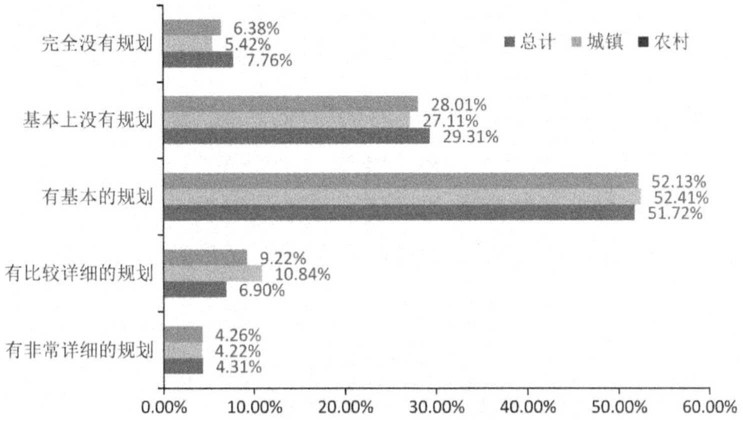

图 6-12　城镇和农村毕业生大学期间对未来职业规划情况

6.2.2　毕业时的就业状态

图 6-13 描述了毕业时的就业状态在不同性别学生中的差异。可以看到，准备国内读研的人群中，男生和女生分别占 28.11% 和 42.27%。准备出国留学的人群中，男生和女生分别占 5.95% 和 11.34%。毕业前一个月签约了工作的人群中，男生和女生分别占 8.11% 和 8.25%。毕业前三个月签约了工作的人群中，男生和女生分别占 50.81% 和 30.93%。未签约工作，正在找的人群中，男生和女生分别占 4.32% 和 5.15%。未签约工作闲赋在家的人群中，男生和女生分别占 2.70% 和 2.06%。男女比例差异最大的是毕业前三个月签约了工作。男生比女生更倾向于就业，女生比男生更倾向于国内读研和出国留学。

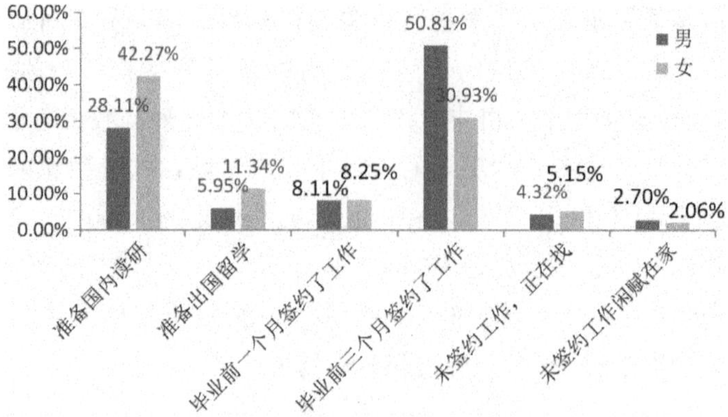

图 6-13　毕业时的就业状态

图 6-14 描述了毕业生选择国内读研的原因。可以看到，目前就业压力大，更高的学历应该更有竞争力是最重要的原因，占到 33. 70%；其次是父母/家人想让他们读，占到 19. 00%。有研究的兴趣也是考虑因素，占到 17. 20%。舍友或好友都读研是他们选择国内读研最次要的原因，仅占 1. 80%。

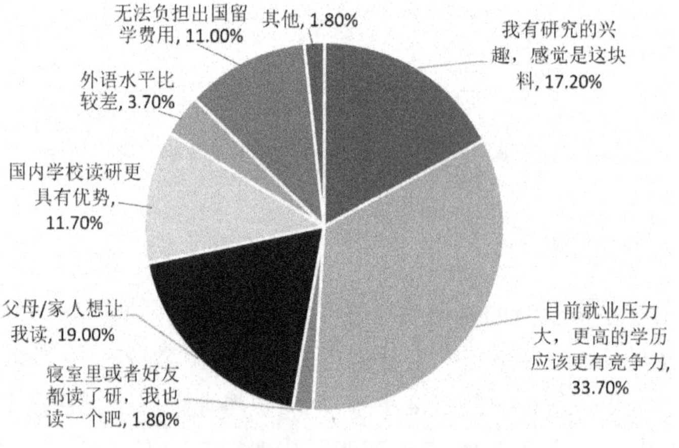

图 6-14　毕业生选择国内读研的原因

图 6-15 描述了毕业生选择出国留学的原因。可以看到，大学生认为世界这么大，想出去看看是最重要的原因，占到 33. 30%；国外学校读研更具有优势、自己有研究的兴趣及父母的期待也是重要的考虑因素，分别占 18. 80%、14. 60% 和 14. 60%。同学的影响是最次要的原因，仅占 4. 20%。

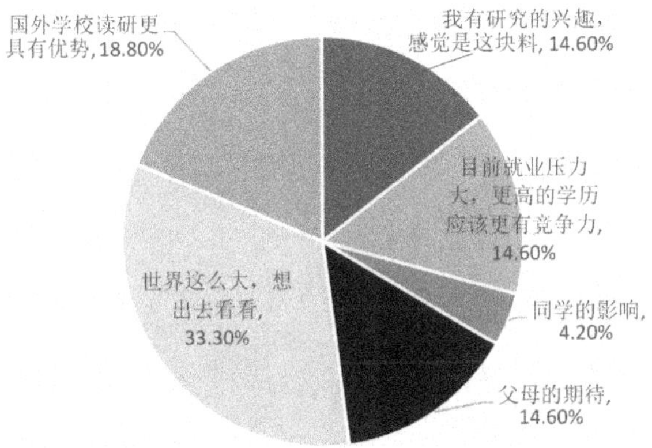

图6-15　毕业生选择出国留学的原因

图6-16描述了毕业生毕业时尚未签约的原因。可以看到，刚毕业不着急是毕业生尚未签约工作最主要的原因，占到29.60%；其次是有意向的工作薪水都太低、比较挑工作和所学专业很难找到工作，均占到22.20%。父母已经安排了工作是最次要的原因，仅占3.70%。

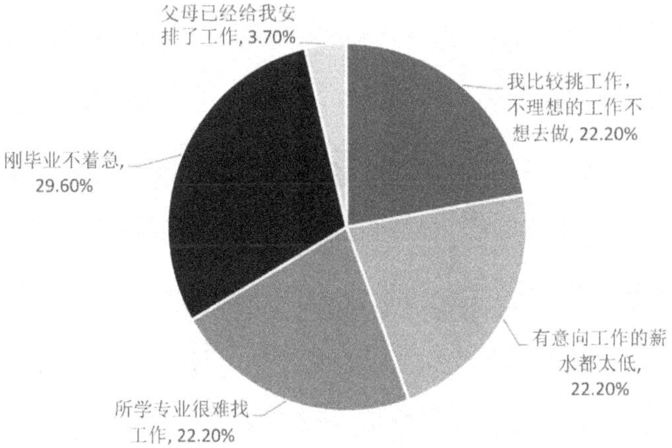

图6-16　毕业生毕业时尚未签约的主要原因

6.2.3　求职与择业

如图6-17，缺乏工作经验是大学生认为的在求职过程中最困扰的问题，占到27.5%；其次是缺乏求职方法技巧和个人能力不足，分别占到22.00%和20.10%。缺乏社会关系和学校就业指导不够也是考虑因素，分别占到12.70%和11.30%。

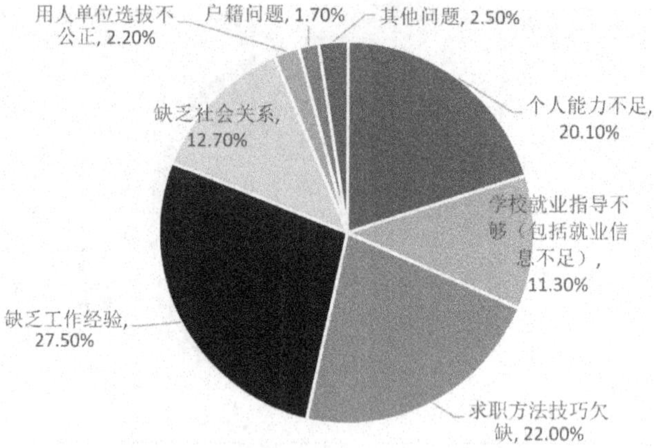

图 6-17　求职过程中最困扰毕业生的问题

图 6-18 描述了在求职过程中遇到的与自身能力相关的主要问题。可以看到，大学生认为自我表达能力是最重要的问题，占到 31. 40%；其次是专业能力和人际交往能力，分别占到 24. 10% 和 23. 30%。环境适应能力和外语能力也是影响求职成功与否的因素，分别占 8. 60% 和 12. 30%。

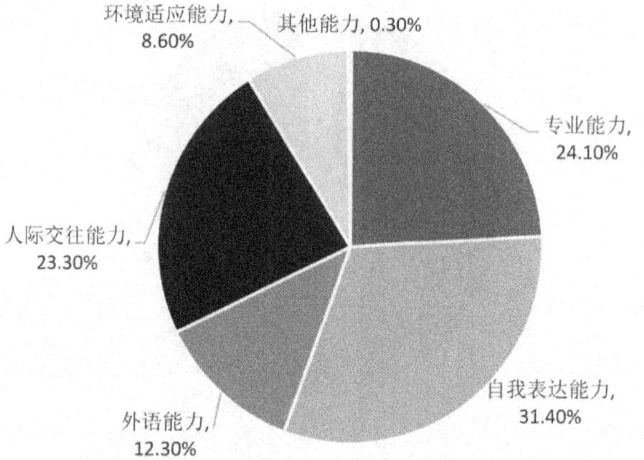

图6-18　毕业生在求职过程中遇到的与自身能力相关的主要问题

图 6-19 描述了毕业生择业时最重要的影响因素。可以看到，大学生认为薪酬待遇是最重要的影响因素，占到 24. 40%；其次是发展机会和工作环境，分别占到 22. 20% 和 17. 50%。工作地点也是考虑因素，占到 14. 50%。专业对口是他们考虑的最次要的因素，仅占 5. 80%。

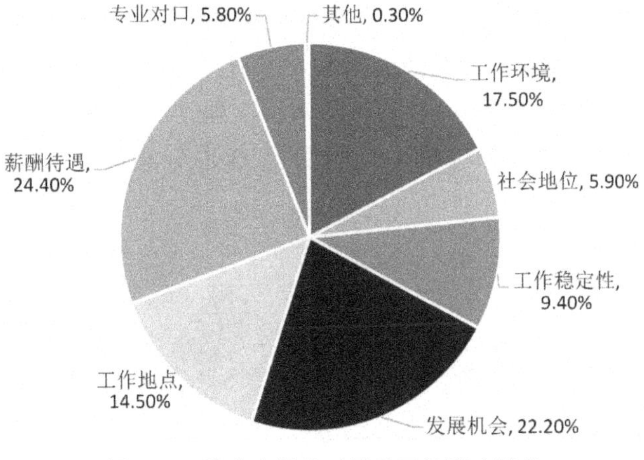

图 6-19　毕业生择业时最重要的影响因素

图 6-20 描述了毕业生择业时的影响因素在不同性别学生中的差异。大学生择业最看重薪酬待遇和发展机会。可以看到，选择工作环境的人群中，男生和女生分别占 56% 和 45%。选择社会地位的人群中，男生和女生分别占 20% 和 13%。选择工作稳定性的人群中，男生和女生分别占 28% 和 29%。选择发展机会的人群中，男生和女生分别占 65% 和 70%。选择工作地点的人群中，男生和女生分别占 42% 和 48%。选择薪酬待遇的人群中，男生和女生分别占 71% 和 79%。选择专业对口的人群中，男生和女生分别占 18% 和 16%。男女生认为的择业影响因素中差异最大的是工作环境。目前大学生在择业时，更加重视个人价值，注重经济利益，强调自我发展（李红，2006）。

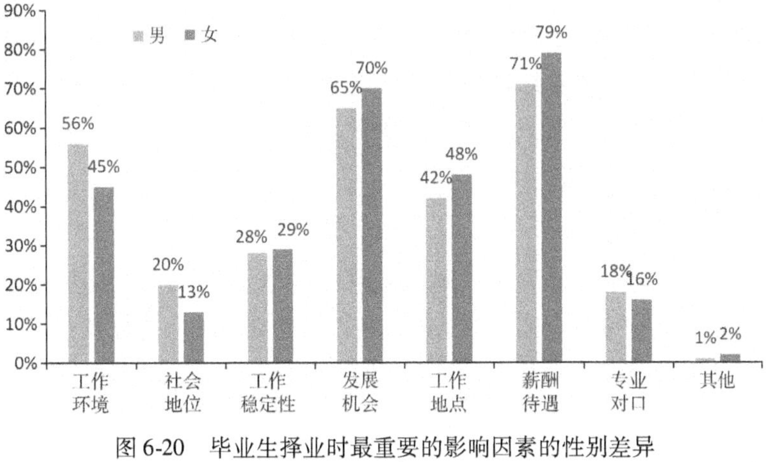

图 6-20　毕业生择业时最重要的影响因素的性别差异

图 6-21 描述了在获得工作机会方面毕业生认为最重要的因素。可以看到，毕业生认为沟通表达能力是最重要的因素，占到 25. 50%；其次是工作经验和学校知名度，分别占到 21. 50% 和 20. 20%。专业知识也是考虑因素，占到 18. 50%。外语能力是他们认为最次要的因素，仅占 1. 60%。

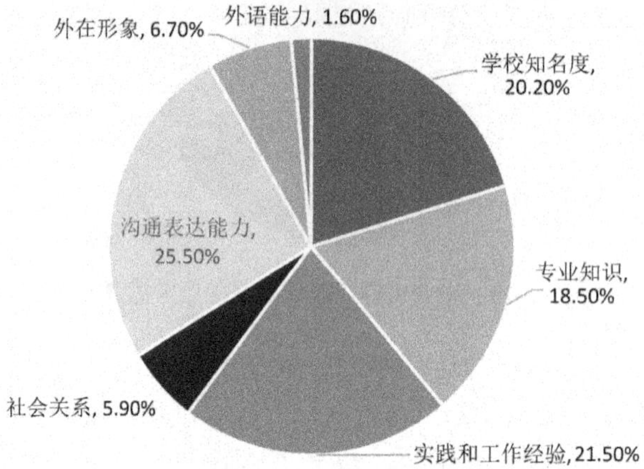

图 6-21　在获得工作机会方面毕业生认为最重要的因素

6.3　毕业生工作情况简报

毕业之后，是工作还是继续深造，这是每一个大学生都会面临的问题，但不论最终选择哪个方向都是殊途同归，工作是我们每个人都要面对的。不论是在校时对工作的懵懂，刚毕业求职时对工作的向往，还是初入职场时对工作的兴奋和慢慢对工作的了解，作为补充社会新鲜血液的绝对主力军——应届毕业生，他们在这方面的认知和态度具有很大的研究价值。

6. 3. 1　就业期望

第一份工作被许多人称为是“职场起跑线”，大学生对自己的第一份工作谨慎且无比认真的态度可想而知，考虑的往往事无巨细。我们首先从大学生对第一份工作的期待进行了调查统计。图 6-22 的结果显示，大公司历练和专业对口是大学生对自己第一份工作最为期待的两方面，分别占比 32. 63% 和 31. 58%。他们也许希望自己在大学期间汲取到的专业知识能够学有所用，也许是认为大的公司就是大的平台，能够为自己未来的职场道路提供一个更高更好的起点。总体调查对象中，也有 16. 85% 的人选择了“薪水高哪都行”，薪酬也是大学生对自己第一份工作的重要考察点。

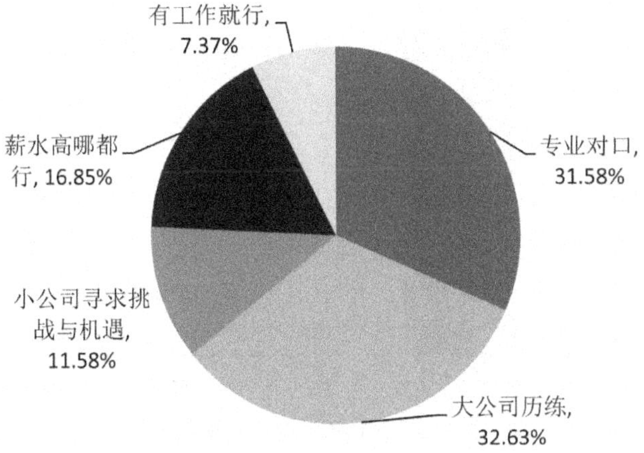

图 6-22　大学生对第一份工作的期望

6. 3. 2　毕业时工作签约情况

对工作的期待固然重要，如何找到第一份工作也是问题的关键。从图 6-24 发现，主流的几种大学生求职渠道中，校园见面会上达成初步意向或签约的占了总体的一半以上，达到了 52. 03% 。其次是网上投简历并面试成功，占 25% 。校园招聘会不但是大学生最重视的求职渠道，也是成功率最高的求职渠道。

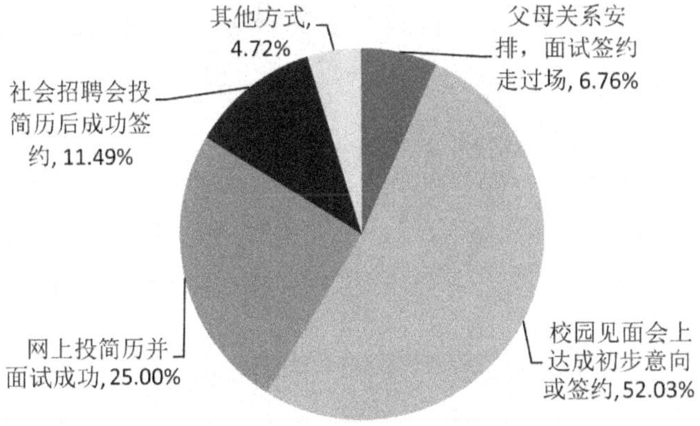

图 6-23　大学生的求职渠道

图6-24表示不打算继续深造的毕业生签约工作的情况，就业率为93.96%。《2014年中国大学生就业报告》显示，本科院校2013届全国大学毕业生毕业半年后就业率为91.80%，说明本科生就业率还是较高的。

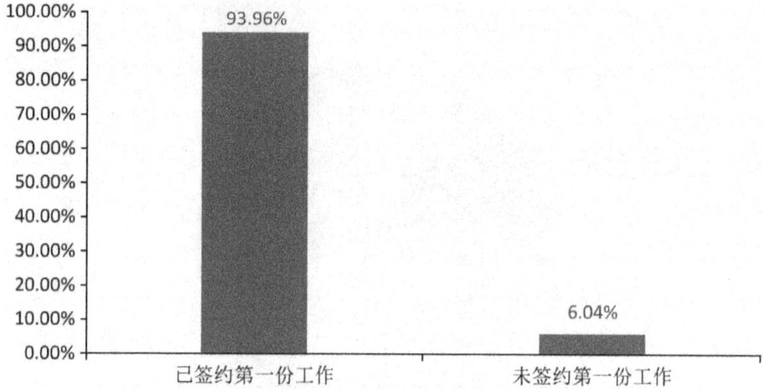

图6-24　大学毕业生的工作签约情况

如图6-25，我们结合薪水和专业是否对口进一步调查发现，专业对口但是薪水低的人占了38.51%，专业对口薪水高的有21.62%，和专业沾边的占比为18.92%，专业不对口薪水高的仅仅只有9.46%，专业不对口薪水低的为11.49%。尽管专业对口也不一定意味着薪水就会高，但专业对口与薪酬还是存在一定的关系，这种关系值得我们进一步研究。涂晓明（2007）发现，毕业后从事专业对口的工作，能够帮助大学生们实现高就业满意度，并且缓解人才结构的不合理问题。

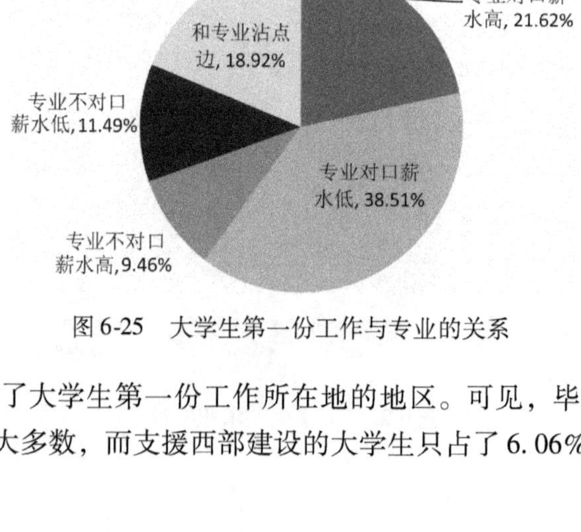

图6-25　大学生第一份工作与专业的关系

图6-26表示了大学生第一份工作所在地的地区。可见，毕业后流向东部地区的大学生占绝大多数，而支援西部建设的大学生只占了6.06%。

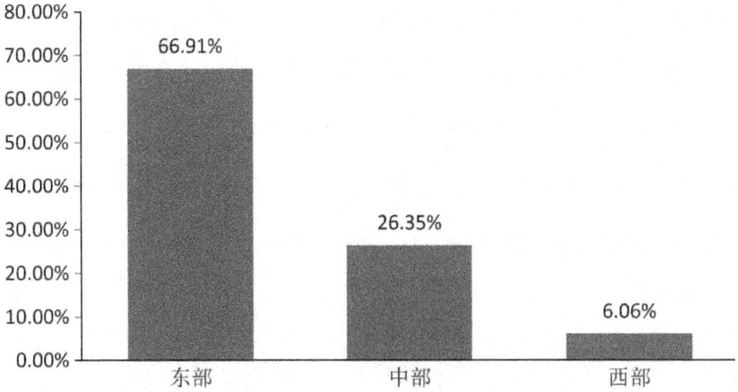

图 6-26　大学生初次就业地区

图 6-27 为签约了工作的毕业生的职业情况，从事专业性工作的人员最多，占到了 40.54%，说明刚毕业的大学生多从事技能型工作。

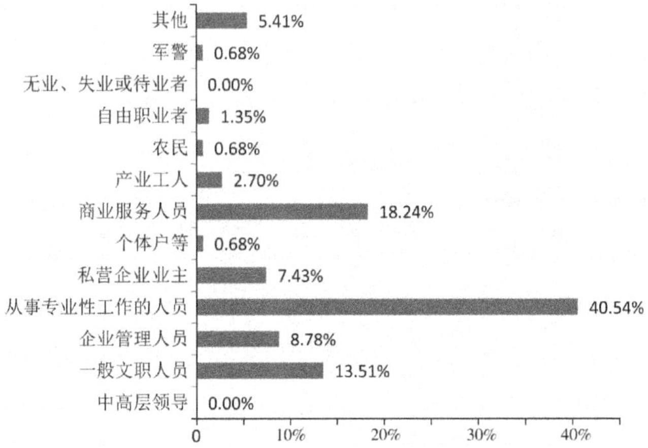

图 6-27　大学毕业生的工作签约情况

注：图中的职业简称的全称如下：

中高层领导：党政机关科级及以上公务员，社会团体及事业单位中高层领导；

一般文职人员：党政机关科级以下普通公务员，企事业单位中的基层管理人员和一般文职人员；

企业管理人员：企业中非业主身份的中高层管理人员或作为部门负责人的管理人员；

从事专业性工作的人员：在各种机构中专业从事各种专业性工作和科技工作的人员，如医生、教师、工程师、会计师、律师等；

私营企业业主：雇工在 8 人及 8 人以上私营企业的业主；

个体户：雇工在 8 人以下的小雇主、个体户，以及小股东、小股民、房屋出租者、网店店主等；

商业服务人员：在商业和服务行业中从事非专业性、非体力工作的人员；

产业工人：从事体力、半体力的生产工人、建筑工人及相关人员；

农民：主要从事农、林、牧、渔业生产的农民；
自由职业者：艺术工作者（作家、画家）及居家办公的自由职业者；
无业、失业、待业者：无固定职业的劳动年龄人群，城乡无业、失业或待业者；
军警：军人、武警、警察等军事或准军事人员。

6.3.3 今昔对比——当前工作与第一份工作

如图6-28和图6-29所示，毕业生中，有69.59%的人没有换过工作，选择在自己的第一份工作上留任。这说明毕业生当中绝大多数对第一份工作的忠诚度是很高的。当然，也可能是因为本轮毕业生调查的主要对象为2014级毕业生，工作时间不长。

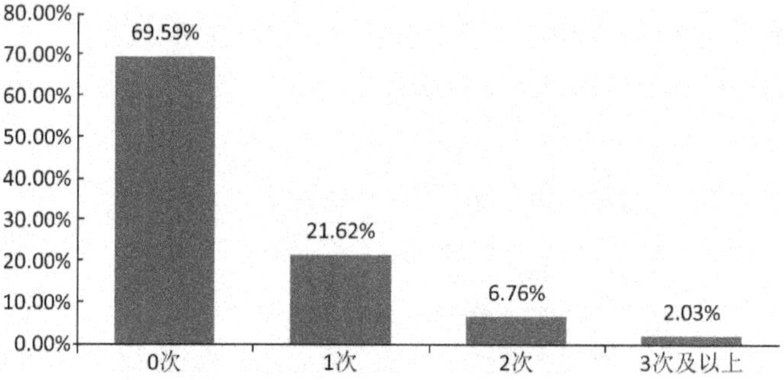

图6-28　毕业生换过工作的次数

与第一份职业相比，目前职业情况变动也不大。

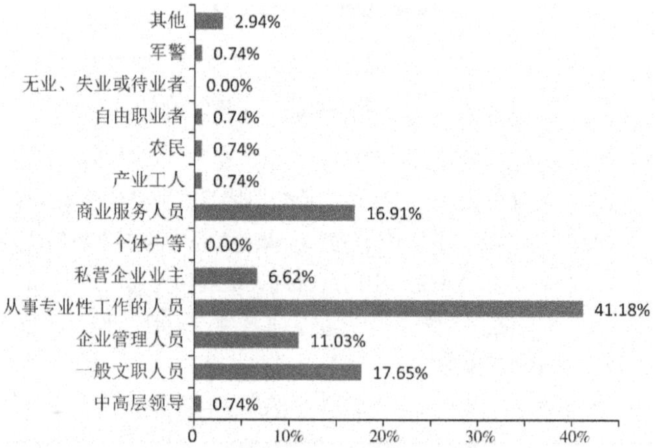

图6-29　毕业生目前的职业情况

如图6-30，从前后的工作单位来比较，不论毕业后是否换了工作，稳定、工作压力相对较小的国企一直是大学生的首选，基本都在 42%。随着工作的流动和工作经历的积累，我们发现选择外企、合资企业的减少了，从 10.14% 到 7.35%，选择政府和事业单位的增加了不少。虽然国家强调推崇“大众创新、万众创业”，但自主创业这一份额似乎并没有什么太大的变化，仅仅从 2.03% 提升到了 2.21%。

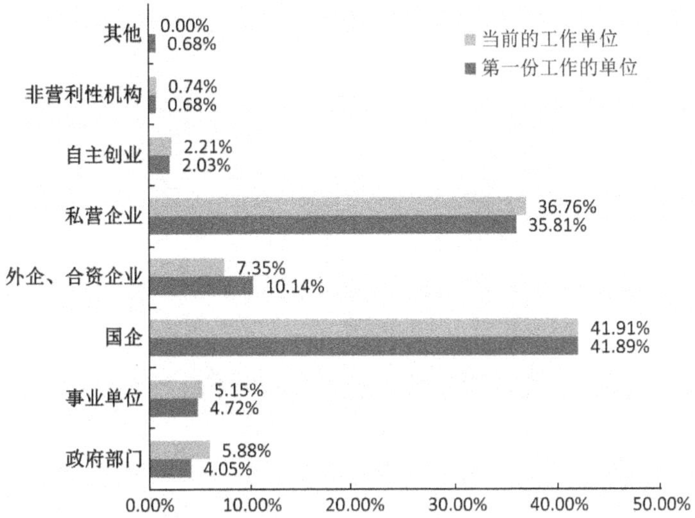

图 6-30　毕业生工作单位今昔对比

如图 6-31，47.30% 的大学生第一份工作的工资（含福利津贴）为 3000 ~ 5000 元，没有出现 20000 元以上的。随着工作的流动和工作经验不断积累，毕业生目前工作的薪酬发生了一定的变化，工资为 5000 ~ 8000 元的人占据了主流，为 37.5%，另外，3000 ~ 5000 元月薪段的也占到了 30.14%，0.74% 的人月薪 20000 元以上。这说明了随着工作时间的积累，月薪是有着一定程度的提升的。

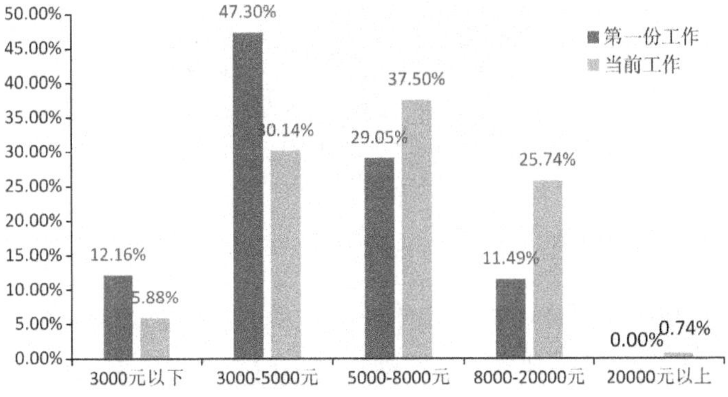

图 6-31　毕业生工作月薪今昔对比

6.3.4 工作现状

图6-32为毕业生每周工作时间的分布，可以发现，每周工作40小时的占大多数。说明大学生同样是“朝九晚五”的工作大军。

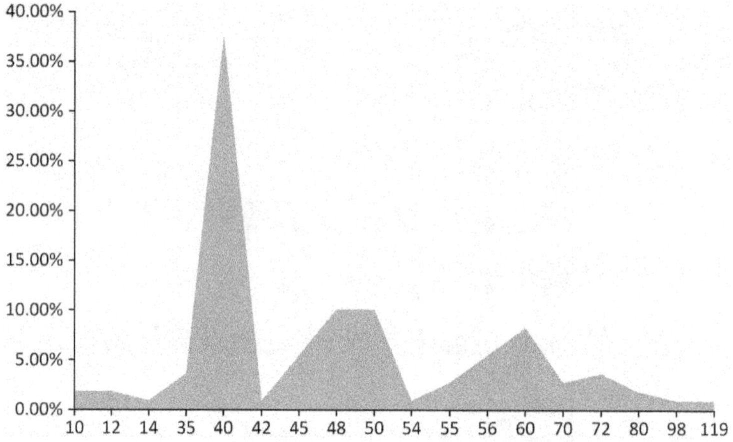

图6-32 大学毕业生每周工作时间分布（单位：小时）

图6-33描述了大学毕业生的上下班交通方式。其中，步行和乘坐公交车的占了绝大多数，分别为38.97%和22.79%。

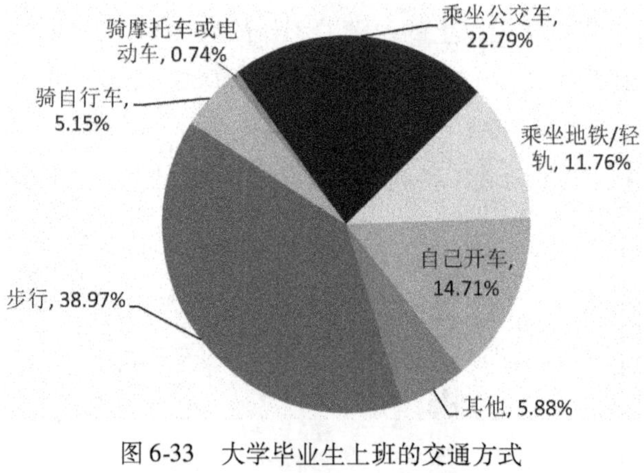

图6-33 大学毕业生上班的交通方式

表6-2为大学毕业生对目前工作的各方面评价。可以发现，在各方面的评价中，“满意”的比重最大，说明大学毕业生对目前的工作大多比较认同。

表 6-2　大学毕业生对工作各方面的评价

	很不满意	不满意	一般	满意	很满意
对当前工作环境的总评价	1. 47%	5. 15%	40. 44%	44. 12%	8. 82%
对当前工作的领导的总体评价	2. 94%	8. 09%	27. 94%	49. 27%	11. 76%
对当前工作的同事的总体评价	1. 47%	2. 21%	27. 94%	57. 35%	11. 03%
对目前从事的工作的态度	2. 21%	5. 88%	33. 09%	47. 79%	11. 03%
父母对您目前从事工作的态度	1. 47%	4. 41%	27. 21%	50. 74%	16. 17%
恋人或配偶对您目前从事工作的态度	3. 68%	5. 88%	37. 50%	44. 85%	8. 09%

6. 4　大学生创业

随着大学生就业形势的日益严峻，大学生创业问题开始被国家、社会及大学生本身重视起来，并付诸行动。从总体来看，将创业付诸实践的大学生占比仅为 2. 02%，仍是较少的一部分，28. 35% 的大学生有创业意愿但因为缺乏资金、社会经验、管理企业的技能等因素而停留在计划层面。创业活动首先主要起源于经济的客观决定因素，其次是创业者自身的能力因素，最后是创业动机因素（Pušnik & Tajnikar）。目前我国经济向好，在客观因素上催生了一大批创业者，但是在创业者自身能力方面却存在欠缺。为改变这一现象，可以做出相应的对策。一方面，可以全面推进创业政策：以创业教育为基础。从整体来看，大学生愿意创业以及创业成功是一个长期培育的过程。因此，大学生创业政策除体现在创业过程中还可以“前移”，即不仅关注大学生毕业之后是否创办企业以及创业成功率的高低，还要立足于长远，突出高校在创业活动中的重要地位，从培养学生的创业素质入手，将大学生创业工作纳入高校的整个教育教学过程中。另一方面，可以在创业政策上聚焦：加大对学生创业的商务支持力度，具体放在资金投入、实践场地、指导队伍等方面。如为大学生建立创业服务绿色通道，为已创办企业提供资金筹措、人才招聘、企业宣传等商务支持；创办大学生创业信息中心，为创业大学生提供创业过程所需的政策、资金以及服务等信息。

对于进行创业的大学生来说，仅凭热情贸然行事是不可取的，创业之前一定要做好物质、能力、心理等各方面的准备。物质准备包括制定创业规划书、了解国家法规政策、筹备资金等；能力准备包括领导管理能力和项目所需的专业知识技术等；心理准备包括明确创业动机，预料到其中可能经历的波折并敢于面对挫折、承受孤独和家庭压力等。在创业过程中要根据公司的发展对自己的创业做出进一步的规划、调整，如根据公司的规模变化进行合理的工作分配，根据销售额增长率、新产品和服务的推出情况等变化发现问题，为公司寻找更好的发展模式。

6.4.1 创业率

图6-34显示，在校大学生创业比例为2.02%，97.98%的大学生未创业。

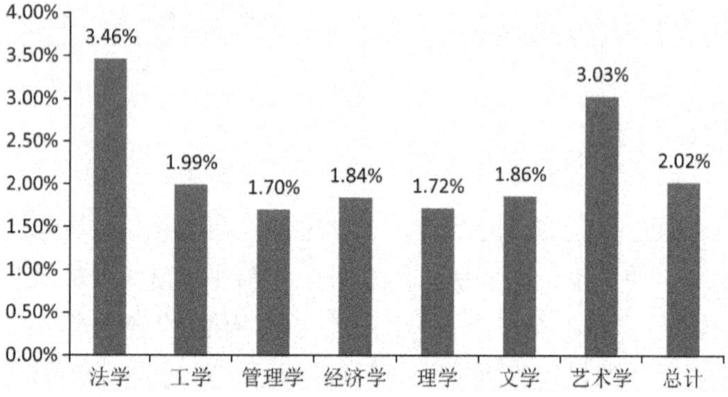

图6-34 各专业大类大学生的创业比例

法学类专业创业学生占比最高，为3.46%，其次是艺术学专业的学生，为3.03%。不同的专业所表现出的创业情况与其创业优势和所学知识的运用等有一定的关系。

6.4.2 大学生创业动机

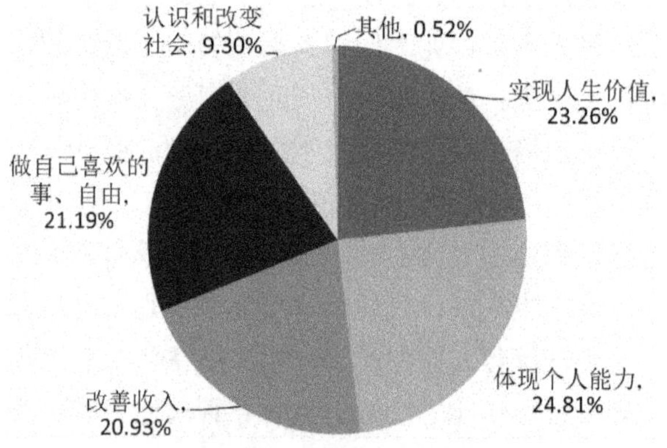

图6-35 创业动机比例

如图 6-35 所示，创业大学生中表现出几类创业动机。24. 81% 的创业者将体现个人能力作为自己的创业动机，23. 26% 的创业者创业动机倾向于实现人生价值，20. 93% 的创业者为改善收入而创业，21. 19% 的创业者认为创业可以做自己喜欢的事、自由，9. 3% 的创业者认同以创业的方式认识和改变社会。

6. 4. 3　创业规模

创业大学生所发展的公司规模各有不同，但较为明显的是，公司规模越大所占比例越小。多数创业者公司规模小于 10 人，占比达 72. 09%，规模在 10 ~ 20 人的公司占 16. 28%，规模在 20 人以上的占 11. 63%。

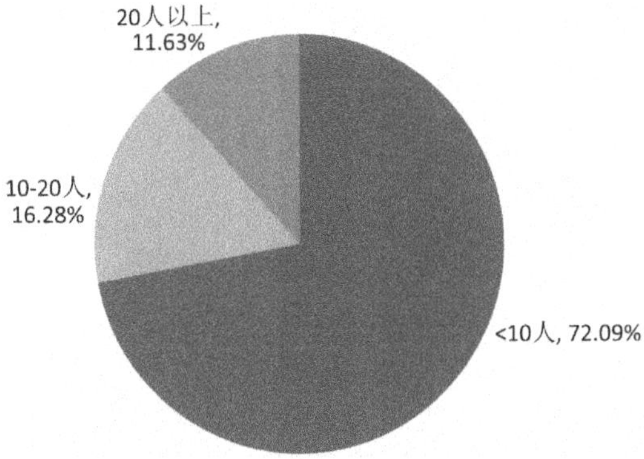

图 6-36　创业大学生公司规模所占比例

6. 4. 4　新产品和服务

如图 6-37，所有创业者中，65. 12% 在过去三年所推出的新产品和服务数量是 1 ~ 2 个，5. 43% 推出 10 个以上。说明随着难度的增加，成功者也越少。

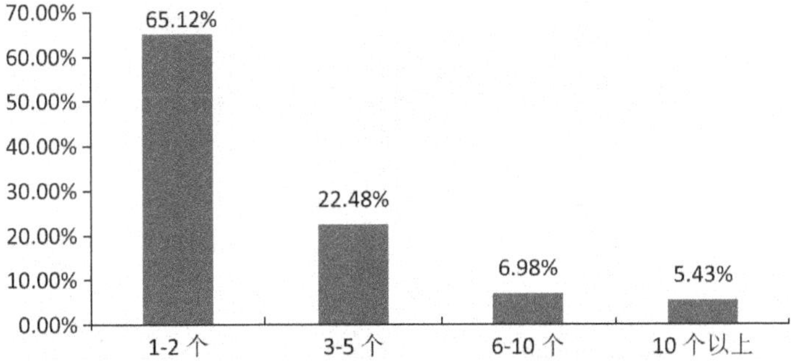

图 6-37　公司在过去三年所推出的新产品和服务数量百分比

6.4.5 过去三年的年度销售额增长率

如图6-38，创业学生公司过去三年的年度销售额增长率分布情况如下：增长率低于1%的占比65.12%，增长率为2%～10%的占比20.16%，增长率为21%～30%的占比4.16%，高于31%的占3.20%，少数公司过去三年销售额增长率高于20%。大学生创业公司成长性普遍不足，增长率低下。

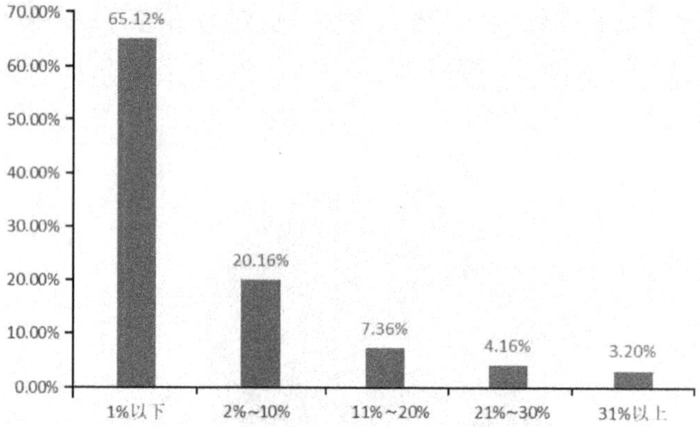

图6-38 创业学生公司过去三年销售额增长率

6.4.6 创业方向和方案

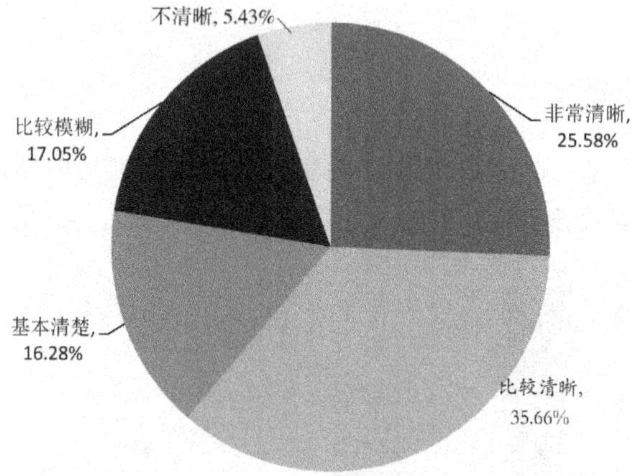

图6-39 创业大学生的创业规划情况

如图6-39，选择创业的大学生中，25.58%有非常清晰的创业方向和方案，35.66%比较清晰，仅5.43%的创业大学生没有清晰的创业方向和方案。图6-39

显示，多于 3/4 的创业者至少基本清楚创业方向和方案，由此可见，大部分创业者在创业过程中不是盲目的。同时也反映出，大学生创业成功率低下与其没有清晰规划、准备不充分有一定的关系。大学生自身缺乏经验与创业能力是导致创业失败率高的重要原因。究其根源，高校的创业教育仅仅停留在课堂层面，没有与创业者形成长效合作机制，大学生缺乏创业实践体验，高层次创业人才稀缺（徐小洲 等，2015）。

6. 4. 7　创业前所做准备

图 6-40 所显示的创业前期准备中，选择实习、市场调查和组建团队的创业者均占比 14. 46%，选择了解政策的创业者则比较少，占比 7. 35%，部分创业者更倾向于做出实践类准备。总体来说，大学生创业前所做准备多样化，在各种准备中不具有明显的选择偏好。同时，大学生在创业过程中对政策的了解过少，而大学生创业应以政策准备为支撑，如党的十八届三中全会《中共中央关于全面深化改革若干重大问题的决定》制定了多项政策激励大学生创业就业，那么这些政策具体表现在哪些方面，能为自己的创业之路提供什么好处等，应多做了解。另外，大学生在创业过程中，应以知识的准备为基础，以心理的准备为保障，以实践的锻炼为平台。这样方能勇于创业、成功创业。

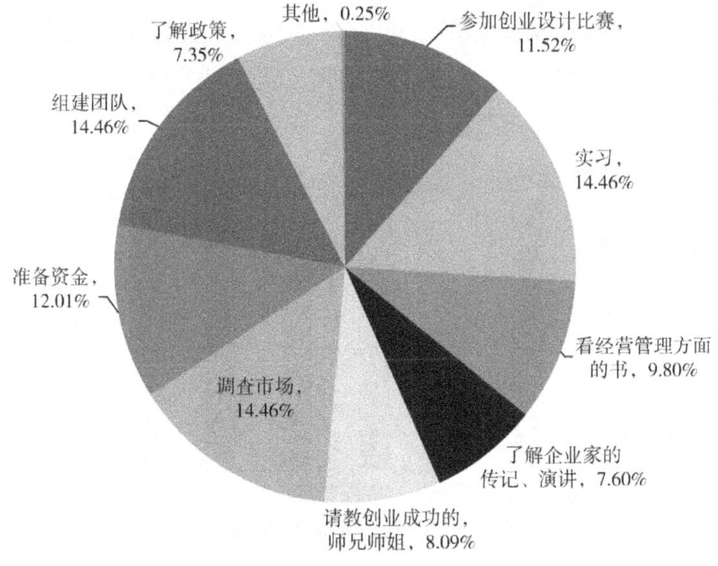

图 6-40　创业前所做各种准备占比

6.4.8 影响创业领域选择的标准

图6-41显示，影响创业领域选择的多项标准中，个人兴趣对创业领域选择的影响较大，占比达37.23%。其次是市场热点，占比25.55%。专业因素占比为11.68%。相比之下，个人兴趣对大学生创业领域的影响占相对主导地位。

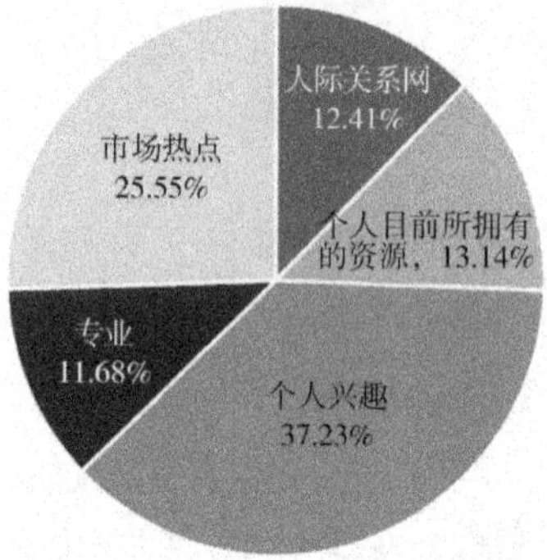

图6-41 影响创业领域选择的标准

6.4.9 创业意愿

由图6-42和图6-43数据显示，不同专业的大学生在创业意愿上表现出了相似性，各专业类学生有创业意愿的学生均低于50%，都在30%左右。在不同性别中，男生有创业意愿的为54.82%，比例高于无创业意愿者。女生中无创业意愿者为52.27%，多于有创业意愿者。

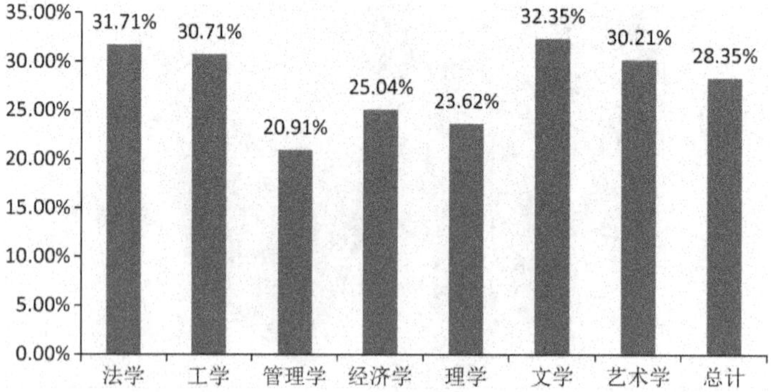

图6-42 各专业大类中有创业意愿的大学生所占比例

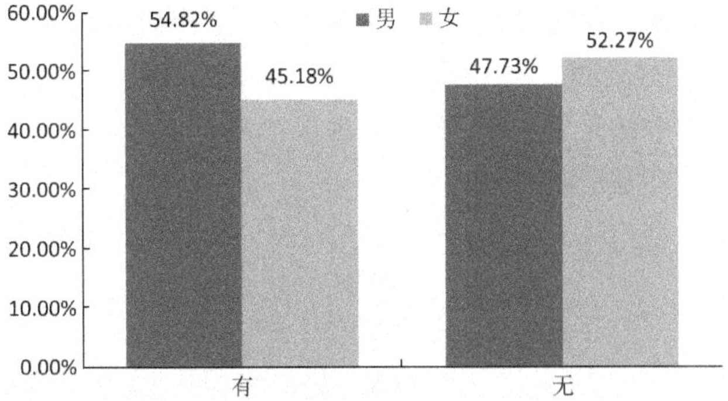

图 6-43　大学生创业意愿性别差异

6.4.10　未创业的理由

图 6-44 结果显示，在未创业的大学生中，未创业较为重要的三个原因是：缺乏资金，占比 21.25%；缺乏社会经验，占比 25.02%；缺乏管理企业的技能，占比 15.41%。对市场不了解也是较为重要的原因，只有 1.50% 的学生因家庭的不支持未创业。由此可见，大学生创业投融资渠道单一，资助渠道仍需拓宽。高校需要积极与企业形成合作机制，帮助潜在创业人才提高创业能力、储备实践经验，进而提高大学生创业率与创业成功率。

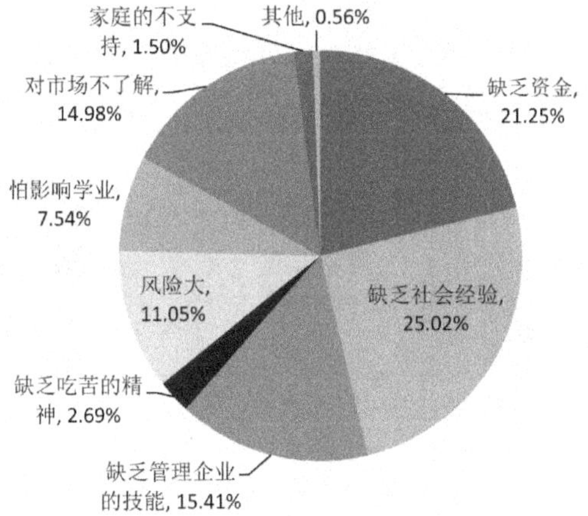

图 6-44　未创业的理由

6.4.11　亲友的创业情况

图 6-45 表示了不同地区的大学生中，其父母、亲戚或朋友有创业经历的大

学生占该地区大学生总数的比例。可以发现，无论东部还是中西部，大学生身边的人中，其他亲戚创业的较多，父母和朋友创业的比例相差不大。而比较地区差异时，发现东部和中部大学生的父母与其他亲戚创业比例都高于西部，而西部学生朋友的创业比例却是最高的。

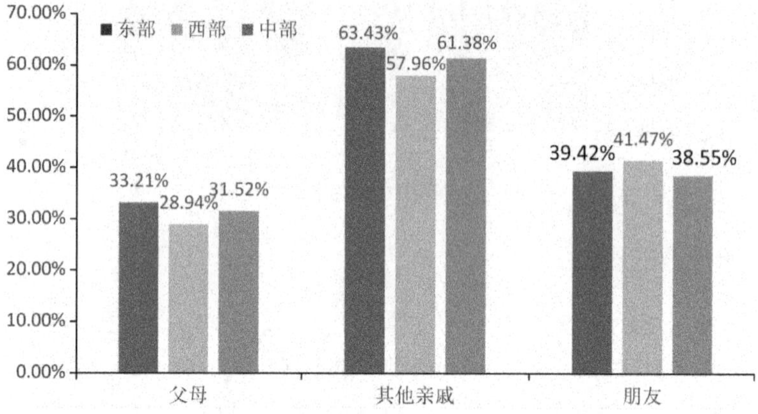

图 6-45　不同地区大学生的亲友有过创业经历的比例

城乡差异比较如图 6-46 所示，可以发现，来自城镇的大学生的父母和亲戚创业比例高于来自农村的学生，而来自农村的大学生朋友创业比例却高于来自城镇的。

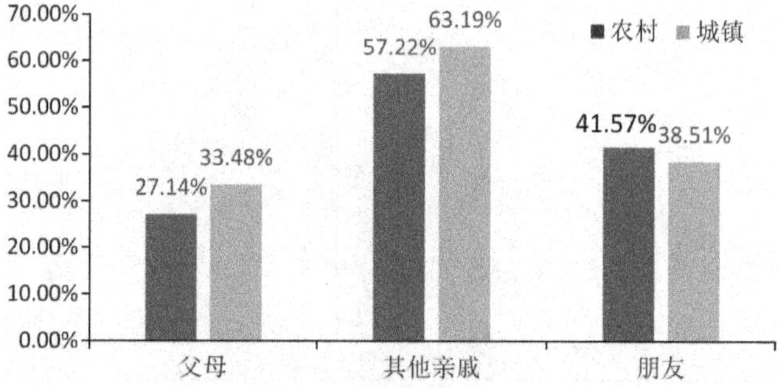

图 6-46　城乡大学生的亲友有过创业经历的比例

表 6-3 描述了不同地区大学生亲友创业中各种状况占该地区大学生创业亲友的比例。可以发现，大多数创业的亲友创业状况比较乐观，大多集中于良好与一般。亲友中，其他亲戚的创业状况最好。按地区比较时，东部大学生的父母及其他亲戚的创业状况较为良好。

表 6-3　不同地区大学生亲友创业的状况

	地区	非常好	良好	一般	较差	非常差	总计
父母	东部	7.79%	31.38%	46.15%	11.18%	3.49%	100.00%
	西部	6.71%	29.98%	47.20%	12.30%	3.80%	100.00%
	中部	6.76%	27.30%	49.28%	11.58%	5.07%	100.00%
	总计	7.14%	29.29%	47.75%	11.55%	4.26%	100.00%
其他亲戚	东部	12.11%	45.90%	37.27%	3.73%	0.99%	100.00%
	西部	10.85%	39.66%	42.64%	5.81%	1.03%	100.00%
	中部	10.28%	42.66%	41.74%	3.79%	1.53%	100.00%
	总计	11.06%	43.33%	40.24%	4.13%	1.24%	100.00%
朋友	东部	5.86%	32.60%	53.66%	6.50%	1.37%	100.00%
	西部	3.90%	33.05%	54.07%	8.31%	0.68%	100.00%
	中部	6.17%	32.17%	53.42%	5.87%	2.38%	100.00%
	总计	5.61%	32.50%	53.63%	6.57%	1.68%	100.00%

6.5　创业看法与环境

创业并非易事，不是拍拍脑袋就可以决定的事情。大学生的创业也不例外，同样需要充分考虑各种主观和客观的因素。本部分重点选取了大学生各阶段的创业打算与情况、对创业的态度和了解程度、获得的创业支持这些方面的因素进行考察。发现大学时期是整个学习生涯中的创业活跃期，而大学阶段创业的学生对创业的态度相当乐观，但令人担忧的是，这种乐观恐怕难以为继，因为创业大学生中参加过创业培训与创业技能大赛的比例远远未达半数，对创业相关法律政策的了解程度也较低，说明仍有大部分创业的大学生并没有为其创业事业做好充足准备。同时，我们还发现，学校对创业的支持方式的多样性有待提高。

6.5.1　各学习阶段的创业打算和创业情况

如表 6-4，在各个阶段，大学生有过创业经历或者正在创业的人数占比都很小。而不同时期差异明显，完全未考虑创业的人数比重下降，从高中以前的 74.28% 下降到高中/中专的 59.84%，再到大学之后的 42.70%。而有过考虑但未付诸实践的人数明显增加，比重分别为23.88%，37.45%和52.50%。从表中可以看出，大学时期是整个学习生涯中的创业活跃期。

表6-4 大学生各学习阶段的创业打算与创业情况

	高中以前	高中或中专	大学（本科/大专）
完全没有考虑过	74.28%	59.84%	42.70%
考虑过，但没付诸实践	23.88%	37.45%	52.50%
创业过，且创业成功	0.93%	1.51%	1.97%
创业过，但创业失败	0.34%	0.60%	1.24%
创业中，不知成功与否	0.57%	0.60%	1.59%
总计	100.00%	100.00%	100.00%

6.5.2 对创业的态度

表6-5描述了正在创业和未在创业的在校生以及毕业生对创业的态度。三个群体中认为“失败多次我会退出创业大军”的比例都最高，分别为43.18%，43.00%和38.30%；比例最低的都是“失败一次我就不再尝试”，分别为5.30%，6.01%和7.09%。值得注意的是，正在创业的在校生中认为“失败多少次都不会放弃创业”的比例为30.30%，远比未在创业的在校生的22.44%和毕业生的22.34%高，可见，大学阶段创业的大学生对创业态度更乐观、更坚强。

表6-5 大学生对创业的态度

	正在创业的在校生	未在创业的在校生	在校生总计	毕业生
失败多少次都不会放弃创业	30.30%	22.44%	22.59%	22.34%
失败多次我会退出创业大军	43.18%	43.00%	43.01%	38.30%
失败一次我就不再尝试	5.30%	6.01%	6.00%	7.09%
预计失败就不会尝试	21.21%	28.56%	28.41%	32.27%
总计	100.00%	100.00%	100.00%	100.00%

6.5.3 对相关法律与政策的了解

如表6-6，就创业相关政策与法律来说，大学生对学校相关政策的了解较多，选择比较了解的人最多，比重为24.69%，国家次之，为17.64%，最少的为区域，为8.41%。而就每个区域范围来说，选择了解一些和不十分了解的比重都较大，可见大学生对创业相关政策的了解程度有待提高。

表6-6　对不同区域相关政策与法律的了解程度

	国家	区域	学校
非常了解	3.90%	0.84%	7.02%
比较了解	17.64%	8.41%	24.69%
了解一些	39.31%	31.78%	33.58%
不十分了解	27.11%	38.76%	23.18%
完全不了解	12.04%	20.22%	11.53%
总计	100.00%	100.00%	100.00%

表6-7显示，对三种法不十分了解的人数都最多，分别为公司法40.11%，证券法40.58%，劳动法38.70%。相对来说，大学生对劳动法更为了解，选择了解一些的比重大于其他两法，而完全不了解的比重最小。大学生对于相关的创业法律法规不甚了解。

表6-7　对三种法的了解程度

	公司法	证券法	劳动法
非常了解	2.33%	2.40%	2.33%
比较了解	7.47%	6.81%	7.91%
了解一些	24.98%	22.26%	30.92%
不十分了解	40.11%	40.58%	38.70%
完全不了解	25.12%	27.95%	20.15%
总计	100.00%	100.00%	100.00%

注：表中的三种法分别指：《中华人民共和国公司法》《中华人民共和国证券法》《中华人民共和国劳动法》。

6.5.4　获得的创业支持

图6-47统计了正在创业的在校生与未在创业的在校生中参加过与创业相关培训的比例。可以发现，全体在校生中，有16.09%参加过培训，而正在创业的在校生中，参加过培训的比例较高，为26.52%。参加创业培训有利于培育创业精神。

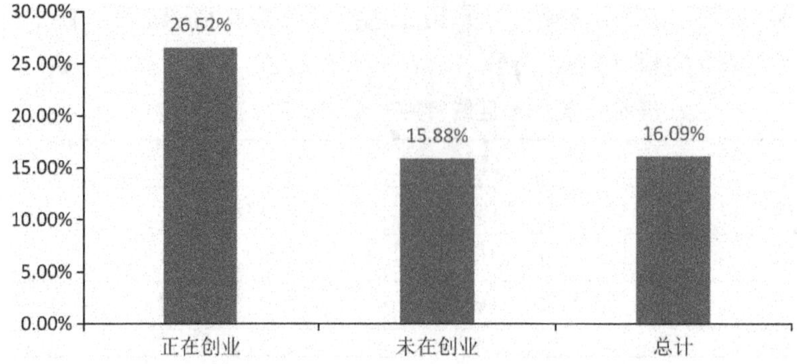

图6-47　创业与未创业大学生中参加过相关培训的比例

图6-48统计了正在创业的在校生与未在创业的在校生中参加过学校举办的创业技能大赛的比例。在全体在校生中，参加过大赛的只占7.24%，而正在创业的在校生中有18.94%参加过大赛。从图6-47和图6-48可以看出，正在创业的大学生参加过创业培训和比赛的比例都比未在创业的大学生高。创业是非常重要的举动，要提高成功的可能性，一定要做好充足的准备。正在创业的大学生参加过创业培训和比赛的比例远远低于理想水平，连半数都未达到，说明仍有大部分创业的大学生并没有为其创业做好充足准备。

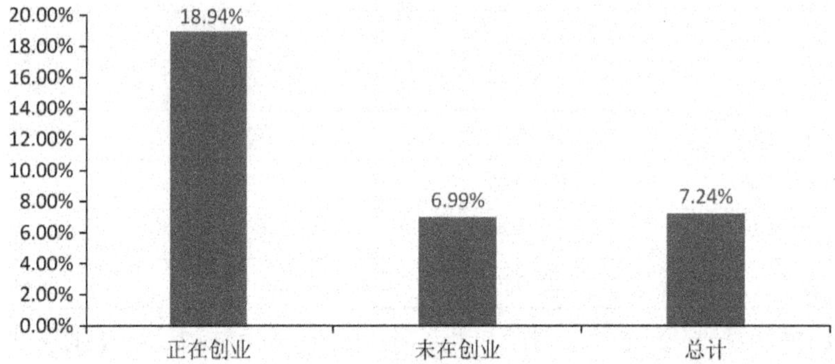

图6-48　创业与未创业大学生中参加过创业技能大赛的比例

图6-49显示了不同专业大类参加过创业相关培训的比例。其中，管理学类最高，为26.57%，法学类最低，为9.14%。这种差异或许与专业所开设的课程和学生的专业意识有关。

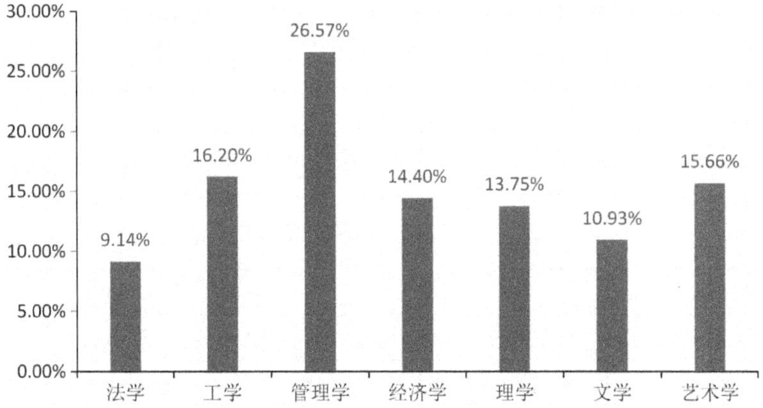

图 6-49　各专业大类参加过相关培训的比例

从图 6-50 可以看出，大学生获得最多的创业服务类型是创业人士讲座，占比为 73.80%；接着依次是举办创业大赛和创业指导课程，分别为 61.43% 和 54.14%。对于创业服务，学校更热衷于讲座、比赛与课程的形式，也说明学校创业培训的多样性不足。

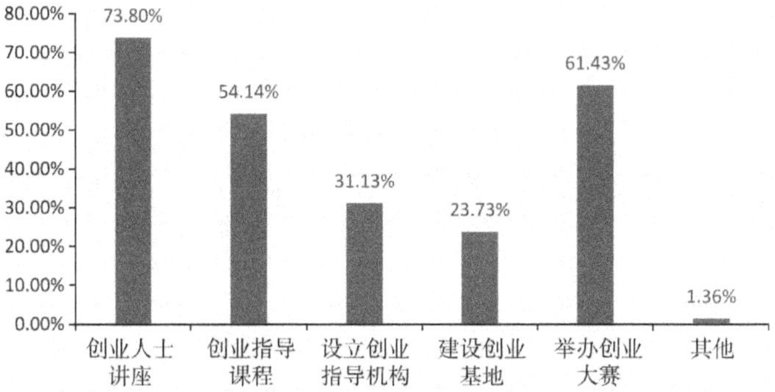

图 6-50　大学生从学校获得的各创业服务类型所占比例

表 6-8 描述了大学生对政府创业支持力度的认同程度。其中的信息平台和宽容的人文环境被较多的大学生认为是政府支持力度非常大的，分别为 23.21% 和 18.91%。认为社会化专业化管理服务支持力度非常大的则最少，为 9.97%，说明政府在这方面的创业支持力度还有待提高。

表 6-8 政府支持创业的力度在大学生中的认同程度

	非常大	一般	非常小	没有	总计
创业基金支持	16.70%	63.93%	13.95%	5.42%	100.00%
社会化专业化管理服务	9.97%	63.30%	20.07%	6.65%	100.00%
低租金的场地	10.65%	56.98%	23.77%	8.60%	100.00%
信息平台	23.21%	59.48%	12.96%	4.36%	100.00%
技能培训	14.72%	61.68%	17.58%	6.03%	100.00%
宽容的人文环境	18.91%	58.85%	16.66%	5.58%	100.00%
其他	9.56%	63.18%	17.50%	9.76%	100.00%

第 7 章　创业活力与创业动力专题

近年来，大学生创业成为一个社会热点话题，国家对于大学生创业的支持力度也越来越大。大学生创业的现象越来越普遍，小到推销自己的商品来完成课程作业，大到经营一家年营业额百万的网店甚至是一家运营良好的公司。调查大学生的创业活力和创业动力及其影响因素对于国家政策的制定、高校创业教育的安排都有指导作用。

本部分研究了大学生创业活力和创业动力的差异和影响因素，力求得到合理的结论。

7.1　定义

创业活力是反映一定范围内创业活动开展程度的指标。我们采用以下公式来衡量大学生的创业活力：

$$创业活力=\frac{正在创业的学生人数}{被调查者总数}\times 100\%$$

大学生的创业动力体现在是否有创业意愿以及意愿是否强烈，类似地，我们也采用以下公式衡量大学生的创业动力：

$$创业动力=\frac{有意愿创业的学生人数}{被调查者总数-正在创业的学生人数}\times 100\%$$

一个群体创业活力越高，说明该群体中正在创业的人数占总人数的比例越高。同样，一个群体创业动力越高，说明该群体中有创业意愿的人数占总人数的比例越高。

7.2 差异特征

大学生的创业活力和创业动力会随着各自的家乡、性别和年龄呈现差异。其中家乡按照地区不同和城乡不同来划分。

7.2.1 地区与城乡差异

图 7-1 描述了创业活力在来自东、西、中部地区学生中的差异。可以看到：来自中部地区的学生创业活力最高，为 2.21%；来自西部地区的学生为 2.18%；来自东部地区的学生最低，为 1.70%，但也与来自中部地区的学生相差不大。这表明，来自东部地区的学生的创业活力落后于来自中部、西部地区的学生，而来自中部地区的学生创业活力则又比来自西部地区的学生稍强一点。

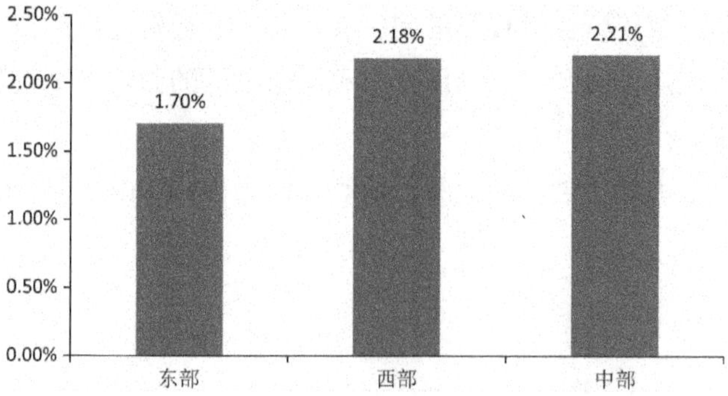

图 7-1 来自不同地区大学生的创业活力

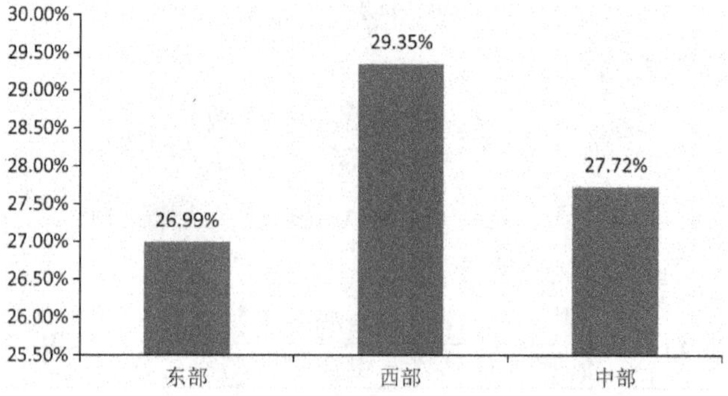

图 7-2 来自不同地区大学生的创业动力

图 7-2 描述了创业动力在来自东、西、中部地区学生中的差异。可以看到：来自西部地区的学生创业动力最高，为 29.35%；来自中部地区的学生则为

27.72%；来自东部地区的学生最低，为 26.99%。虽然来自东部地区学生的创业动力落后于来自西部、中部地区的学生，但是差距并不太大。

从表 7-1 中可以看出，学生创业动力排名前三的省级行政区是青海、宁夏和内蒙古，创业活力排名前三的省级行政区是宁夏、辽宁和青海。学生创业动力较低的省级行政区是吉林、浙江和河北，学生创业活力较低的省级行政区是天津、陕西、江苏和吉林。

表 7-1　来自各省级行政区大学生创业活力与创业动力

省级行政区	创业动力	创业活力
青海	37.50%	3.57%
宁夏	35.29%	4.41%
内蒙古	35.00%	3.00%
福建	33.17%	1.44%
辽宁	33.08%	3.76%
山西	30.83%	1.50%
重庆	30.69%	2.65%
陕西	30.67%	0.67%
北京	30.43%	1.09%
海南	30.21%	2.08%
江西	29.62%	1.74%
湖北	29.07%	2.24%
天津	29.03%	0.00%
四川	28.57%	1.10%
甘肃	28.47%	2.92%
贵州	27.62%	1.90%
湖南	27.59%	2.19%
新疆	27.10%	2.80%
广西	26.85%	2.30%
西藏	26.83%	2.44%
江苏	26.61%	0.86%
山东	26.53%	1.02%
河南	26.19%	2.81%
广东	25.81%	1.94%

续表

省份	创业动力	创业活力
黑龙江	25.51%	3.06%
安徽	25.30%	2.01%
云南	25.23%	2.70%
上海	24.14%	6.90%
吉林	24.14%	0.86%
浙江	23.50%	2.00%
河北	20.16%	1.19%

注：表中不包含港澳台学生的数据。

图 7-3 显示了学生创业活力的城乡差异。可以看出，来自农村的大学生正在创业的比例为 2.47%，而来自城市的大学生正在创业的比例为 1.84%，比来自农村的学生低 0.63%，这说明来自农村的学生的创业活力比来自城市的学生强，但差距不大。

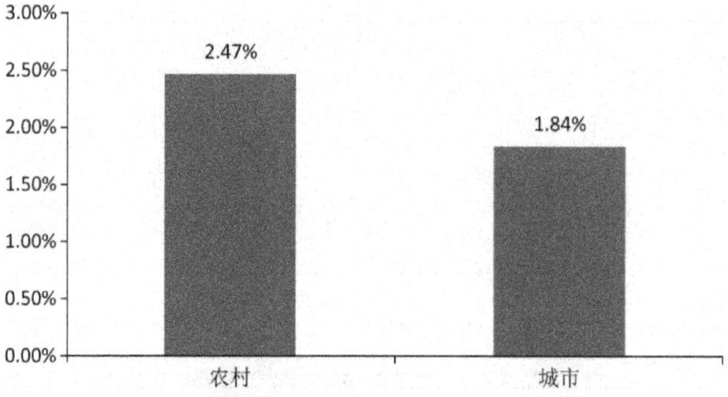

图 7-3　来自农村与城市大学生的创业活力

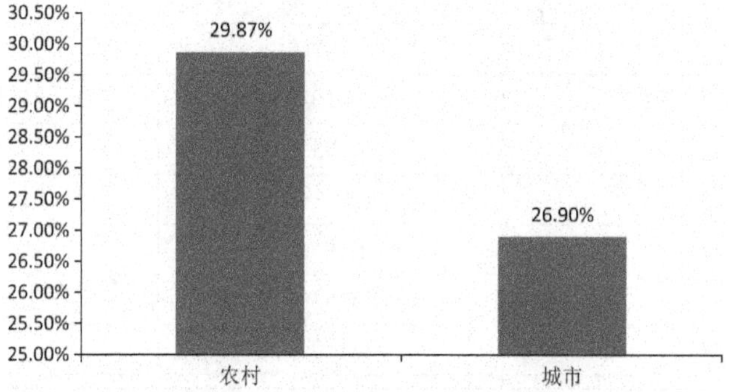

图 7-4　来自农村与城市大学生的创业动力

图 7-4 显示了学生创业动力的城乡差异。可以看出，来自农村的大学生有创业意愿的比例为 29.87%，而来自城市的大学生有创业意愿的比例为 26.90%，比来自农村的学生低 2.97%。这说明来自农村的学生的创业活力比来自城市的学生强，但差距不大。

从以上地区差异与城乡差异的分析中可以发现，无论是创业活力还是创业动力，来自较发达地区的大学生的指标普遍较低，而来自相对欠发达地区的大学生却有着较高的创业活力与创业动力。一方面可能是因为大学生目前阶段的创业还是以生存型的创业为主；另一方面可能是因为来自较发达地区的学生在相对安逸的环境下成长，使得其缺乏创业所需的冒险精神等。

7.2.2　性别差异

图 7-5 显示了大学生创业活力的性别差异。可以看出，男生正在创业的比例为 2.30%，女生正在创业的比例为 1.74%，比男生低 0.56%。这说明男生的创业活力比女生稍强。

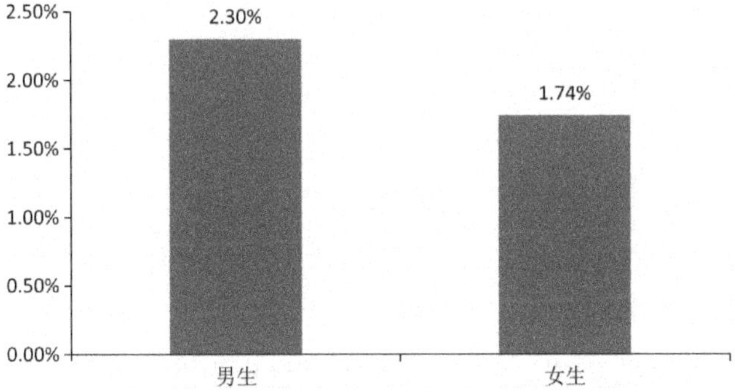

图 7-5　大学生创业活力的性别差异

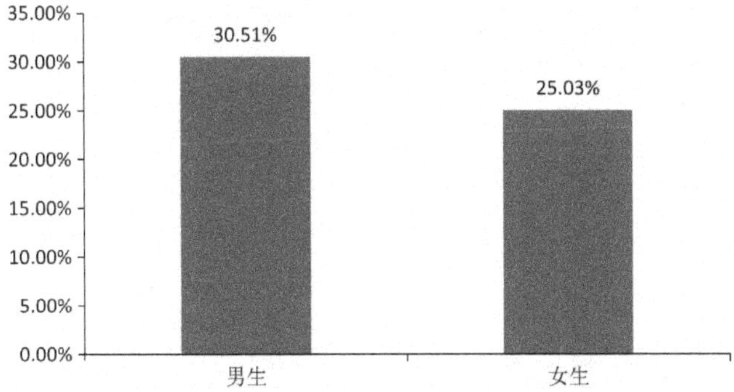

图 7-6　大学生创业动力的性别差异

图 7-6 显示了大学生创业动力的性别差异。可以看出，男生有创业意愿的比例为 30.51%，女生有创业意愿的比例为 25.03%，比男生低 5.48%。这说明男生的创业动力比女生强。

7.2.3 年级差异

图 7-7 显示了随着年级的增长，大学生的创业活力呈现出倒 U 形。其中，大二时的创业活力最高，为 2.25%，大四则最低，为 1.30%。其中的原因可能与学生的课余精力有关。大一学生主要忙着适应新生活，大四则准备着各奔东西，唯有大二、大三学生课余时间相对较多，同时，其关系网络又基本建立，因此大二、大三也成为大学创业的黄金期。

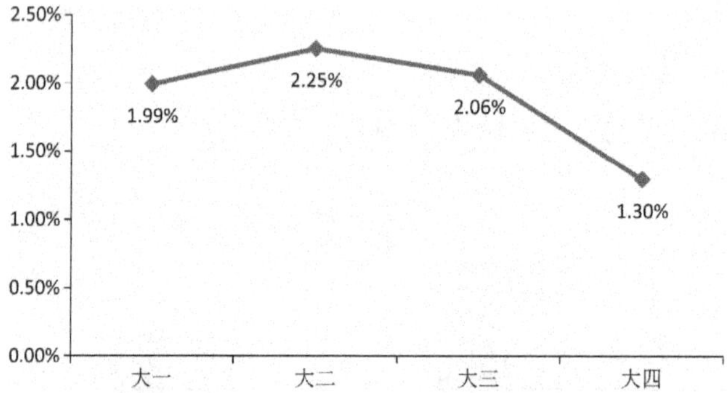

图 7-7　不同年级大学生创业活力

图 7-8 显示，随着年级的增长，创业动力呈现出递减的趋势。一方面可能因为部分怀揣着创业梦的学生在大学期间已经开始行动，使得创业动力的分母变大；另一方面则可能是部分学生在大学期间也认识到创业的艰难，产生了退缩的想法。

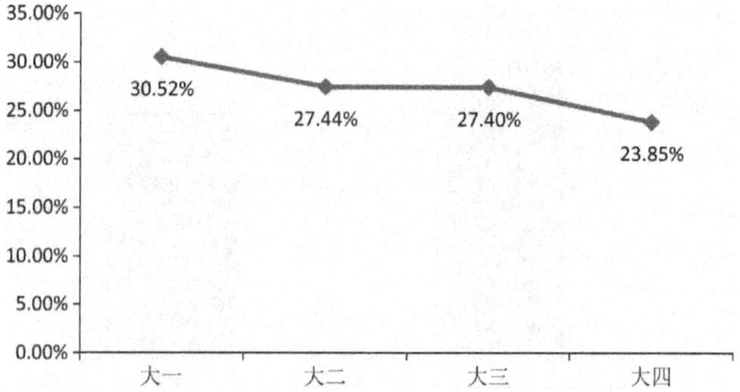

图 7-8　不同年级大学生创业动力

7.3　影响因素

大学生的家庭背景和周围亲朋都会影响到他们的创业活力和创业动力。该部分详细研究这些因素的作用程度。

7.3.1　家庭收入

图 7-9 显示，家庭年收入对于学生创业活力的影响呈现出两头高中间低的态势，家庭年均收入 5000 元以下和 150000 元以上的学生创业活力最大，家庭年收入在 5000 ~ 15000 元之间的学生创业活力较小。

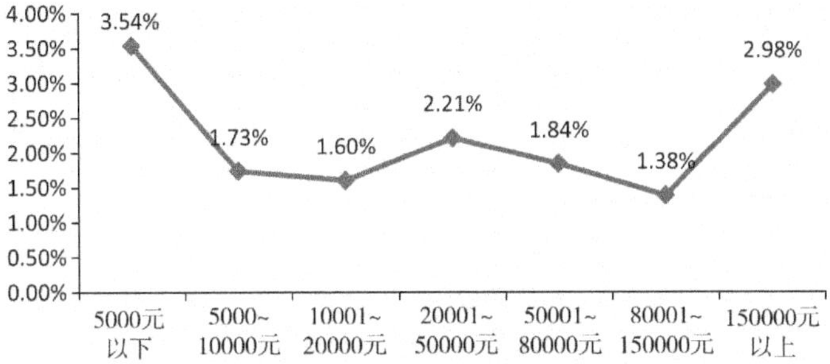

图 7-9　各阶段家庭年平均收入的大学生创业活力

图 7-10 显示，家庭年收入在 5000 ~ 20000 元之间的学生创业动力比较强。家庭年收入在 80001 ~ 150000 元之间的学生创业动力较弱。这也反映了大学生创业的动机可能不同，以低收入的生存型创业为主，总体呈现非线性的关系。

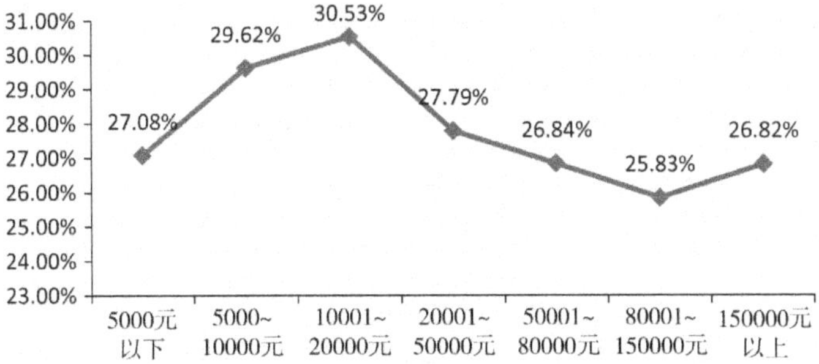

图 7-10　各阶段家庭年平均收入的大学生创业动力

7.3.2 父母职业

图 7-11 显示了父母的职业对大学生创业活力的影响。其中：父亲是自由工作者的大学生创业活力最大，为 4.76%；其次是其他类工作，为 3.87%；父亲是个体户的学生创业活力最小，为 0.72%。母亲是中高层领导的大学生创业活力也较大，为 3.19%；其次是私营企业业主，为 2.82%；母亲是个体户的学生创业活力最小，为 1.52%。

图 7-12 显示了父母的职业对大学生创业动力的影响。其中：父亲是自由工作者的大学生创业动力最大，为 42.86%；其次是父亲是个体户的大学生，创业动力为 31.64%；父亲是产业工人的大学生的创业动力为 30.44%，父亲是军警类的大学生的创业动力最小，为 18.18%。母亲是中高层领导的大学生创业活力较大，为 32.98%；其次是母亲是企业管理人员的大学生，创业动力为 31.90%；母亲是个体户的大学生的创业动力为 30.89%；而母亲是自由工作者的大学生创业动力最小，为 22.50%。

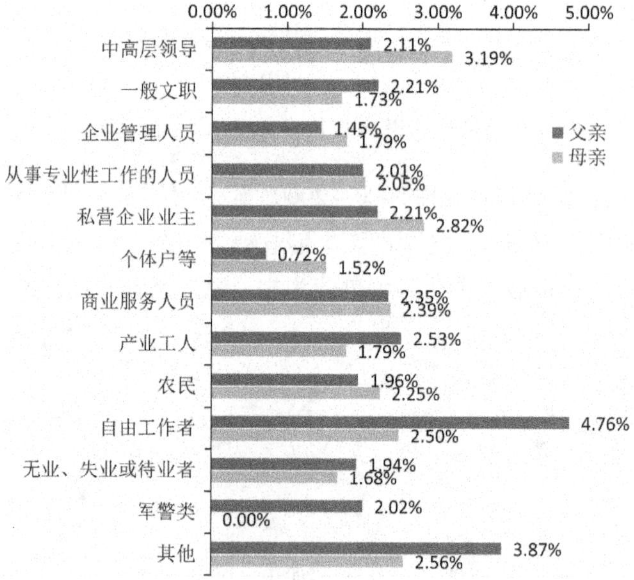

图 7-11　不同父母职业的大学生创业活力

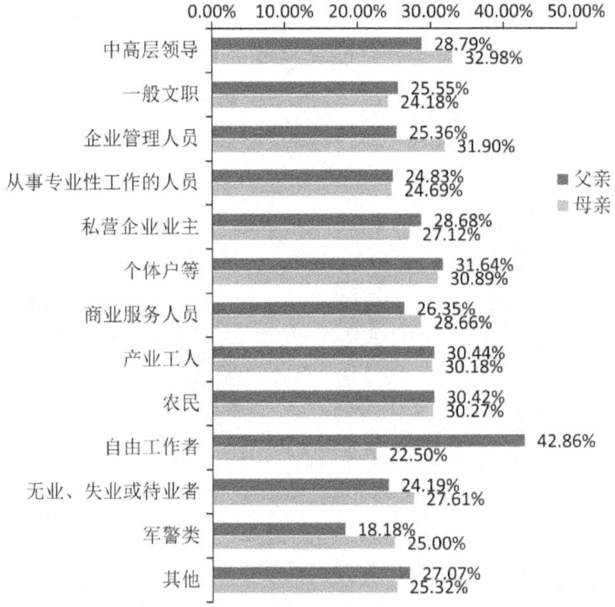

图 7-12　不同父母职业的大学生创业动力

注：图表中的职业简称的全称如下：

中高层领导：党政机关科级及以上公务员，社会团体及事业单位中高层领导；

一般文职：党政机关科级以下普通公务员，企事业单位中的基层管理人员和一般文职人员；

企业管理人员：企业中非业主身份的中高层管理人员或作为部门负责人的管理人员；

从事专业性工作的人员：在各种机构中专业从事各种专业性工作和科技工作的人员，如医生、教师、工程师、会计师、律师等；

私营企业业主：雇工在 8 人及 8 人以上私营企业的业主；

个体户：雇工在 8 人以下的小雇主、个体户，以及小股东、小股民、房屋出租者、网店店主等；

商业服务人员：在商业和服务行业中从事非专业性、非体力工作的人员；

产业工人：从事体力、半体力的生产工人、建筑工人及相关人员；

农民：主要从事农、林、牧、渔业生产的农民；

自由职业者：艺术工作者（作家、画家）及居家办公的自由职业者；

无业、失业、待业者：无固定职业的劳动年龄人群，城乡无业、失业或待业者；

军警：军人、武警、警察等军事或准军事人员。

7. 3. 3　毕业后打算

图 7-13 显示，毕业后打算创业的大学生创业活力最强，为 4. 10%，其次是

打算就业的学生和打算国内读研的学生，分别为 2.41% 和 1.93%，毕业后打算出国留学的学生创业活力最小，为 1.73%。毕业后打算对大学生的创业活力有较大的影响，不同毕业后打算的大学生之间创业活力差异最大为 2.37%。

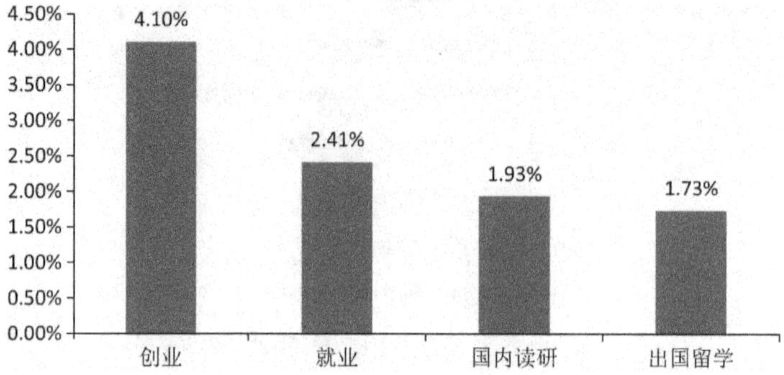

图 7-13　不同毕业后打算的大学生创业活力

图 7-14 显示，毕业后打算出国留学的大学生创业动力最强，为 31.17%；其次是打算国内读研的学生，为 29.07%；打算就业的学生的创业动力最弱，为 26.34%。毕业后打算对大学生的创业动力有较大的影响，不同毕业后打算的大学生之间创业动力差异为 4.83%。

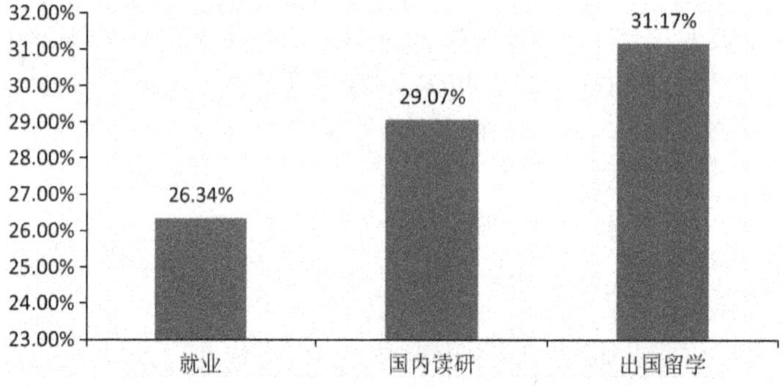

图 7-14　不同毕业后打算的大学生创业动力

7.3.4　亲朋好友创业经历

图 7-15 显示了亲朋好友有无创业经历对大学生创业活力的影响。其中：父母有创业经历的大学生的创业活力最大，为 2.27%；其次是朋友有创业经历的大学生，其创业活力为 2.10%；其他亲戚有创业经历的大学生的创业活力最小，为 2.09%。亲朋好友是否有创业经历对大学生的创业活力的影响似乎并没有特

别明显。

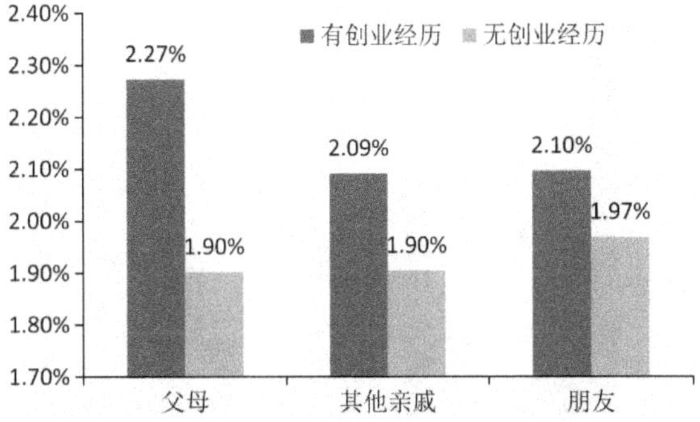

图 7-15　亲朋好友有无创业经历与大学生创业活力

图 7-16 显示了亲朋好友有无创业经历对大学生创业动力的影响。其中：朋友有创业经历的大学生的创业动力最大，为 31. 52%；其次是父母有创业经历的大学生，其创业动力为 30. 85%；其他亲戚有创业经历的大学生的创业动力最小，为 28. 85%。可见，亲朋好友是否有创业经历对大学生的创业动力也有重要的影响。

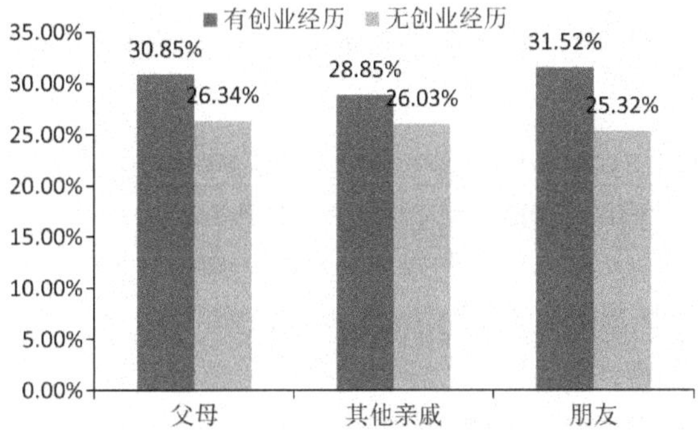

图 7-16　亲朋好友有无创业经历与大学生创业动力

7. 3. 5　亲朋好友创业情况

图 7-17 显示了亲朋好友的创业情况对大学生创业活力的影响。其中：其他亲戚创业情况非常差的学生创业活力最大，为 5. 45%；其次是父母创业情况非常好的学生，为 4. 81%；父母创业情况较差的学生创业活力最低，为 1. 33%。可以看出，大学生的创业活力受到周围人创业情况的影响，创业情况非常差和非常好都对创业活力有促进作用。

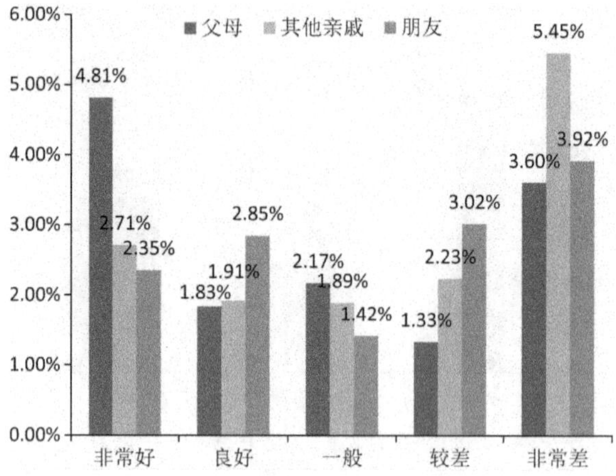

图 7-17　亲朋好友创业情况与大学生创业活力

图 7-18 显示了亲朋好友的创业情况对大学生创业动力的影响。其中，父母创业情况非常好的学生创业意愿最强，其次是朋友创业情况非常好的学生。父母创业情况非常差的学生创业意愿最弱。可以看出，大学生的创业动力受到周围人创业情况的影响。总体来看，创业情况较好对创业动力有促进作用。但比较有意思的是，当其他亲戚创业情况非常差时，学生的创业活力与创业动力都比较强。

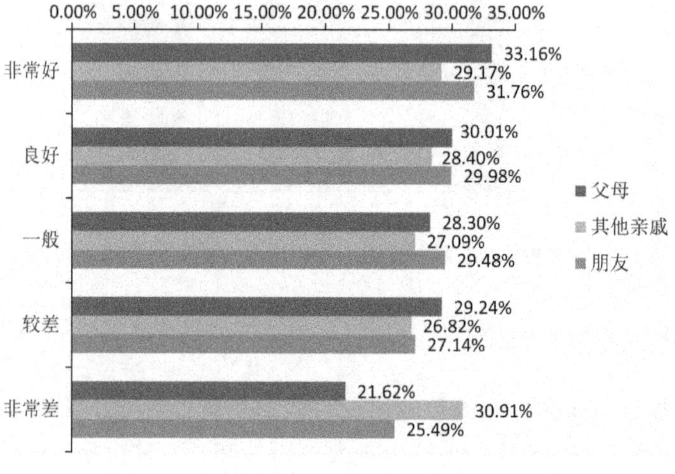

图 7-18　亲朋好友创业情况与大学生创业动力

7.4　总结

经过分析发现，大学生的创业活力与动力存在着地区差异、性别差异以及年级差异，其中比较明显的是地区差异和年级差异。地区差异中又出现了颠覆常识的现象：无论是创业活力还是创业动力，来自较发达地区的大学生的指标普遍较低，而来自相对欠发达地区的大学生却有着较高的创业活力与创业动力。年级差异中反映：大二、大三是大学创业的黄金期，随着年级的增长，创业动力呈现出递减的趋势。

家庭收入、父母职业、学生自身毕业后的打算，以及亲朋好友的创业经历与情况，都会对大学生的创业活力与创业动力产生不同程度的影响。

第 8 章　社会交往

随着信息技术的高速发展，人们的社会交往方式发生了巨大变化。通信工具的更新、智能手机的普及以及社交网络的发展，都对人们的社会交往方式产生了较大的影响。作为年轻一代，大学生热衷于新鲜事物并有着较为丰富的信息接收渠道，对新事物的出现和发展较为敏感，因而其社会交往方式具有较为典型的代表性。

该部分主要从朋友构成、交往方式、微信朋友圈和网络虚拟社区知识分享几个方面对大学生的社会交往方式进行调查，有助于我们更加深入地了解当代大学生的行为及心理，反映信息技术发展对人们社交方式的影响。

通过这一部分的调查我们可以看出，新时代的大学生的生活、交往方式不断发生着改变，呈现出了许多新的特点：（1）相似性。大学生的朋友构成主要以年龄、性别、身份、经历相似的人群为主，更容易有相同的价值观，产生共鸣。（2）开放性。网络社交工具为大学生提供了一个开放性平台，在网络上能够更广泛地参与，更自由地展示。（3）自主性。更加丰富的渠道为大学生提供了更加多样的交往方式，大学生可以自由地选择不同的交流平台、交往方式。网络较为自由宽松的环境也使得大学生可以更加自由地表达自己。（4）间接性。大学生的交往很大一部分是以网络为媒介进行的，人与人之间面对面直接的交流减少。（5）虚拟性。社交网络的兴起使得大学生能够在网络上重新构建一个虚拟的形象，并以此进行交流交往。

8.1　朋友构成

如图 8-1，大学生的好友主要来源于中学及大学时代，其中高中/中专时代收获的好友是最多的（男生高中平均收获好友人数为 5. 87 人，女生高中平均收获好友人数为 4. 91 人）。尽管面临高考重压，但朝夕相处、共同奋斗也使得同学间的感情更为深厚真挚。邻居发小、小学同学、社会其他途径认识的朋友也占据一定比例，而在工作中认识的朋友则较少（男生在工作中认识的朋友数为 1. 69 人，女生在工作中认识的朋友数为 1. 25 人）。通过性别的比较可以看出，男性的好友人数在各个时期普遍略微高于女性。

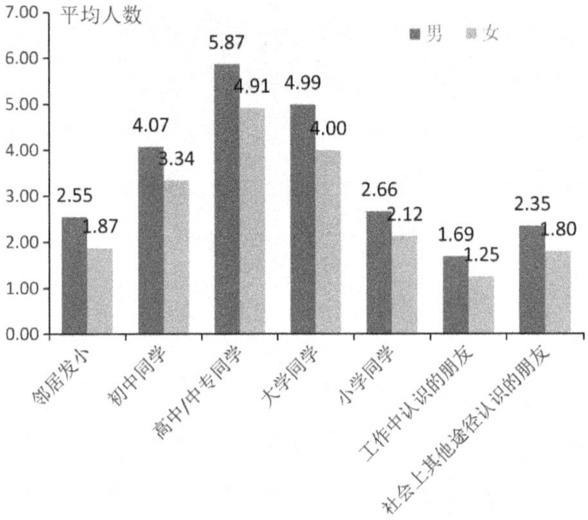

图 8-1　大学生的好友认识来源

如图 8-2，在大学期间，同学是大学生最主要的交友途径，其比例高达 67. 46%。除此之外，社团和学生组织也是一个重要的交友途径，占 27. 57%。大学生同样会通过网络及同城活动等途径交友，但占据的比例较小，不具有普遍性。综合图 8-1 和图 8-2，大学生收获好友数最多的是在高中，而在大学期间，面对更开阔的交友环境，同学依旧是其最主要的交友途径（比例高达 67. 46%）。可见，大学生交友主要集中在校园区域，社会好友偏少，与社会接触偏少，如图 8-2 中，通过同城活动交友的大学生比例仅占 0. 66%。大学生在了解周围客观世界时，既通过活动来了解，也通过自我思考来了解，当和社会接触偏少时，大学生的认知局限于本校，对于大学生在校学习及未来发展不具有积极意义。大学生与社会接触较少，了解到的社会信息也较少，思想较为单纯，法律意识欠缺，容易受到不法分子的蛊惑或欺诈。前面说到大学生创业公司近三年的销售额增长率极低，大多数选择创业的学生的公司经营业绩不理想，这种现象可能跟大学生在校园里的时候接触到的社会信息较少，对行业的发展趋势和国家的政策倾向的了解不充分有关。因此，学校及各类社会组织应鼓励大学生适当走出校园，参与具有积极意义的社会活动，提高认知水平。

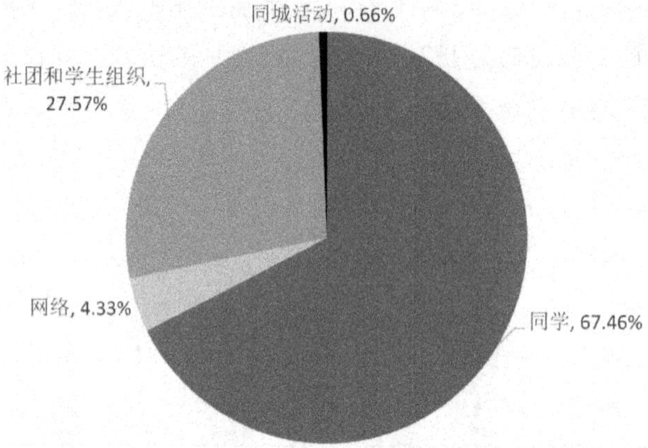

图 8-2　大学生主要交友途径

如图 8-3，就朋友的性别比而言，大部分大学生都倾向于选择同性的朋友（66.08% 的男生男性朋友居多，63.18% 的女生女性朋友居多），但同时也有许多大学生与异性保持着良好的友谊关系，并且有一小部分学生（男生 8.10%，女生 8.63%）相对于同性更加喜欢与异性交友 。总体来说，对于大学生，同性在一定程度上更容易成为朋友。

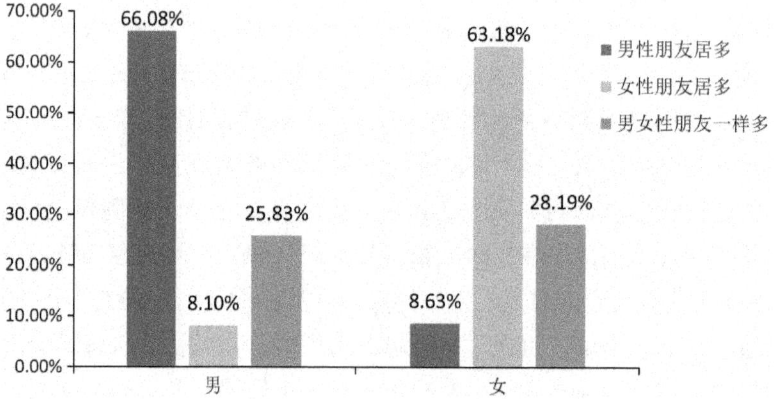

图 8-3　朋友的性别比

由于在价值观念上的一致性、兴趣爱好的相仿，同龄人在大学生的交友结构中占据明显的优势（男生 95.85%，女生 96.62%），远远大于年长及年幼的人群，这一特性在不同性别中呈现出一致性，如图 8-4 所示。

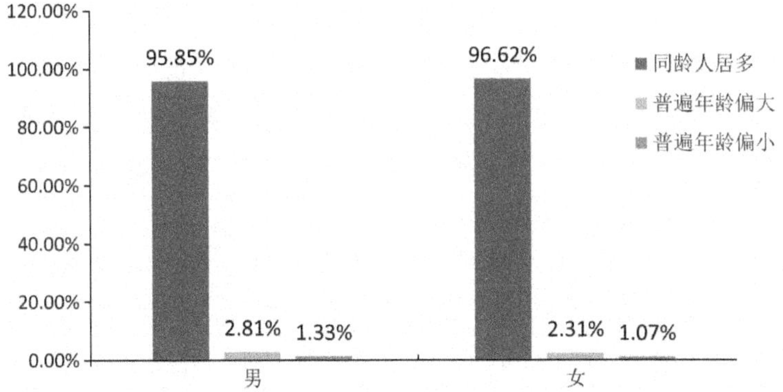

图 8-4　朋友的年龄结构

8.2　交往方式

8.2.1　沟通与聚会

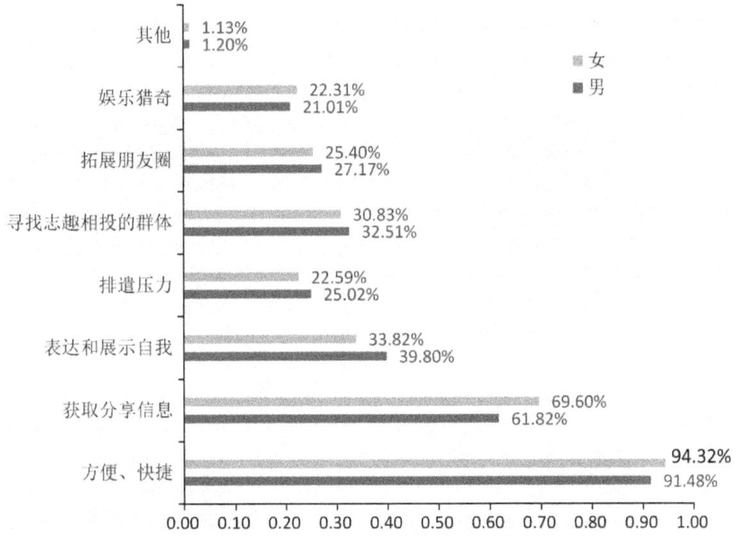

图 8-5　选择社交网络的原因

注：此调查为多选题，所以会出现频率加总不为 1 的情况。

互联网的发展已经进入了蓬勃发展的阶段，各类社会信息依托 PC、智能手机等民用设施的普及，在交流中衍生出多样化的网络服务。而社交网络以其虚拟现实性、便捷性、互动性等特点受到学生的青睐（Liu & Zhao，2012）。社交网络的发展给当代大学生的生活带来了许多便利。如图 8-5 所示，90% 以上的大学生认为方便、快捷是他们选择社交网络的最主要原因，超过 60% 的大学生认为获取分享信息也是社交网络的一大优势。同时，表达和展示自我、排遣压力、寻找志趣相投的群体、拓展朋友圈、娱乐猎奇也是社交网络兴起的原因。在选择社交网络的原因上，男女大学生基本一致。

如图 8-6，随着互联网的发展，社交网络的兴起，大学生的交往方式出现了巨大的变革。如今通过互联网、社交网络平台交流成为大学生最常用的交往方式，其所占比例达到了 50% ~60% 。而电话和电子邮件等交流方式所占的比例则较小，尤其是电子邮件，其使用频率在大学生群体中很低。相比之下，面对面沟通还是占据着较大比例，在 30% ~40% 之间，尽管随着科技发展衍生出了许多便捷的交往方式，这种最直接最传统的交往方式还是有着不可替代的地位。在校生与毕业生，男生与女生在交往方式上大致是一致的，但仍存在一些差别。如图 8-7，毕业生相对于在校生而言，使用电话的比例上升了。而女性相对于男性，对互联网、社交网平台的交往方式有着更多的偏好和依赖。总体上，大学生善于追求和接受新事物，是受科技发展影响较大的一部分人群。

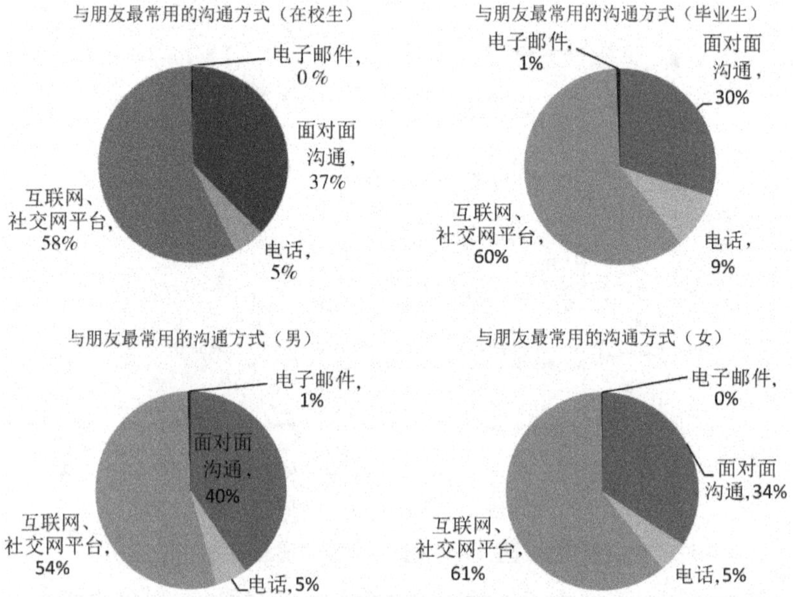

图 8-6　与朋友最常用的沟通方式

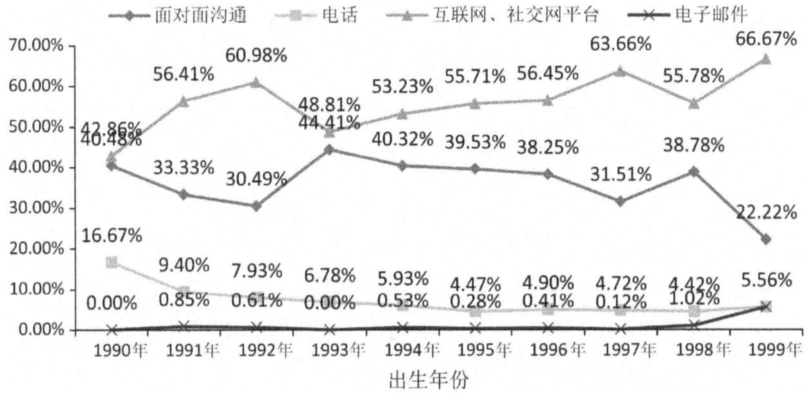

图 8-7　与朋友最常用的沟通方式

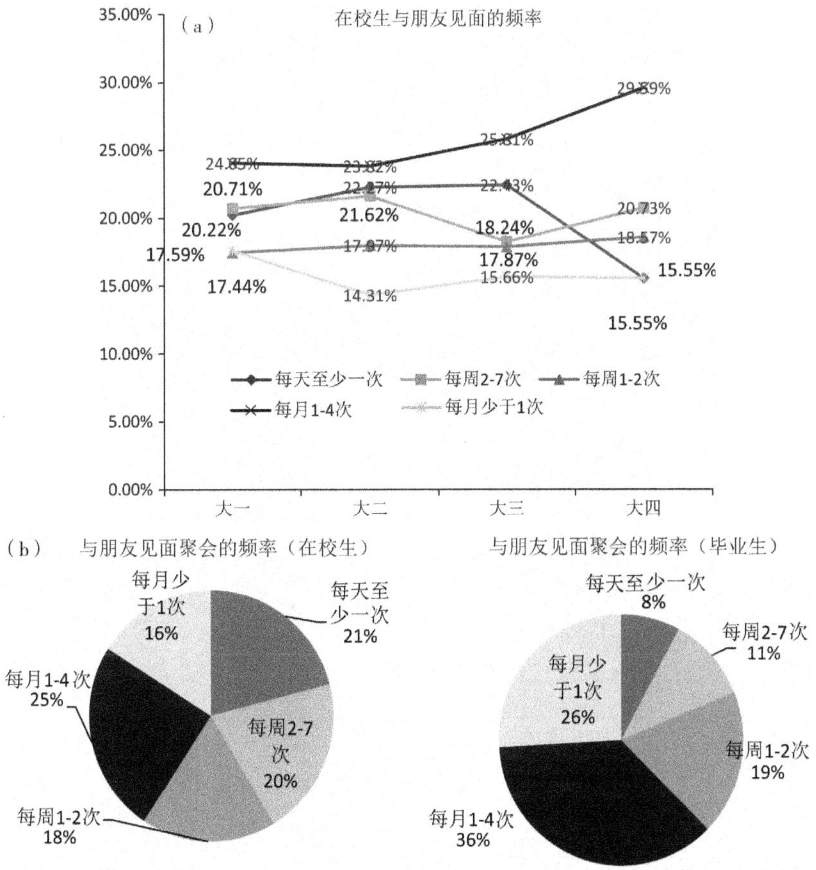

图 8-8　与朋友见面聚会的频率

如图8-8，在校生与朋友见面聚会的频率因人而异，各频率间基本持平。在校生中大四学生每月朋友见面的频率明显下降，可见，大四学生忙于找工作、考研、出国等，生活重心转移，并且所处位置较为分散，因而与朋友见面的频率有所下降。而毕业进入社会后，大学生相对更独立，与朋友见面聚会的频率呈现出进一步下降的趋势，每天至少与朋友见面一次的人群比例由21%降至8%。这种情况的出现，可能来自以下三个方面：一是大学生毕业之后自己的工作地点与朋友的距离较远造成的；二是进入工作岗位之后每天忙碌于工作，下班之后也想休息；三是毕业后有了各自的生活圈子，会结识其他的朋友。这些原因使得毕业大学生与朋友见面的频率下降。

8.2.2 网络交往

如图8-9，大学生每天花在社交网络上的时间为3小时左右。相比于毕业生，在校生每天会在社交网络上花费更多的时间，而女性（在校生：3.26小时；毕业生：2.85小时）平均每天使用社交网络的时间略多于男性（在校生：3.04小时；毕业生：2.79小时）。如图8-10，在整体趋势上，大学生每天花在社交网络上的时间呈现出上升趋势。大学生每天花费大量时间在社交网络上，对于社交网络的依赖性加强。斯坦福大学学者诺曼尼等认为，人们花在网上的时间和他们现实人际交往的时间成反比。大学生对于网络的依赖在一定程度上对他们现实中的人际交往产生了影响。

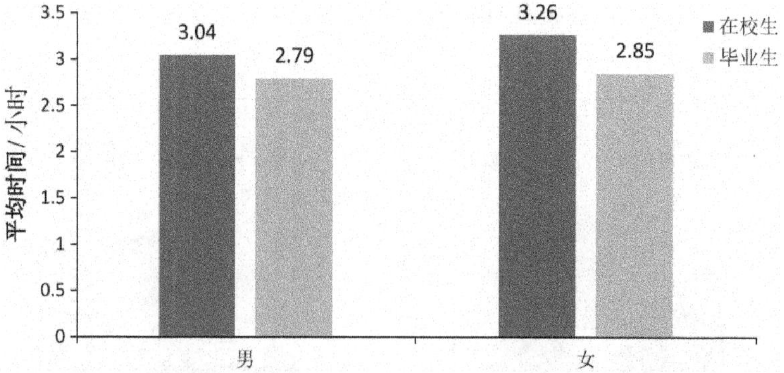

图8-9　大学生每天花在社交网络上的时间

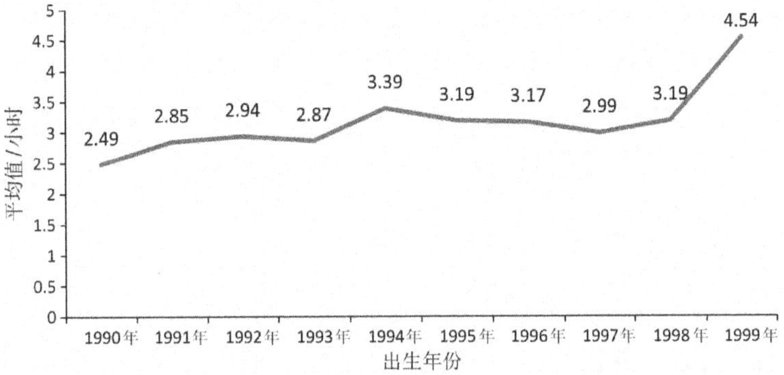

图 8-10　大学生每天花在社交网络上的时间

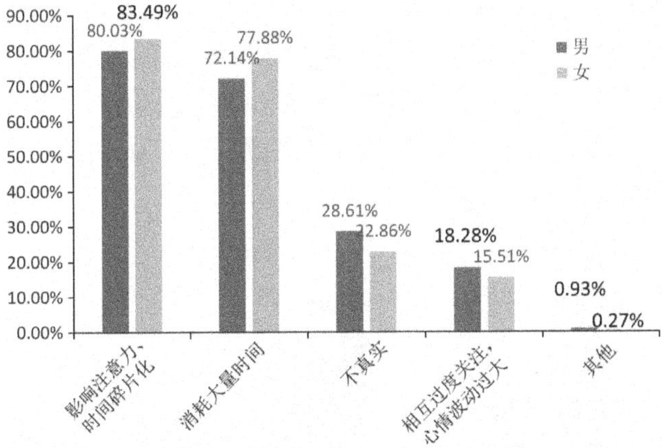

图 8-11　虚拟社交网络的弊端

如图 8-11 所示，尽管大学生每天花费在社交网络的时间达到 3 小时左右（如图 8-9 所示），但他们同样承认虚拟社交网络存在多种弊端。对于虚拟社交网络弊端，超过 80% 的大学生认为是影响注意力、时间碎片化，超过 70% 认为是消耗大量时间，大学生意识到自身花费在虚拟网络的时间过长，且时间分散，影响了他们的注意力，对于虚拟社交网络的认知较为客观，但仅停留在认知的水平，落实到生活中，他们缺乏自制力，依旧花费大量时间在虚拟社交网络上。一些大学生不知道如何利用他们的时间，一些人意识到自主学习的重要性，但没有做出决定或遵守自己的承诺，因为他们没有明确的目标。当大学生不知道如何打发时间，不知道如何避免自我颓废带来的心理压力时，他们就会通过社交网络玩游戏、与陌生人聊天或漫无目的地浏览社会新闻，以消磨时间或获得暂时的精神放松（Sun，2016）。除此之外，不真实和相互过度关注，心情波动过大也是大学生认为虚拟社交网络所带来的弊端。男女在此问题上的看法大致相同。网络交往是一把“双刃剑”，利弊并存。大学生对于社交网络的依赖性逐渐增强（杨桂兰，2015），但过于频繁地使用社交网络带来了诸多弊端，因此，大学生在使用社交网络时应注意时间的控制，防止对其过度的依赖。

8.3 微信朋友圈

8.3.1 使用情况

微信朋友圈是最近几年流行起来的新兴产物，如图 8-12，很大一部分（80%左右）大学生是从最近两年开始使用，也有 20% 左右的人群已经接触了较长的时间，达到 3 年及以上，或是从微信朋友圈推出时便开始使用的。从性别差异来看，女生平均要比男生较早一些接触微信朋友圈，她们对于社交网络的流行风向有着更为敏锐的嗅觉。

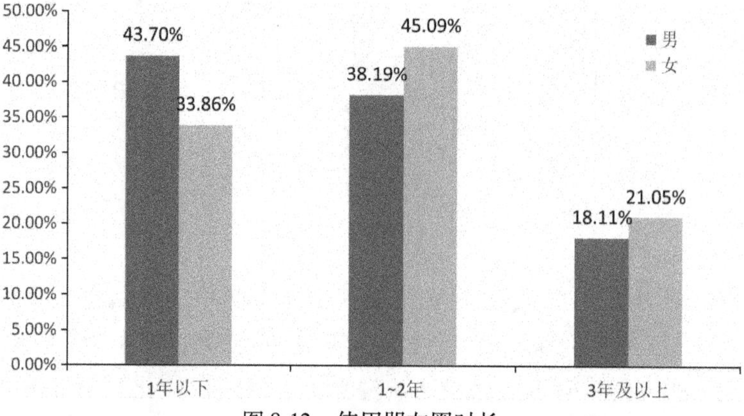

图 8-12 使用朋友圈时长

如图 8-13 所示，大学生朋友圈的构成主要还是以同学为主。对于在校生，家人也是其朋友圈比较重要的组成部分，社会人士则很少出现在其朋友圈中。而对于毕业生，步入职场后，同事也成为其朋友圈的一个重要构成来源，随着对社会更加广泛深入的接触，社会人士在其朋友圈中所占的比例也有所提高。我们可以看出，毕业后的同学仍然是大学生朋友圈的主要构成人群，这不仅与学生时代接触的同学数量较大有关系，同时也反映了相比于步入社会后接触的人群，同学对于大学生来说是较为亲近的一部分人群。学生时代的感情较为纯粹，利益竞争较少，因而更容易成为朋友，纳入朋友圈中。而同事及社会人士在公事以外的交流较少，因而不倾向于互相交换社交网络账号。肖斌（2015）在研究微信朋友圈对大学生人际交往的影响时，认为微信朋友圈实际上是基于社会关系网络的且以强关系为主、弱关系为辅的虚拟与现实相融合的社交圈。大学生微信朋友圈建立的强关系基于 QQ 好友和手机通讯录，主要包括自己的同学和家人，这类人与大学生具有较强的同质性。弱关系是相对于现实中的亲密好友而言的泛泛之交或者陌生人，这部分人来自微信的摇一摇功能、附近的人或者是一些商家。

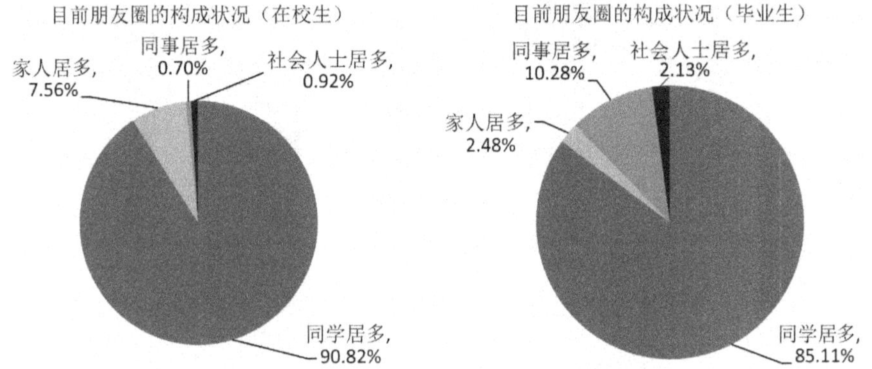

图 8-13　目前朋友圈的构成状况

如图 8-14，在校生每天在朋友圈的登录频率随着年级的升高有着上升的趋势，每天登录频率在 1 次以下的人数比例明显下降，每天登录 10 次以上的人数比例则出现了显著提升。

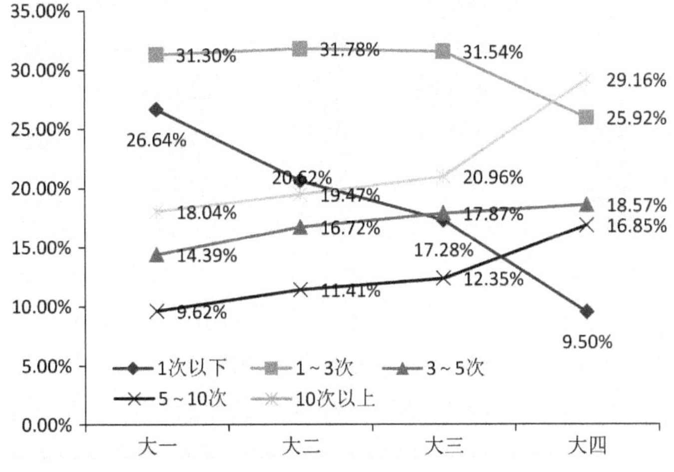

图 8-14　目前朋友圈的构成状况

如图 8-15 和图 8-16，大学生对朋友圈的使用较为频繁，有一部分大学生每天登录频率甚至达到 10 次以上。女生在朋友圈的登录频率要略高于男生。大学生在毕业后使用朋友圈的频率也有了一定的提高。

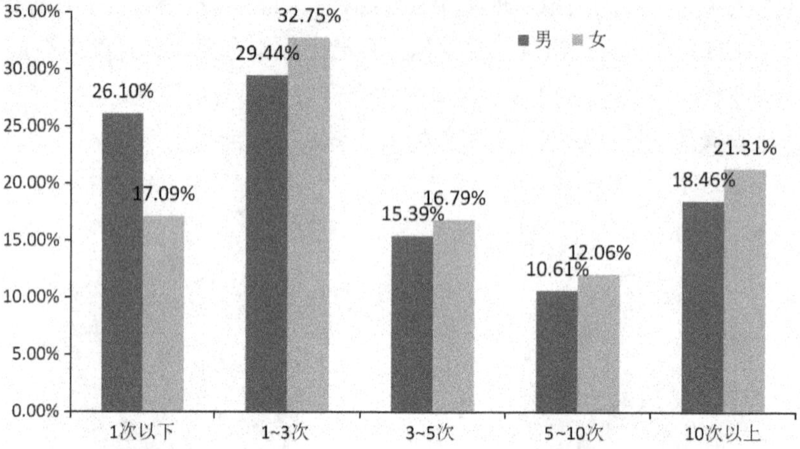

图 8-15　在校生最近一个月每天在朋友圈的登录频率

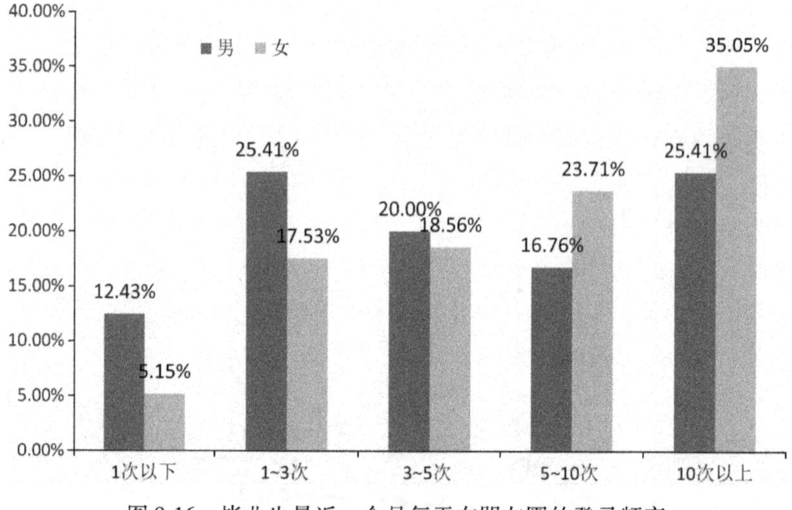

图 8-16　毕业生最近一个月每天在朋友圈的登录频率

如图 8-17 和图 8-18，大学生对朋友圈的使用频率较高，但每次停留的时间较短，一般在 10 分钟以内。女生的平均使用时间略多于男生。总体看来，女性相对于男性在生活中更加热衷于使用微信朋友圈，其使用频率和依赖度都要更高一些。在校大学生中，大一的学生每次在朋友圈的停留时间要相对短一些，而随着年级的增长略有提高，其原因可能与大一学生在一定程度上还保留着高中的学习生活习惯有关。同时可以看出，大学生对于社交网络的依赖度在逐渐提高。

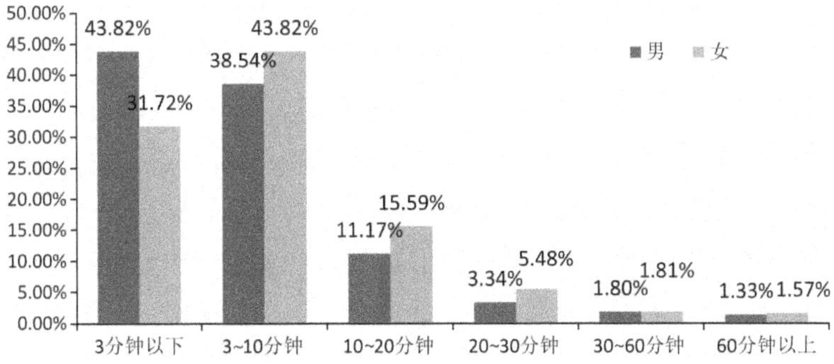

图 8-17　大学生每次在朋友圈中的停留时间

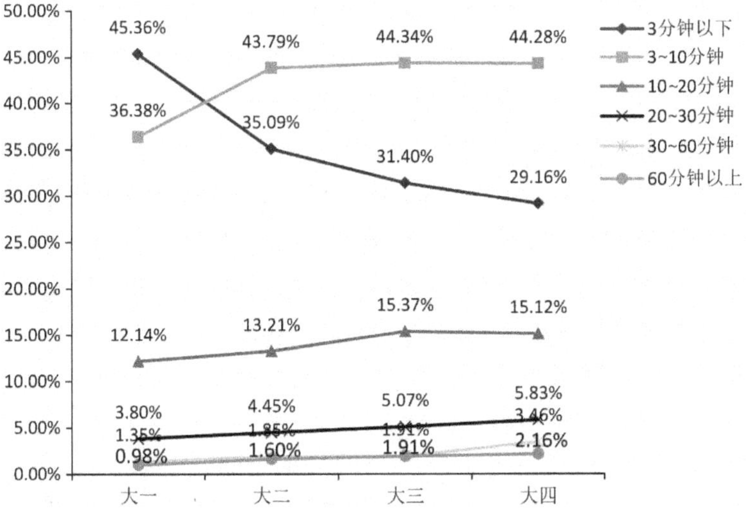

图 8-18　大学生平均每次在朋友圈的停留时间

8.3.2　使用习惯

如表 8-1，超过半数的学生表示自己不会特别频繁地使用朋友圈，对朋友发表的内容点赞或评论是大学生在朋友圈的最常见行为。

表 8-1　大学生的朋友圈使用情况

	非常同意	比较同意	同意	比较不同意	非常不同意
会花很多时间浏览朋友圈	4.70%	11.17%	23.05%	40.92%	20.16%
会频繁登录朋友圈获取信息	5.29%	11.00%	26.97%	36.16%	20.58%
我会经常更新我的状态告知朋友们我的近况	3.33%	8.05%	21.84%	39.87%	26.91%
当我了解一些新事物的时候，我会确认是否我的朋友们也了解	3.30%	9.91%	31.79%	34.82%	20.18%
我会经常转发他人的状态、日志等内容	2.43%	6.13%	19.70%	40.55%	31.18%
我会经常对朋友发表的内容进行评论或点赞	7.65%	16.37%	42.45%	22.79%	10.74%

如表 8-2，较大一部分大学生认为在朋友圈里可能受到恶意攻击及虚假信息的欺骗。对于朋友圈里的信息，接近 70% 的学生都对其持怀疑态度。尽管虚拟社交网络成为当代大学生一个重要的交往方式，但其信息传播门槛较低，限制较少，导致其信息的可信度较低。网络具有隐匿性、开放性、虚拟性等特点，容易导致人们在网络交往中出现道德失范现象，这样的特性也造成了网络交往主体之间的不信任危机。我国应当进一步加强网络管理规范，才能创造出一个更优良的健康网络环境。

表 8-2　朋友圈的安全性

	非常同意	比较同意	同意	比较不同意	非常不同意
不会担心在朋友圈里受到他人的恶意攻击	7.24%	14.69%	33.88%	29.40%	14.79%
不会担心在朋友圈里受到虚假信息的欺骗	3.81%	7.80%	20.56%	42.44%	25.39%

如表 8-3，大部分大学生（超过 80%）都同意使用朋友圈可以与家人朋友保持联系和获得信息的观点，对于朋友圈在交际中的作用观点不一，可见对于大学生来说，朋友圈的主要作用在于与家人朋友保持联系以及获取信息。

表 8-3　朋友圈的作用

	非常同意	比较同意	同意	比较不同意	非常不同意
能够与朋友保持联系，互相了解彼此的动态	13.26%	26.07%	44.36%	10.05%	6.26%
与家人保持联系或互动了解近况	15.99%	24.11%	40.77%	11.79%	7.34%
能够通过朋友圈认识更多的朋友，扩大交际圈	6.78%	14.93%	39.97%	27.80%	10.52%
使用朋友圈能够让我的朋友更好地了解我	6.46%	17.73%	44.62%	22.23%	8.96%
使用朋友圈能够让我展示自己个人魅力、学识、能力，获得朋友的认可和赞同	5.66%	16.32%	42.91%	25.18%	9.93%
使用朋友圈能够巩固和加强我在朋友中的地位	4.28%	13.11%	36.67%	33.44%	12.50%
能够公开发表评论	6.30%	18.75%	48.48%	18.45%	8.02%
向他人展示自己	6.16%	17.62%	48.75%	19.90%	7.56%
表达我自己的观点	7.59%	21.86%	53.28%	11.60%	5.68%
了解能够引起自己好奇心的内容	8.29%	22.55%	50.71%	12.85%	5.60%
获得有趣的信息	10.94%	26.97%	49.58%	8.14%	4.38%
收集对自己有用的信息	10.48%	24.52%	49.50%	10.45%	5.05%

8.4　网络虚拟社区知识分享

8.4.1　分享情况

如图8-19和图8-20，在使用网络社区时，在校生最常使用的三个社区分别是百度贴吧、知乎、豆瓣，新浪论坛仅次于豆瓣。毕业生网络社区使用情况与在校生情况基本一致，百度贴吧的使用比例虽然仍是最高的，但已经有一定下降，知乎的使用比例上升，与百度贴吧基本持平。高鸣（2006）在研究社区虚拟文化时，发现部分大学生进入虚拟社区目的不明确，不能有效利用社区文化信息。大多数在虚拟社区的大学生只是忙于看帖、回帖，在聊天室里交友聊天，或沉迷于网络游戏社区。虚拟社区内容繁多、良莠不齐，大学生应提升辨识能力，健康参与和使用网络虚拟社区。知乎作为一个较高质量的知识分享平台，其比重的上升可以反映出大学生随着年龄、学识水平的增长，对于信息的分辨、判断能力提高，更倾向于有选择地接收或分享高质量的信息。

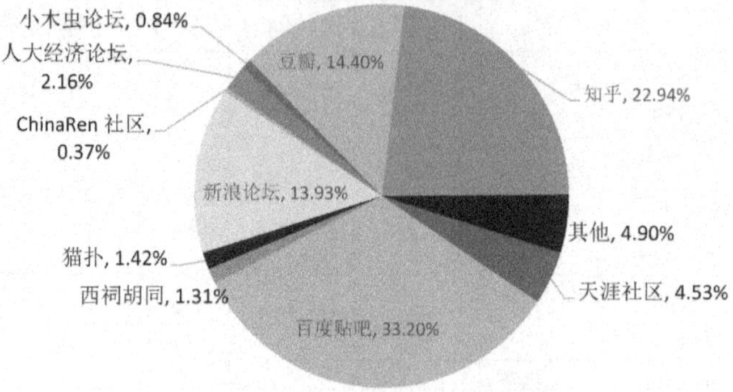

图 8-19　在校生各网络社会使用比例

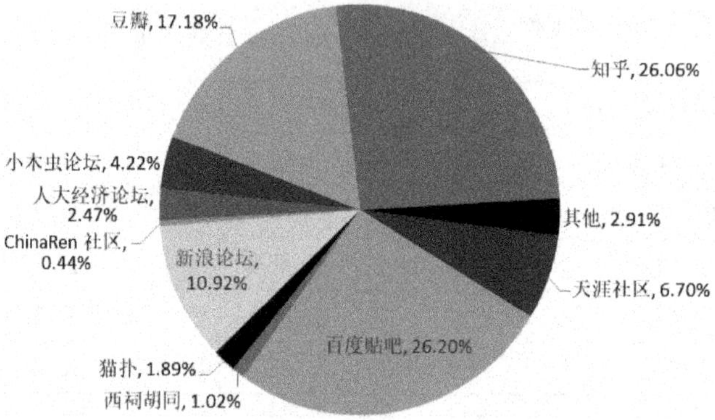

图 8-20　毕业生各网络社区使用比例

如图 8-21，超过 60% 的大学生在虚拟社区平均每周发帖及回帖数量在 1 帖以下，在校生与毕业生的情况基本一致，发帖及回帖数量总体都较少。

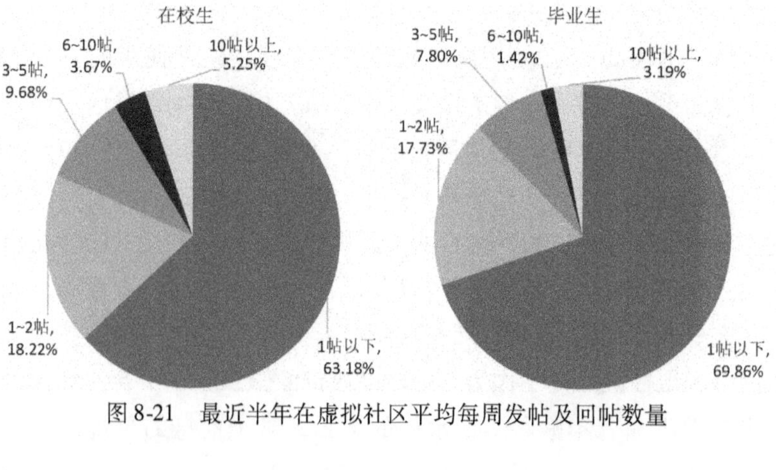

图 8-21　最近半年在虚拟社区平均每周发帖及回帖数量

如图 8-22，近一半在校生注册成为最常用的一个虚拟社区会员的时间为 1 年以下，四分之一为 1 ~ 2 年，总体时间偏短。毕业生注册成为最常用的一个虚拟社区会员不同时间人数比例比较均匀，1 年以下，1 ~ 2 年，3 ~ 4 年基本都在 27% 左右，而 5 年及以上的人数比例是 17.38%。这与上述在校生情况有明显差异。由此可见，学生一般是在较大的年龄开始接触虚拟社区的，这与他们随年龄增长而逐渐提升的知识水平、接触范围、知识获取分享的需求有关。同时可以看出，随着网络的发展，虚拟社区的影响力不断提高。

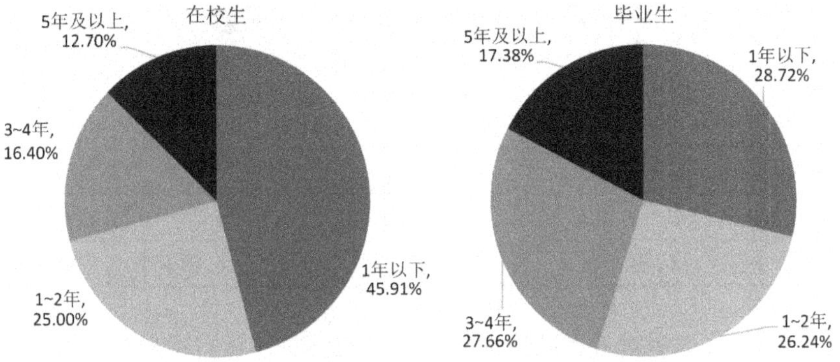

图 8-22　注册成为最常用的一个虚拟社区会员的时间

如图 8-23，在校生和毕业生在虚拟社区行为基本一致，超过 70% 的人是随意浏览，作为版主等处理社区的一些日常事务的人数所占比例不到 1%，说明无论是在校生还是毕业生在虚拟社区的参与度都不高，他们更多的是停留在浏览和分享阶段，而主动地表达自我观点并参与管理的行为较少。

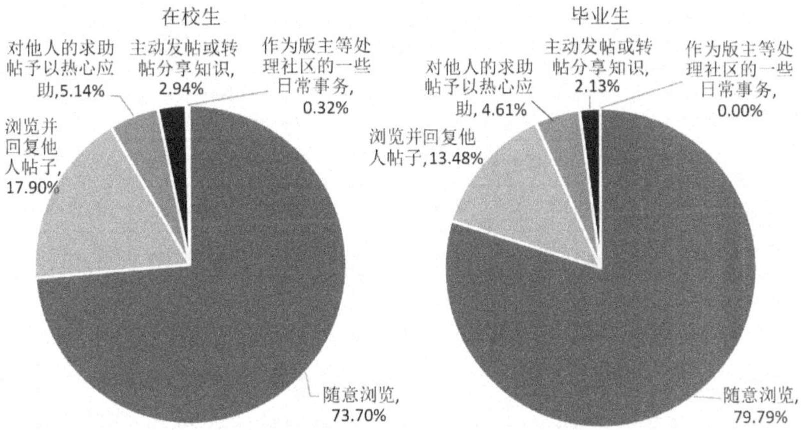

图 8-23　最能反映在虚拟社区的行为情况

8.4.2 分享习惯

如表8-4，在虚拟社区中，大学生参与度并不高，三成以上人数都认为对求助帖予以应助，对帖子进行评论和回复，转发他人好帖、日志等内容，发起各种话题比较不符合其日常社区行为（联系上题，大学生的社区行为大部分符合随意浏览，这与本题分析结果类似，总体说明，大学生并未深入参与到社区活动中）。

表8-4 大学生在虚拟社区的行为表现

具体事项	完全不符合	比较不符合	符合	比较符合	完全符合
我经常对别人的求助帖予以应助	20.21%	34.65%	27.66%	13.43%	4.05%
我经常对他人的帖子进行评论和回复	20.42%	36.93%	26.07%	12.76%	3.82%
我经常转发他人的好帖、日志等内容	22.27%	35.51%	25.26%	12.33%	4.64%
我经常发起各种话题讨论	30.07%	37.98%	16.89%	10.33%	4.73%

如表8-5，大学生对于虚拟社区成员分享知识总体认可度较高。大学生同意网络社区成员分享知识通常是有用的，易于理解的，准确、可靠的，完整的，并能及时分享的人数比例均超过一半。可见虚拟社区分享知识总体的质量较高，同时，其便捷性、及时性共同构成了吸引大学生通过其收集、获取信息的原因，这也是虚拟社区在互联网高速发展的当下社会快速兴起的原因。

表8-5 大学生对于虚拟社区成员分享知识的认知

具体事项	完全不符合	比较不符合	符合	比较符合	完全符合
成员分享的知识通常是有用的	10.37%	23.45%	45.68%	16.35%	4.15%
成员分享的知识通常是易于理解的	6.62%	17.44%	54.89%	17.87%	3.18%
成员分享的知识通常是准确、可靠的	8.00%	35.37%	39.65%	14.49%	2.49%
成员通常能及时地分享知识	6.81%	21.91%	50.44%	17.56%	3.29%
成员分享的知识大多是完整的	9.19%	38.55%	35.29%	14.18%	2.78%

如表8-6，在虚拟社区贡献知识时，大学生主要的期望是获得帮助别人的愉悦感，帮助社区成员解决问题，在自己将来需要帮助时也能获得别人帮助；同时，获得奖励或实物，获得更高的社区职位，增加社区积分、金币，提高自身在社区中的形象和声望也符合大学生在社区提供知识时的预期收益。通过数据我们

可以发现，在网络交往中，大学生心理上的需要与现实中的交往是基本一致的，通过帮助他人、提高地位、获取声望等，从交往中获得他人的肯定、自信的满足、价值的实现。65%的大学生同意自身有为虚拟社区提供有价值知识所需的技能，对于自身认可度较高。结合上面的数据来看，尽管大学生对自身知识能力认可度较高，但其实际在虚拟社区中的参与度却不高。Hu 和 Li（2014）研究大学生在虚拟社区分享知识的行为的影响因素时，发现知识分享自我效能感和结果预期、互惠规范和相互信任、知识质量及社区忠诚度是影响大学生进行知识分享的关键因素。所以，如何提高大学生参与虚拟社区知识分享的程度，充分发挥较高知识水平人群的力量，从而提高网络信息质量，是一个值得探讨的问题。

表 8-6　大学生在虚拟社区贡献知识的预期收益

具体事项	完全不符合	比较不符合	符合	比较符合	完全符合
希望能够增加社区积分/金币	16.41%	26.31%	36.35%	15.63%	5.29%
希望能够得到现金奖励或实物奖品	17.39%	30.70%	32.77%	14.06%	5.08%
希望能够得到更高的社区职位	16.70%	29.37%	34.92%	14.29%	4.71%
希望能帮别人解决问题	8.58%	15.08%	46.87%	21.98%	7.48%
希望将来如有知识需求也能够得到别人的帮助	8.61%	14.44%	45.05%	22.70%	9.19%
能够提高在社区中的形象和声望	12.31%	26.94%	40.05%	16.05%	4.65%
在虚拟社区分享知识帮助他人的感觉很好	8.29%	14.95%	47.01%	22.10%	7.65%
我拥有为虚拟社区提供有价值知识所需的技能	9.15%	24.19%	45.83%	16.96%	3.87%

第9章　身心健康

健康是人生的第一财富。大学生作为祖国未来的接班人，社会将来的中流砥柱，身心健康是他们生活快乐、事业成功的基础条件，也是投身国家建设的硬件要求。作为即将踏出校园走进社会的一个群体，大学生面临着种种问题，如学习与工作，对未来职业的选择，怎样处理各种人际关系，现实与理想的冲突，等等，大学生的身心健康已成为社会关注的焦点。

针对这个问题，我们对大学生进行了全面的调查，从身体健康如身高、体重、视力、睡眠质量、身体亚健康表现和不适症状，心理健康如精力集中度、生气频率、孤独感等，以及行为习惯如锻炼频率、锻炼方式、使用电脑的时间和用途、作息时间、餐饮情况、每月零食支出及每月烟酒支出等，对大学生进行追踪调查，收集了有关大学生的身心健康各个方面的数据和信息。

根据数据，我们分析得出：大学生的身高、体重大部分都处于正常水平，视力问题较严重，近视眼比例较高；大学生的身体、心理素质总体来说处于较好的状态；大学生每周的锻炼频率还是较低，锻炼时间也不长，锻炼方式多为跑步、快走和球类；不论是毕业生还是在校生，工作日的作息时间都比休息日规律；大学生对烟、酒、零食都没有表现出很大的偏好，饮食较为健康，但大学生三餐不全的情况较严重，值得引起关注。

9.1　身体健康

在本部分分析中我们发现：男生平均身高、体重均大于女生，但是城乡差异并不明显；大学生中的近视眼比例非常高，男生视力优于女生，农村学生视力优于城镇学生；毕业生中男生的睡眠质量优于女生，在校生的睡眠质量比毕业生要好；学生中常出现的身体亚健康表现有用脑后易疲劳，注意力难以集中和身体乏力、反应迟钝，常出现的身体问题有感冒发烧、肠胃问题、眼睛问题、肩颈疼痛和皮肤问题，但是大部分人对自己身体健康的评价为比较健康。

9.1.1　基本信息

如图9-1，在校生中男生身高高于女生。大部分女生的身高在160～170厘米之间，占比61.84%，大部分男生的身高在170～180厘米之间，占比59.67%。男生中身高160厘米以下的极少，女生中身高180厘米以上的几乎没有。

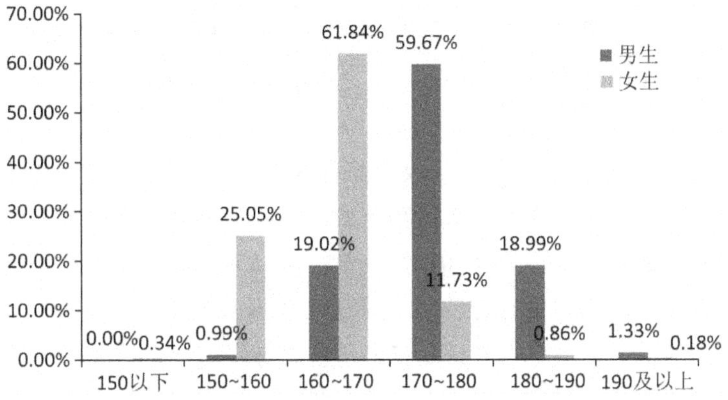

图9-1　大学生身高分布图（单位：厘米）

来自农村的在校生和来自城镇的在校生身高差距不明显。两个群体的身高都集中于160～180厘米，其中，38.87%的农村在校生和41.19%的城镇在校生身高在160～170厘米之间，36.96%的农村在校生和35.04%的城镇在校生身高在170～180厘米之间。

图9-2显示，大学生身高与经济水平具有一定的联系，生活水平提高，学生的营养加强，对学生的身高具有积极影响。随着社会经济指标持续增长，不管是青少年还是成年人，身高都呈上升趋势，城乡男女均表现出身高增长的长期趋势。近年来，农村的经济也在不断发展，生活水平逐渐提高，这也对农村在校生和城镇在校生身高差异不明显做出了一定的解释。

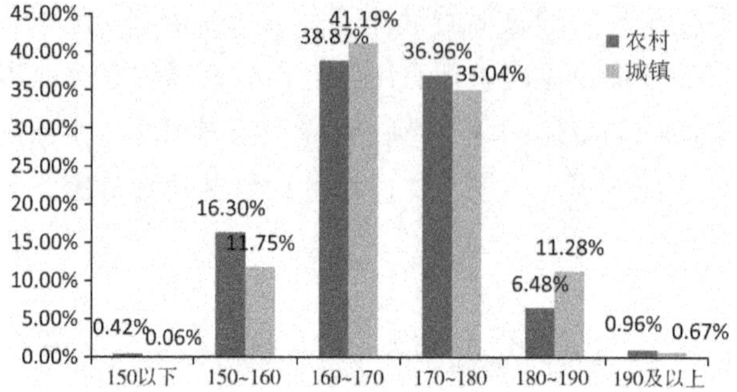

图 9-2　大学生身高城乡差异（单位：厘米）

如图 9-3 所示，在校生中女生体重轻于男生。大部分女生体重小于 60 千克，其中，46. 22% 的女生体重在 50 ~ 60 千克之间，30. 62% 的女生体重在 50 千克以下。大部分男生体重分布在 60 ~ 80 千克之间，其中 24. 68% 的男生体重分布在 50 ~ 60 千克，38. 34% 的男生体重分布在 60 ~ 70 千克，19. 29% 的男生体重分布在 70 ~ 80 千克。这种差异除了与男女性别差异如身高等有关外，与女生的减肥观念也有着必然的联系。为了追求美和苗条，相当一部分女生尤其是大学女生采取了一定的减肥措施，宋军等（2012）指出，43. 5% 的女生采取过减肥措施，远高于男生的 23. 6%，但同时也指出，大学生对胖瘦的观念认识还很模糊，且采取的减肥方法不够科学，很多人仅仅是依靠节食来减轻体重，这实际上对身体造成了一定的伤害。因此，引导大学生正确认识体重，养成健康的减肥习惯应当成为我们关注的焦点。

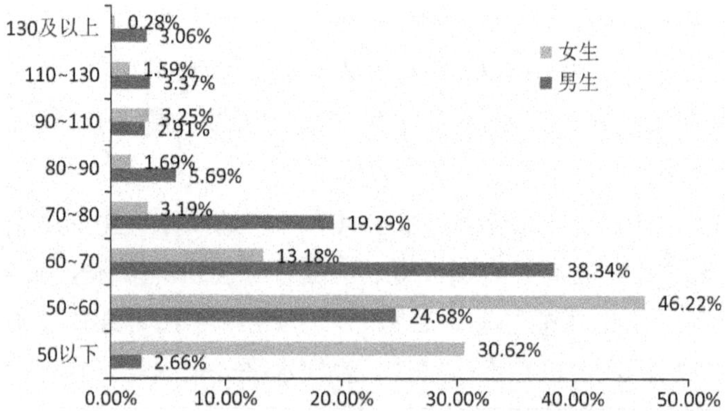

图 9-3　大学生体重分布图（单位：千克）

如图 9-4 所示，来自农村的在校生和来自城镇的在校生体重分布没有太大的区别，两个群体的体重都集中分布在 50 ~ 70 千克。其中：35. 55% 的城镇在校生和 35.35% 的农村在校生体重在 50～60 千克之间，25.08% 的城镇在校生和 27.22% 的农村在校生体重分布在 60～70 千克。经济水平提高与体重有一定的联系，由图中城乡学生的体重差距可以得知，农村的经济水平有了一定的发展，没饭吃、吃不饱的现象逐渐减少甚至消失。

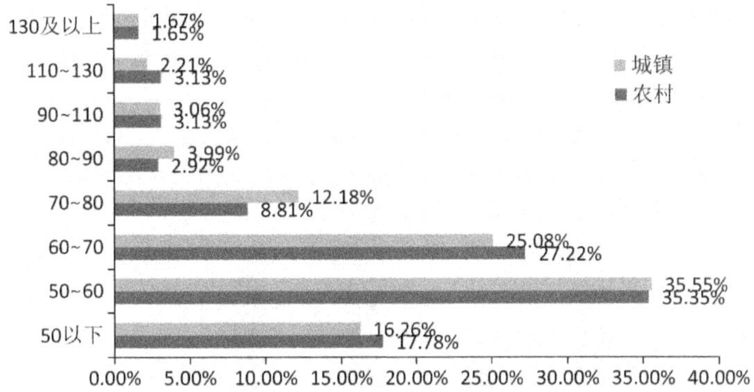

图 9-4　大学生体重城乡差异（单位：千克）

如图 9-5 所示，大学生的近视眼比例非常高，这与现在的环境有莫大的关系。除了看书学习，电脑、手机的普及成为诱导大学生视力下降的一个重要因素。除此之外，大学生身上的“宅”属性日益明显，大部分大学生都不爱经常性地参加户外活动，长期待在同一个环境也对视力有一定的影响。有研究表明，参加体育锻炼对学生的视力有显著的改善作用。因此，对于大学生中“眼镜侠”越来越多的情况，大学生应该加强体育锻炼，减少电脑、手机的使用时间，对自己的眼睛负责。

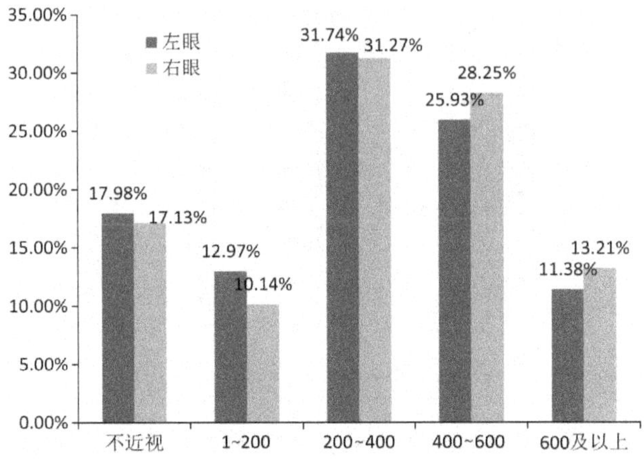

图 9-5　大学生视力分布图（单位：度）

大学生的左眼视力略好于右眼视力。17.98%的在校生左眼没有近视，17.13%的在校生右眼没有近视，比例差不多。但在1~200度区间，左眼比例高于右眼，在600度及以上区间，右眼比例高于左眼。不论是左眼还是右眼，视力度数都集中分布在200~600度之间。

如图9-6所示，在大学生中，男生的左眼视力优于女生的左眼视力。21.91%的男生左眼没有近视，高于女生的14.07%。不论男女，近视眼的度数都集中分布在200~600度区间内。

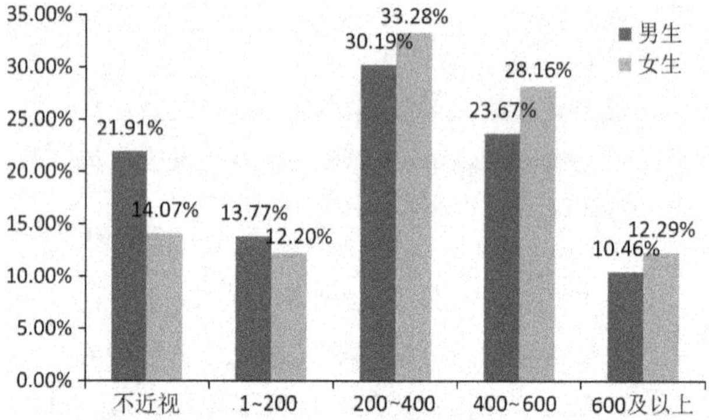

图9-6　大学生左眼视力男女差异（单位：度）

如图9-7所示，来自城镇的在校生左眼视力弱于来自农村的在校生。21.12%的农村在校生左眼没有近视，高于城镇在校生的16.69%。在左眼患有近视的人群中，不论在校生来自农村还是城镇，眼睛度数都集中于200~600度之间。

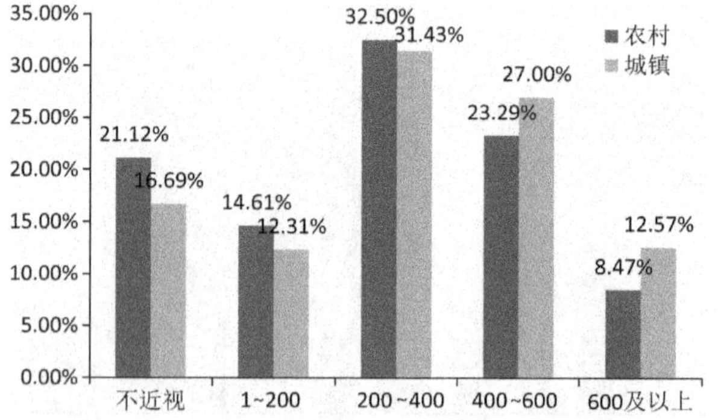

图9-7　大学生左眼视力城乡差异（单位：度）

如图9-8所示，在校生中，男生的右眼视力要优于女生。21.01%的男生右眼没有近视，高于女生的13.28%。在600度及以上区间，女生的14.36%高于男生的12.06%。两个群体的近视眼度数都集中分布于200～600度之间。

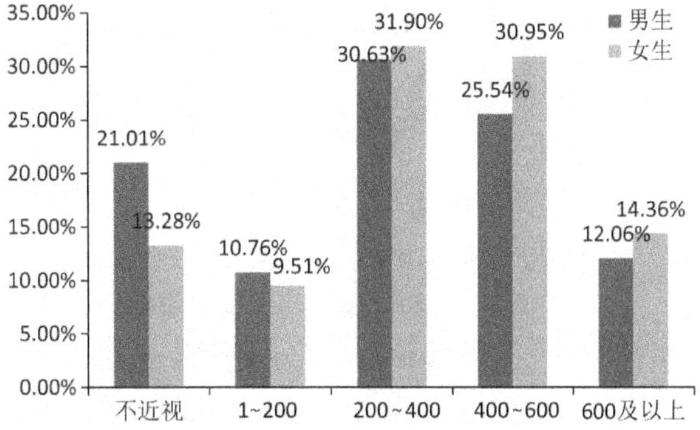

图9-8　大学生右眼视力性别差异（单位：度）

如图9-9，来自农村的在校生右眼视力优于来自城镇的在校生。20.05%的农村在校生右眼没有近视，高于城镇在校生的15.94%。两个右眼近视人群中，近视度数都集中分布于200～400度，400～600度这两个区间段。

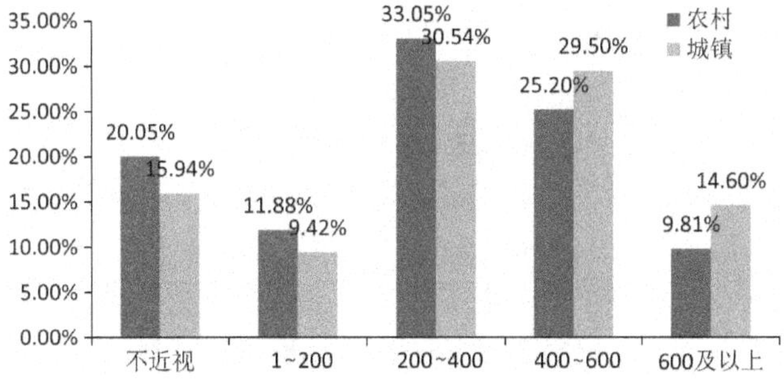

图9-9　大学生右眼视力城乡差异（单位：度）

从上面视力的分析中我们可以看出，不管是左眼还是右眼，男生的视力都优于女生，农村学生的视力都略优于城镇学生。体育锻炼对视力具有一定的积极影响，比起女生，男生更加钟爱运动，而女生则更喜欢安静一点的娱乐项目，这对男生视力优于女生做出了一定的解释。

9.1.2　身体健康状况

如图9-10，毕业生中，22.68%的女生和31.89%的男生睡眠质量非常好。不论男女，都有过半的人睡眠质量一般。偶尔失眠的群体中，女生比例要超过男生，女生17.53%，男生仅有9.73%。总的看来，男生睡眠质量优于女生。一般来说，男生的抗压能力大于女生，女生更容易受一些小情绪的影响，情绪是否稳定对睡眠质量有一定的影响。张小聪（2016）研究发现，睡眠剥夺、损害大学生的工作记忆容量，30 分钟的小睡能够抵抗睡眠剥夺的消极影响。失眠会影响到记忆水平，从而影响工作和学习效率，增加焦虑水平，不利于心理健康。

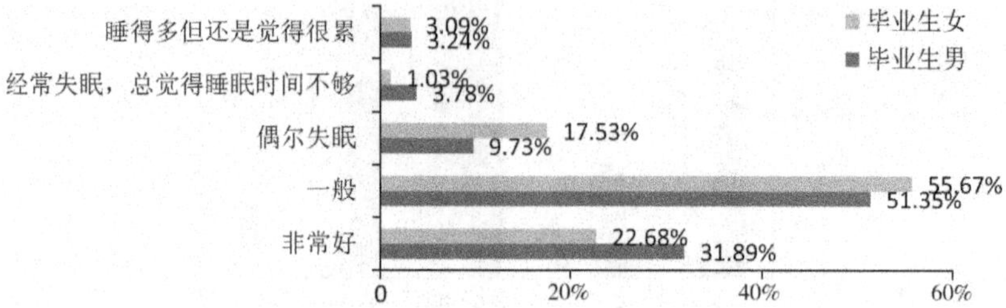

图 9-10　大学毕业生睡眠状况

如图 9-11，在校生中，不管男生还是女生，睡眠质量一般的人都占一半左右。30. 59% 的女生和 29. 25% 的男生睡眠质量非常好。在失眠的问题上，没有表现出太大的性别差异，偶尔失眠的男女比例和经常失眠的男女比例都十分接近。

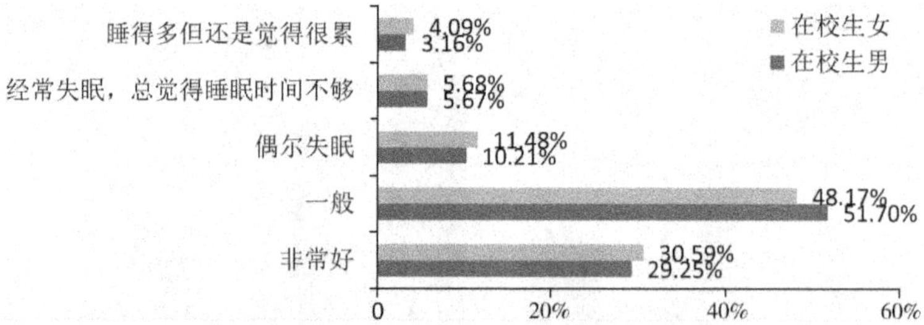

图 9-11　大学大校生睡眠状况

在校生的睡眠质量普遍比毕业生的睡眠质量好。笔者认为，在校生作为一个学生，生活压力要小于毕业生，担心烦恼的事不如毕业生多，这跟两个群体的睡眠质量差异有相当大的关系。除此之外，比起毕业生的不规律的作息时间表，在校生的生活更加规律，更容易形成一种睡眠惯性，规律的作息时间对睡眠质量具有一定的影响。

如图 9-12，18. 56% 的女性毕业生和 21. 08% 的男性毕业生在过去两周没有身体亚健康表现。毕业女生占比最多的三个身体亚健康表现是用脑后易疲劳，注意力难集中、记忆力减退，经常疲乏无力、反应迟钝。毕业男生占比最多的三个身体亚健康表现和女生一样。但是数据显示，女生用脑后比男生更易疲劳。晋晋（2014）在大学生亚健康状况成因调查中发现，饮食有规律、多吃蔬菜水果、睡眠充足、少熬夜等对于降低亚健康的发生率具有良好作用。而遭遇学习、情感和生理上的不良状况，学业过重，生活学习压力过大，不吃早餐，沉迷网络，对前途担心程度过高等因素容易导致亚健康的发生。我们的调查发现，部分大学生存在长期不吃早餐、长时间停留在网络上面的现象，这些可能是造成被调查大学生身体出现亚健康的重要因素。

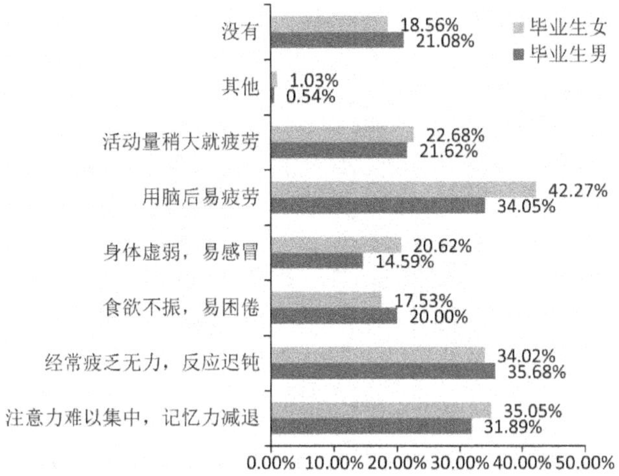

图 9-12　过去两周大学毕业生身体亚健康表现

如图 9-13，19.99% 的在校女生和 23.70% 的在校男生在过去两周没有身体亚健康表现。不论男生还是女生，出现最多的三种身体亚健康表现都是注意力难以集中、记忆力减退，经常疲乏无力、反应迟钝，用脑后易疲劳。从比例来看，女生比男生更易出现这三种亚健康表现。比例最小的亚健康表现是身体虚弱易感冒，女生占 18.16%，男生占 15.03%。

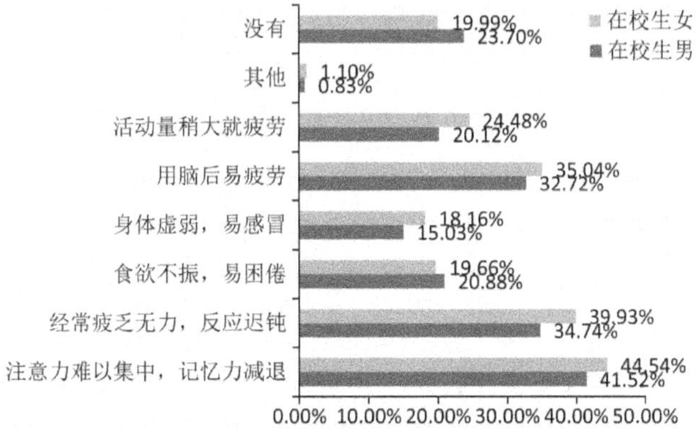

图 9-13　过去两周大学在校生身体亚健康表现

比较在校生和毕业生，我们可以发现，毕业生比在校生更容易出现身体亚健康。学生从学校步入社会，生活压力变大，锻炼时间减少是导致这种差异的很大一个原因。而在男女的比较中，我们发现，女生比男生更易出现身体亚健康状况，性别差异明显。笔者认为很大的原因在于男生的性格较女生开朗，也更爱锻炼身体，因而男生的身体较女生更为健康。

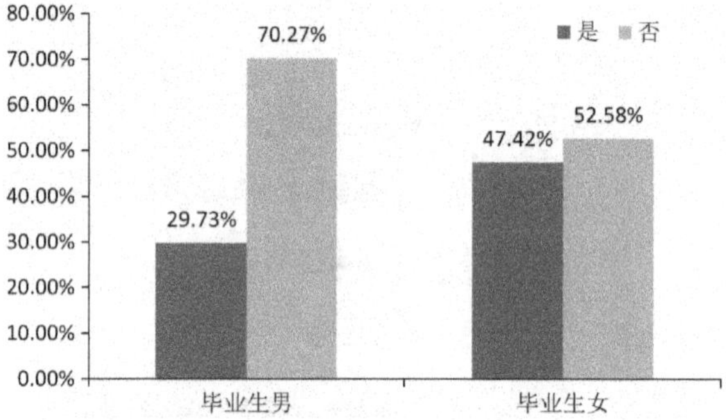

图 9-14　大学毕业生近两周身体是否出现不适

如图 9-14，毕业生中，47. 42% 的女生在近两周身体出现不适，29. 73% 的男生出现身体不适。

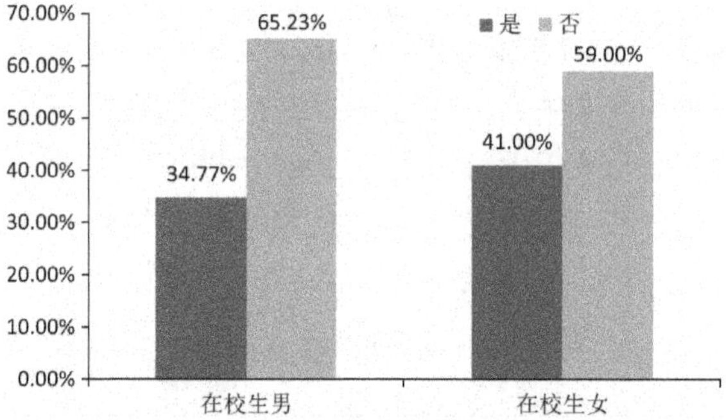

图 9-15　大学在校生近两周身体是否出现不适

如图 9-15，在校生中，41. 00% 的女生和 34. 77% 的男生在近两周中身体出现不适，59% 的女生和 65. 23% 的男生没有出现不适。可见，不论是毕业生还是在校生，男生的身体素质都要好于女生。而在在校生与毕业生的比较中，在校女生的身体素质好于毕业女生，在校男生的身体素质比毕业男生差。

如图 9-16，毕业生中，女生近两周出现较多的身体问题依次是感冒发烧、皮肤问题、肩颈疼痛、肠胃问题和眼睛问题，男生出现较多的身体问题依次是感冒发烧、肠胃问题和呼吸系统问题。

如图 9-17，在校生中，女生中排名前五的不适症状有感冒发烧、肠胃问题、皮肤问题、肩颈疼痛和眼睛问题，男生中排名前五的不适症状有感冒发烧、肠胃问题、眼睛问题、肩颈疼痛和皮肤问题。不论男女，常出现的问题都一样，只是排序不同，出现最多的都是感冒发烧。

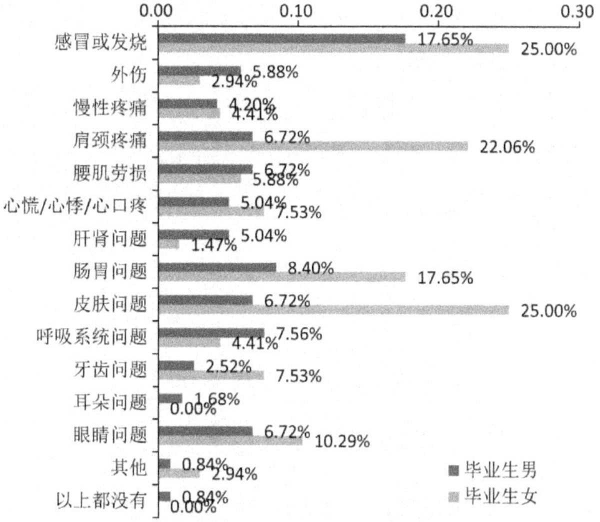

图 9-16　大学毕业生近两周身体问题

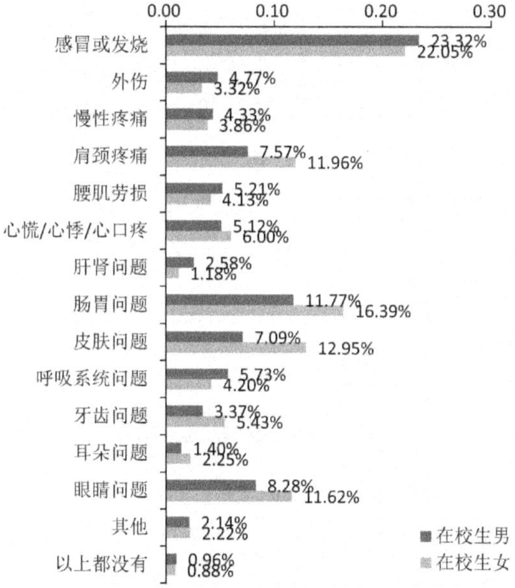

图 9-17　大学在校生近两周身体问题

不论是在校生还是毕业生，感冒发烧都是最常见的健康问题，而肩颈问题、肠胃问题和眼睛问题也都是很常见的。长时间坐在书桌前和电脑前，运动量少，这对人的肩颈和眼睛产生了很大的影响，年轻人不健康的饮食习惯，如一日三餐没有正常进行、吃外卖、吃零食、喝奶茶等，也使得肠胃问题成为年轻人群中的常态。

在男女比较中，女生比男生更关心自己的皮肤状况，这与女性爱美的天性有关，而男生对自己的外貌则不那么关注。

如图 9-18，毕业生中，在很健康、比较健康、一般的选项里，女生的比例分别为 15. 46%、42. 27% 和 31. 96%，都略高于男生的比例。而在非常健康、不健康这两个选项里，男生的选择比例多于女生。大部分人认为自己比较健康或一般。

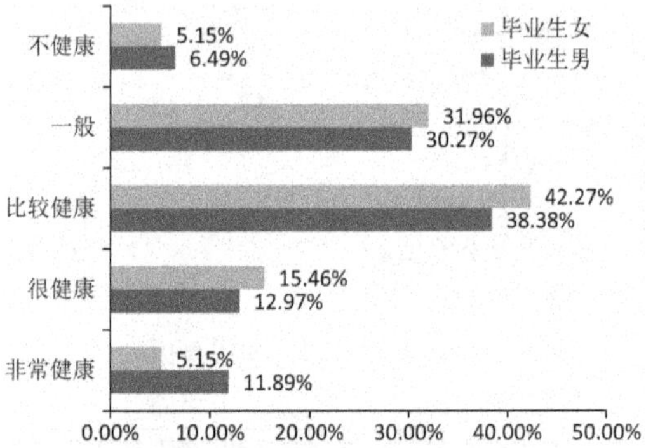

图 9-18　大学毕业生对自己的健康评价

如图 9-19，在校生中，不论男女，认为自己比较健康的在两个群体中占比都是最大的，其中：男生 39. 96%，女生 43. 93%。14. 32% 的男生和 9. 10% 的女生认为自己非常健康，26. 59% 的男生和 21. 89% 的女生认为自己很健康。4. 43% 的女生认为自己不健康，认为自己不健康的男生比例较少，仅为 2. 91%。

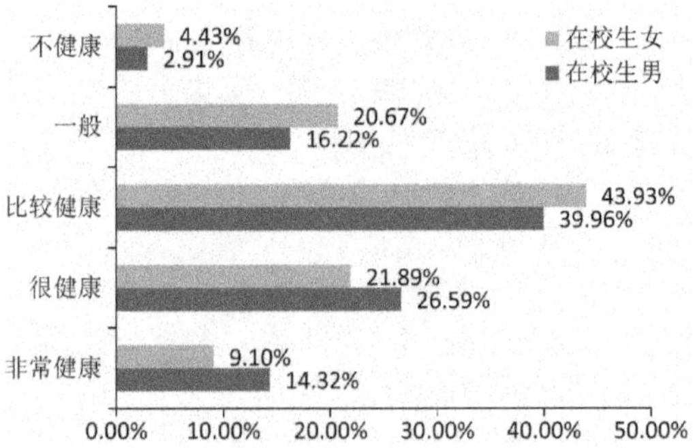

图 9-19　大学在校生对自己的健康评价

9.2　心理健康

本节对大学生的一些常见心理问题做了调查，如有没有因为一些小事而烦恼、在做事时是否很难集中精力、是否经常感到情绪低落、是否觉得做任何事都很费劲、是否对未来充满希望、是否经常发脾气、是否经常感到害怕、是否很愉快、是否感到孤独，以及是否觉得生活无法继续。数据显示：女生更容易因为一些小事而烦恼，在做事时更难集中精力，更容易情绪低落，做事比男生费劲，更爱发脾气。然而，比起男生，女生对未来更加充满希望，更容易感到愉快以及更难感到孤独。

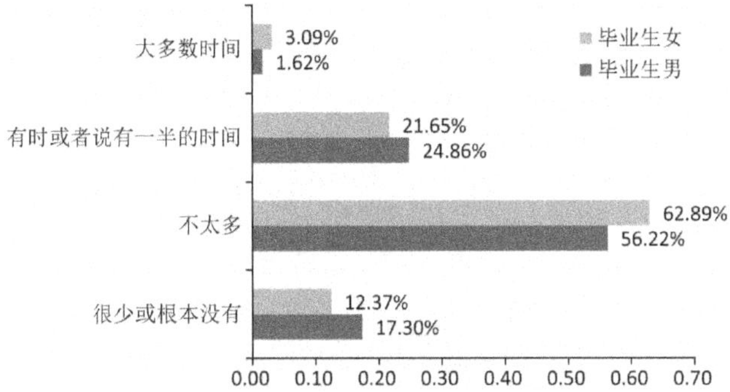

图9-20　大学毕业生是否为小事而烦恼

如图9-20，毕业生中，男生比起女生更不易因为小事而烦恼。17.30%的男生很少或根本没有因为小事而烦恼，女生仅占12.37%。62.89%的女生和56.22%的男生不太因为小事而烦恼。21.65%的女生和24.86%的男生有时或有一半时间因为小事而烦恼。3.09%的女生和1.62%的男生在大多数时间因小事而烦恼。

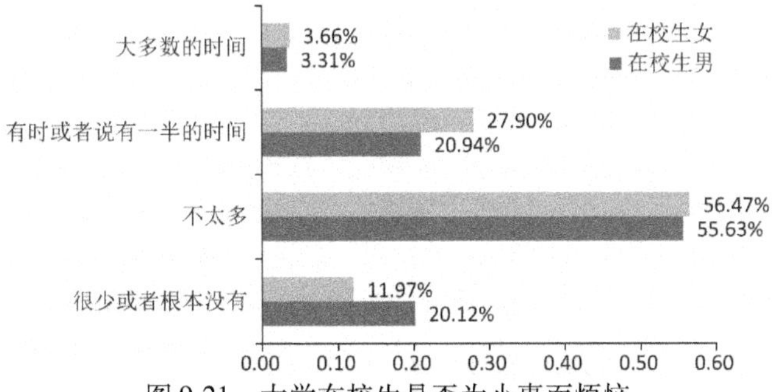

图9-21　大学在校生是否为小事而烦恼

从图9-21可以看出，在校生中，男生比女生更不易因为小事烦恼。11.97%的女生很少或根本没有因为小事而烦恼，男生有20.12%很少或根本没有因为小事而烦恼，比例为女生两倍。27.90%的女生有时或有一半的时间为小事而烦恼，男生仅占20.94%。不管是男生还是女生，都有过半的人不太为小事而烦恼。

如图9-22，毕业生中，男生比女生更易集中精力。这与之前关于睡眠的调查结果是吻合的，之前的调查结果表明，男生的睡眠质量平均来说比女生更好。睡眠的质量会直接影响一个人的精神状态。22.16%的男生很少或根本没有很难集中精力，女生为14.43%。52.58%的女生和47.03%的男生在不太多的时间感觉很难集中精力。7.22%的女生在大多数时间很难集中精力，仅有3.24%的男生在大多数时间很难集中精力。

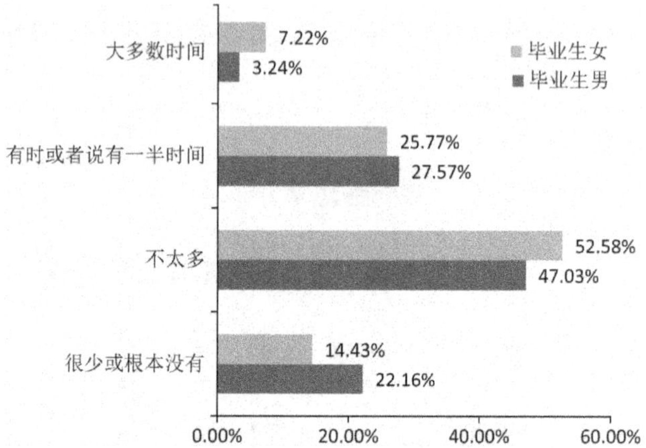

图9-22　大学毕业生是否很难集中精力

如图9-23，在校生中，男生比女生稍能集中精力。18.74%的男生很少或根本没有难以集中精力，而女生仅有13.83%。46.46%的女生和47.13%的男生仅在不太多的时间难以集中精力。在大多数时间不能集中精力的人占少数，女生为6.96%，男生为5.34%。

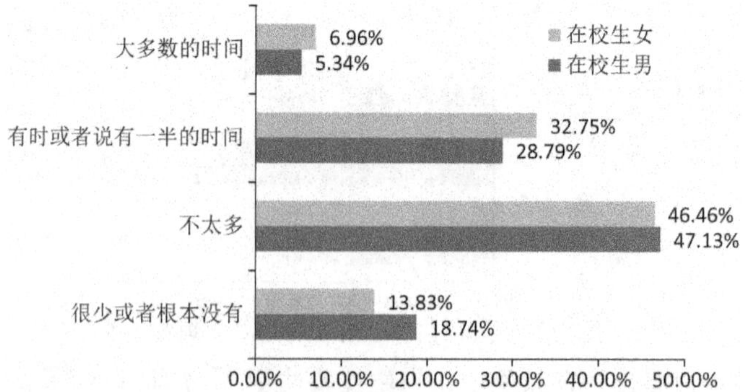

图9-23　大学在校生是否很难集中精力

如图9-24，毕业生中，20.54%的男生和16.49%的女生很少或根本没有感到情绪低落，55.67%的女生和48.65%的男生仅在不太多的时间感到情绪低落，24.74%的女生和26.49%的男生有时或有一半时间感到情绪低落，3.09%的女生和4.32%的男生在大多数时间感到情绪低落。

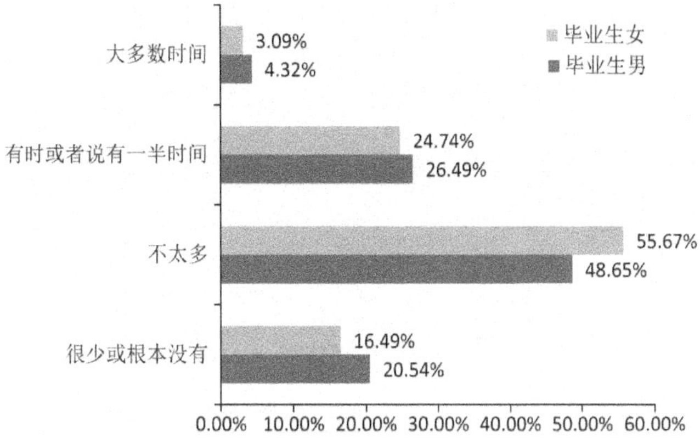

图9-24 大学毕业生是否感到情绪低落

如图9-25，在校生中，女生比起男生更易感到情绪低落。23.74%的男生很少或根本没有感到过情绪低落，女生为18.62%。52.93%的女生和50.60%的男生在不太多的时间感到情绪低落，24.05%的女生和21.86%的男生有时或有一半时间感到情绪低落，而4.40%的女生和3.80%的男生在大多数时间会情绪低落。

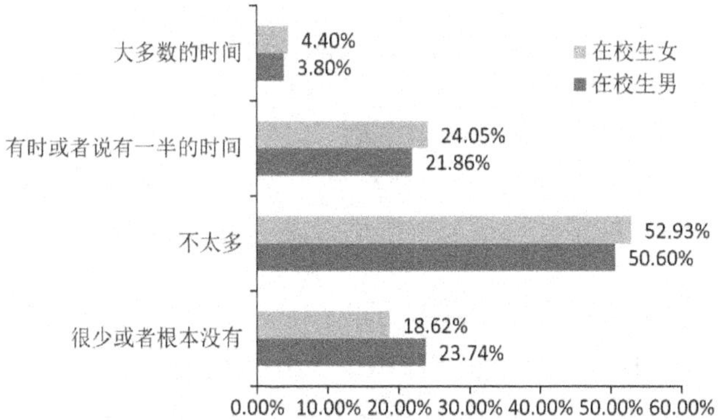

图9-25 大学在校生是否感到情绪低落

如图9-26，毕业生中，女生比起男生更容易觉得做事费劲。3.09%的女生和1.08%的男生在大多数时间觉得做任何事都很费劲，25.77%的女生和28.11%的男生很少或根本没有觉得做事费劲，60.82%的女生和53.51%的男生在不太多的时间觉得做任何事都费劲。10.31%的女生和17.30%的男生有时或有一半时间觉得做事费劲。

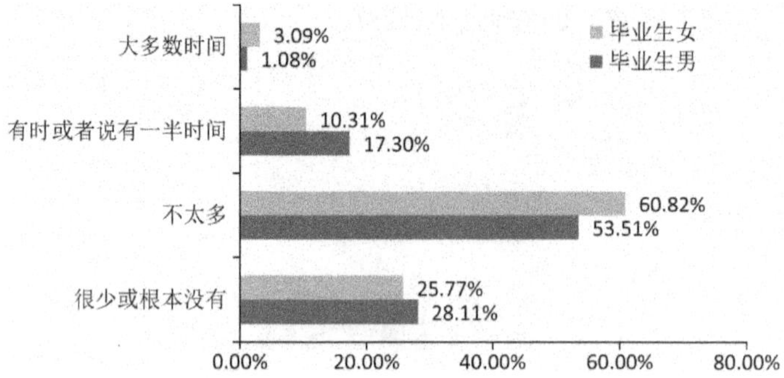

图9-26　大学毕业生是否觉得做任何事都很费劲

如图9-27，在校生中，男生比起女生认为做事更不费劲。27.54%的男生很少或没有认为做事费劲，女生为23.66%。不论男女，都有过半的人在不太多的时间里觉得做事费劲，仅有2.38%的女生和2.88%的男生觉得在大多数时间里做任何事都很费劲。

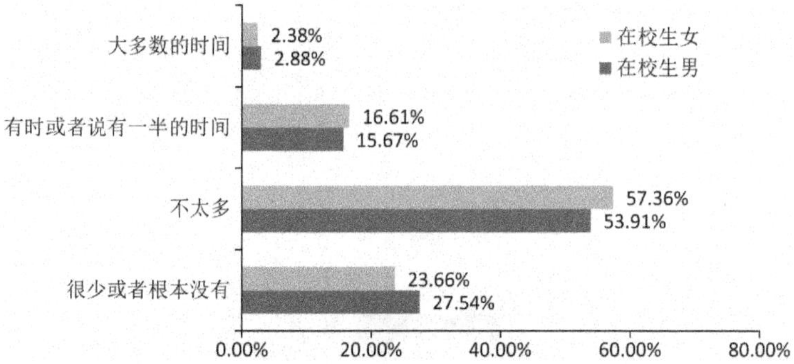

图9-27　大学在校生是否觉得做任何事都很费劲

如图9-28，毕业生中，在大多数时间对未来充满希望的人群中，女生比例高于男生，女生为40.21%，男生为37.30%。男生在大多数时间里对未来充满希望的比例较少的原因可能和传统的性别分工有关，如今男生比女生面临更多的生活压力，比如买车买房、结婚的彩礼等。32.99%的女生和36.22%的男生有时或者说有一半时间对未来充满希望。仅有4.12%的女生和6.49%的男生对未来很少或根本不抱有希望。

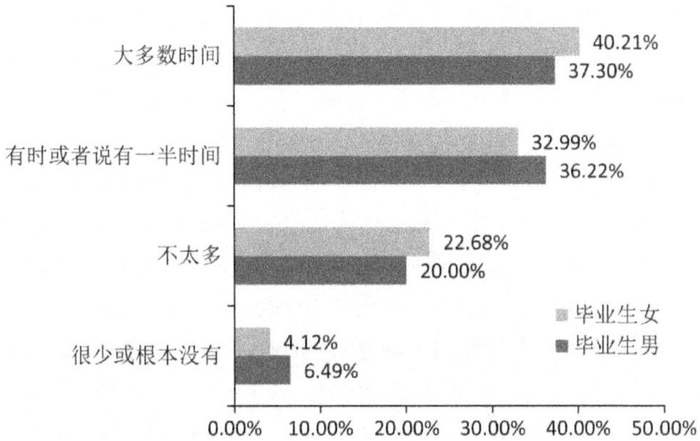

图 9-28　大学毕业生是否对未来充满希望

如图 9-29，在校生中，女生比起男生更容易对未来充满希望。45.94% 的女生和 41.06% 的男生在大多数时间对未来充满希望，34.49% 的女生和 33.21% 的男生有时或者说有一半的时间对未来充满希望，6.62% 的男生很少或根本没有对未来充满希望，女生仅有 3.42% 感到如此。

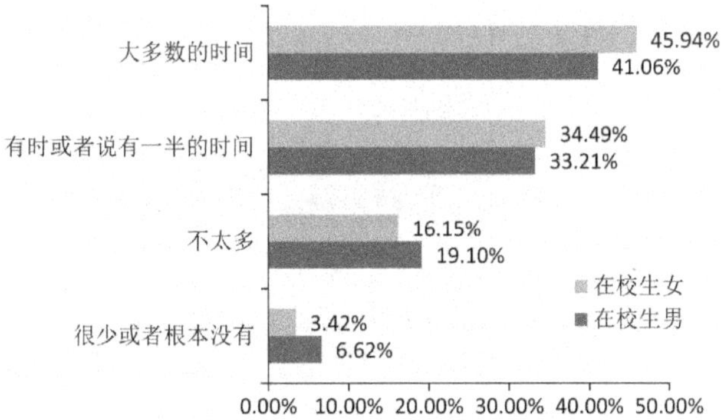

图 9-29　大学在校生是否对未来充满希望

如图 9-30，毕业生中，女生较男生更易发脾气。37.30% 的男生很少或没有发脾气，女生比例为 22.68%。63.92% 的女生和 46.99% 的男生在不太多的时间发脾气，4.12% 的女生和 2.16% 的男生在大多数时间经常发脾气。颜向东（2016）发现，经常参加体育活动有利于使情绪处于良好状态。男性大学生往往比女性大学生更多参与体育锻炼（陈章源，2015），这使得男生主观幸福感高于女生。除此之外，女生由于生理因素的原因，生理期时情绪波动会比较大，也会导致其比男生更容易发脾气。

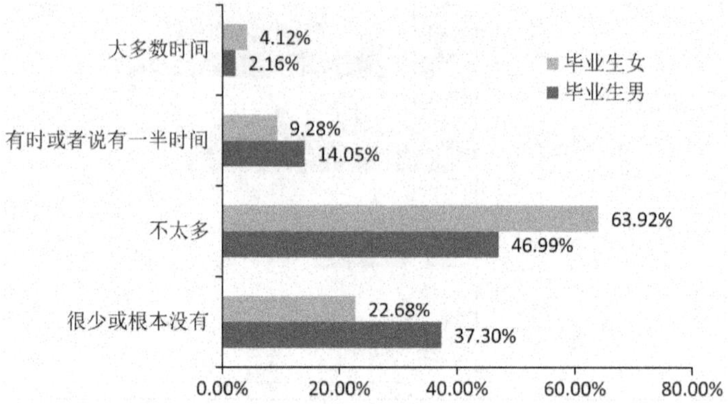

图 9-30　大学毕业生是否经常发脾气

如图 9-31，在校生中，女生比起男生更易发脾气。39. 25% 的男生和 33. 09% 的女生很少或根本没有发脾气，55. 49% 的女生和 49. 71% 的男生在不太多的时间发脾气，仅有 0. 76% 的女生和 1. 23% 的男生在大多数时间发脾气。

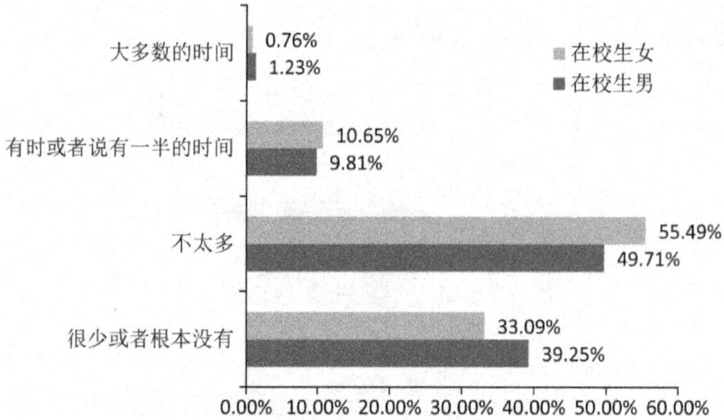

图 9-31　大学在校生是否经常发脾气

如图 9-32，毕业生中，女生比起男生更容易感到害怕。4. 12% 的女生在大多数时间感到害怕，男生仅有 2. 16% 。17. 53% 的女生有时或有一半时间感到害怕，男生为 10. 27% 。36. 76% 的男生很少或根本没有感到害怕，女生为 29. 90% 。

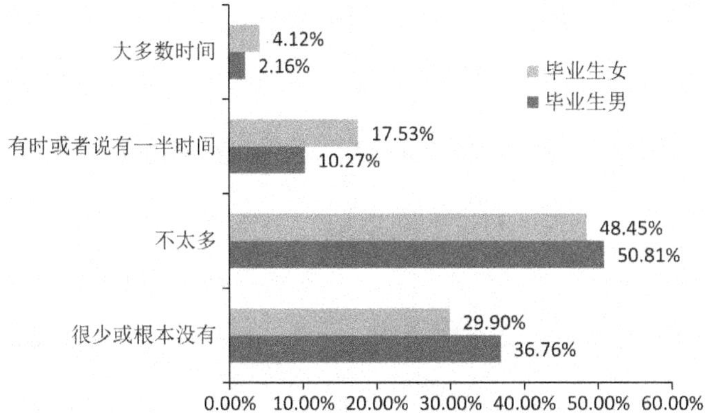

图 9-32　大学毕业生是否感到害怕

如图 9-33，在校生中，女生比起男生更易感到害怕。38.64% 的男生很少或根本没有感到害怕，女生为 29.00%。46.58% 的男生在不太多的时间感到害怕，女生为 51.47%。12.88% 的男生有时或有一半时间感到害怕，女生为 17.06%。1.90% 的男生在大多数时间感到害怕，女生为 2.47%。

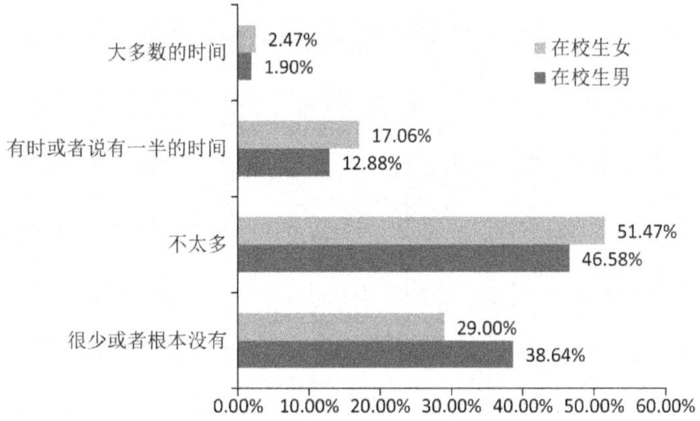

图 9-33　大学在校生是否感到害怕

如图 9-34，毕业生中，38.14% 的女生在大多数时间感到愉快，男生为 21.62%。39.18% 的女生有时或有一半时间很愉快，男生比例高达 50.27%。在不太多的时间感到很愉快的人群中，男女的比例几乎持平，约占 21%。6.49% 的男生很少或根本没有很愉快的时刻，女生仅有 1.03% 有这样的体会。

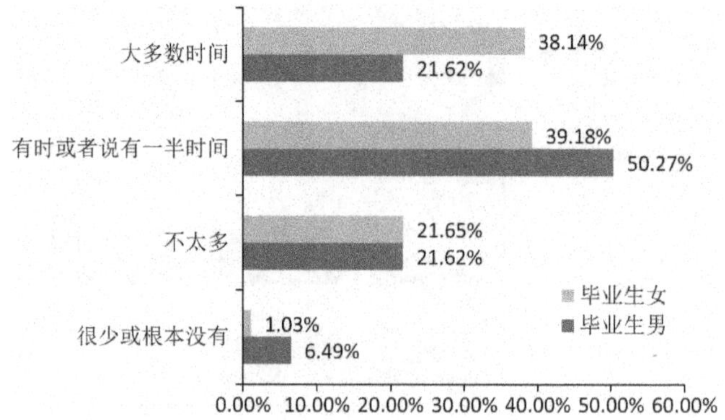

图 9-34　大学毕业生是否很愉快

如图 9-35，在校生中，女生比男生更易感到愉快。38. 58% 的女生大多数时间很愉快，男生为 30. 36% 。42. 34% 的女生和 40. 69% 的男生有时或有一半时间很愉快，16. 42% 的女生和 22. 75% 的男生在不太多的时间感到愉快。6. 19% 的男生很少或根本没有时间很愉快，女生仅有 2. 66% 感到如此。

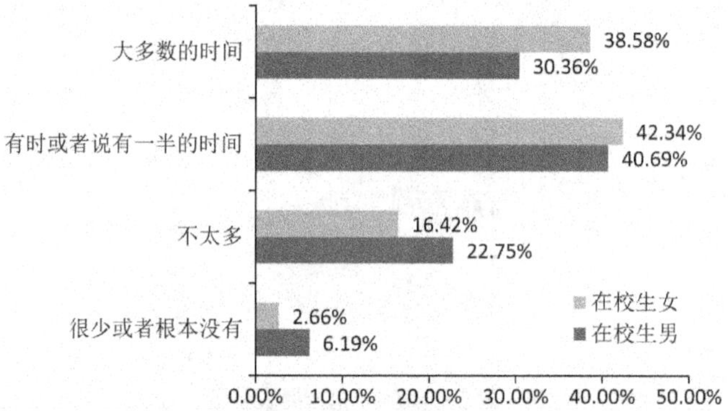

图 9-35　大学在校生是否很愉快

孤独感是一种负向的情绪体验，是个体渴望人际交往和亲密关系却又无法满足而产生的一种不愉快的情绪。王明忠等（2015）的研究认为，青少年的亲子依恋和同伴依恋关系是其孤独感的有效预测因素，这两种依恋关系质量越高，越有利于降低其孤独感。在大学阶段，大学生正处于与周围的同伴建立一个新的同伴依恋关系的建设期，同伴依恋关系的质量有待稳定和提高；同时，大学生正处于自我同一性的形成时期，内心处于逐步摆脱父母影响的阶段，加之时空因素，亲子沟通不畅，亲子依恋关系不能给予及时有效的支持。因此，在大学生面临建立同伴依恋关系的过程中出现的种种问题时，易导致该群体出现较高的孤独感。当这种内心的孤独感无法在现实生活中得到填补时，大学生可能会利用网络社交平台来缓解自己的孤独感。智能手机的广泛使用，在很大程度上拓展了大学生的心理空间，在一定程度上能够满足其人际交往、团体归属、情感交流、自我展示、休闲娱乐等方面的需要。这可能会导致大学生对手机成瘾，脱离与现实生活中的人的交往，从而进一步加剧孤独感。

如图9-36，毕业生中，58.76%的女生感觉孤独的时间不太多，远超男生。29.19%的男生有时或有一半时间觉得孤独，7.57%的男生在大多数时间觉得孤独，女生中这两个的比例为19.59%和4.12%，可见男生比起女生更容易孤独。

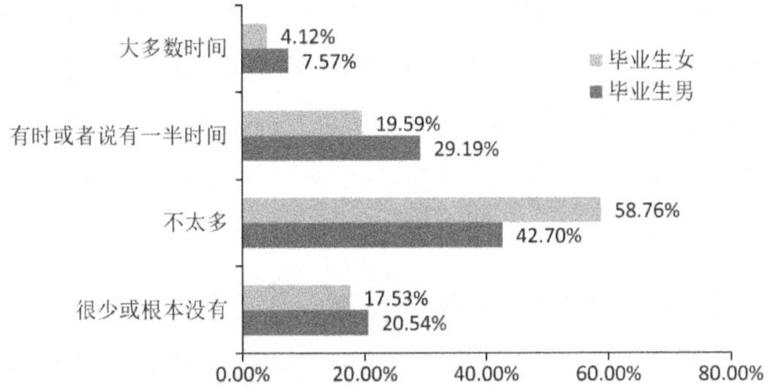

图9-36　大学毕业生是否感到孤独

如图9-37，在校生中，大多数时间感到孤独的女生比例少于男生，女生为4.91%，男生为6.26%。男生中很少或根本没有感到孤独的比例多于女生，男生为22.66%，女生为19.47%。50.64%的女生在不太多的时间感到孤独，男生为45.42%。

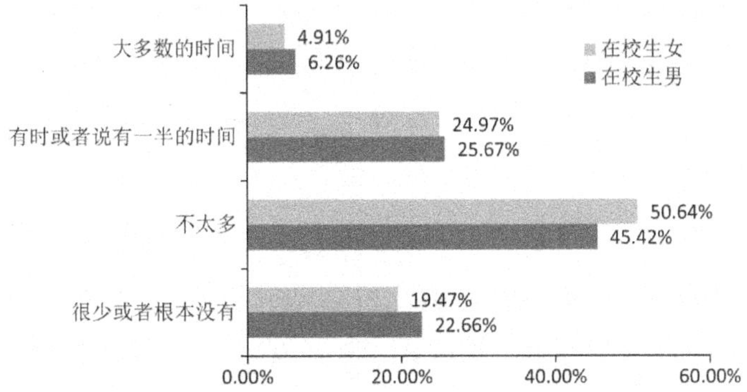

图9-37　大学在校生是否感到孤独

与男生相比，女生更像是一种群居动物，喜欢与朋友分享事情，也喜欢结伴去做事情，亦更依赖人，因而更难感受到孤单。

如图9-38，毕业生中，不论男女，大多数人对生活都不觉得绝望，62.89%的女生和66.49%的男生几乎没有这个想法，28.87%的女生和25.41%的男生有时会觉得生活无法继续。仅有2.06%的女生和1.62%的男生大多数时间觉得生活无法继续。那些觉得无法继续生活的毕业生承受的压力来自方方面面，如家庭的变故、工作上的失意、社会上经受的打击（比如被骗钱）、感情上的失败，当有多种因素综合在一起的时候，对于心理承受能力弱的人，可能会产生无法继续生活的想法。加强毕业生的心理疏导是高校就业管理部门和全社会需要关注的问题。

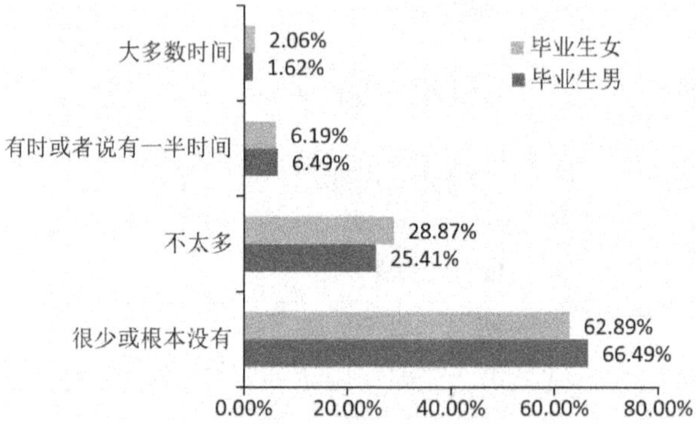

图9-38 大学毕业生是否觉得无法继续生活

孤独感会给大学生群体带来多方面的伤害，会给心理健康造成负面的影响。李欢欢（2012）在研究大学生的孤独感和自杀意念之间的关系时，发现孤独感和大学生的自杀意念之间存在正相关的关系。为了降低大学生的孤独感，减少大学生自杀行为的出现，在现实生活中，应为大学生提供丰富多彩的大学校园生活，从课内到课外创造与他人交往的机会，使得大学生在交往中降低自己的孤独感，修正自己的自我认知评价，整合个人的认知评价与生活经验中的冲突矛盾，提高自己的自我和谐程度。

如图9-39，在校生中，男生比女生更极端些。72.65%的女生很少或根本没有觉得生活无法继续，男生为65.29%。21.37%的女生和25.48%的男生在不太多的时间里认为生活无法继续。仅有0.76%的女生和1.41%的男生在大多数时间觉得生活无法继续。

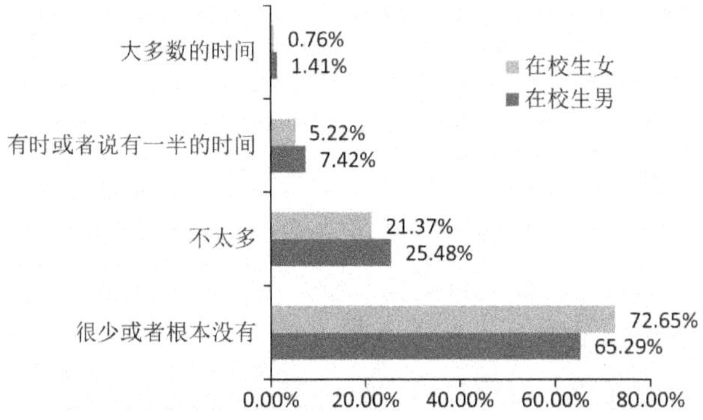

图 9-39　大学在校生是否觉得无法继续生活

虽然现在的社会压力大，工作问题、学习问题等困扰着大学生，但社会环境氛围依旧保持一个良好的状态，大学生即便生活有些不顺心，也不至于对生活感到绝望。

9.3　行为习惯

本节就大学生平时的行为习惯做了较深入的调查，如大学生的锻炼频率、锻炼时间、锻炼方式、使用电脑情况、作息状况及饮食的相关状况等。从数据分析得出：大学生每周锻炼的频率并不高，每次锻炼时间多在 20 ~ 60 分钟；常用的锻炼方式有跑步、快走和球类，这类运动的主要特点是时间比较自由，运动量相对较小；在电脑的使用方面，在校生每天使用电脑的时间为 2 ~ 5 小时，主要用途有学习、玩游戏、看节目等，而毕业生每天使用电脑的时间多为 5 ~ 9 小时，主要用途为工作；不论是毕业生还是在校生，工作日的作息都比休息日要规律，两个群体的“晚睡拖延症”都很严重，一定程度上造成了部分当代年轻人白天工作或学习精力不足的现象；对于餐食，大学生对零食、烟和酒都没有表现出很大的偏好，每月在这 3 项的开支也并不多，但是大学生的三餐不全情况较严重，这容易对大学生身体健康造成影响，值得引起注意。

9.3.1　体育锻炼

体育锻炼不仅能够直接提高大学生的身体健康水平，而且还会影响其心理健康。已有研究表明，体育锻炼能够影响大学生的心理健康。之前章节关于大学生心理健康的调查结果显示，小部分大学生会感到孤独、不愉快、对未来没有希望，而这里的调查结果显示大学生的锻炼频率不高，结合二者的结果，也说明了身体锻炼能够影响大学生的身心健康。大量研究证明，身体锻炼可诱发积极的思想和情感，有益于积极心态的形成；有规律的运动有助于改善心理健康，即减少消极反应和增加积极反应。沈翔（2015）在研究运动和运动干预对大学生应对压力和心理承受能力的影响时，发现实验组的学生采用积极方式，应对压力的比例上升，心理承受能力也呈现出上升的趋势。

现有的部分研究表明，当前我国大学生的心理健康状况不容乐观，主要问题集中在环境适应、情绪调节及人际交往等方面。体育锻炼是大学生课外文化活动的重要组成部分，对于个人生活方式的形成将产生直接的影响，富有激情、项目众多的体育锻炼，不仅可以使大学生保持积极、乐观的精神状态，还有利于个体之间相互交流，加深了解。张彦（2014）研究体育锻炼对大学生人际交往能力的影响的结果表明：体育锻炼与人际交往能力有密切的关系，个体的人际交往能力随锻炼方式的不同而具有显著差异；大学生的人际交往能力与锻炼频次、锻炼强度、锻炼经历具有正相关性。结合上面的分析，可以预期体育锻炼可能会减少大学生的孤独感，促进大学生在现实生活中的交往，从而提高大学生的人际交往能力。

如图 9-40，毕业生中，不论男女，每周锻炼 3 次以下的人是最多的，女生占比 51.55%，男生占比 50.81%，都在半数以上。完全不锻炼的女生比例多于男生，天天锻炼的男生和女生比例差不多。

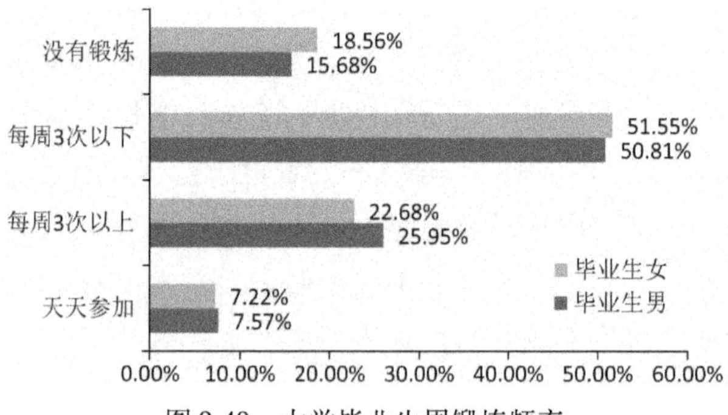

图 9-40　大学毕业生周锻炼频率

如图 9-41，在校生中，59.80% 的女生和 47.16% 的男生每周锻炼 3 次以下，在每周 3 次以上和天天参加的区段中，男生比例都高于女生，在没有锻炼的区段中，女生比例高于男生。

不论是毕业生还是在校生，大学生的总体锻炼频率都不算高，男生较女生的锻炼频率高。男生比女生锻炼的频率更高的原因可能是男生和女生的喜好存在差异，与女生相比，男生更喜欢打球、跑步、游泳等健身运动。社会审美和择偶观念也是影响因素，女生普遍喜欢身体强壮的男生，觉得那样的男生看起来更有安全感和魅力，男生在这样的观念的影响下可能会激励自己不断地锻炼，而女生选择锻炼更多是出于减肥的目的，但是大多数女生很难坚持。这说明在大学校园里并没有形成锻炼身体的良好氛围，对于大学生的发展来说，这是不利的。学校应该积极倡导大学生加强体育锻炼，使大学生形成热爱运动的习惯，从而提高大学生的心理承受能力，积极地应对压力，提升身体素质。

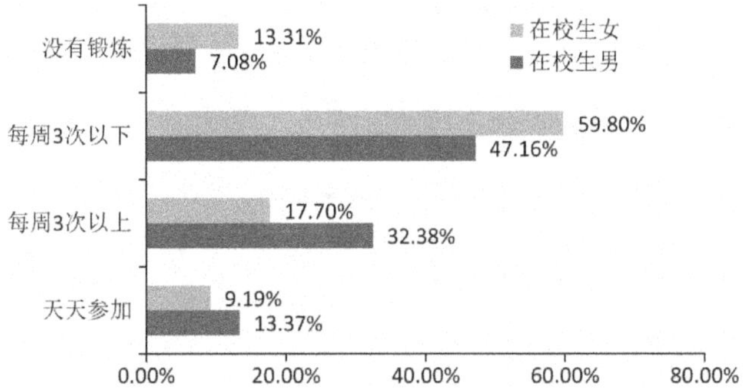

图 9-41　大学在校生周锻炼频率

如图 9-42，不管居住地在农村还是在城镇，毕业生的锻炼频率最高的都是每周 3 次以下，农村毕业生没有锻炼的比例多于城镇毕业生，两个群体中天天参加锻炼的比例相近。

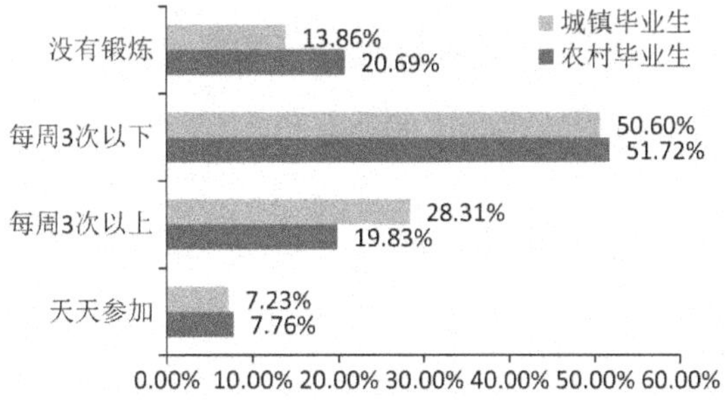

图 9-42　大学毕业生周锻炼城乡差异

如图 9-43，不管是居住地在城镇的在校生还是居住地在农村的在校生，都有超过一半的人每周锻炼3次以下。在周锻炼频率这个问题上并没有太大的城乡差异，每个区段，两个群体的比例都处于接近持平的状态。

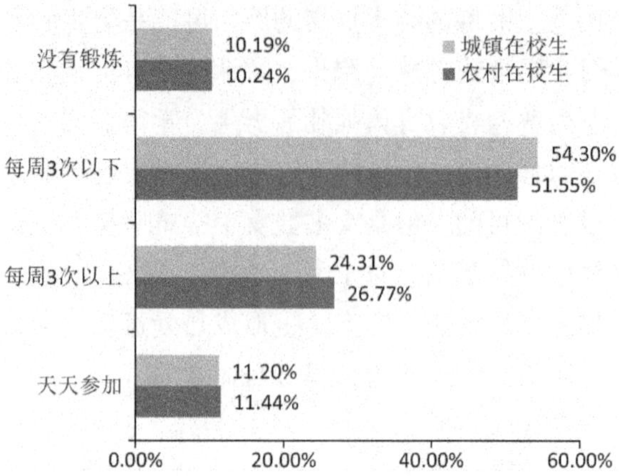

图9-43 大学在校生周锻炼城乡差异

如图9-44，毕业生中，不管是男生还是女生，每次锻炼时间为30～60分钟的人都是最多的。对两个群体而言，大部分人的锻炼时间都在1小时之内。除了在少于20分钟这个区间段女生人数多于男生之外，其他区间段男生数量都要多于女生。可见，比起女生，男生更爱运动，且运动时间更长。

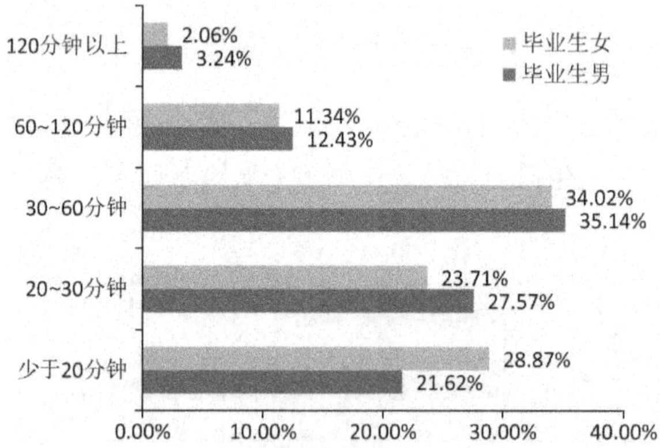

图9-44 大学毕业生锻炼时间分布图

如图9-45，在校生中，男生和女生每次锻炼时间都是在20～30分钟区间占比最多，分别为31.49%和35.23%，大部分女生锻炼时间少于30分钟，而男生锻炼时间多集中于20～60分钟。男生锻炼时间较女生更长。

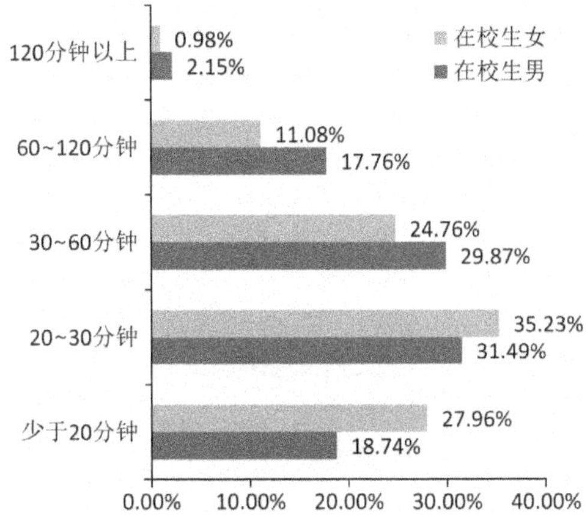

图9-45 大学在校生每次锻炼时间分布图

如图9-46，不管居住地在农村还是在城镇，毕业生每次锻炼时间分布在30~60分钟这个区间的人数都是最多的，且大部分人的锻炼时间都少于60分钟。除了在少于20分钟这一区间，农村毕业生多于城镇毕业生外，其他区间段农村毕业生的人数都少于城镇毕业生。可知，城镇毕业生更爱运动。

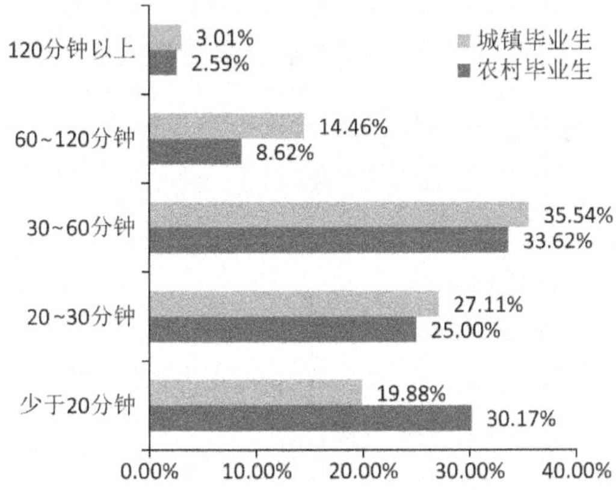

图9-46 大学毕业生每次锻炼时间城乡差异

如图9-47，居住地在农村和城市的在校生每次锻炼时间都是20~30分钟段人数分布最多，在20~30分钟和小于20分钟这两个区间，农村在校生多于城镇在校生，其他区间都是农村在校生少于城镇在校生。可知，城镇在校生比农村在校生锻炼时间更长。

城镇在校生及毕业生和农村在校生及毕业生在锻炼时间上存在差别的可能原

因是：城镇学生早期因为学校的锻炼设施条件以及家庭的影响，形成的锻炼意识比农村毕业生更强。

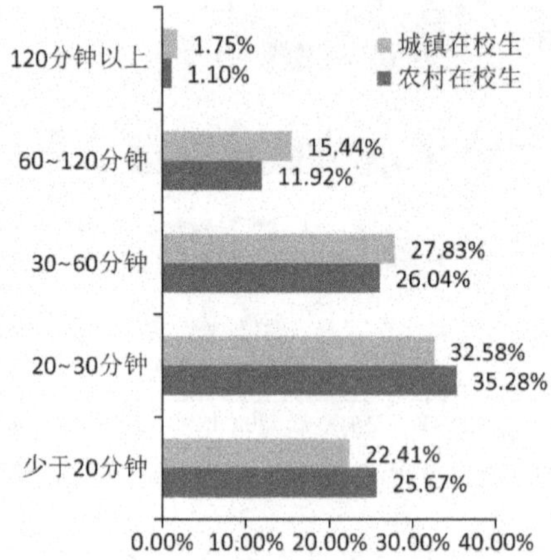

图 9-47　大学在校生每次锻炼时间城乡差异

如图9-48，在校生中，男女最常用的三种锻炼方式都是跑步、快走和球类。在女生中，操课和登山也较受欢迎，不常用的锻炼方式是器械和游泳；在男生中，登山、骑自行车和器械较受欢迎，游泳和瑜伽是很少用的锻炼方式。其中，瑜伽和器械表现出强烈的性别特征，瑜伽较受女生欢迎，而器械较受男生欢迎。

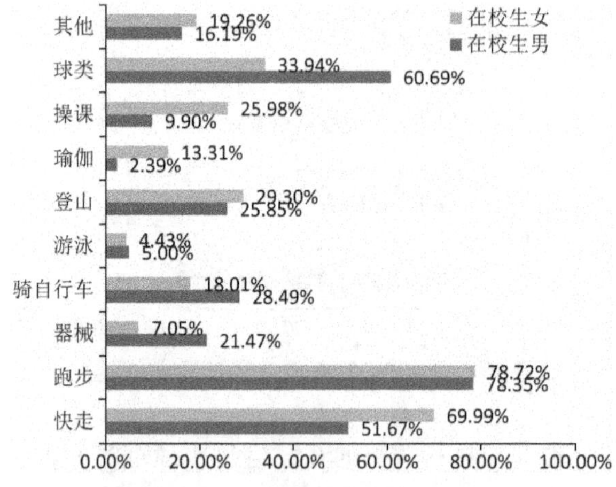

图 9-48　大学在校生最常用的锻炼方式

如图9-49，对于居住地在农村和城镇的在校生来说，最常用的三种锻炼方式都是跑步、快走和球类。不常用的锻炼方式是瑜伽、游泳。对在校生来说，各种锻炼方式表现出来的城乡区别不明显。

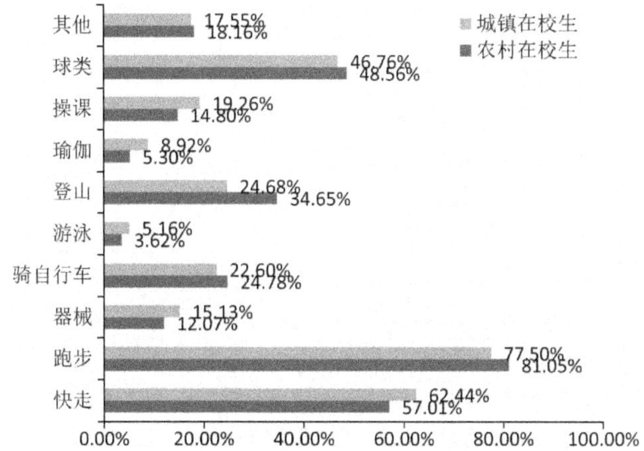

图 9-49　大学在校生最常用的锻炼方式

如图 9-50，大学毕业男生中，最受欢迎的三种锻炼方式是跑步、快走和球类，分别占比 69. 73%、49. 19% 和 58. 38%，而在女生中最受欢迎的三项是跑步、快走和登山，分别占比 72. 16%、64. 95% 和 28. 87%。有些运动如登山、游泳、骑自行车、跑步和快走，在男女中受欢迎程度相差不大，但有些锻炼方式随性别而受欢迎程度不同，例如器械和球类较受男生欢迎，瑜伽和操课更受女生欢迎。

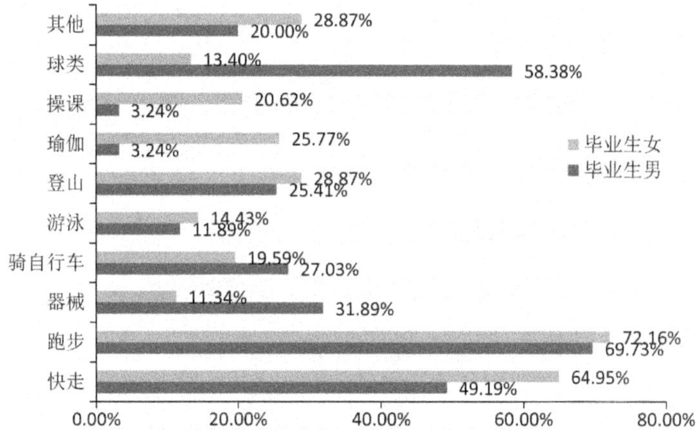

图 9-50　大学毕业生最常用的锻炼方式

如图 9-51，对于居住地不同的毕业生，最常用的锻炼方式相差无几，最常用的三种方式都是跑步、快走和球类。农村毕业生比城镇毕业生更喜欢登山、球类、操课和骑自行车；城镇毕业生则更喜欢瑜伽、游泳、器械、跑步和快走。城镇毕业生比农村毕业生更喜欢瑜伽、游泳、器械的原因可能来自两方面：一是家庭环境的影响；二是经济条件的影响。

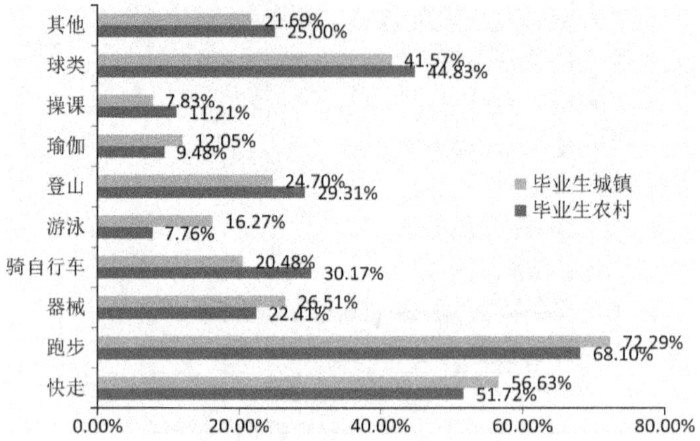

图 9-51　大学毕业生最常用的锻炼方式

如图 9-52，有 45.04% 的毕业生在平时有观看体育比赛的习惯。男生比女生更爱看体育比赛，性别差异明显。农村和城镇的学生中看体育比赛的比例差不多，没有明显的城乡差异。结合上面关于锻炼频率的调查结果，男生的平均锻炼次数比女生更多，可能与男生更爱看体育赛事有关。男生在观看体育赛事时，运动员的行为和健硕的身材可能会影响大学生锻炼的意识，加上自己喜欢的运动员的影响，促使男生更喜欢锻炼。

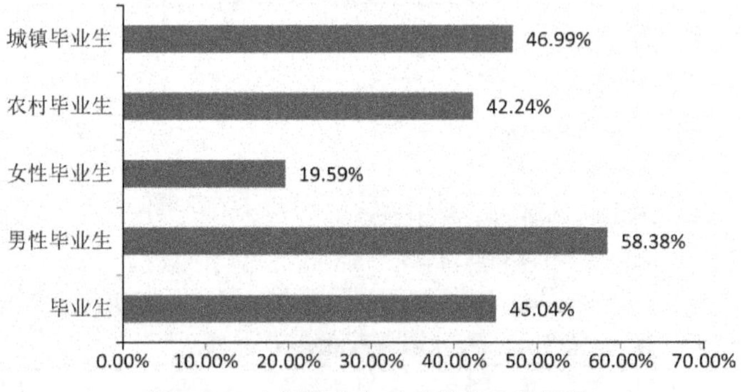

图 9-52　大学毕业生观看体育比赛情况

在参与调查的 6537 名在校生中，有 3261 名男生，3276 名女生，其中 1905 人居住地在农村，4632 人居住地在城镇。图 9-53 表示在不同分类中，观看体育比赛人数在各自总人数中所占的比例。在校生中有 39.61% 的人观看体育比赛，而男生中比例达 54.98%，女生中仅有 24.30%，性别差异明显。农村在校生观看比例为 37.43%，城镇的有 46.99%，城镇高于农村。

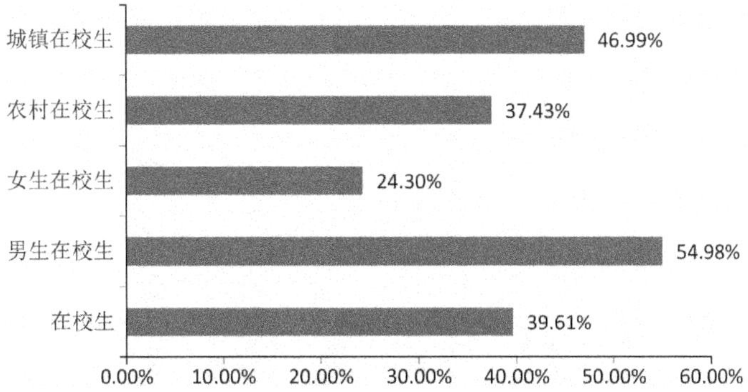

图 9-53　大学在校生观看体育比赛情况

9. 3. 2　饮食习惯

黄永真（2008）提出饮食行为与习惯直接影响人体健康，与一些疾病特别是慢性病的发生发展密切相关。大学生处在青年期，加上紧张的学习和脑力劳动，是一生中各种营养素需要量较大的时期。大学生的饮食行为与习惯不仅影响他们的学习生活及社会适应能力，而且对其身体素质、未来健康与慢性病的早期预防有着举足轻重的作用。

如图 9-54，毕业生中，男生比女生更钟爱校食堂。18. 38% 的男生不吃校食堂，而不吃校食堂的女生比例高达 37. 11%。20. 62% 的女生每周在校食堂吃 11 次以上，男生则高达 38. 92%。

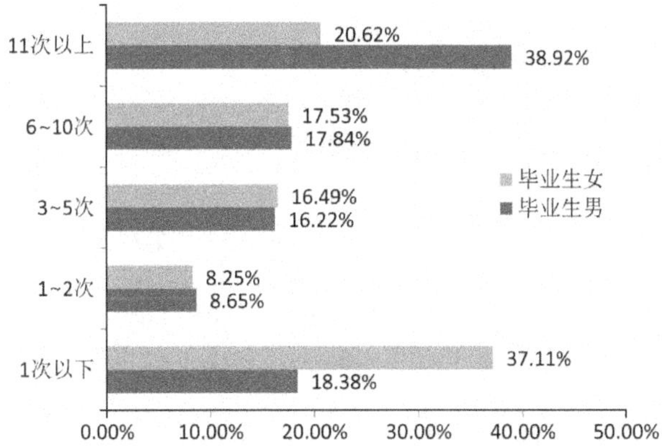

图 9-54　大学毕业生每周在食堂吃饭次数

如图 9-55，在校男生比女生更钟爱去校食堂吃饭。43. 54% 的男生每周去校食堂吃饭次数超过 11 次，而女生仅有 20. 42% 的人每周去校食堂 11 次以上。在不去校食堂吃饭的人群中，女生比例16.76%，高于男生的10.70%。

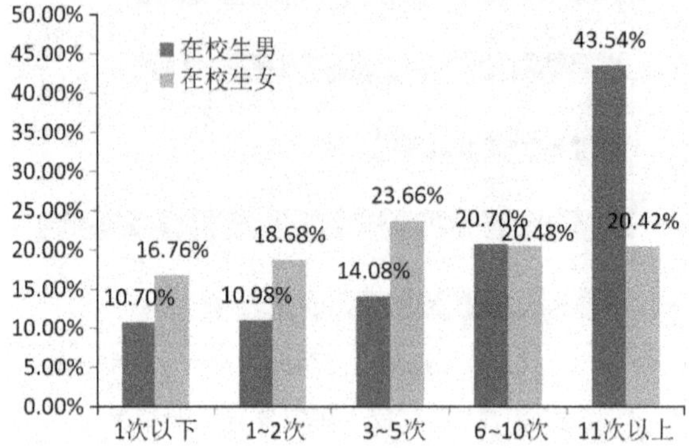

图9-55　大学在校生每周在食堂吃饭次数

如图9-56，毕业生中，女生比男生更爱在小摊吃饭。57.84%的男生和49.48%的女生每周在小摊吃饭的次数为0次，21.62%的男生和28.87%的女生每周在小摊吃1~2次，在小摊吃3~5次的男女比例差不多，但是有1.03%的女生每周在小摊吃饭次数11次以上，而男生人数为0人。

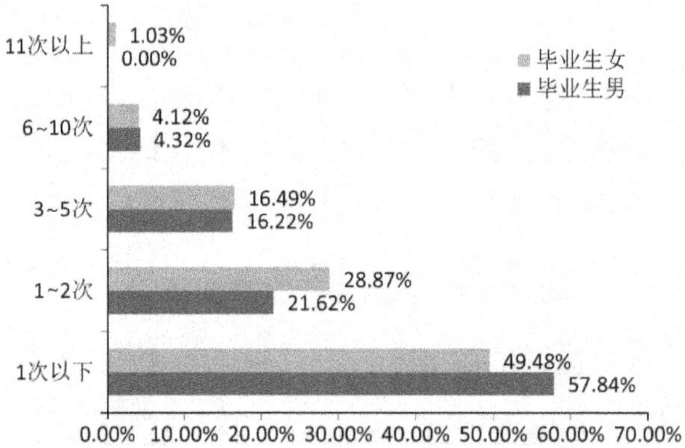

图9-56　大学毕业生每周去小摊吃饭次数

如图9-57，在校生中，女生比男生更爱去小摊吃饭。46.21%的男生不去小摊吃饭，比例远高于女生的28.60%；而在1~2次、3~5次、6~10次区间，男生比例均小于女生，3.02%的女生每周去小摊吃饭11次以上，而男生仅有1.63%。

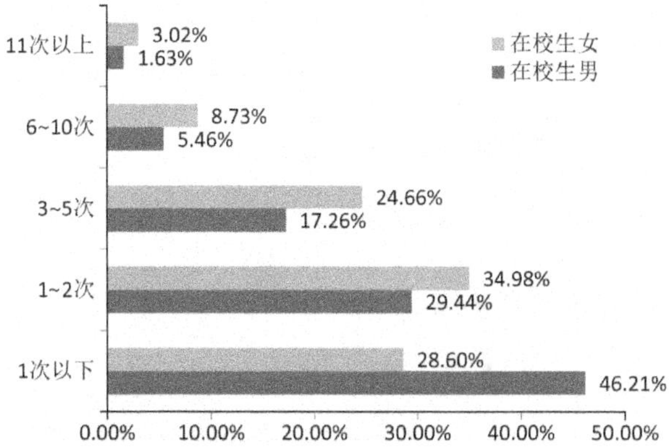

图9-57　大学在校生每周去小摊吃饭次数

如图9-58，大多数毕业生每周去正规餐厅吃饭的次数并不频繁。17.53%的女生和24.32%的男生几乎不去，35.05%的女生和38.92%的男生每周去1~2次，36.08%的女生和23.78%的男生每周会去3~5次。女生比男生去得更为频繁。

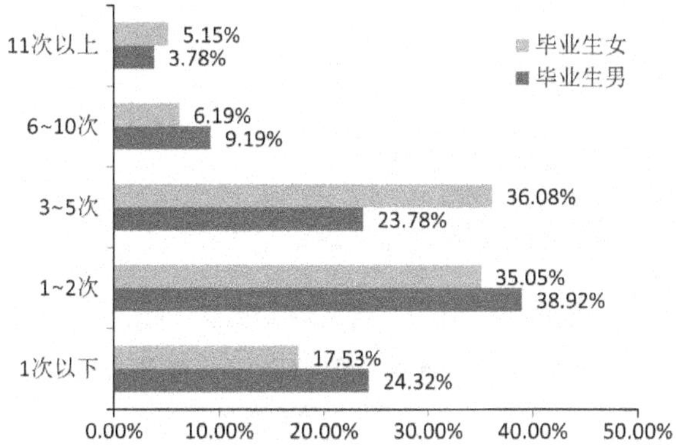

图9-58　大学毕业生每周去正规餐厅吃饭次数

如图9-59，在校生中，女生比男生略爱去正规餐厅吃饭。31.68%的男生不去正规餐厅吃饭，女生为25.15%；32.87%的男生每周吃1~2次，女生为31.44%；在其他选项，女生比例均高于男生；6.20%的女生每周在正规餐厅吃饭11次以上，而男生为5.58%。

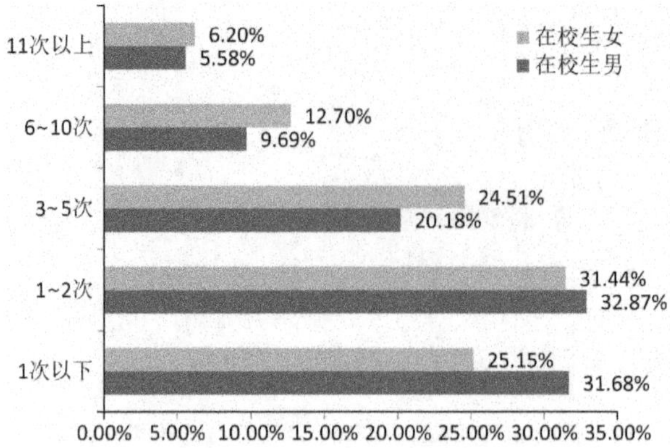

图 9-59　大学在校生每周去正规餐厅吃饭次数

如图 9-60，一半以上的毕业生在日常生活中不怎么点外卖，20. 62% 的女生和 23. 24% 的男生每周会点外卖 1 ~ 2 次，20. 62% 的女生和 12. 97% 的男生每周会点外卖 3 ~ 5 次，还有少部分人每周点外卖次数较频繁。

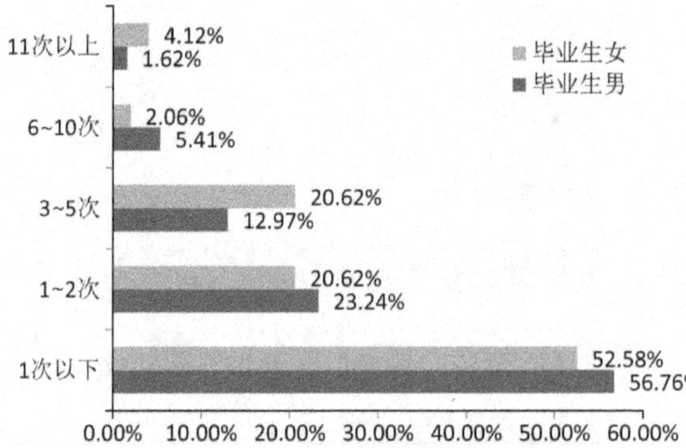

图 9-60　大学毕业生每周点外卖次数

如图 9-61，在校女生比男生更爱点外卖。51. 67% 的男生不点外卖，女生为 44. 17% 。在低频率的点外卖次数中（1 ~ 2 次、3 ~ 5 次），女生比例高于男生。在较高频率的点外卖次数中（6 ~ 10 次、11 次以上），男女比例相差不大。

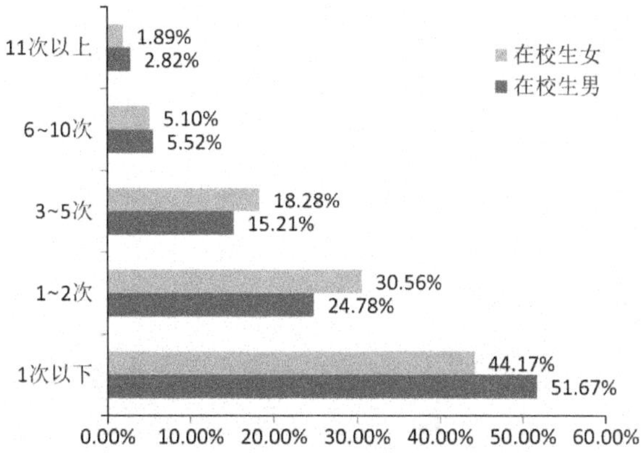

图 9-61　大学在校生每周点外卖次数

如图 9-62，半数以上的毕业生不愿自己做饭吃，尤其是男生。16. 49% 的女生和 12. 97% 的男生每周做饭 1 ~ 2 次，13. 40% 的女生和 10. 81% 的男生每周做饭 3 ~ 5 次，还有少部分人每周做饭的次数较频繁。

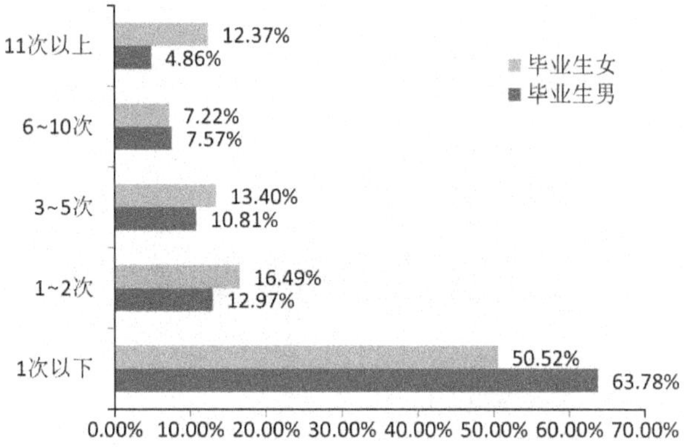

图 9-62　大学毕业生每周自己做饭次数

如图 9-63，在校大学生由于条件限制，做饭的人很少。女生比男生更爱自己做饭。91. 11% 的男生不自己做饭，而女生不自己做饭的比例为 87. 82% ；7. 14% 的女生每周自己做饭 1 ~ 2 次，而男生仅有 5. 06% ；3. 17% 的女生每周自己做饭 3 ~ 5 次，男生仅有 2. 15% 。

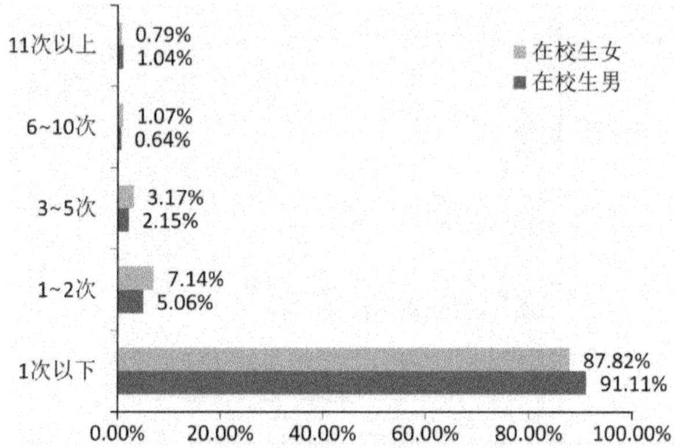

图 9-63　大学在校生每周自己做饭次数

如图 9-64，毕业生中，女生比男生更爱吃零食，23.71% 的女生经常吃零食，高于男生的 16.22%。大部分女生和男生偶尔吃零食，还有 3.09% 的女生和 5.41% 的男生从不吃零食。

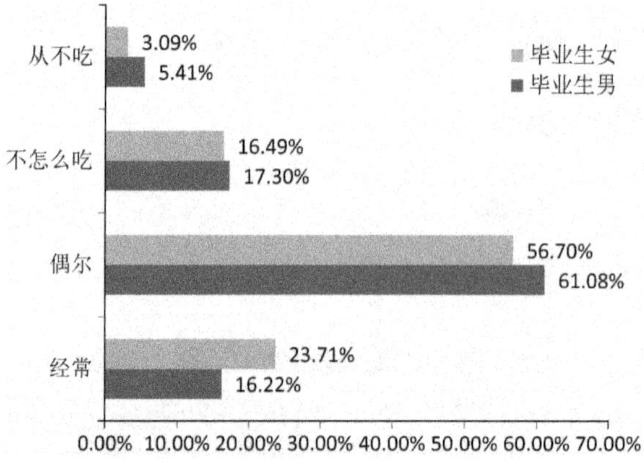

图 9-64　大学毕业生平时吃零食情况

如图 9-65，在校生比毕业生更爱吃零食。33.64% 的女生和 18.40% 的男生经常吃零食，表明女生比男生更爱吃零食。大部分男生和女生偶尔会吃零食。1.80% 的女生和 5.06% 的男生从不吃零食。

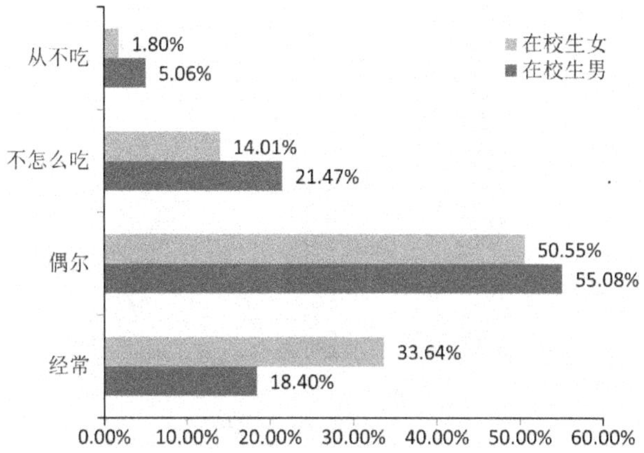

图9-65　大学在校生平时吃零食情况

从图9-66可知，随着年级的增加，经常吃零食的比例在减少，偶尔吃零食的比例在增加，从不吃零食和不怎么吃零食的比例都呈现出先增加后减少的趋势。吃零食的情况从一定程度上可以反映自律性。从这个角度可以发现，大学期间大三为自律高峰期，而到了大四，又松懈了下来。

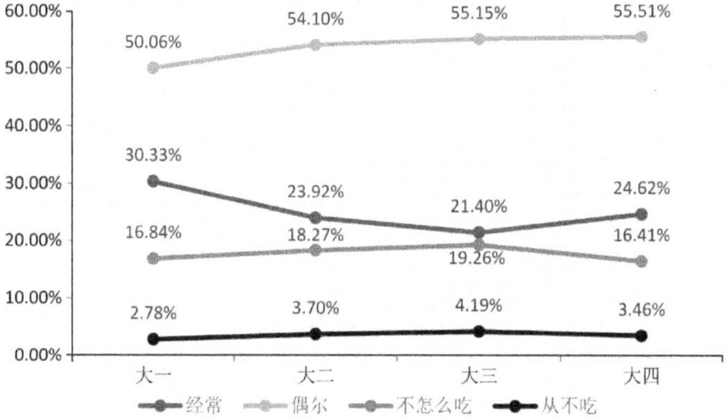

图9-66　各年级在校大学生吃零食情况

如图9-67，毕业生中，女生在零食方面的花费多于男生。36.17%的女生每月花费100～200元购买零食，25.53%的女生每月零食花费是200元及以上，均大于男生的比例，而45.71%的男生每月零食花费小于100元，大于女生的比例。

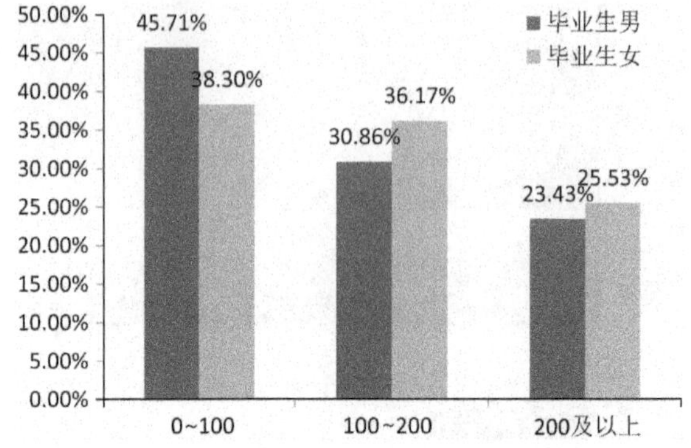

图 9-67　大学毕业生月零食花费（单位：元）

如图 9-68，在校生中，女生的月零食费用多于男生。其中：2. 99% 的女生每月零食费用在 400 元及以上，4. 76% 的女生在 300 ~ 400 元之间，12. 63% 的女生在 200 ~ 300 元之间，30. 15% 的女生每月零食费用在 100 ~ 200 元之间，都高于男生在这些区间的比例。超过一半男生和约一半女生的月零食消费小于 100 元。

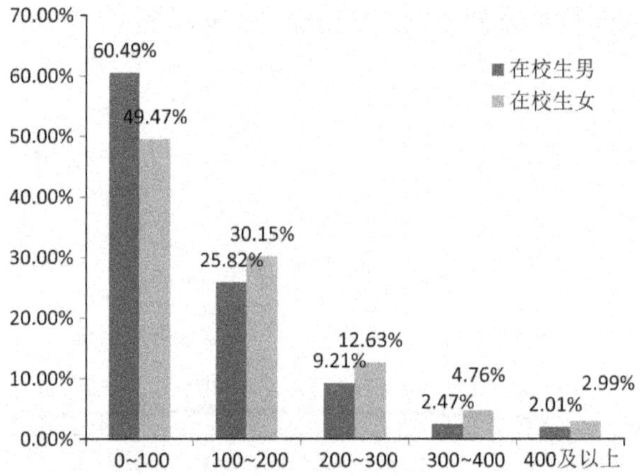

图 9-68　大学在校生月零食花费（单位：元）

睡眠质量不佳与能量摄入过多有关（Rontoyanni et al. ，2007）。调查结果中发现，不论是在校生还是毕业生，女生在零食上的花费比男生更多，女生吃小吃摊的次数也比男生更多，零食的热量普遍较高，小吃摊上的食物一般也都是重油的，热量高且不健康。结合上面关于睡眠质量的结果，女生相对于男生而言，睡眠质量较差，这也可能与女生在这两方面的行为有关联。

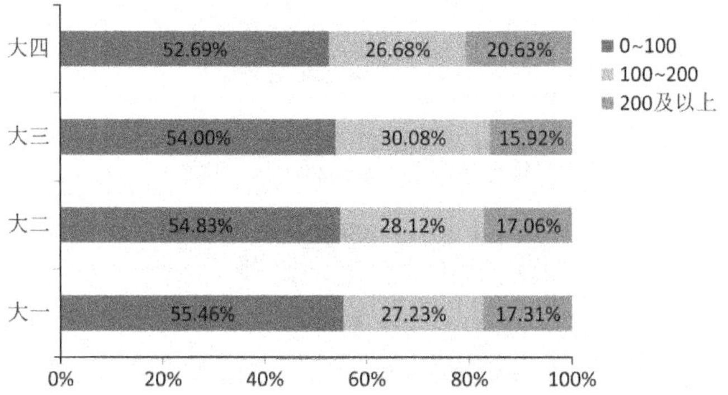

图 9-69　大学生月零食支出（单位：元）

如图 9-69，随着年级的增加，月零食支出在 0 ~ 100 元之间的比例逐渐减少，100 ~ 200 元之间的比例先增加后减少，200 元及以上的比例逐渐增加。可见，随着年级的增加，每月零食支出也在增加。

当代大学生饮食习惯不规律的现象比较普遍。三餐中缺少早餐和晚餐的现象比较明显。不良饮食习惯可能是导致肥胖和超重的重要原因（李珊珊，2010；安维维，2011）。除此之外，如果不吃早饭还会影响到学习和工作的效率和质量。因此，应当倡导大学生养成一日三餐正常饮食的良好习惯。

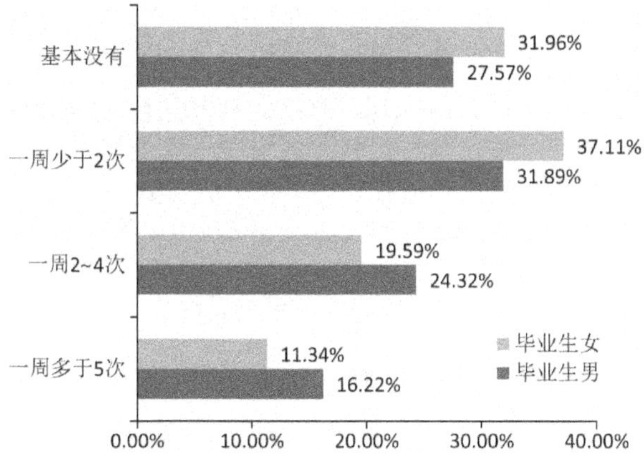

图 9-70　大学毕业生日常三餐不全的情况

如图 9-70，毕业生中，女生的饮食比男生更规律。31. 96% 的女生基本没有三餐不全的情况，37. 11% 的女生一周少于 2 次三餐不全，比例均大于男生，而 24. 32% 的男生一周有 2 ~ 4 次三餐不全，16. 22% 的男生一周有多于 5 次三餐不全的情况，比例均大于女生。

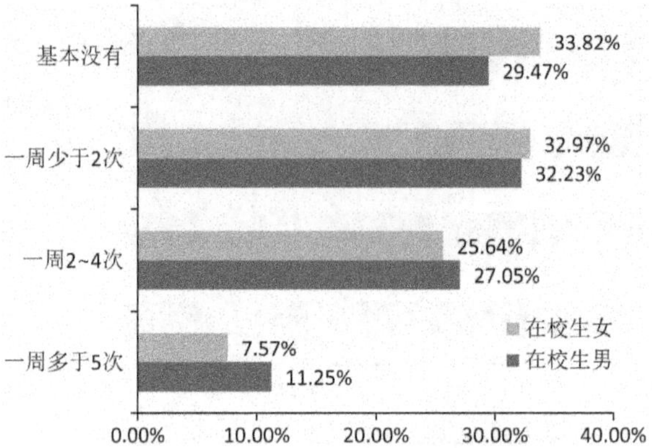

图 9-71　大学在校生日常三餐不全的情况

如图 9-71，在校生中，同样是女生饮食比男生规律。33. 82% 的女生基本没有三餐不全的情况，32. 97% 的女生一周少于 2 次三餐不全，比例都大于男生。27. 05% 的男生一周 2 ~4 次三餐不全，11. 25% 的男生一周多于 5 次三餐不全。

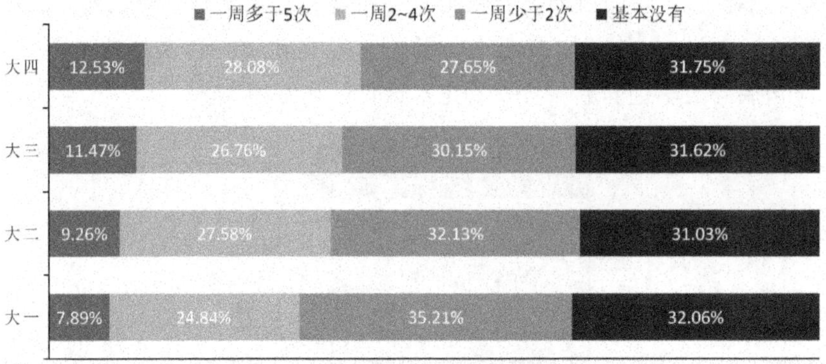

图 9-72　大学生三餐不全的情况

如图 9-72，随着年级的增加，三餐不全情况中一周多于 5 次的比例在增加，一周 2 ~4 次的比例波动增加，一周少于 2 次的比例在减少，基本不缺席三餐的比例变化不大。可见，随着年级的增加，大学生的饮食越来越不规律。

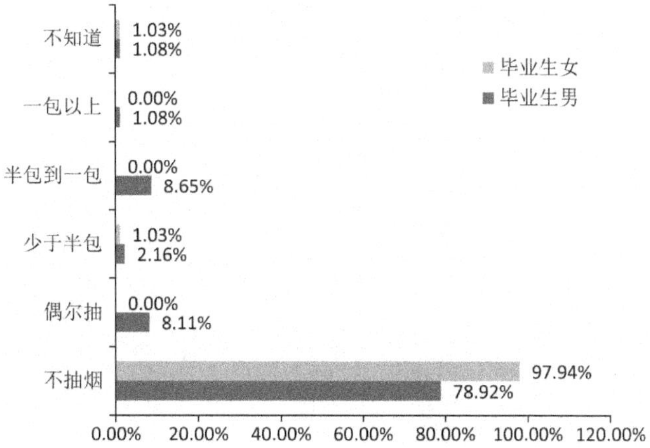

图 9-73　大学毕业生每天抽烟数

如图 9-73，男生中抽烟人数的比例大于女生中抽烟人数的比例，97. 94% 的女生不抽烟，78. 92% 的男生不抽烟。女性抽烟基本上每天少于半包。

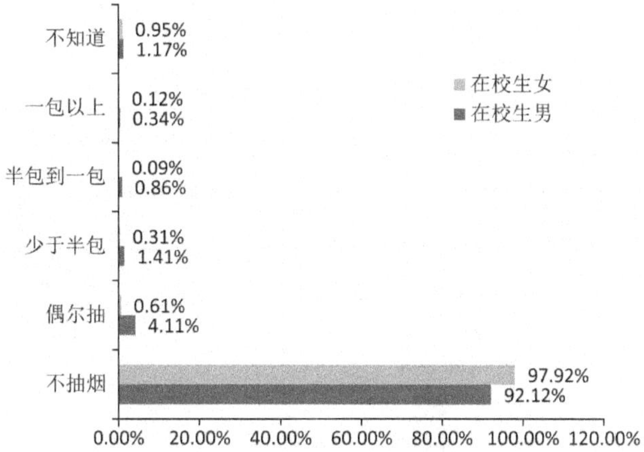

图 9-74　大学在校生每天抽烟数

如图 9-74，在校生中，不论男女，抽烟人数比例都很小，女生抽烟人数比例小于男生。数据显示，97. 92% 的女生和 92. 12% 的男生不抽烟，在抽烟的学生中，每天抽烟数也大多少于半包。

从表 9-1 可知，随着年级的增加，不抽烟的比例在减少，偶尔抽烟的比例在增加，少于半包和半包到一包的比例都在增加，一包以上的比例先增加后减少。可见随着年级的增加，大学生抽烟的数量在增加。

表 9-1　各年级大学生每天抽烟情况

	不抽烟	偶尔抽	少于半包	半包到一包	一包以上	不知道
大一	96.58%	1.62%	0.56%	0.30%	0.08%	0.86%
大二	94.54%	2.95%	1.00%	0.30%	0.30%	0.90%
大三	93.38%	2.57%	1.10%	0.74%	0.51%	1.69%
大四	92.66%	3.46%	1.30%	1.51%	0.00%	1.08%

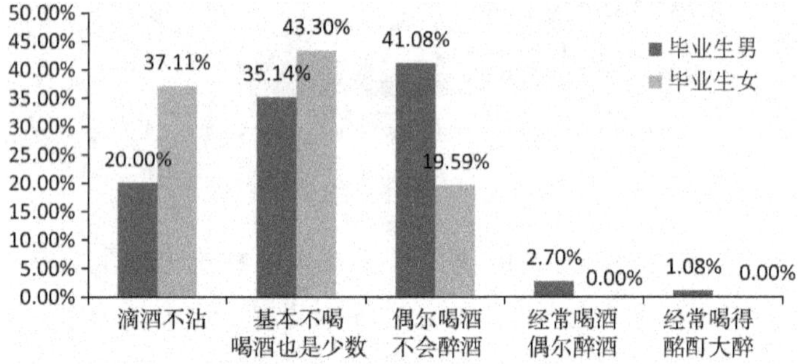

图 9-75　大学毕业生喝酒情况

工作压力将增加就业大学生的酒精消费，特别是男性和那些对酒精缓解紧张特性有更强预期的人（Butler et al.，2010）。如图 9-75，女生比男生更少喝酒，更少醉酒。37.11% 的女生滴酒不沾，43.30% 的女生基本不喝，二者比例均大于男生。41.08% 的男生偶尔喝酒但不会醉，比例高于女生。没有女生经常喝酒或醉酒。

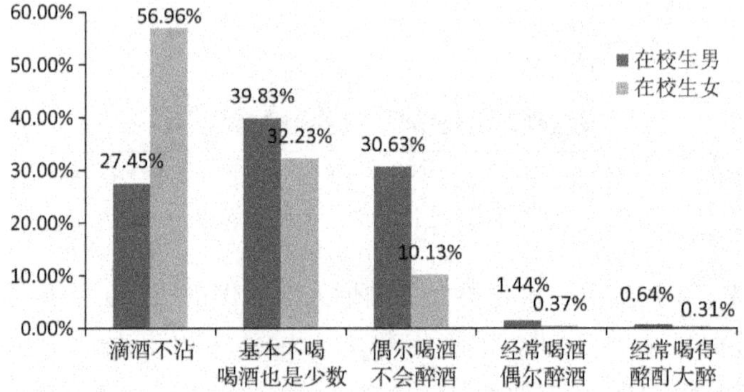

图 9-76　大学在校生喝酒情况

如图 9-76，在校生中，女生比男生更少喝酒，一半以上的女生滴酒不沾。在喝酒的人群中，39.83% 的男生基本不喝，30.63% 的男生偶尔喝酒，比例都高于女生。

从表 9-2 可知，随着年级的增加，经常喝醉的比例先增加后减少，经常喝酒偶尔喝醉的比例出现波动，偶尔喝酒不会醉酒和基本不喝的比例出现波动，滴酒不沾的比例在增加。说明：随着年龄的增大，大学生对酒的爱好有一个先增加后减少的波动过程。

表 9-2　各年级大学生喝酒情况

	大一	大二	大三	大四
滴酒不沾	42. 20%	40. 89%	43. 68%	43. 84%
基本不喝	36. 00%	37. 49%	33. 82%	36. 93%
偶尔会喝	20. 63%	20. 27%	20. 74%	17. 93%
经常喝偶尔醉	0. 90%	0. 75%	1. 03%	0. 86%
经常喝醉	0. 26%	0. 60%	0. 74%	0. 43%

图 9-77 表示抽烟的大学生中平均每月抽烟的支出。可以发现，毕业生的支出明显高于没有固定收入的在校生，平均为 225. 5 元。而在校生中，大二的学生抽烟支出又明显少于其他三个年级的。这似乎也反映出大二为大学阶段经济较为拮据的时期。

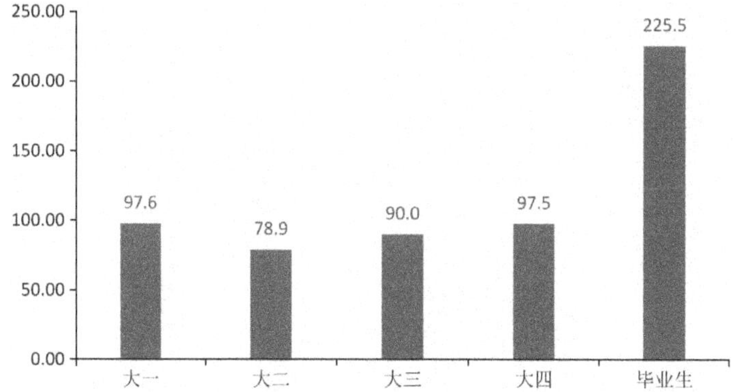

图 9-77　各阶段大学生平均每月抽烟支出（单位：元）

图 9-78 表示各阶段有喝酒行为的大学生平均每月喝酒的支出。可以发现，支出最高的为大四学生，为 80. 5 元，甚至高于毕业生的 67. 2 元。大四的毕业季，渲染着一股离别的气息，再加上课业负担明显变小，于是，各种大大小小离别前的聚会便在这个阶段活跃了起来，这一时期酒的较高花费也就在所难免了。然而，天下没有不散的宴席，我们应该坦然面对毕业的分离，不建议在这方面花费过多。

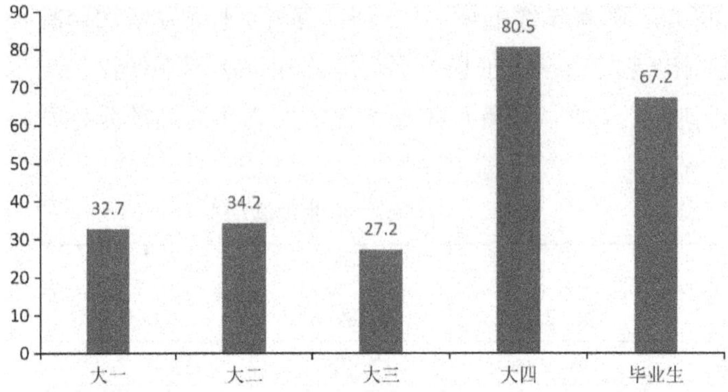

图 9-78　各阶段大学生平均每月喝酒支出（单位：元）

9.4　作息时间

9.4.1　电脑使用时间

如图 9-79，毕业生中，男生每天使用电脑的时间都超过了 2 小时，女生中有 5.26% 的人使用电脑时间少于 2 小时。在 13 小时及以上区间段，男生比例远超女生。在 9～13 小时区间段，男女比例相差不大，都占据了各自的最大比例。

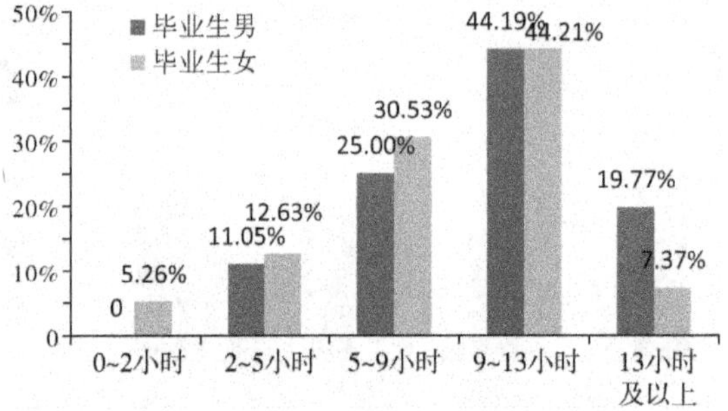

图 9-79　大学毕业生每天使用电脑时长

如图 9-80，在校男生每天使用电脑的时间多于女生，在 0～2 小时和 2～5 小时这两个时间段，男生比例都少于女生，在 5～9 小时、9～13 小时、13 小时及以上这三个时间段，女生比例少于男生。大部分男生和女生使用电脑的时间为 2～5小时。

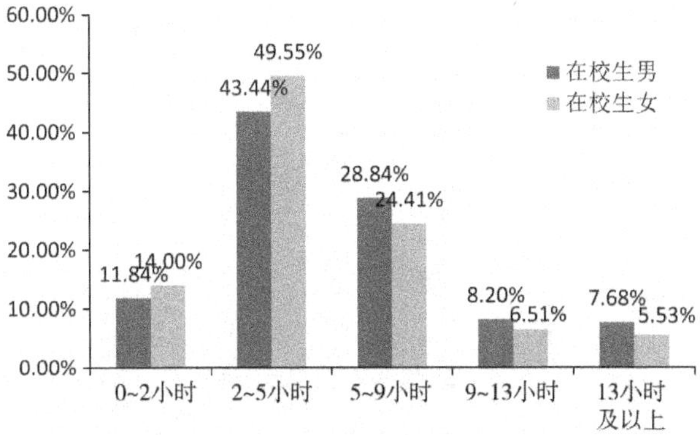

图9-80　大学在校生每天使用电脑时长

如图9-81，毕业生中，大部分男生和女生都用电脑学习0～3个小时，男生为49.43%，女生为41.05%。愿意用电脑学习3～5小时的女生比例多于男生，不用电脑学习的女生也多于男生，在学习8小时以上的区段，男生比例略多于女生。

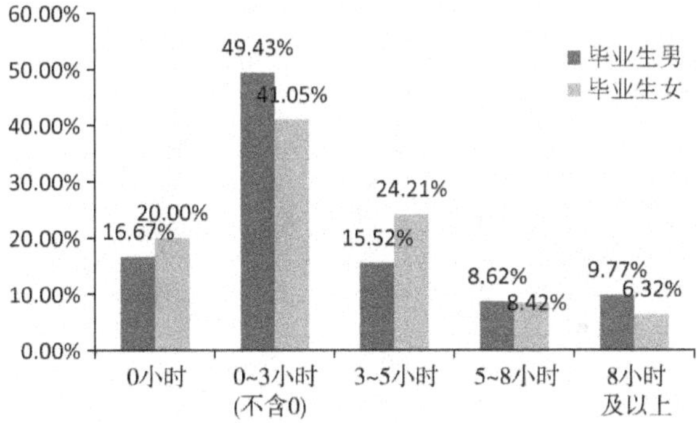

图9-81　大学毕业生每天使用电脑学习时长

如图9-82，在校生中，15.38%的男生和12.01%的女生用电脑学习时间为0小时。大部分男女生用电脑学习时间在5小时以下，在0～2小时和2～5小时时间段，女生比例多于男生。在用电脑学习的时间超过5小时的区段里，男生比例略多于女生。

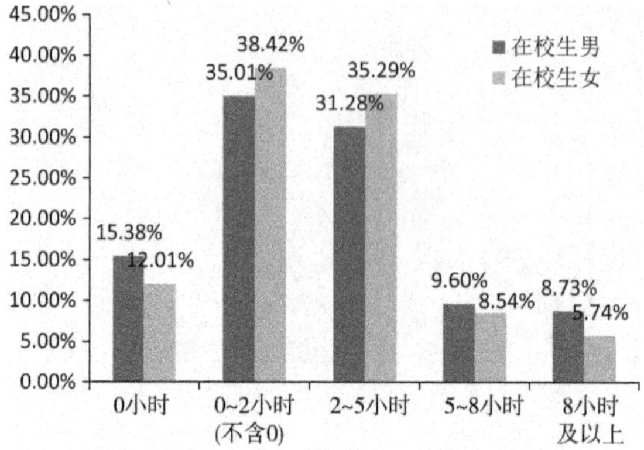

图 9-82　大学在校生每天使用电脑学习时长

如图 9-83，毕业男生用电脑工作的时间多于女生。26.32% 的女生和 11.49%的男生不用电脑工作，女生比例高于男生，而在长时间用电脑工作的区间，如5～8 小时、8～11 小时和 11 小时及以上时间段中，男生比例均高于女生。

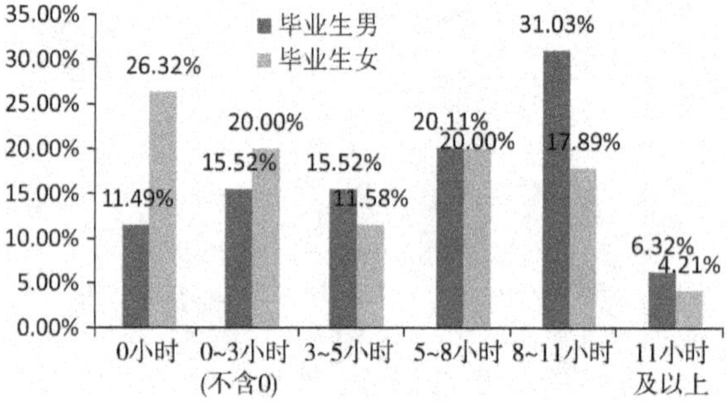

图 9-83　大学毕业生每天使用电脑工作时长

如图 9-84，40.25% 的男生和 41.40% 的女生每天用电脑工作时间为 0 小时。29.41% 的男生和 30.71% 的女生每天用电脑工作的时间少于 2 小时，21.06% 的男生和 20.64% 的女生每天用电脑工作的时间在 2～5 小时之间。还有少部分男生和女生用电脑工作时间多于 5 小时。

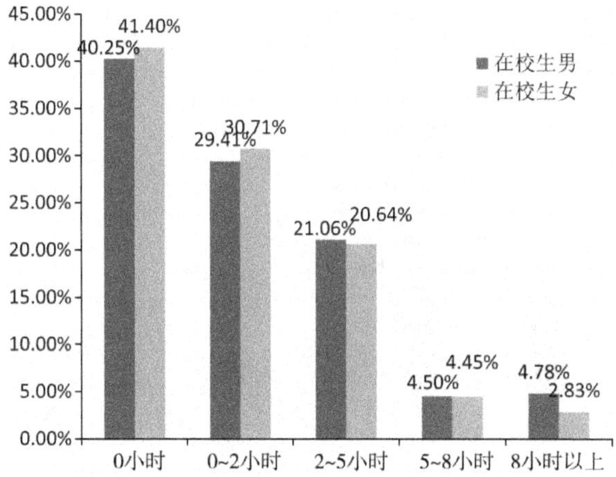

图9-84　大学在校生每天使用电脑工作时长

如图9-85，毕业生中，25.73%的男生和23.4%的女生用电脑观看节目时间为0小时，63.16%的男生和67.01%的女生观看时间在3小时以下。在3~5小时、5~8小时时间段，女生比例都多于男生，但在8小时及以上时间段，男生比例多于女生。

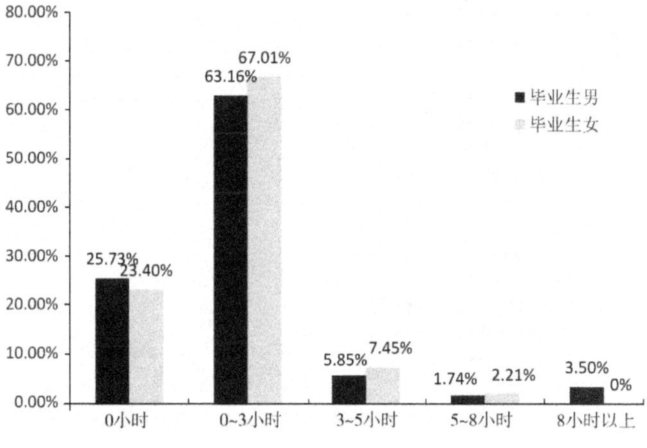

图9-85　大学毕业生每天使用电脑观看节目时长

如图9-86，在校女生用电脑看节目比较多。35.06%的男生和29.55%的女生不用电脑看节目。大部分男生和女生用电脑看节目的时间少于5小时，还有少数人每天用电脑看节目5小时以上。

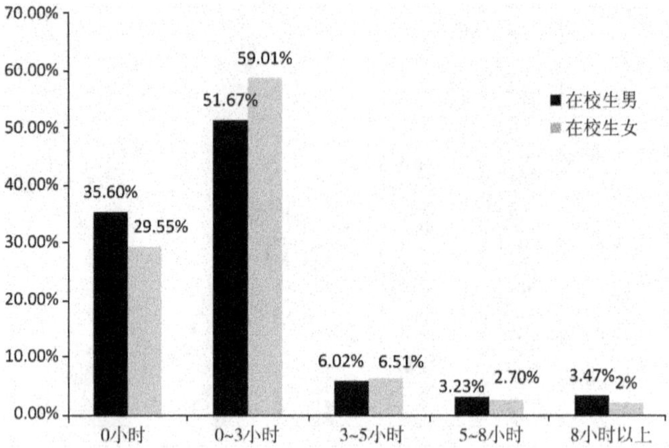

图 9-86　大学在校生每天使用电脑观看节目时长

如图 9-87，毕业男生比女生更爱用电脑打游戏。83.16% 的女生不用电脑打游戏，男生为 39.66%。41.38% 的男生每天用电脑打游戏的时间控制在 3 小时以内，10.92% 的男生每天花费 3 ~ 5 小时打游戏，在这两个区间，女生比例都远小于男生。还有少部分男生和女生每天花费超过 5 小时用电脑打游戏。

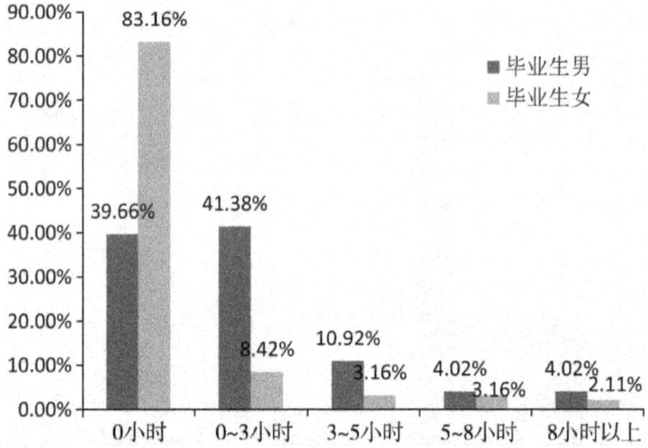

图 9-87　大学毕业生每天使用电脑打游戏时长

如图 9-88，在校生中也是男生比女生更爱使用电脑打游戏。78.39% 的女生用电脑打游戏的时间为 0 小时，男生仅占 37.93%。27.77% 的男生和 11.26% 的女生每天打电脑游戏的时间在 2 小时以内，24.51% 的男生和 7.00% 的女生打电脑游戏 2 ~ 5 小时，还有 4.82% 的男生和 1.78% 的女生每天用电脑打游戏 8 小时以上。

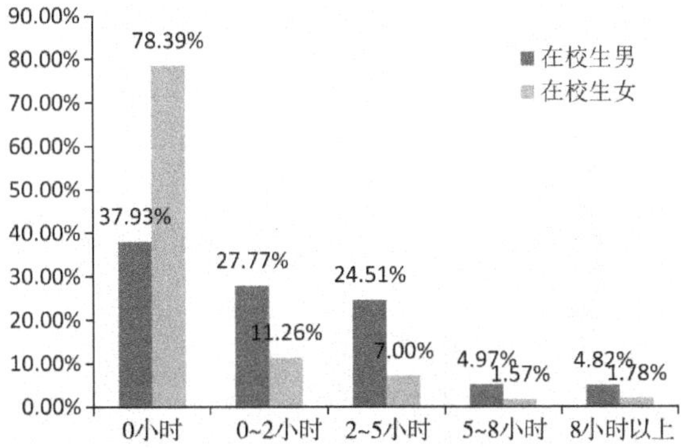

图9-88　大学在校生每天使用电脑打游戏时长

如图9-89，毕业男生中用电脑做其他事的比例高于女生。38.73%的男生和34.74%的女生用电脑做其他事的时间少于3小时，8.09%的男生和7.37%的女生在3~5小时之内，少部分男女生用电脑做其他事的时间超过了5小时。

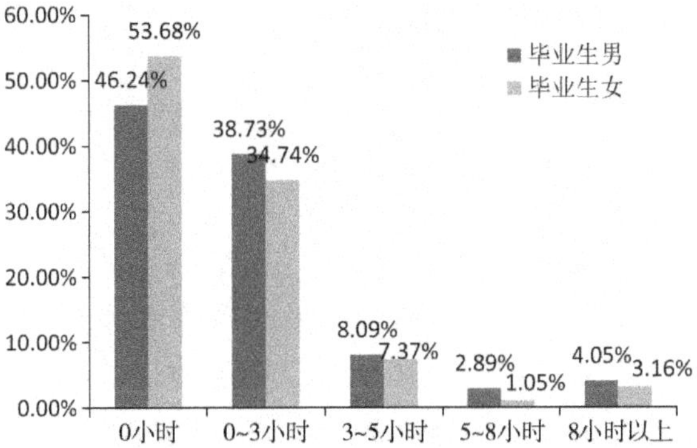

图9-89　大学毕业生每天使用电脑做其他事时长

如图9-90，一半以上的大学在校生每天只用电脑学习、工作、看节目或打游戏，不做其他事，只有少部分学生用电脑做其他事。21.90%的女生和18.38%的男生每天用电脑做其他事少于2小时，16.00%的女生和14.05%的男生每天用电脑做其他事2~5小时，还有少部分男生和女生每天用电脑做其他事5小时以上。

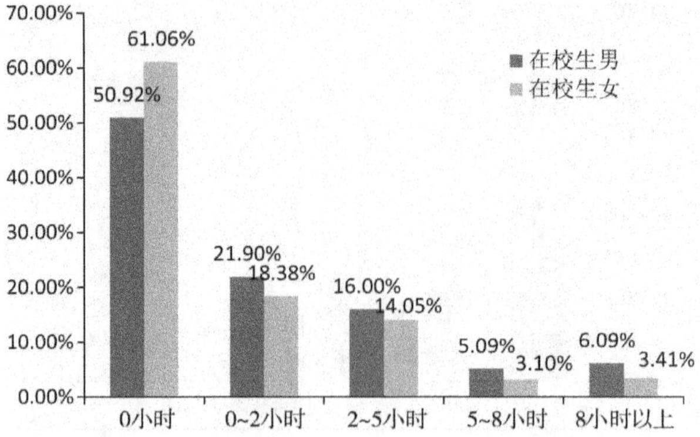

图 9-90　大学在校生每天使用电脑做其他事时长

9.4.2　起床时间

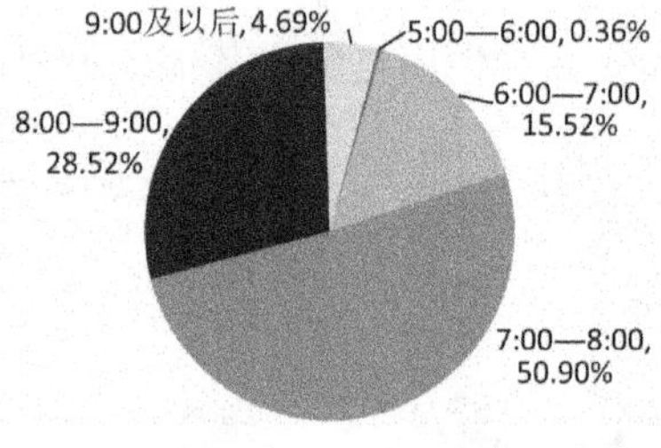

图 9-91　大学毕业生工作日起床时间

如图9-91，毕业生工作日起床时间较集中，普遍集中于6∶00—9∶00。一半的人在7∶00—8∶00之间起床，还有28.52%的人在8∶00—9∶00之间起床，15.52%的人在6∶00—7∶00之间起床，极少数人起得很早或很晚。

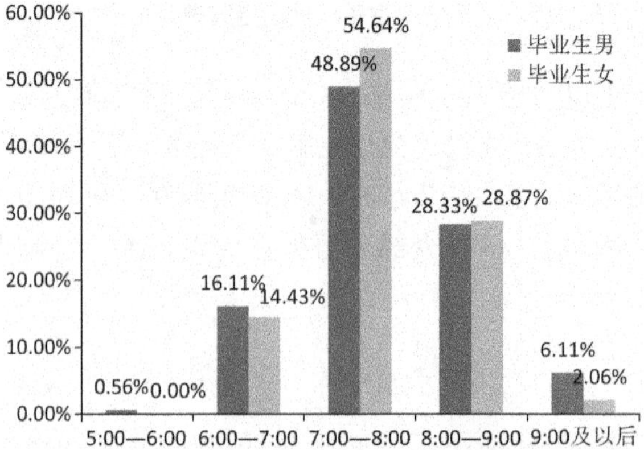

图 9-92　大学毕业生工作日起床时间

如图 9-92，不论男女，毕业生在工作日起床时间的差异不大，多集中于7：00—8：00。9：00 以后起床的男生比例多于女生，男生为 6.11%，女生为 2.06%。

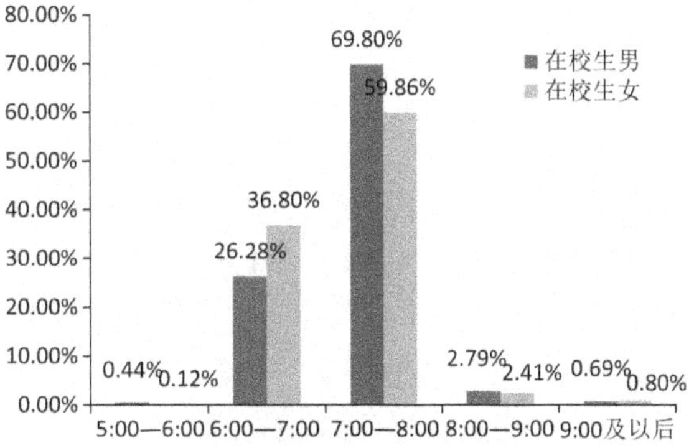

图 9-93　大学毕业生工作日起床时间

如图 9-93，在校男女生起床时间都集中于6：00—8：00，总体上男女起床时间的差异不是很大。6：00—7：00 起床的男生比例为 26.28%，少于女生的 36.80%。起床时间在 7：00—8：00 的男生比例为 69.80%，多于女生的 59.86%，因为早上第一节课的上课时间是 8：00。上述结果表明，女生相对于男生来说更倾向于早起。在校的女大学生往往比男大学生更注重自己的外在形象，起床较早可能是因为早上给自己护肤、化妆，所花费的整理自己形象的时间普遍比男生更长。

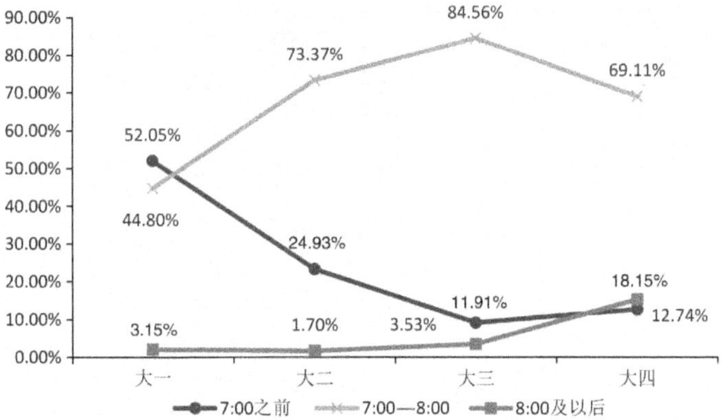

图 9-94　不同年级在校生工作日起床时间

如图 9-94，不同年级的在校生工作日起床时间存在着较明显的差异。可以看出，低年级学生起得比较早，高年级学生则起得较晚，这与各年级的课程安排和学业紧张程度有关。

如图9-95，在休息日，毕业生的起床时间较分散，也偏晚。在7:30之前起床的人占极少数，23.99%的毕业生在7:30—8:30之间起床，36.90%的人在8:30—9:30之间起床，23.99%的人在9:30—10:30之间起床，还有8.12%的人起床时间晚于10:30。

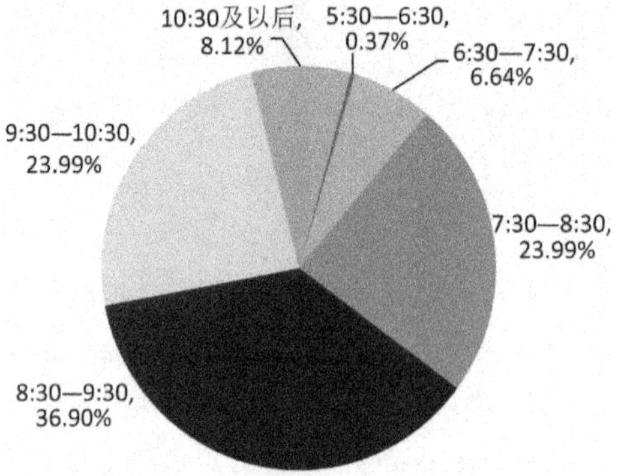

图9-95　毕业生休息日起床时间

如图9-96，在休息日，女生较男生更偏爱睡懒觉。38.54%的女生在8:30—9:30之间起床，男生为36.00%，27.08%的女生在9:30—10:30之间起床，而男生为22.29%。起床时间早于8:30的男生比例高于女生。

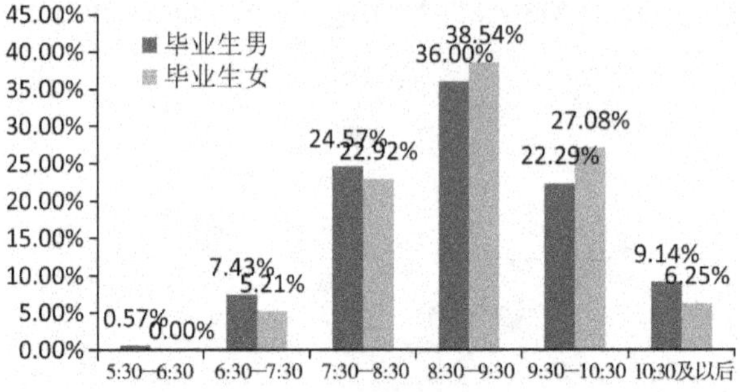

图9-96　毕业生休息日起床时间

如图9-97，在休息日，在校生的起床时间同样较分散，也偏晚。不论男女，休息日的起床时间都基本集中在7:30—10:30，性别差异不明显。其中，34.59%的女生和37.25%的男生在8:30—9:30之间起床，这个时间段也成了两个群体中占比最大的选项。

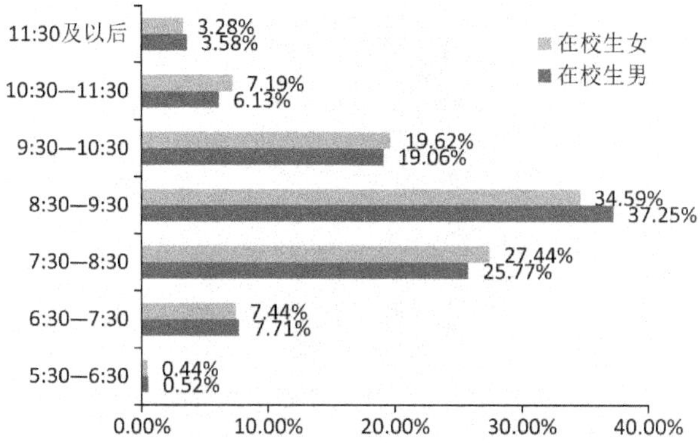

图 9-97　在校生休息日起床时间

如图 9-98，不同年级在校生在休息日的起床时间并没有太大差异，而且都明显比工作日偏晚。看来，周末睡懒觉的爱好是不分年级的。

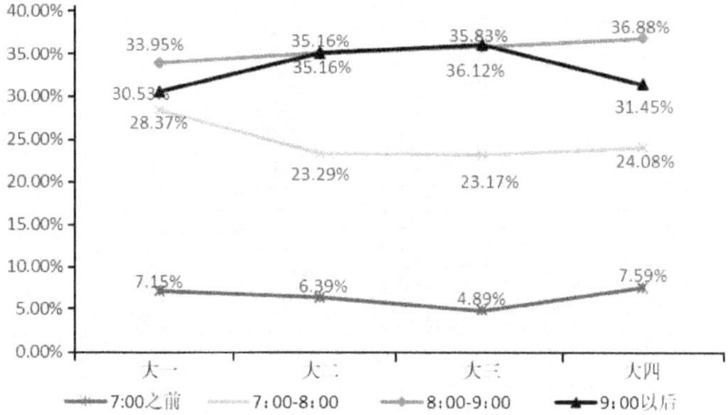

图 9-98　不同年级在校生休息日起床时间

9.4.3　早餐时间

如图 9-99，毕业生工作日早餐时间集中于 7:00—9:00，其中有 44.73% 的毕业生在 8:00—9:00 之间吃早餐，32.36% 的毕业生在 7:00—8:00 之间吃早餐。除此之外，有 19.64% 的毕业生早餐时间在 9:00 以后，还有 3.27% 的毕业生早餐时间在6:00—7:00 之间。

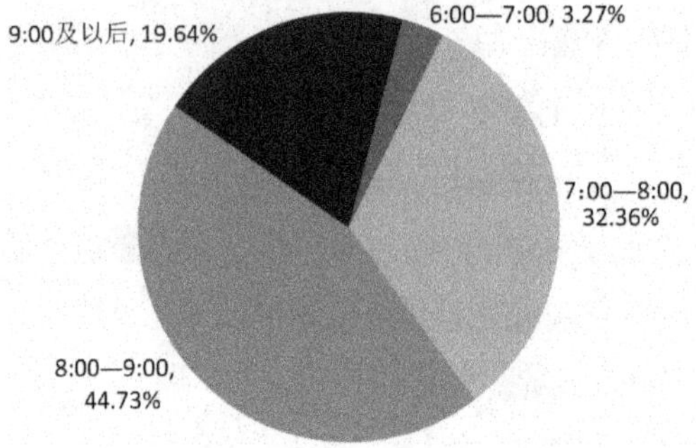

图 9-99　毕业生工作日早餐时间

如图 9-100，在工作日，女生的早餐时间晚于男生。5.06% 的男生在 6:00—7:00之间吃早餐，但女生的早餐时间都晚于 7:00。早餐时间在 8:00—9:00 之间的男生占 43.26%，女生占 47.42%；早餐时间在 9:00 以后的男生有 19.10%，女生有 20.62%。

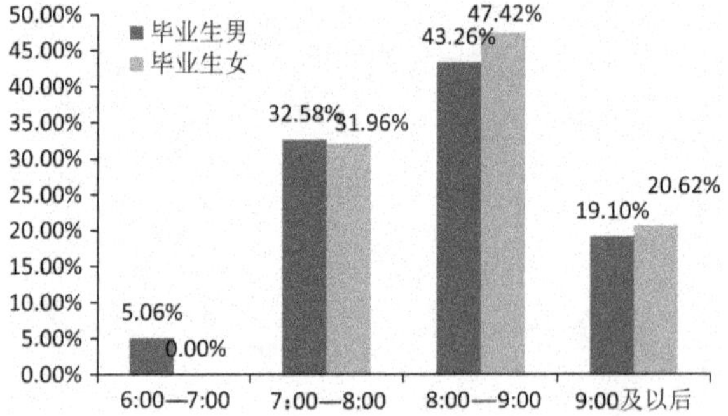

图 9-100　大学毕业生工作日早餐时间

如图 9-101，在校生基本在 6:30—8:30 这个时间段吃早餐，其中在 6:30—7:30之间的占比 34.81%，在 7:30—8:30 之间的占比 60.24%。还有 0.49% 的在校生不吃早餐。

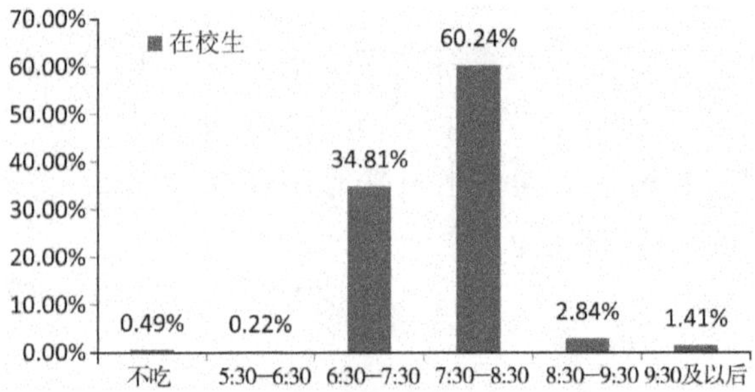

图 9-101　大学在校生工作日早餐时间

如图 9-102，在校生中，不论男生还是女生，早餐时间都基本集中在 6∶30—8∶30，没有明显的性别差异。

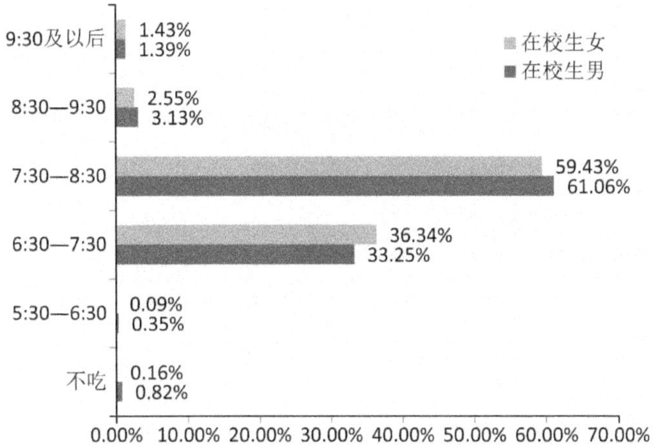

图 9-102　大学在校生工作日早餐时间

如图 9-103，毕业生在休息日的早餐时间较分散。不论男女，休息日的早餐时间都偏晚，且女生的早餐时间较男生更晚。早餐时间在 9∶30 以后的女生比例高于男生，在 9∶30 之前的男生比例高于女生。

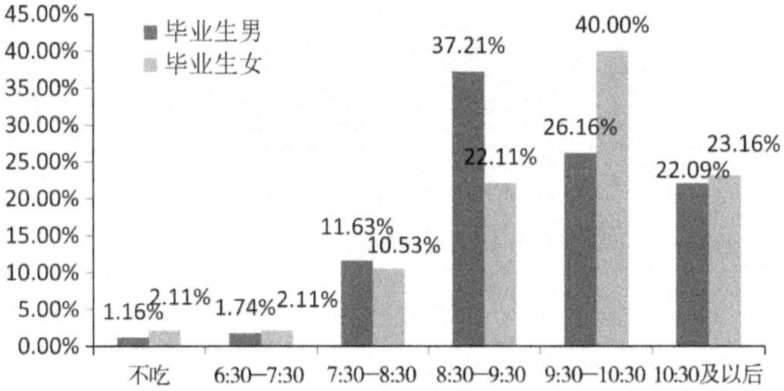

图 9-103　大学毕业生休息日早餐时间

如图 9-104，在校生休息日的早餐时间分散，多集中于 8∶00—11∶00，特别是在 9∶00—10∶00 之间吃早餐的人数最多，且性别差异不明显。1.32% 的女生和 2.21% 的男生在休息日不吃早餐。

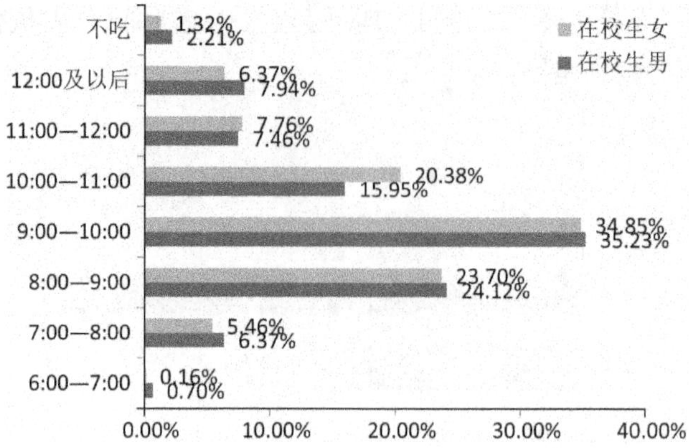

图 9-104　大学在校生休息日早餐时间

9.4.4　午餐时间

如图 9-105，毕业生工作日的午餐时间很集中，全部在 11∶00—14∶00 之间。其中：35.29% 的毕业生午餐时间为 11∶00—12∶00，61.03% 的毕业生午餐时间为 12∶00—13∶00，3.68% 的毕业生午餐时间为 13∶00—14∶00。

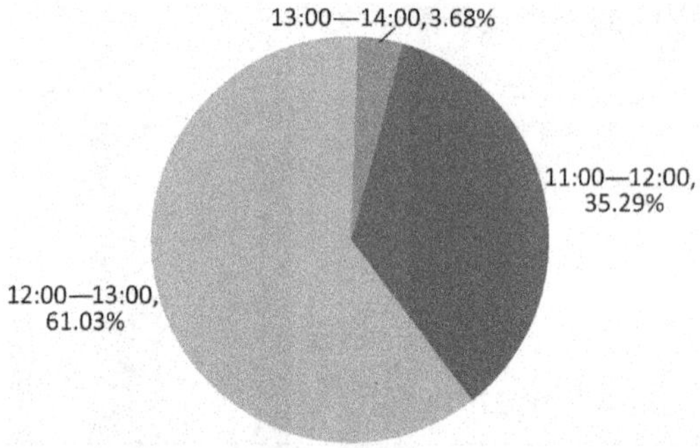

图 9-105　大学毕业生工作日午餐时间

如图 9-106，女生的午餐时间晚于男生的午餐时间。39.77% 的男生在 11∶00—12∶00 之间吃午餐，女生为 27.08%；57.39% 的男生在 12∶00—13∶00 之间吃午餐，女生为 67.71%；仅有 2.84% 的男生午餐时间晚于 13∶00，而女生为 5.21%。

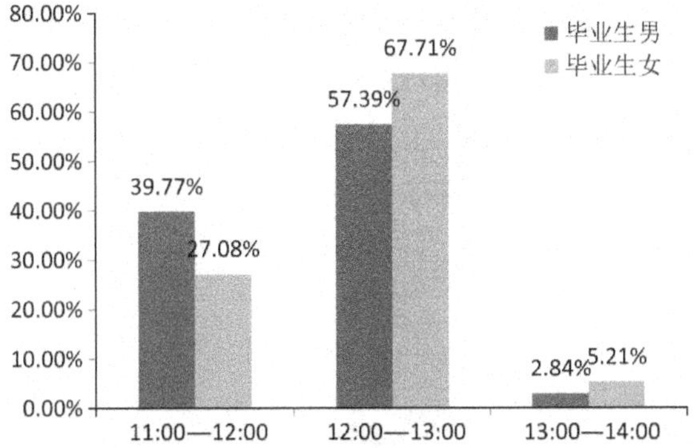

图 9-106　大学毕业生工作日午餐时间

如图 9-107，92.64% 的在校生午餐时间在 11：30—12：30，只有少部分人在其他时间段吃饭，这与学校的时间安排基本一致。

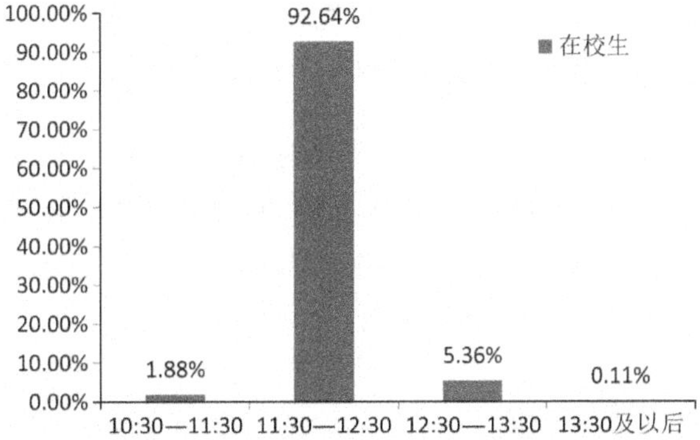

图 9-107　大学在校生工作日午餐时间

如图 9-108，不论男女，在校生午餐时间都集中在 11:30—12:30，且男女比例相差不大。在校生工作日的午餐时间没有明显的性别差异。

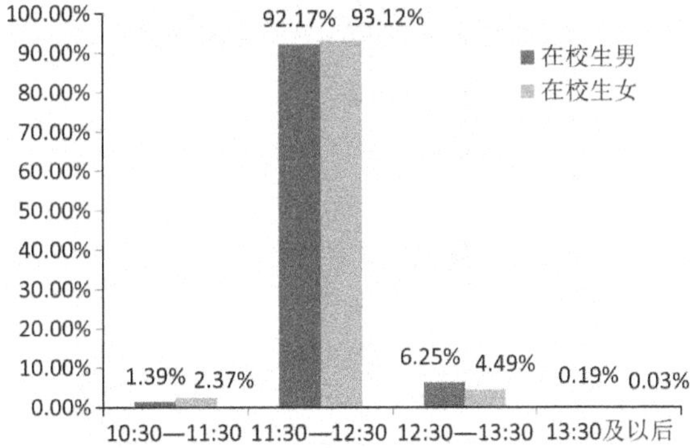

图 9-108　大学在校生工作日午餐时间

如图 9-109，过半的毕业生休息日的午餐时间在 12:00—13:00 之间，女生在休息日的午餐时间晚于男生在休息日的午餐时间。午餐时间在 13:00 之前的男生比例多于女生，在 13:00 之后的男生比例少于女生。

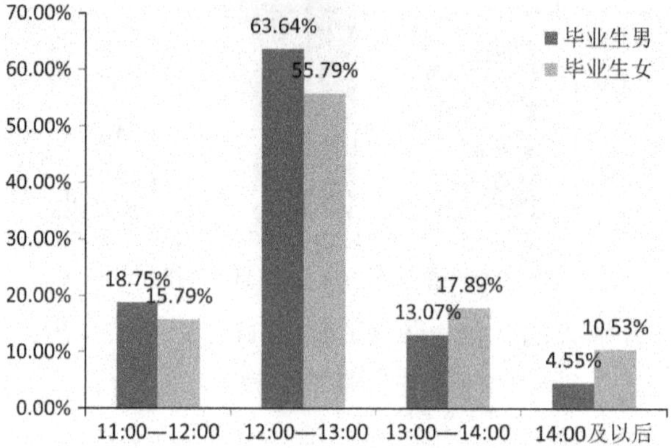

图 9-109　大学毕业生休息日午餐时间

如图 9-110，在校生中，不论男女，休息日的午餐时间都基本在 11:00—14:00之间，其中，63.66% 的女生和 69.47% 的男生在 12:00—13:00 之间吃午餐，都是各自群体中最大的占比区间。男女群体中不吃午餐的比例都是一样的，为 0.03%。

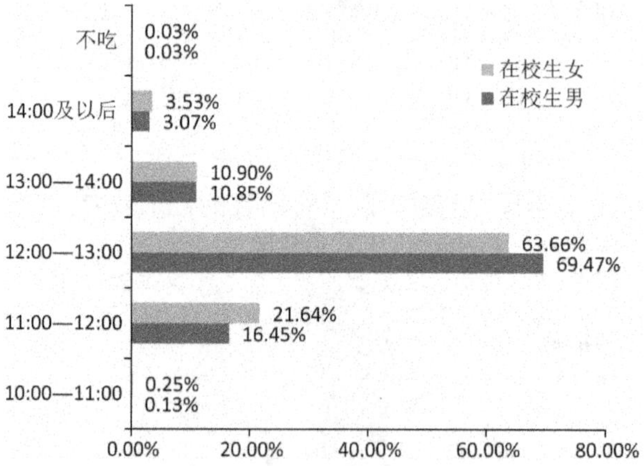

图 9-110　大学在校生休息日午餐时间

9.4.5 午睡时间

如图9-111，在工作日，4.92%的毕业生没有午睡习惯，71.21%的毕业生午睡时间在12:30—13:30之间，还有15.15%的毕业生午睡时间在11:30—12:30之间，少数人的午睡时间在13:30之后。

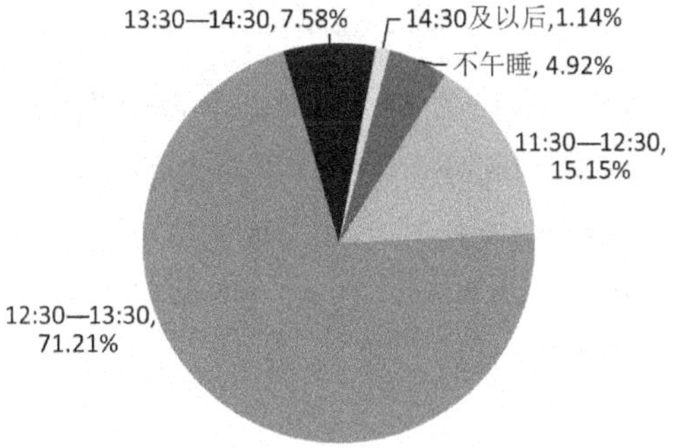

图9-111 大学毕业生工作日午睡时间

如图9-112，女生的午睡习惯和男生相比没有太大的差异。4.73%的男生不午睡，女生为5.26%。大部分男女毕业生的午睡时间都在12:30—13:30之间，男生在11:30—12:30区间睡午觉的比例高于女生，女生在13:30—14:30区间睡午觉的比例高于男生。

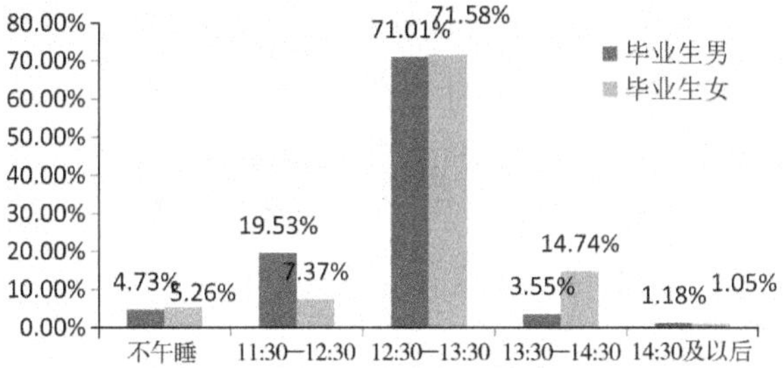

图9-112 大学毕业生工作日午睡时间

如图9-113，1.73%的在校生没有午睡习惯，24.27%的学生在12:00—13:00之间进行午睡，71.03%的学生午睡时间在13:00—14:00。可见，在校生工作日的午睡时间基本集中在12:00—14:00。

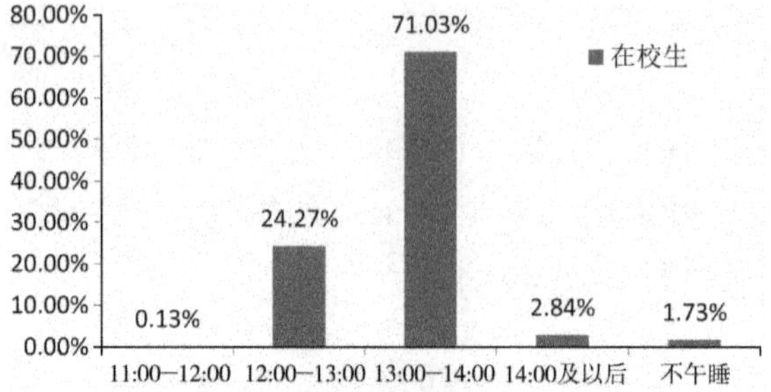

图 9-113　大学在校生工作日午睡时间

如图 9-114，男生的午睡时间较女生早。28.59% 的男生在 12:00—13:00 之间午睡，多于女生的 20.02%；66.66% 的男生在 13:00—14:00 午睡，少于女生的 75.34%。不论男女，午睡时间都集中于 12:00—14:00。1.69% 的女生和 1.78% 的男生不午睡。

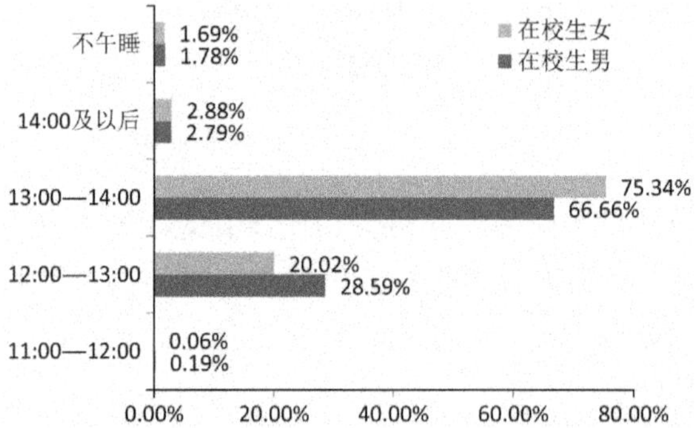

图 9-114　大学在校生工作日午睡时间

如图 9-115，超过一半的男性毕业生在 12:30—13:30 进行午睡，女生的占比为 39.78%。女生在休息日的午睡时间晚于男生在休息日的午睡时间。午睡时间在13:30之前的男生比例高于女生，在 13:30 之后的女生比例高于男生。还有 6.79% 的男生和 6.45% 的女生不午睡。

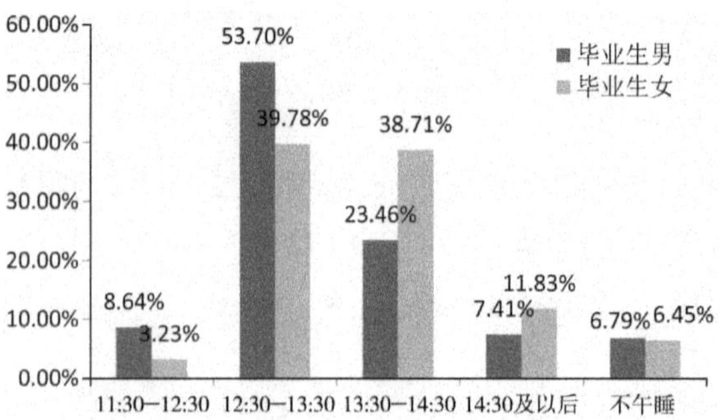

图 9-115　大学毕业生休息日午睡时间

如图 9-116，在校生中不论男女，休息日午睡时间基本集中在 13∶00—15∶00。其中：50.81% 的女生和 54.97% 的男生午睡时间在 13∶00—14∶00 之间，28.84% 的女生和 22.42% 的男生午睡时间在 14∶00—15∶00 之间，3.61% 的女生和 3.26% 的男生在休息日不午睡。性别差异不明显。

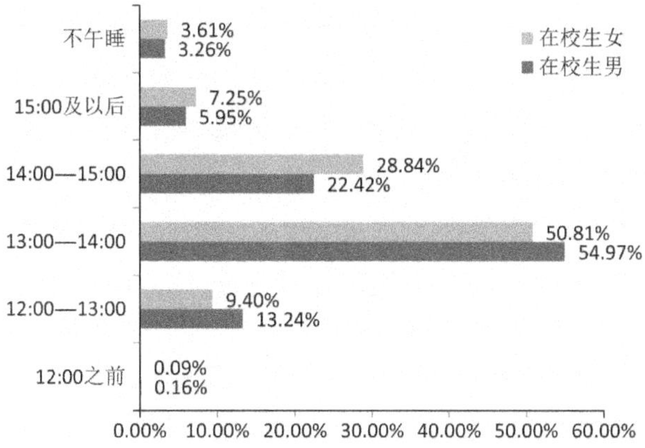

图 9-116　大学在校生休息日午睡时间

9.4.6　晚餐时间

如图 9-117，毕业生在工作日的晚餐时间几乎集中在 17∶00 之后，35.19% 的毕业生在 17∶00—18∶00 之间吃晚餐，44.44% 的毕业生在 18∶00—19∶00 之间吃晚餐，19.63% 的毕业生在 19∶00—20∶00 之间吃晚餐。

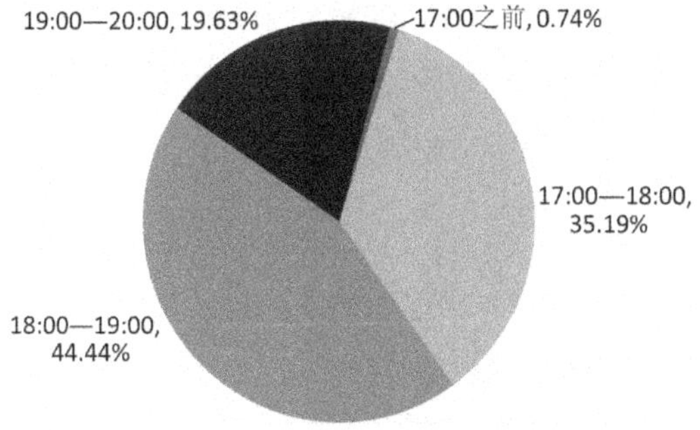

图 9-117　大学毕业生工作日晚餐时间

如图 9-118，大学毕业生中，女生的晚餐时间晚于男生。晚餐时间在 18∶00 以前的男生比例高于女生，晚餐时间在 18∶00 以后的女生比例高于男生。

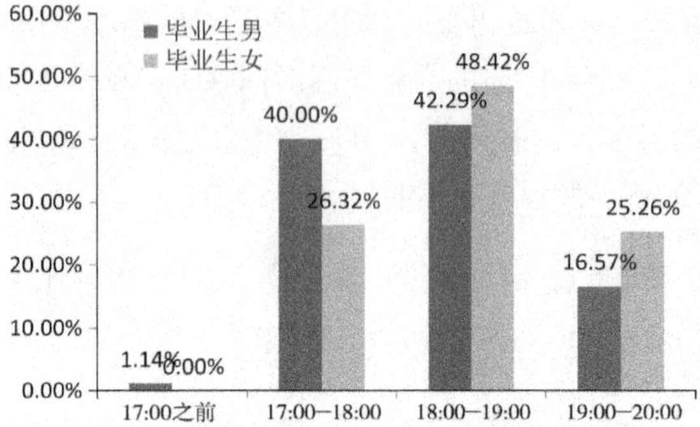

图 9-118　大学毕业生工作日晚餐时间

如图 9-119，35.07%的在校生在 17:00—18:00 这个时间段吃晚餐，60.89%的在校生在 18:00—19:00 这个时间段吃晚餐，只有少部分人在其他时间吃晚餐。还有 0.09%的人不吃晚餐。

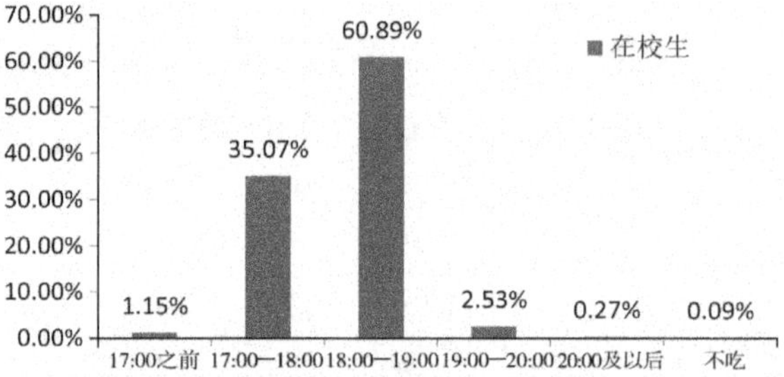

图 9-119　大学在校生工作日晚餐时间

如图 9-120，毕业生中，男女生在晚餐时间上没有太大的差异。59.59%的女生在 18:00—19:00 这个时间段吃晚餐，男生为 62.21%，男生比例略高；36.63%的女生在 17:00—18:00 这个时间段吃晚餐，男生为 33.49%，女生比例略高。男女生中都有 0.09%的人不吃晚餐。

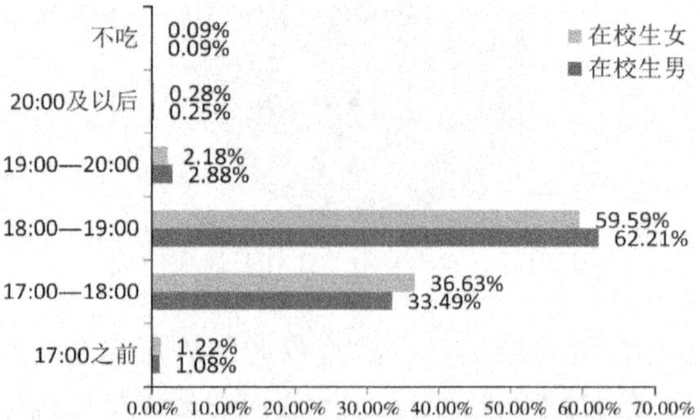

图 9-120　大学在校生工作日晚餐时间

如图9-121，一半左右的毕业生休息日在18:00—19:00之间吃晚餐，女生的晚餐时间略晚于男生，但差别并不大。晚餐时间在18:00—19:00之间的男生比例为54.86%，多于女生的46.32%；晚餐时间在19:00—20:00的男生比例为18.29%，少于女生的25.26%。

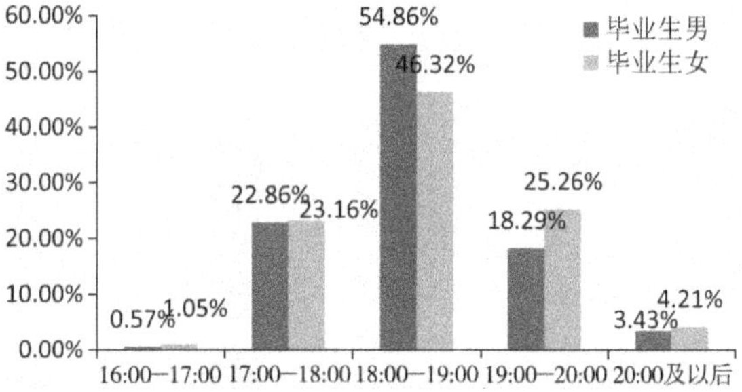

图9-121　大学毕业生休息日晚餐时间

如图9-122，在校生休息日的晚餐时间大都在17:00—20:00之间，其中有54.79%的女生和57.26%的男生晚餐时间在18:00—19:00之间，为最大的占比区间。0.25%的女生和0.06%的男生在休息日不吃晚餐。不管哪一方面，男女性别差异不明显。

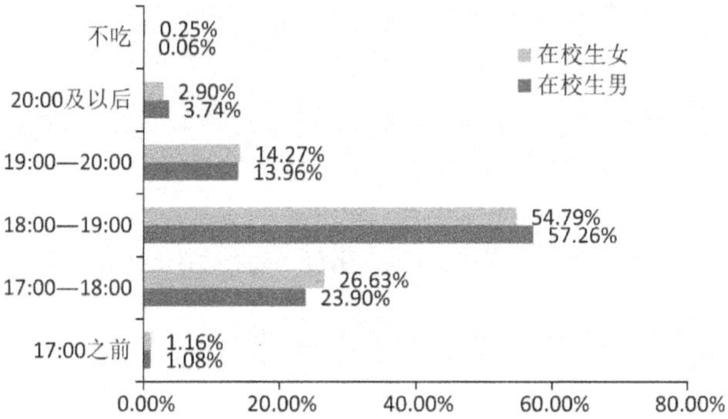

图9-122　大学在校生休息日晚餐时间

9.4.7　睡觉时间

如图9-123，大部分毕业生都是在23:00以后睡觉的。其中，52.54%的男生和43.30%的女生在23:00—24:00之间睡觉，37.85%的男生和38.14%的女生在凌晨以后睡觉。现代人的生活中，晚睡在城市里是普遍现象。很多人习惯在睡前刷刷手机、看微博和朋友圈或是敷面膜等，不知不觉就到了凌晨以后，特别是形成习惯之后，不这么做都睡不着，这就是“晚睡拖延症”。有研究表明，晚睡拖延症在心理学上是“拖延症”的一种，形成原因有两种：一是对白天生活的抗议，二是对睡眠的认识形成了习惯性误区。应对策略有睡前整理好工作、养成良好的睡眠习惯、创造良好的睡眠环境等。

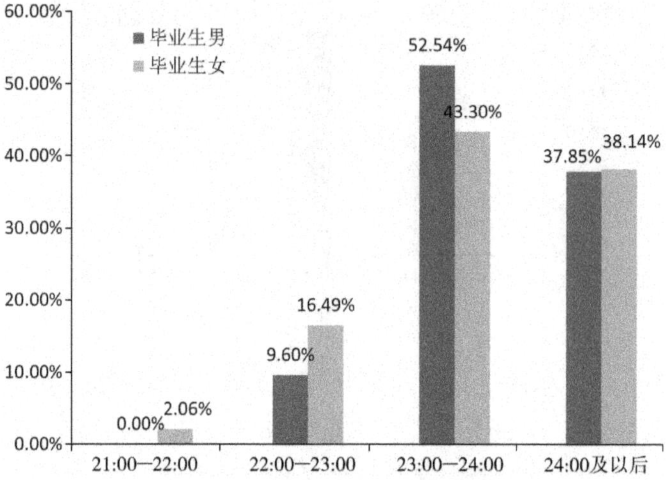

图 9-123　大学毕业生工作日睡觉时间

如图 9-124，大部分在校学生都在 23∶00 以后睡觉，过半的学生在 24∶00 以后才睡觉。不论男生还是女生，睡觉时间基本都在 23∶00 以后，但女生睡觉时间略早于男生。在 23∶00—24∶00 睡觉的女生有 45. 77%，男生有 40. 12%；在24∶00 及以后睡觉的，女生有 49. 58%，男生有 54. 57%。

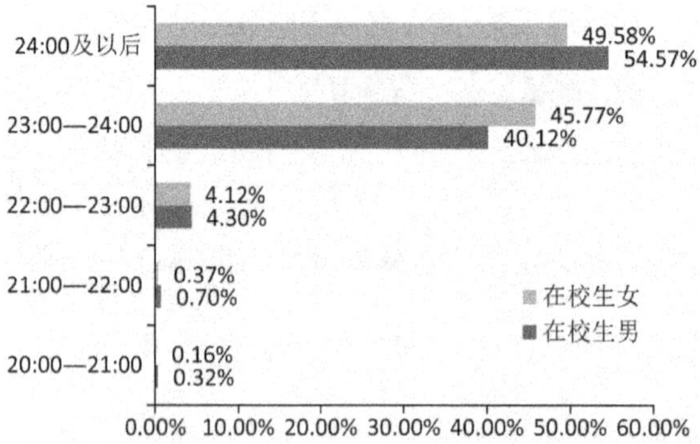

图 9-124　大学在校生工作日睡觉时间

如图 9-125，在工作日，无论高年级还是低年级，23∶00 之前睡觉的都是少数，都少于十分之一。但也可以发现，从大二到大四，在 23∶00 之前和 23∶00—

24: 00 睡觉的比例有所上升，在 24: 00 及以后睡觉的比例有所下降，说明总体上工作日里高年级学生比低年级学生早睡。

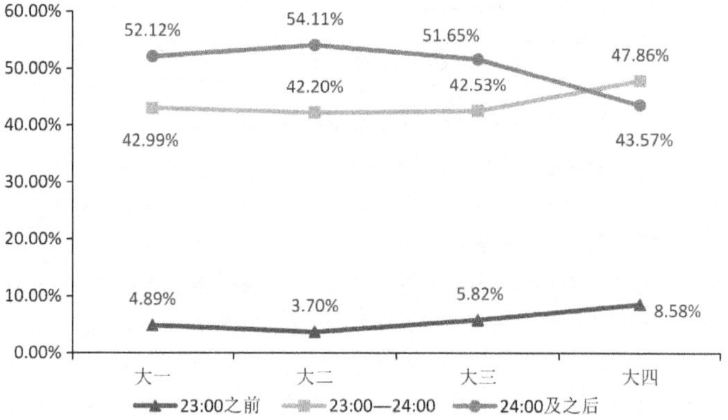

图 9-125　不同年级在校生工作日睡觉时间

如图 9-126，在休息日，毕业男生比女生睡得更晚。24: 00 以后睡觉的男生占比 62. 71%，女生占比 53. 61%，男生比例高于女生。睡觉时间在 23: 00—24: 00之间的女生占比 38. 14%，略高于男生的 29. 94%。

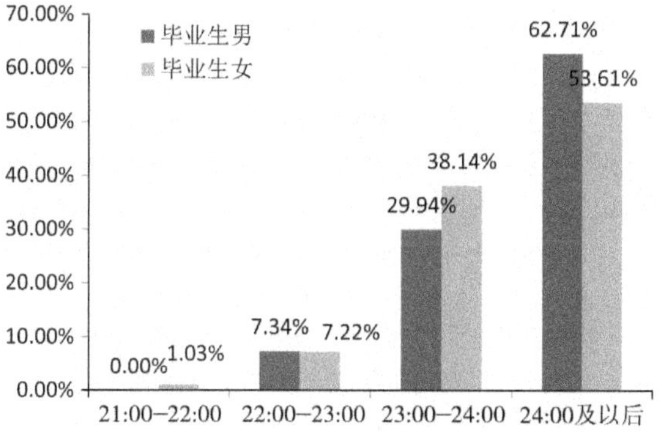

图 9-126　大学毕业生休息日睡觉时间

如图 9-127，在校女生在休息日的睡觉时间略早于男生。31. 33% 的女生和 26. 53% 的男生睡觉时间在 23: 00—24: 00，47. 29% 的女生和 45. 64% 的男生睡觉时间在 24: 00—1: 00 之间，在这两个区间，女生比例都高于男生。男生在次日 1: 00之后睡觉的人数比例高于女生在这个区间的人数比例。

从在校生和毕业生的作息时间来看，工作日都较规律，但休息日都很任性。

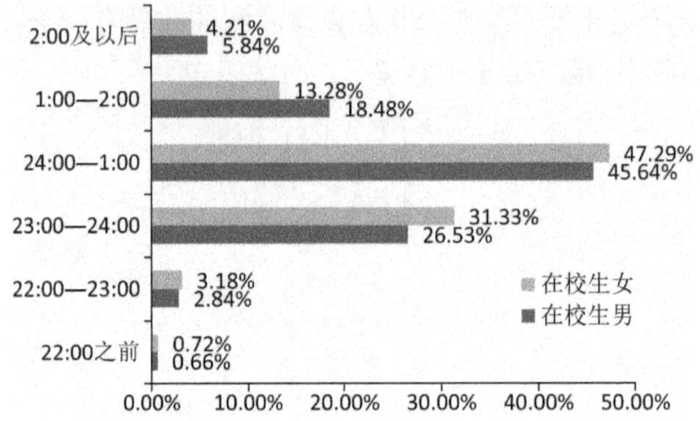

图 9-127　大学在校生休息日睡觉时间

图 9-128 为不同年级在校生在休息日的睡觉时间。可以发现，和工作日相比，不同年级间休息日睡觉时间的差异明显减小，且各年级在休息日晚睡的比例都明显上升。看来，大学生休息日里的休息，并不包括“早点休息睡觉”。

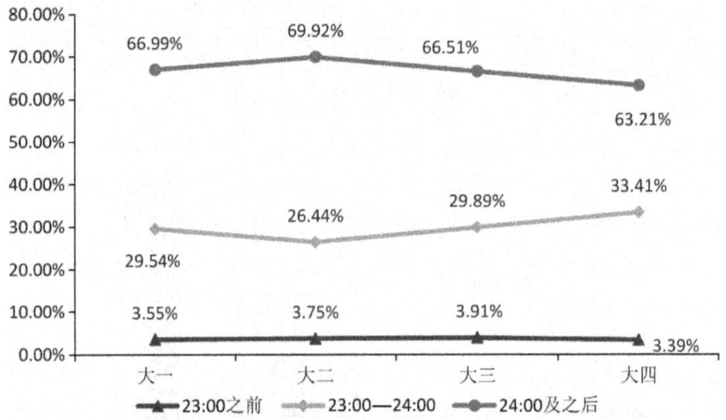

图 9-128　不同年级在校生休息日睡觉时间

9. 4. 8　睡眠时间

如图 9-129，大部分毕业生的睡眠时间在 7 ~ 9 小时之间。34. 79% 的女生和 48. 04% 的男生每天睡眠总时间为 8 ~ 9 小时，38. 04% 的女生和 33. 52% 的男生每天睡眠总时间为 7 ~ 8 小时。数据显示，女生睡眠时间在 9 ~ 10 小时、10 小时及以上的比例多于男生，女生睡觉时间长于男生。

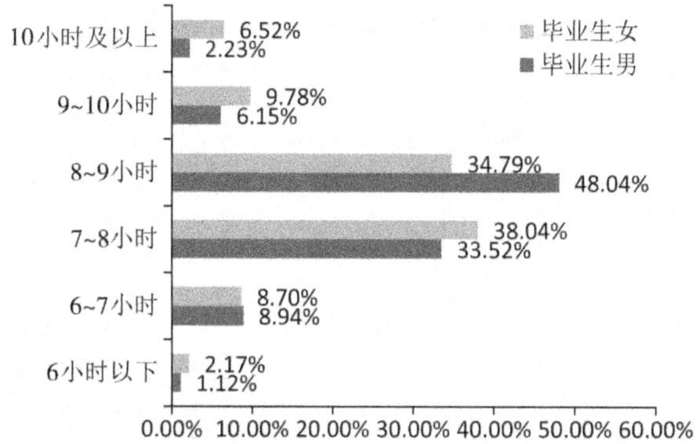

图 9-129　毕业生每天睡觉总时间

如图 9-130，在校生中，52. 37% 的女生和 45. 84% 的男生每天睡眠总时间为 7 ~8 小时，占据各自群体的最大比例。

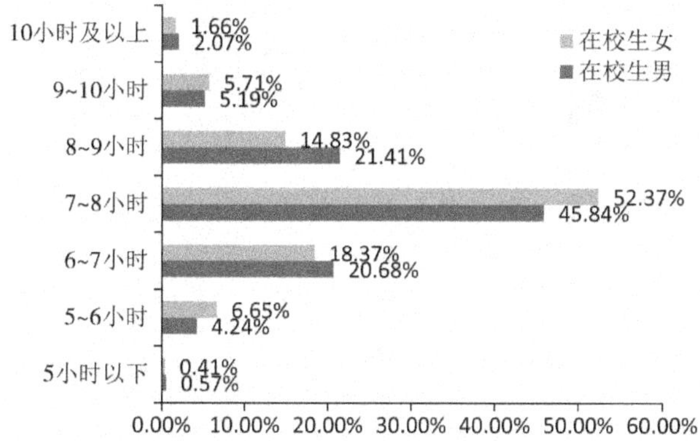

图 9-130　在校生每天睡觉总时间

从图 9-131 可知，毕业生每天睡眠时间均值为 7. 8 小时，且没有性别差异。

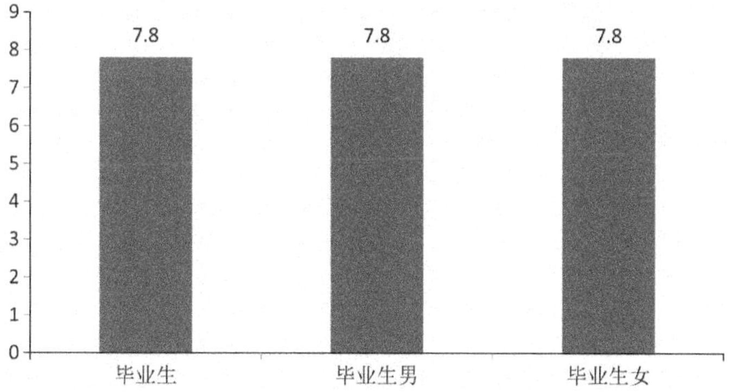

图 9-131　毕业生每天睡觉时间均值（单位：小时）

从图 9-132 可知，在校生中，男生的睡眠时间略多于女生。从年级分类看，大一学生每天睡 7. 09 小时，大二学生每天睡 7. 21 小时，大三学生每天睡 7. 36 小时，大四学生每天睡 7. 62 小时，睡眠时间随年级的增加而增加，即大学生越处于高年级，每天的睡觉时间越长。

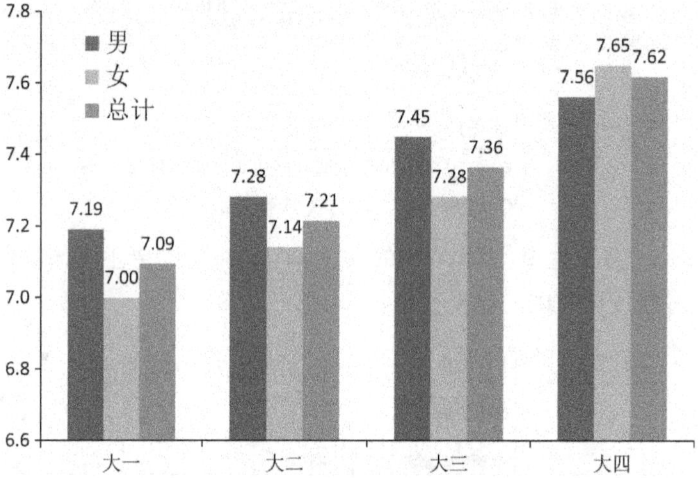

图 9-132　在校生每天睡觉时间均值（单位：小时）

第 10 章　大学生婚恋家庭和社会观简报

婚恋是人生中最重要的事情之一，大学生即将步入社会，他们的婚恋家庭和社会观将会成为未来一段时间内社会主流的婚恋家庭和社会观的重要部分，所以对这部分群体社会婚恋观的调查也尤为重要。

本部分将从大学生的婚恋情况、家庭观和社会观三方面进行分析。其中：婚恋情况涵盖了大学生过往及目前的恋爱情况、婚姻状况和对此的态度；家庭观则折射其对家人的关心情况、对养老问题的看法；社会观还将涉及参与环保、志愿活动等情况。

在对婚恋情况的分析中，我们发现：性别、地区和专业都会影响恋爱情况。虽然主观意愿是大学生恋爱与否的主要因素，但是单身仍旧是大学生的主流状态。在已有恋人的群体中，男性比女性对自己的恋人更满意，并且毕业生对恋人的满意程度高于在校生。对于当代大学生，结婚已经不再是恋爱的主要目的，而选择在校期间同居的为极少数。虽然近几年频频出现社会冷漠等现象，但绝大部分大学生坚信社会成员间仍旧充满信任，并且坚持通过公益志愿活动、环保出行等方式来贡献自己的一份力量。

10.1　婚恋情况

恋爱是美好青春必不可少的一部分，但并不是每个人都能在最美的年纪遇见最对的那个他/她。当我们步入大学校园，会发现有的人有刻骨铭心的恋爱经历，而有的人在自己的恋爱画板上却还未曾提笔。当然，在这全新开放的时代，没有古时父母催促的压力，也没有硬性条件的规定，人们都主张自由恋爱。大部分人都根据自己的主观意愿决定是否恋爱，并且拥有自己的择偶标准。同时，人们与时俱进的婚恋观念也让恋爱变得更加真实与单纯，恋人们在日常相处过程中也更为理性。在经济社会迅猛发展变革的背景下，高校大学生的情爱交往也经历了一个发展变化的过程。大体来说，以 20 世纪 80 年代为分界线，即改革开放以来，这种发展变化愈发明显。在涉及情爱交往的很多方面，当代大学生与 80 年代大学生形成鲜明对比，对恋爱从“羞于谈”到“勇于谈”再到“狠狠爱”。随着时间的推移，这种差异也逐渐体现在不同时期的大学生中，如“80 后”与“90 后”大学生存在的代际差别。当代大学生面对情爱，少了以往的矜持和羞涩，更多地表现出明朗化、开放化的现象。

10. 1. 1　恋爱经历

在开放的大学校园里，部分学生有恋爱经历已经不足为奇。图 10-1 显示，男生的恋爱情况与女生的恋爱情况有所不同，男生中谈过恋爱的人数比未谈过恋爱的人数多，而在女生中则相反。其中男生谈过恋爱的比例为 51. 06%，而女生谈过恋爱的比例只有 46. 12%。当代大学生婚恋观调查组（2012）在调查福建大学生的婚恋观时，发现大学生谈恋爱的动机主要是：丰富生活，排遣寂寞；积累爱情经验，体验美好人生；激发学习热情，相互鼓励；寻找生活伴侣；证明自身魅力与价值以及出于经济目的。这些动机在性别上存在差异，绝大多数的男生是出于前两个目的，而出于其他目的的男女比例差异不大。这与此次的调查结果相符合，大学生群体中，男生比女生恋爱比例更高。

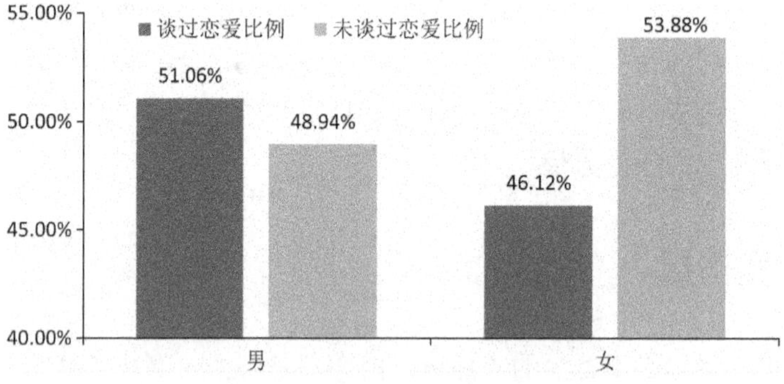

图 10-1　大学生谈过恋爱比例性别差异

如图 10-2 所示，在地区差异方面，来自西部地区的学生恋爱比例高于来自中部和东部地区的学生，比例为 54. 08%，而来自中部和东部学生的恋爱比例差距较小，分别为 46. 32% 和 48. 53%。

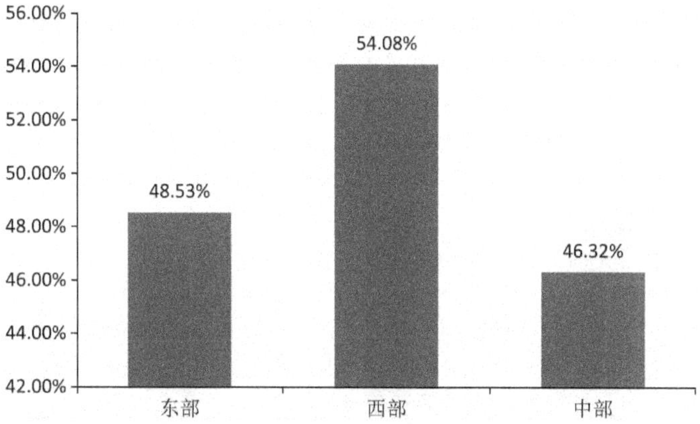

图 10-2　大学生谈过恋爱比例地区差异

如图 10-3 所示，分专业来看，在法学、工学、管理学 、经济学、理学、文学、艺术学这几个子分类里，偏文科的大学生总体恋爱比例显著高于偏理科类学科。其中：恋爱比例最高的是艺术学，占 50. 00% ，最低的是理学，占 45. 85% ，比较令人诧异的是看起来偏文科的经济学类，恋爱比例仅仅为 46. 44% 。

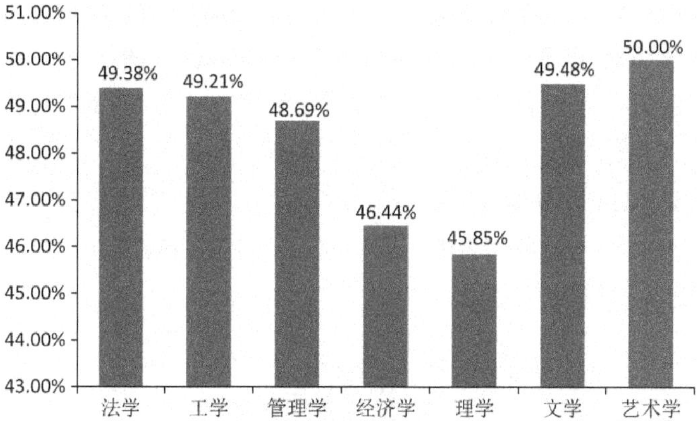

图 10-3　不同专业大学生谈过恋爱的比例

如图 10-4，从总体上看，东部地区谈过恋爱的大学生平均交往个数比西部和中部地区的谈过恋爱的大学生平均交往个数多，来自东部地区的大学生平均交往个数为 1. 93 个，而来自西部和中部的大学生平均交往个数分别为 1. 86 个和 1. 83 个，均未突破 1. 9 个。综合考虑地区和性别，西部的男生是所有样本中平均交往个数最多的，为 2. 02 个，而西部女生却是平均交往个数最少的，为 1. 69 个。由此可以看出，在西部地区，谈过恋爱的学生的交往个数在性别上相对中部和东部地区呈现出较大的差异，西部的男生在恋爱方面似乎比其他地区更为活跃。不论在哪个地区，男生的平均恋爱对象个数均多于女生，这与男多女少的中国宏观性别比例是有出入的，其中的原因不论是男生更为主动还是其他，都值得我们细细考究。

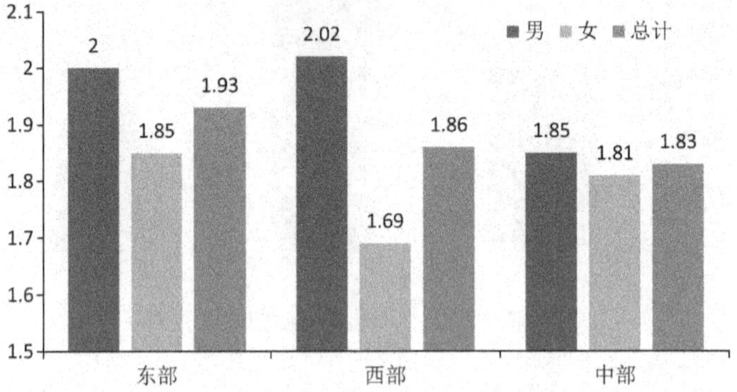

图 10-4　不同地区谈过恋爱的男生与女生平均交往个数

10. 1. 2　影响恋爱与否的因素

随着年龄的增长，心理的逐渐成熟，同学们的恋爱观念开始发生转变。步入大学，部分同学摆脱了父母或老师施与的“严禁早恋”的压力，开始体验人生中最美好的经历之一。也有一部分人依旧徘徊，未去尝试恋爱。其中不恋爱的原因主要集中在“自己主观上不想”，占样本总量的 42. 99%，影响最少的因素是“父母不同意”，只占 3. 30%（参见图 10-5）。可以看出，在这个更加开放的时代，主观意愿是大学生恋爱与否的主要因素，学生更倾向于遵从自己的内心，并且在恋爱观念上，显得更为理智。

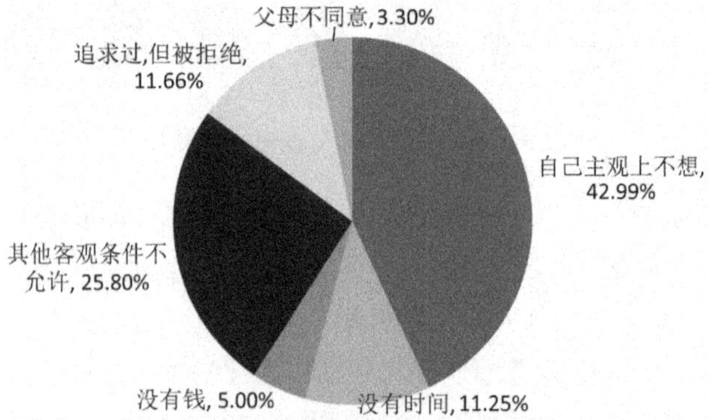

图 10-5　在校生未谈恋爱各原因占比

如图 10-6，在影响毕业生谈恋爱的因素中，主观意愿仍占主导，但是占比只有 38.37%，相比在校生更低。可见，现在的学生在情感方面越来越理智了。对于毕业生，在影响恋爱选择的因素中，没有“父母不同意”的因素。也许，随着家长对教育的重视度的提高，家长更加关心孩子的生活和学习，在他们的人生道路上面临情感问题时，家长会给予一定的意见或建议，甚至在一定程度上进行干预。

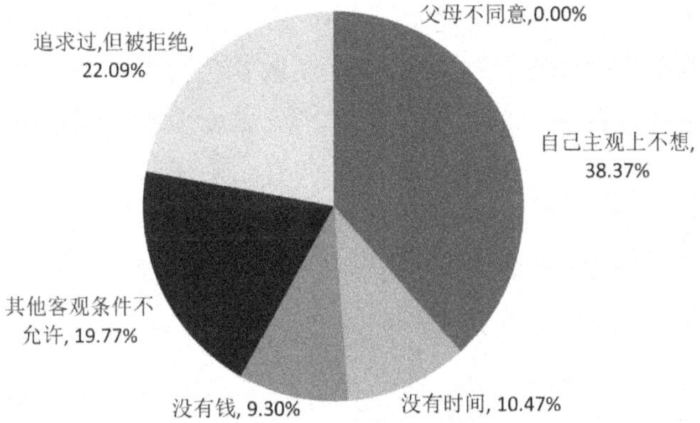

图 10-6　毕业生未谈恋爱各原因占比

10.1.3　择偶观与人物评价

择偶标准指人们的价值观念在选择配偶方面的表现，其核心内容是对理想配偶的评价与选择标准。择偶标准不仅具有鲜明的时代性，而且还受到自身文化素质和道德水平的影响。青少年价值观评测指标体系模拟研究课题组（2011）在研究大学生婚恋价值观时提出，社会转型期，作为特定群体的当代大学生，其择偶标准既反映了时代性，又体现了较强的群体特点。改革开放前，择偶标准是社会成员恋爱的出发点和决定因素，彼时大学生的情爱行为受传统价值观教化和影响较深，除了个人知识结构、社会关系网络、世俗习惯外，择偶观还具有较浓的政治色彩，“历史清白、根正苗红”曾经是重要的择偶标准，工农兵曾经是众多青年择偶的首要社会身份选择。改革开放以后，择偶时对人的外貌、身材、性格等内在因素和家庭、经济状况等外在因素的考虑不断增多。大学生的择偶标准随社会转型与时代发展而发展，总体来看，对气质修养好、成熟、幽默、有责任感等的要求呈稳定上升趋势。同时，当代大学生的择偶标准也越来越表现出世俗化、功利化和个性化的特点，“门当户对”被赋予新的时代内涵，车子、房子等社会物质条件也成为大学生在选择恋爱、结婚对象时考虑的因素。

数据表明，与传统拘泥于“门当户对”这一理念有所不同，现代人的择偶观念呈现多元化，如人品、气质、能力、外表、品味等。如图 10-7，对方的人品是大学生在择偶的过程中最看重的方面，其次是能力、气质和外表。有 70. 93% 的男生及 86. 59% 的女生在择偶过程中看重人品。但是男生、女生的择偶观念还是有一定的差异：男生在择偶时比女生更看重对方的气质，有 62. 71% 的男生在择偶过程中看重对方的气质，而只有 31. 00% 的女生会看重对方的气质；而女生在择偶时比男生更看重对方的能力，有 55. 93% 的女生会考虑对方的能力，只有 13. 25% 的男生会考虑对方的能力。此次的调查结果表明，女生主要看重对方的人品和能力。绝大多数女大学生将对方的人品作为首要条件，这与杨淑萍（2013）的调查结果相似。文化和社会规范构成了当代青少年成长的宏观环境，深刻地影响着青少年的价值观。大多数女大学生的择偶标准较理性，坚持人品和能力标准优先，倾向于选择一个比自己优秀的人结婚也说明了当代女大学生在择偶观上仍没摆脱“男强女弱”传统观念的束缚。

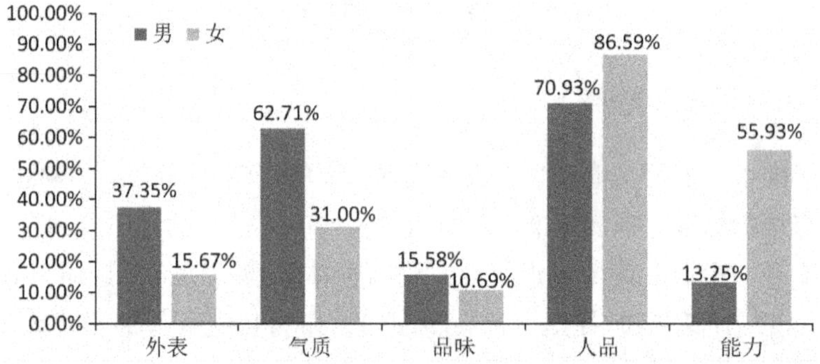

图 10-7　在校生选择恋人关注点

如图 10-8，在自我评价中，不论男性或者女性都对自己的人品给出了较高的分数，其中女生人品的平均得分为 83. 17 分，男生人品的平均得分为 82. 89 分，说明当代大学生的品质较优良，素质较高。而在能力、品味和外表方面，男生的平均得分略高于女生，但是相差不大。在自信度上，男生和女生的平均得分相对差距较大，其中男生的平均自信得分为 72. 31 分，而女生的平均自信得分仅为 67. 60 分。从总体上看，男女生对自己的评价相差不大。

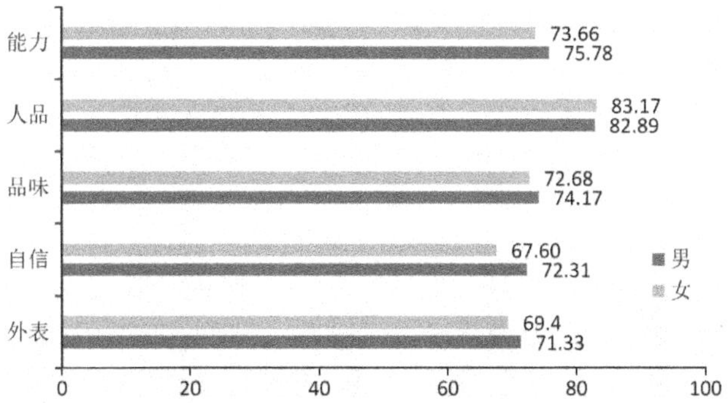

图 10-8　在校生各方面自我评分（单位：分）

如图 10-9，不论在外表、自信、品味、人品还是能力方面，男生对自己恋人的评价均高于女生对自己恋人的评价。男生对自己恋人在各方面的评分都较平均，人品得分最高，为 75. 77 分。而女生对自己恋人的各方面评分有较大差异，人品得分最高，为 64. 01 分，品味得分最低，只有 48. 34 分，这也和舆论主要攻击的所谓“直男品位”较符合。总之，男性比女性对自己的恋人更满意。尽管女生给自己恋人的评分相对更低，但是都比较肯定对方的人品。即使恋人的外貌等自然条件是难以改变的，但是在自信、品味、能力等方面还有较大的提高空间。

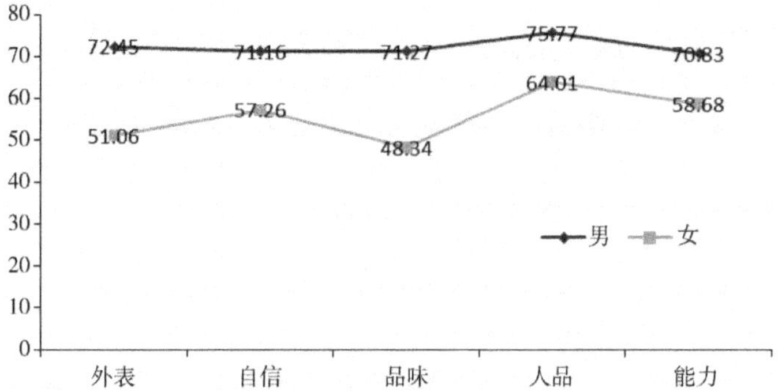

图 10-9　在校生对恋人评分（单位：分）

如图 10-10，对比在校大学生，毕业生对恋人最关注的是人品和气质，并且关注人品和能力的女生比例均高于在校生，其中高达 90. 72% 的女生在择偶时会考虑对方的人品，有 68. 04% 的女生会考虑对方的能力。对于男生，关注对方人品的人数比例也高于在校生，比例为 75. 68%。除此之外，与在校生类似，男生对外表、气质和品味的关注度高于女生。

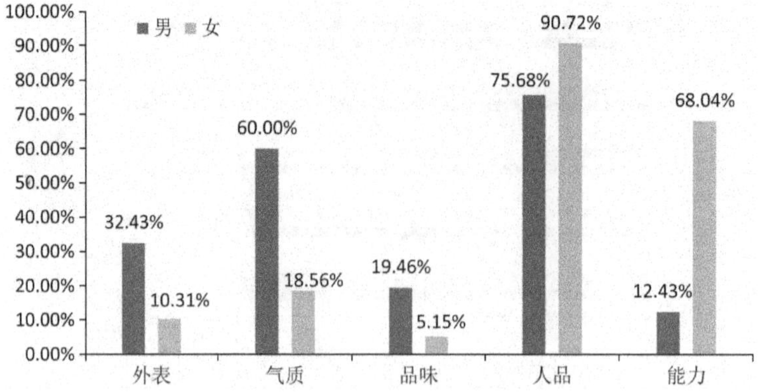

图 10-10　毕业生选择恋人关注点

如图 10-11，从毕业生给自己的打分情况来看，不论男生还是女生，人品仍是每个人各项得分中最高的。在能力、品味和外表方面，男生的平均得分略高于女生，但相差不大。在自信度上，男生和女生的平均得分相对差距较大，男生的平均自信得分为 71. 05 分，而女生的平均自信得分仅为 65. 57 分。从总体上看，男女生对自己的评价相差不大。

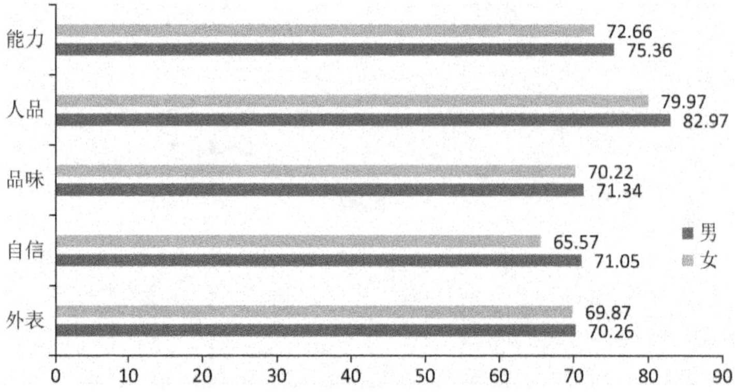

图 10-11　毕业生各方面自我评分（单位：分）

如图 10-12，与在校生相比，毕业生对自己的恋人都给出了更高的评分。男毕业生在外表、自信、品味、人品以及能力方面对自己恋人的平均给分均高于 80 分，且各项打分相对女毕业生更平均，而女毕业生给自己恋人的各方面分值都显著高于在校大学生，尤其是人品的平均分为 89. 33 分，高于男毕业生给自己恋人的平均分 86. 66 分。虽然女毕业生对其恋人的品味评价仍然是最低的，平均分为 68. 48 分，但相对在校生该项的平均分 48. 34 分还是有很大改观的。由此可见，不论是男生还是女生，毕业后在外表、自信、品味、人品以及能力等方面都有所提高，以更加成熟稳重、积极自信的姿态走向就业岗位。

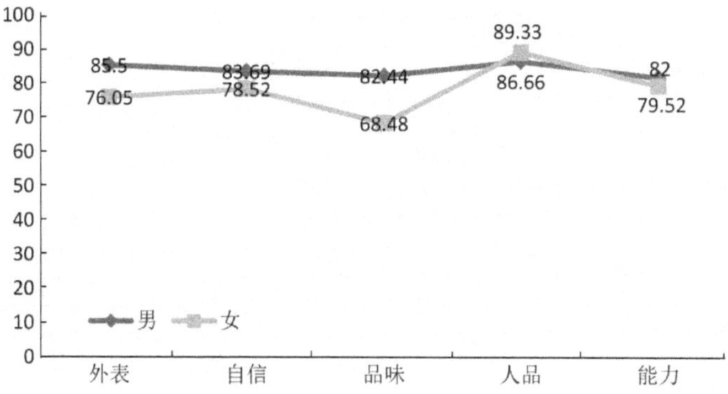

图 10-12 毕业生对恋人评分（单位：分）

10.1.4 目前恋爱情况

大学生小情侣被大众津津乐道，是作为大学生活 Logo 一般的存在，但是调查显示，事实并非如大众所想象的那般，单身仍旧是大学生主流状态。如图 10-13，平均 10 个男生中仅有 2.33 个男生在恋爱，平均 10 个女生中仅有 2.20 个女生享受爱情的甜蜜。

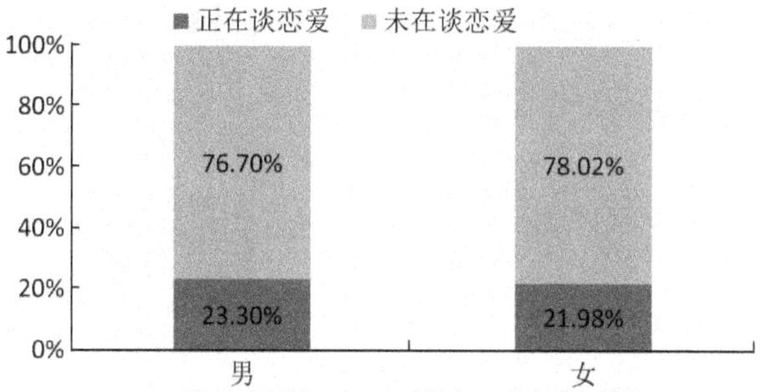

图 10-13 在校生目前恋爱状况性别差异

如图 10-14，按年级划分，大四的大学生是恋爱比例最高的，但也仅仅只有 26.80% 的人正在恋爱中。大四学生由于没有沉重的学业压力，有更多的时间和精力投入到恋爱当中，还有就是随着年龄的增长内心会感到空虚，如果看到周围的同学或者朋友在恋爱，也会刺激大学生投入到恋爱中。恋爱比例最低的是刚入校不久的大一学生，只有 18.24% 的学生正在恋爱。出现这种情况的原因可能是：大一新生刚进入大学校园，对新环境中的人和事都不太了解；另外就是刚从高三紧张的学习氛围中过渡到大学，很多习惯还停留在过去，心里想的可能还是以学习为主。大二和大三正在恋爱人数占比基本持平，分别为 24.23% 和 24.38% 。随着年级的增加，恋爱比例也跟着上升。

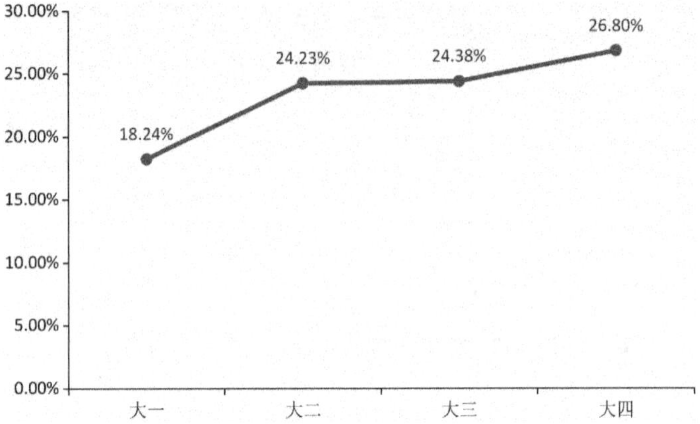

图 10-14　在校生恋爱比例年级差异

如图 10-15，毕业之后，恋爱比例有了明显的提升。男性毕业生的恋爱比例为 42.70%，上升了 19.40%，女性毕业生的恋爱比例为 39.78%，上升了 17.80%。

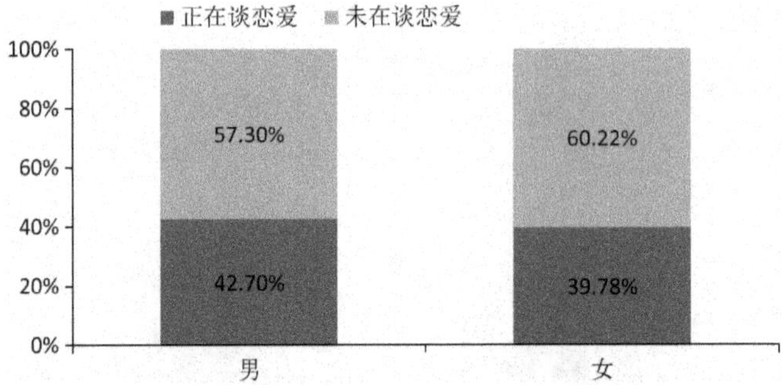

图 10-15　毕业生恋爱状况性别差异

10.1.5　婚恋观

王东（2011）在研究当代大学生的婚恋价值观时，提出当前大学生的婚恋价值取向的主流是积极的、健康的、向上的，符合社会主义倡导的婚恋价值观的主流导向。但整体上看，大学生的婚恋观是一个传统和现代的矛盾体：恋爱动机与行为错位，在择偶标准上自我中心与追求纯洁情感同步，在择偶方式上传统与现代交织，婚恋责任感、忠诚感与性宽容度相冲突。随着年级的增加，大学生们的“爱情理想”日渐变弱、现实性增强。婚恋观中，在性宽容程度上体现出明显的性别差异，并且婚恋观一定程度上受党员、团员等政治组织成员身份的影响。虽然网络上疯传一句话：“不以结婚为目的的恋爱都是耍流氓。”但随着社会逐步开放，传统恋爱观念也在慢慢发生变化，结婚已经不再是大学生恋爱的主要目的。在中国传统观念下，结婚意味着婚前彩礼、房产，婚后还房贷、生育等一系列问题。而当前高房价、高教育支出导致年轻人在婚姻面前望而却步，大城市尤为明显。这些现实中的困难的存在，可能会导致大学生只想通过恋爱来满足生活方面的需求，而不愿意再进一步用结婚给自己的生活带来额外的负担，导致很多大学生谈恋爱不以结婚为目的。另外，离婚父母的子女觉得自己的婚姻以离婚告终的风险更高，因为他们对终身婚姻的规范持有相对较弱的承诺（Amato，2001）。对于这种家庭的大学生来说，他们对自己的婚姻所抱有的期待不高，所以更有可能选择只谈恋爱而不结婚。我们的调查结果中很有可能包含了部分来自单亲家庭的孩子，使得不以结婚为恋爱目的的学生比例增加。有 60. 39% 的学生谈恋爱不以结婚为目的。其中，不以结婚为目的的女生比例略高于男生，有 63. 68% 的女生并不是以结婚为目的去恋爱，有 57. 10% 的男生并不是以结婚为目的去恋爱（参见图 10-16）。杜鹃（2016）研究了新媒体对女大学生婚恋观的影响，发现女大学生的恋爱动机随意化、婚恋观念多元化、婚恋行为开放化、婚恋道德意识薄弱化。

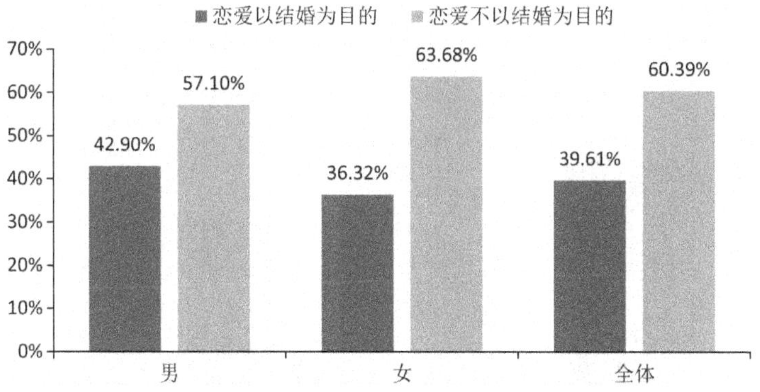

图 10-16　不同性别在校生对婚恋观态度

如图 10-17，来自不同地区大学生的恋爱目的大体相同。其中，来自东部、西部以及中部地区的大学生中，支持不以结婚为目的的恋爱的大学生均多于支持以结婚为目的的恋爱的大学生。来自东部的大学生中，支持不以结婚为目的的恋爱的有 61.26%；来自西部的大学生中，支持不以结婚为目的的恋爱的有 60.47%；来自中部的大学生中，支持不以结婚为目的的恋爱的有 59.69%。从总体上看，大部分大学生的恋爱动机较为单纯，且地区差异不明显。

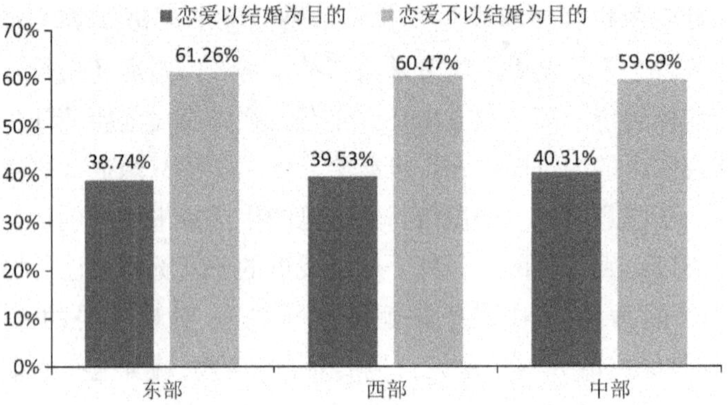

图 10-17　不同地区在校生对婚恋观态度

随着学生时代的结束，面对社会和父母等各方面的压力，部分毕业生的恋爱观发生了变化，以结婚为目的去谈恋爱的人数增多。如图 10-18，57.30% 的男性毕业生认为恋爱应该是以结婚为目的，也有 45.36% 的女性认为恋爱是奔着结婚去的，这相比在校生的数据均有所上升。同时，男性与女性的恋爱观也在一定程度上拉开了差距：对于男性毕业生，支持不以结婚为目的的恋爱只占 42.70%，低于支持以结婚为目的谈恋爱的毕业生；对于女性毕业生，支持不以结婚为目的的恋爱人数占 54.64%，高于支持以结婚为目的谈恋爱的毕业生。

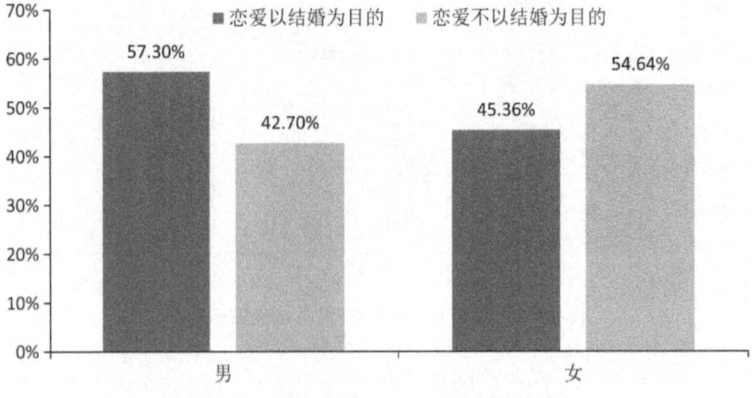

图 10-18　毕业生不同性别对婚恋观态度

与西方发达国家不同，由于文化环境等差异，保守内敛的中国人对于性教育一直都处于朦胧模糊的状态。国内学者张河川（2006）指出："随着社会经济的快速发展和人类青春期的提前及结婚期的延后，未婚青年'性待业期'日益增宽、社会快速转型、知识经济全球化对传统文化和伦理价值观造成猛烈冲击，而现实又缺乏规范科学的性教育及相应性健康服务，非意愿妊娠和性传播疾病在该群体呈快速上升之势，由此所致的艾滋病流行、少年母亲和不受欢迎的新生儿，不仅给青年及其成人期的发展和生殖健康带来难以逆转的损害，还将长期制约人口与社会经济的发展。"

根据我们的调查，此次样本中一共有 418 人（约 7%）拥有性经历，主要集中在 17 ~21 岁之间，18 岁是此次样本中第一次性行为最主要的发生年龄（参见图 10-19）。虽然现在社会关于性的思想比原来更加开放，包容度在增加，但是社会对于男生和女生性行为的看法是有差异的。张河川（2006）在研究男女性认同时，调查发现 56% 的男生认为贞洁对女人十分重要，而认为"男性也应保持性的专一"者仅占抽样男生的 8%，巨大的数据差映射出男生对性及贞洁的双重道德标准。这种思想的存在对有过性行为的女生来说是不太有利的，可能会影响到女大学生以后的配偶选择，有些女生可能会因为这种事情自卑而不敢再去勇敢地追求恋爱或者是向下做选择，这不利于社会整体幸福感的提高，甚至会影响到社会的离婚率。

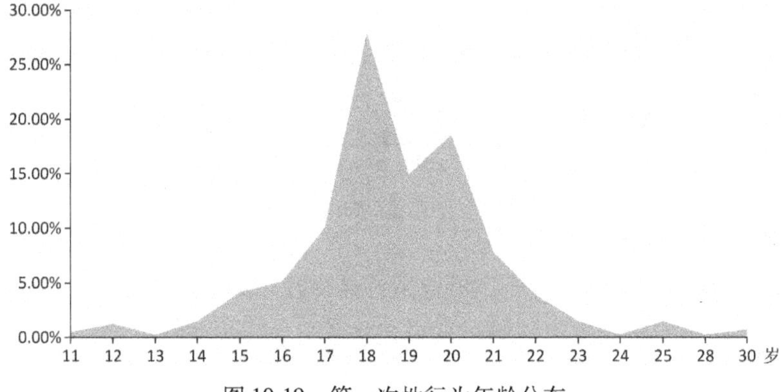

图 10-19　第一次性行为年龄分布

如图 10-20，74. 30% 的学生计划在 5 年之后结婚，9. 77% 的学生不计划结婚，计划 1 年内结婚的仅有 0. 68%。对于年龄较小、阅历不足的在校生来说，"婚姻"仍是个陌生的词语，未来充满了未知，因此，大部分在校生在 5 年之内都没有结婚的打算，晚婚仍是当今社会的主要趋势。

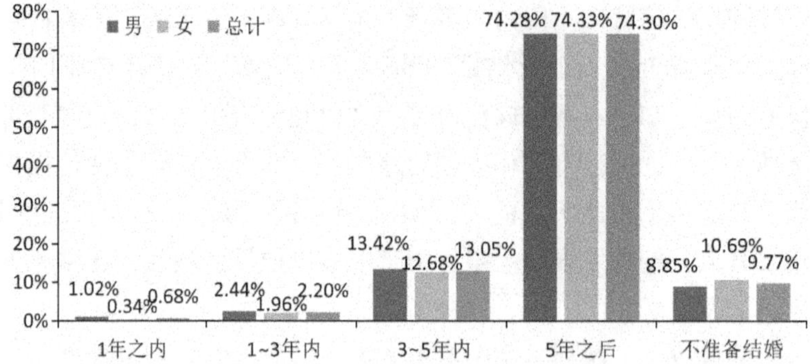

图 10-20　在校生计划结婚时间

毕业生随着阅历增加，思想更加成熟，也更有能力去面对并维系自己的婚姻。如图 10-21，计划 5 年之后结婚的人占了绝大多数，不打算结婚的人也下降到了 9. 57% 。从总体来看，中国人对婚姻依旧保持谨慎的态度，并选择用时间来审视并巩固稳定的婚姻基础。

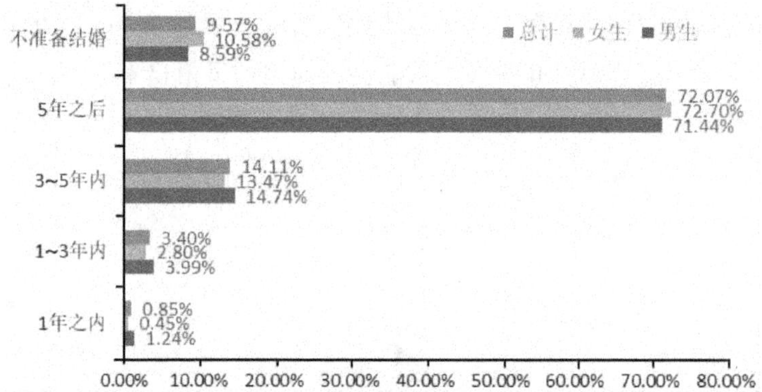

图 10-21　毕业生计划结婚时间

在看待性行为的问题上，多数毕业生都显得较为迷茫。如表 10-1，对于婚前性行为，52. 48% 的毕业生无法给出明确的态度；对于婚外性行为，毕业生的观点较为明确，有 59. 57% 的毕业生坚决反对婚外性行为；对于同性性行为，有 41. 13% 的毕业生无法明确表明对错与否。由此可见，婚外性行为是最不让人接受的。同性性行为的问题也成了当前争论不休的热点话题，有 8. 16% 的毕业生认为同性性行为是完全对的，7. 09% 的毕业生认为有时是对的，突破了传统的两性观念，说明随时代的发展，人们对于同性性行为的观念也在发生改变。

表 10-1　毕业生对待性行为态度

	婚前性行为	婚外性行为	同性性行为
总是不对的	7.09%	59.57%	35.11%
大多数情况下是不对的	13.48%	23.05%	8.51%
说不上对与不对	52.48%	12.06%	41.13%
有时是对的	15.96%	4.26%	7.09%
完全是对的	10.99%	1.06%	8.16%

10.1.6　恋爱中的费用分配

如图 10-22，在校生中，男生与女生在恋爱时的费用承担问题上的观点有所不同。女生倾向于选择 AA 制，而男生则更支持根据双方经济状况进行费用分配。支持 AA 制的女生占 47.56%，而支持 AA 制的男生只占 22.88%；有 45.48% 的男生支持根据双方经济状况分配，但只有 32.97% 的女生支持根据双方经济状况分配。在费用分配问题上，女生更偏向平等分配，而男生则更偏向根据实际情况考虑费用承担方式。从选择男方全部负担的人数比例上看，选择该项的男生有 12.70%，而选择该项的女生只有 2.78%，这也在某种程度上反映出女生在经济上的独立，以及女生的心思较细腻，她们不愿给男友带来过重的经济负担。

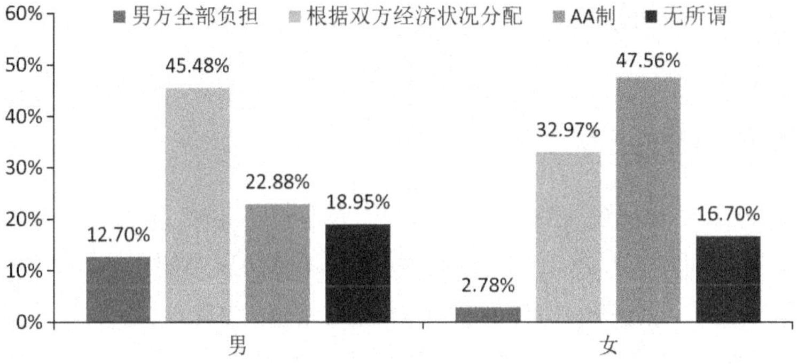

图 10-22　在校生对恋爱共同开销分配看法

根据双方经济状况分配是毕业生恋爱首选的费用分配方式。但与在校生的选择结果不同，选择根据双方经济状况分配的女生多于选择 AA 制的女生。如图 10-23，选择根据双方经济状况分配的女生占 50.52%，而选择 AA 制的女生占比则下降为29.90%。同时，与在校生相比，男生选择根据双方经济状况分配的比例上升至56.76%，男生选择AA制的比例下降至12.97%。毕业后，男性与女性在恋爱费用分配问题上的观点的差距在缩小。

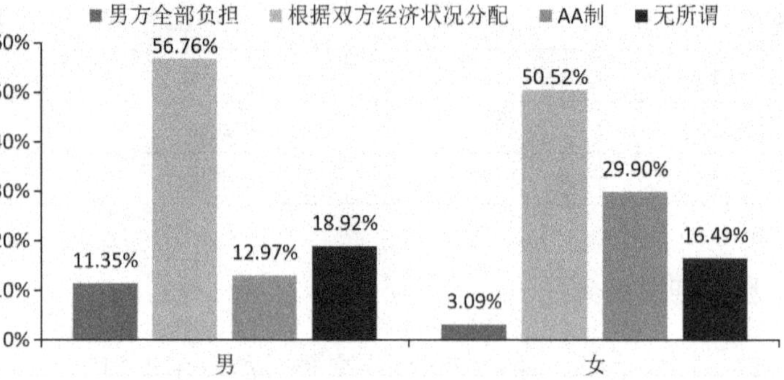

图10-23　毕业生对恋爱共同开销分配看法

10.2　社会观

人作为社会的重要组成部分，不能独立于社会而存在。在社会这个大家庭中，促进公平与正义有利于促进社会和谐，增强人们的幸福感与归属感。社会的发展也离不开人们的共同付出，我们应当发扬助人为乐的精神，少一份自私，多一份真诚，让社会充满爱。同时，在环境问题日益突出的当代，我们更应当承担起保护环境的责任，从身边的小事做起，共同维护我们赖以生存的家园。

10.2.1　社会评价与公益态度

表10-2显示，在“绝大多数人都是可以信任的”这一观点上，有49.37%的在校生表示比较同意，只有3.01%表示非常不同意。这说明了社会虽然日趋复杂和多变，但是人与人之间的信任感并没有因此完全消退，这是十分让人欣慰的。但在“当今的社会是公平的”这一观点上，多数同学表示比较不同意和非常不同意，分别占总体的33.56%和10.4%，而完全同意的只有4.28%，这说明大学生对社会公平的认可度不高，国家应积极采取应对措施，促进社会公平。在“一不小心，别人就会想办法占便宜”这个观点上，比较同意、比较不同意、无所谓同意与否的人数比例基本持平，其中完全同意及比较同意的共占31.31%，比较

不同意及非常不同意的共占 36.08%，无所谓同意与否的占 32.61%。不论是出于防备心理，还是由于自身缺乏安全感，在校生在这个观点上各抒己见，有 4.71% 的人完全同意这个观点，便说明现实生活中确实存在自私自利，以牺牲他人利益来追求自身利益的问题。我们应当伸张正义，弘扬无私奉献的精神，为社会传递更多正能量。

表 10-2　在校生对待社会的态度

	完全同意	比较同意	无所谓同意与否	比较不同意	非常不同意
绝大多数人都是可以信任的	7.79%	49.37%	20.50%	19.33%	3.01%
一不小心，别人就会想办法占便宜	4.71%	26.60%	32.61%	33.03%	3.05%
当今的社会是公平的	4.28%	27.18%	24.57%	33.56%	10.40%

公益是相对于一个人之私利、私益而言，是社会公众追求公共利益的活动和对共同善的向往，是公益主体以非政府的形式进行的，具有非营利性、非强制性、救助性和社会性的一切公益活动，是社会公益的一种良性反馈、积极作为和达成。朱正平（2015）认为公益精神并不是与生俱来的，它是在与他人的交往中逐渐形成的价值追求和精神品质。从公益精神的概念中，可以看出利他的价值观是公益精神的核心，但也没有否定利己的可能。有学者认为彻底的利他主义公益行动是一种崇高的无私奉献，只存在于社会经济生活中的少数人中，大部分的公益利他行动中带有某种个体"有私奉献"的利益追求，包括奉献之后个体内心的愉悦感、荣誉感和精神价值的实现，以及某种社会责任的实现而强调的"互惠"物质回报，这可以统归为一种"互惠利他主义"的公益行动（钟明华 等，2009）。在公益活动方面，样本调查结果显示，综合考虑主观意愿和客观因素等，在校生近半年参加公益活动的次数主要集中在 1～3 次。如图 10-24，62% 的大学生近半年参加了 1～3 次公益或志愿者活动，只有 17% 的大学生在近半年没有参加公益或志愿者活动。这说明在校大学生的公益热情较高，服务与奉献意识较强。

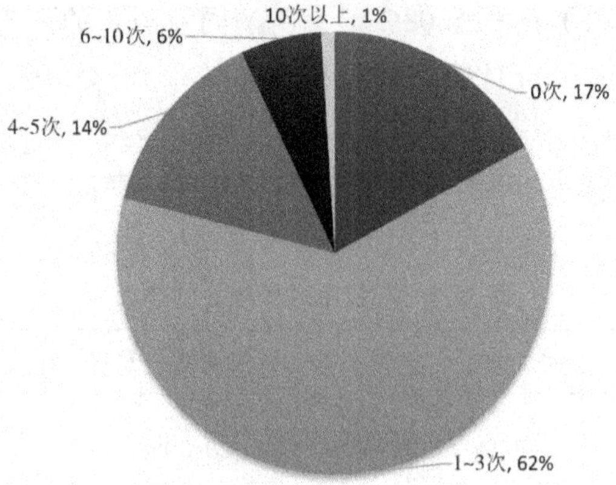

图 10-24 在校生近半年参加公益或志愿者活动次数

如表 10-3，大部分在校生认为帮助到人是他们在做公益活动过程中最为重要的，说明大多数在校生做公益都是出于自己的善意与爱心。只有 2.62% 的在校生认为帮助到人不重要。其次是增加见识，有 43.66% 的在校大学生认为增加见识非常重要，有 51.20% 的在校大学生认为增加见识比较重要。当然，认为好奇好玩重要的在校生也较多，符合年轻人好奇心较强与活力四射的特点。但是相比帮助到人，好奇好玩的重要程度更低，其中认为好奇好玩非常重要的只有 20.18%，认为好奇好玩比较重要的则有 52.37%，说明大学生做公益是以帮助他人为主，顺便增加见识，以好奇好玩为辅。此外，有 54.96% 的大学生认为受朋友影响参加比较重要，19.61% 的大学生认为受朋友影响参加非常重要。可见朋友的行为在一定程度上会对一个人的行为选择产生影响。

表 10-3 在校生公益态度

	非常重要	比较重要	不重要
帮助到人	58.71%	38.67%	2.62%
认识更多的人	33.97%	53.41%	12.62%
好奇好玩	20.18%	52.37%	27.46%
增加见识	43.66%	51.20%	5.13%
受朋友影响参加	19.61%	54.96%	25.43%
宗教信仰	5.50%	17.59%	76.91%

从毕业生参加公益活动的统计中发现，毕业生公益或志愿者活动的参与度显著下降，这可能是由于毕业生工作与生活忙碌，没有充足的时间参加志愿者活

动。如图 10-25，高达 61% 的毕业生在最近半年内未参加任何公益或志愿者活动，参加 1 ~ 3 次公益或志愿者活动的毕业生比例相比在校生下降至 35%，且在最近半年内没有毕业生参加 10 次以上的公益或志愿者活动。

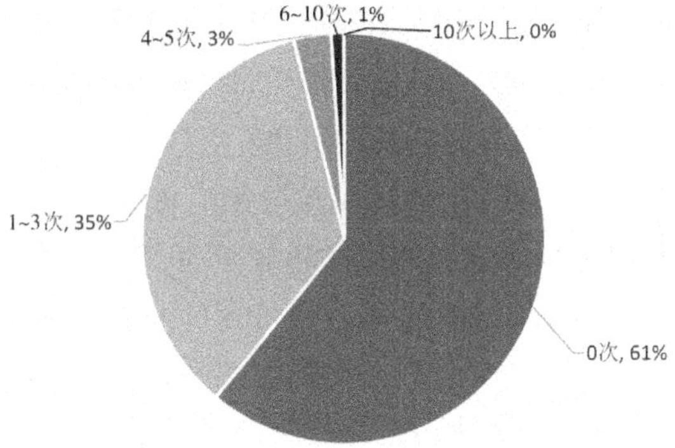

图10-25　毕业生近半年参加公益或志愿者活动次数

如表 10-4，在毕业生眼中，参加公益活动的最大目的依旧是帮助到人，只有 8. 87% 的毕业生认为帮助到人不重要。而在积分入户这一选项中，有 70. 76% 的毕业生认为不重要，但也有 6. 86% 的毕业生认为非常重要。由此可见，虽然有少数人会为了积分入户而参加公益或志愿者活动，但大部分人都未把积分入户看得太重要，说明大部分毕业生都能秉持积极奉献的态度投身公益活动，并非为了一己私利。

表 10-4　毕业生公益态度

	非常重要	比较重要	不重要
积分入户	6. 86%	22. 38%	70. 76%
帮助到人	35. 46%	55. 67%	8. 87%
认识更多的人	22. 34%	60. 28%	17. 38%
好奇好玩	18. 09%	51. 42%	30. 50%
增加见识	32. 27%	57. 80%	9. 93%
受朋友影响参加	14. 89%	61. 35%	23. 76%
宗教信仰	4. 96%	20. 21%	74. 82%

10. 2. 2　环保观念

当代大学生作为未来我国可持续发展的决策者、管理者和执行者，是生态文明的践行者，是环境保护的主力军。当代大学生环境保护意识及行为等在很大程度上决定着我国甚至是全人类可持续发展战略的实施。王玉秀（2012）提出，随着环境污染的加剧，大学生越来越关注环保问题，他们积极组织开展生态建设和环境保护活动，宣传环保、倡导环保、践行环保。但是还是存在以下问题：环境保护理论素养不高，环境保护方面的基础知识贫乏；环境保护意识与行为之间表现出不一致；环保能力薄弱、环保活动浅层化。

如表 10-5，在校生中，非常同意“尽量避免浪费电”“倾向使用双面打印”和“尽量乘坐公共交通工具出行”的人均超过了 30%，其中，非常同意“尽量乘坐公共交通工具出行”的更是高达 44.71%，但是，大学生在某些方面仍然没将环保意识落实到个人的实际行动中。在校大学生对“经常打包剩余食物”“经常携带环保袋”“拒绝使用一次性筷子”的支持程度逐级递减。由于一次性筷子以及塑料袋在日常生活中的使用率很高，能给人们带来极大的便利，因此，人们在短时间内还是无法停止使用它们，这也需要依靠人们的环保意识来逐渐改变自己的生活方式。此外，基本同意“经常参加环保活动”的大学生有 33.98%，但比较不同意“经常参加环保活动”的大学生也达到 30.44%，大学生的环保意识仍有待加强，学校等方面应当加大环保知识的宣传力度，鼓励更多的大学生参与到环保的队伍中。

表 10-5　在校生环保态度

	非常同意	比较同意	基本同意	比较不同意	非常不同意
经常参加环保活动	10.54%	18.95%	33.98%	30.44%	6.09%
经常打包剩余食物	14.64%	21.28%	31.16%	26.74%	6.18%
经常携带环保袋	11.09%	16.09%	28.73%	35.41%	8.67%
拒绝使用一次性筷子	8.35%	10.83%	25.07%	44.12%	11.63%
尽量避免浪费电	30.82%	30.40%	30.35%	6.42%	2.00%
倾向使用双面打印	32.81%	29.14%	26.25%	9.76%	2.03%
尽量乘坐公共交通工具出行	44.71%	28.74%	21.14%	3.84%	1.56%

与在校生相比，毕业生的环保意识更低。如表 10-6，毕业生对这 7 项环保内容的支持程度均低于在校生，其中，非常同意“尽量避免浪费电”“倾向使用双面打印”和“尽量乘坐公共交通工具出行”的人分别下降至 25.53%、29.08%

和 33. 69%，而非常不同意“拒绝使用一次性筷子”“经常携带环保袋”“经常打包剩余食物”“经常参加环保活动”的比例分别上升至 15. 60%、11. 35%、8. 51% 和 19. 15%。

表 10-6　毕业生环保态度

	非常同意	比较同意	基本同意	比较不同意	非常不同意
经常参加环保活动	6. 03%	12. 06%	21. 63%	41. 13%	19. 15%
经常打包剩余食物	12. 77%	20. 92%	32. 62%	25. 18%	8. 51%
经常携带环保袋	7. 45%	16. 31%	30. 50%	34. 40%	11. 35%
拒绝使用一次性筷子	6. 03%	10. 28%	24. 47%	43. 62%	15. 60%
尽量避免浪费电	25. 53%	24. 11%	34. 40%	11. 35%	4. 61%
倾向使用双面打印	29. 08%	28. 01%	29. 08%	10. 99%	2. 84%
尽量乘坐公共交通工具出行	33. 69%	28. 01%	27. 66%	7. 80%	2. 84%

第 11 章　大学生孝行及实践情况简报

中华民族自古以来就是礼仪之邦，长幼有序的观念流传千年，在家庭中，尊重和孝顺长辈是中华儿女的重要行为规范。孝道是中华传统文化一个基本的组成元素，也是中国道德体系中的重要一环，是所有道德行为的根，它在人际关系的维护、社会结构的稳定、人们的道德教化和素质提升等方面有着重要的意义。目前的文献中往往研究双元孝道，一种是权威性孝道，另一种则是互惠性孝道（叶光辉，2009）。前者强调亲子关系的等级性，主张子女应压抑自己的欲望，服从父母的意愿；子女应荣耀双亲，延续家族命脉。而后者则强调亲子间的亲密性和互惠性，包含尊亲恳亲和奉养祭念两部分内容。以下内容中探究了互惠性孝道，为方便起见，下文中关于互惠性孝道的描述均简称为孝。

随着经济社会的迅猛发展和外来文化的冲击，孝行为在当代大学生中的实践逐渐出现弱化的现象，尽管新一代青年人在时代的赋予下拥有了前所未有的开阔视野，避免了一部分愚孝行为的发生，但当代大学生如何继承传统孝文化的优秀部分，并结合新时代的特色在实践中为孝文化赋予新的生命力仍然是一个富有挑战性的课题。本章通过调查大学生对父母赡养问题的看法、与父母的日常联系频率（打电话次数等）、重要日子（父母生日）的孝行为以及假期的陪伴等，探究当代大学生孝行为的实践情况，以及不同群体间存在的差距和可能的原因。

11.1　父母赡养问题

很多“90 后”在孩童时期就曾经历过来自长辈、亲属的灵魂质问：“长大赚钱了会不会给父母花？爸爸妈妈老了以后，你会不会养他们?”这样的问题无疑是具有时代性的，当时的社会经济基础很差，社会保障体系建设处于十分基础的阶段。在传统的养儿防老思想下，人们对于养老的期盼自然就落在了眼前还懵懂的小孩身上。即使是在他们认为孩子还不懂事的年纪，依然没有停止过向小孩灌输将来要为父母养老的观念。那么这种观念灌输的效果如何呢？我们的调查发现：样本中 68.41% 的受访者认为老人的赡养问题应该由子女负责；26.58% 的受访者认为老人养老应该由政府/子女/老人责任均摊；仅有约 5% 的受访者认为应该由政府或老人自己负责。Cheung（2006）认为孝道和政府养老之间存在着替代的关系，即孝道的实践情况越好，则政府需要负担的养老越少。Cheung 和 Kwan（2009）研究现代化和教育对孝道的影响时发现，在一个现代化程度更高的城市，市民的孝道水平更低，给父母的现金转移支付更少；但是对于受教育程度更高的个人（比如受过高等教育的市民），他们的孝道水平随现代化水平上升而下降的幅度明显更小。在现代化的进程中，教育政策和实践可以作为一种维持孝道的手段。由此我们可以说，认为老人的赡养义务应该由子女承担的可以视为践行孝道。虽然不能够进行纵向比较，但我们从结果中可以看出，绝大多数受访者接受了父母的赡养责任应该由子女承担这一传统观念，父母长辈的孝理念输入是比较成功的。但在当今社会，年轻人面临着巨大的经济压力，将养老的全部压力推给子女无疑会给年轻人造成更大的压力，为了构建和谐稳定的社会，加强社会保障制度的建设同样非常必要。张川川和陈斌开（2014）认为社会养老对家庭养老具有一定的替代作用，但前者并不能完全替代后者，尤其是在农村地区，社会保障制度还有待完善。

11.1.1 性别差异

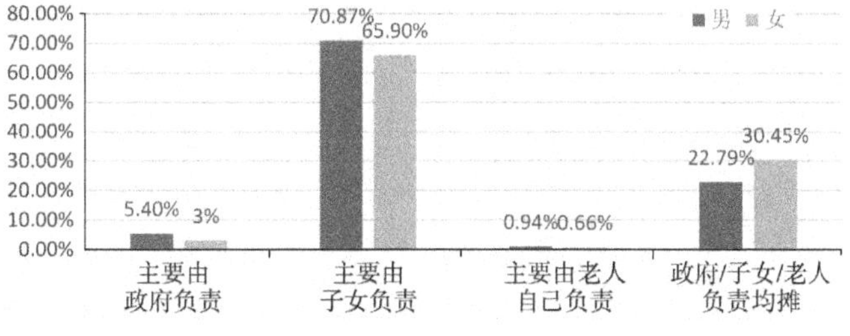

图 11-1 男女性对赡养老人的看法

接下来分析不同人群对待父母赡养问题的态度。首先是男女在该问题中表现出的态度差异，如图 11-1，男性群体认为应该由子女负担养老的比例更高，达到了70.87%，这可能是来源于养儿防老的传统思想，男性从小接受的教育就是长大后成为家里的顶梁柱，父母的养老义务是自己的责任。而女性将养老责任单纯归结给政府或老人自己的比例则更低（不到5%），说明女性更加认同养老问题应该由子女、政府和老人三方共同承担。张文娟（2006）的研究表明，中国家庭中子女依然是赡养老人的主要承担者，而在日常照料中儿子承担的可能性更高。这种性别差异在思想更加传统的农村地区表现得更加显著，而城市中子女在赡养老人方面存在趋同的现象。同样地，许琪（2015）也发现，在当代家庭中老人的赡养义务主要还是由儿子来承担，并给出了出现这种情况的原因，即儿子通常与父母同住，因此承担了主要的养老义务。若控制与父母同住的情况，依然存在儿子承担更多养老义务的情况。同时发现，女儿在照顾老人上花费更多心力。可以发现，传统家庭中分工的情况为：儿子提供经济支持，女儿则照料老人的生活起居。这与中国传统的“男主外，女主内”的家庭分工有着莫大的关系。然而，正如Chen等（2007）发现的那样，尽管在中国家庭中，儿子往往比女儿表现出更高水平的孝道态度，但与实际孝道行为水平并不相同。这一点我们会在接下来的孝道实践部分中看到。

11.1.2 城乡差异

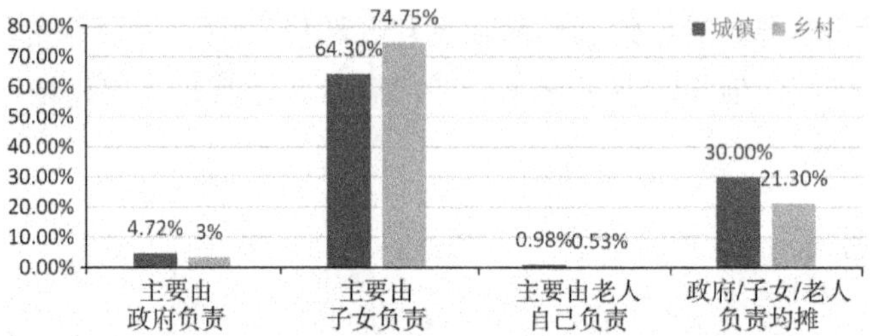

图11-2　城乡对待养老问题的态度

观察在这个问题上的城乡差异，由图11-2发现，来自农村的样本认为父母的养老义务应该由子女承担的比例更高，达到了74.75%，而来自城市的样本中，认为赡养责任应由子女、政府、老人三方共同承担的比例显著高于来自农村的样本。这一现象的产生可能是由于农村与城市中社会保障体系建设完善程度不同，农村老人社保的覆盖率和社保金额均低于城市，因此，养老的重担依旧是在子女的肩上。而城市中父母大多在退休后每月能够领取足以生活的养老金，子女负担养老的意识就会略微淡薄一些。同时，养儿防老的传统思想在农村更为根深蒂固，如果农村的社会保障体系不能够抓紧建设和完善，农村青年在未来可能会承担较大的养老压力，给社会的稳定和谐带来一定的挑战。从相对比例上看，认为子女负有老人主要养老义务的比例，在城镇与农村两个群体中都是比例最大的，两者之间相对比例差距并不大，说明城镇子女尽管知道父母退休后将会领取足额养老金，但依然认为自己应该承担父母的养老责任。

11.1.3　兄弟姐妹个数

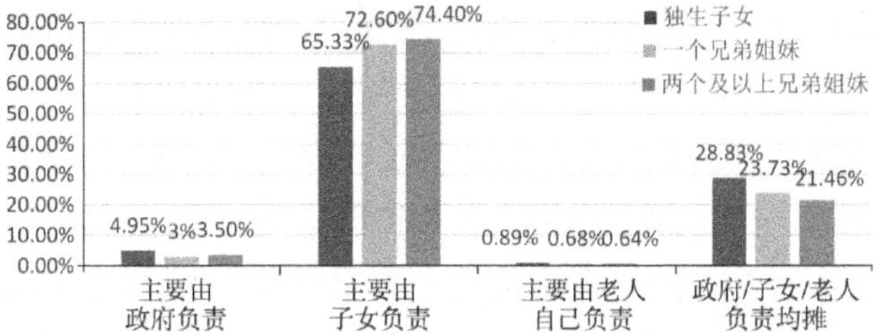

图 11-3　兄弟姐妹个数与对待养老问题的态度

计划生育背景下出生的“90 后”大多是家里唯一的孩子，因此与父母的关系往往更加亲密，在未来更加可能主动承担父母的养老责任。Deutsch（2006）发现，独生子女认为自己对父母负有特别的责任，并且独生子女更加倾向于和父母住在同一个城市。这样的结果表明，独生子女对赡养老人问题的态度可能更加倾向于子女赡养。与此同时，考虑到独生子女组成的家庭将来可能会承担更重的养老负担（夫妻双方负担 4 个老人的养老），独生子女也有可能更加倾向于认为赡养老人应当由政府、子女和老人自己三方共同承担。而有兄弟姐妹的群体可能会相对轻松一些。我们观察到一共有 4044 个样本属于独生子女，2073 个样本拥有一个兄弟姐妹，629 个样本至少有两个兄弟姐妹。因此，将样本分为三组，观察每一组对待养老问题态度的差异。如图 11-3，在三组的比较中，发现拥有兄弟姐妹数量越多的组认为赡养父母的责任应由子女承担的比例越高，同时，认为老人的赡养应由三方共同承担的比例越来越低。在 Dong（2014）的研究中，发现老人的子女数量越多，老人对孝道的期待就会越高。这种期待可能会转化为对子女孝道信念的输入，从而使有兄弟姐妹的个体更加认同子女赡养老人的义务。这一现象说明了孝行与赡养能力具有一定程度的相关性。在独生子女政策下，大多数年轻人是没有兄弟姐妹的，承担着很重的养老负担。因此，全社会应该更加重视独生子女家庭的养老问题，为解决独生子女家庭养老负担重等问题积极献计献策，减少独生子女家庭的养老压力。

11.2 孝行为的具体实践

在过去，孝道主要是强调父母的权威性，主张子女应压抑自己的欲望、服从父母的意愿，子女应荣耀双亲、延续家族命脉。随着时间的推移，社会的发展，人们的孝道观念已经发生了巨大的变化。由于经济上的压力和社会保障的进一步完善，如今的孝道，更多的是强调“悦亲”，是亲子关系中情感上的回归。Tsai 等（2008）发现我国台湾地区的年轻人认为的孝道是回报父母的爱与关怀、发自内心地爱父母、实现两代人的福祉，表达了一种“悦亲”的看法。老人在精神上、情感上对子女有较大的需求和期待，社会上对精神赡养的呼声也越来越高，对孝道的要求开始由顺从转变为尊敬，由赡养转变为善待（杨曦，2016）。刘艳军和朱慧玲（2007）站在全球化的角度看新型孝道，得出了相似的结论，即新型孝道将对父母的绝对服从转变为独立自主，由注重厚葬转变为注重赡养等。在这样的环境下，我们应该重点关注孝行为的实践。本次调查的主要对象是湖南大学的在校本科生，在综合了信息的可得性、可数字化等需求后，团队通过询问样本上个月与父母打电话的次数与原因、是否记得父母生日和是否问候与购买礼物来表达爱意，以及假期陪伴父母等情况来界定大学生的孝行为实践情况。

11.2.1 日常联系

常言道：“儿行千里母担忧。”无论是在校的大学生还是已经工作的毕业生，离家的日子父母免不了对自己的担心，常打电话与父母交流、汇报自己的近况能够有效减少父母的担忧，是孝顺父母的表现。因此，调查中询问了每位学生近一个月来主动和父母通话的次数。结果显示，样本中近一个月来主动和父母通话的平均次数为 9.48 次，大约每 3 天主动给父母打一次电话。女性平均次数为 11.17 次，男性平均为 7.84 次，显示出明显的性别差异，这一结果是比较符合常理的。通常人们认为女儿是父母的小棉袄，女儿更能体恤父母，对父母表现出关心，在践行孝道中拥有较好的名声。

如图 11-4，从打电话频率来看，在校大学生最近一个月与家人通话次数主要集中在 1～5 次，占了 48.77%，通话次数在 30 次以上的仅有 2.98%，

3. 43% 的在校大学生在最近一个月内没有与家人通话。这些数据表明，仍有少数大学生对家人的关心程度不够，大学生应该常打电话问候自己的家人，让亲情永不褪色。

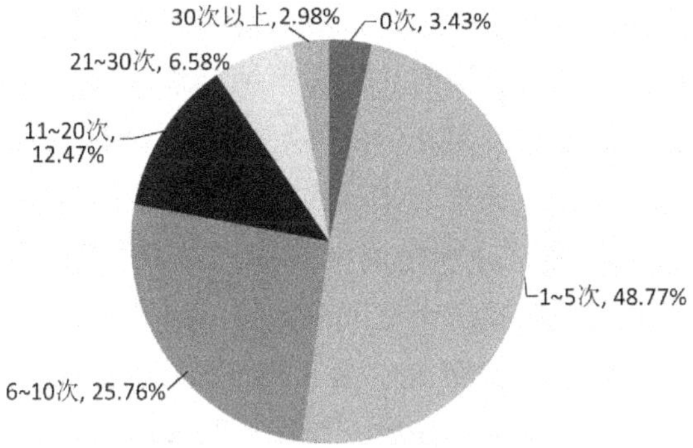

图 11-4　在校生与家人通话次数

如图 11-5，与在校生相比，毕业生最近一个月与家人的通话次数低于 10 次的人数比例高于在校生的人数比例。最近一个月尚未与家人通话的人数比例上升至 6. 16%，与家人通话次数在 11 ~ 20 次的人数比例下降至 6. 52%，与家人通话次数在 21 ~ 30 次的人数比例下降至 4. 71%，与家人通话次数在 30 次以上的人数比例下降至 2. 17%。参加工作后，毕业生由于忙于自己的事业或生活，与家人的通话次数有所降低，但是工作再忙，适当的电话问候也是非常必要的。

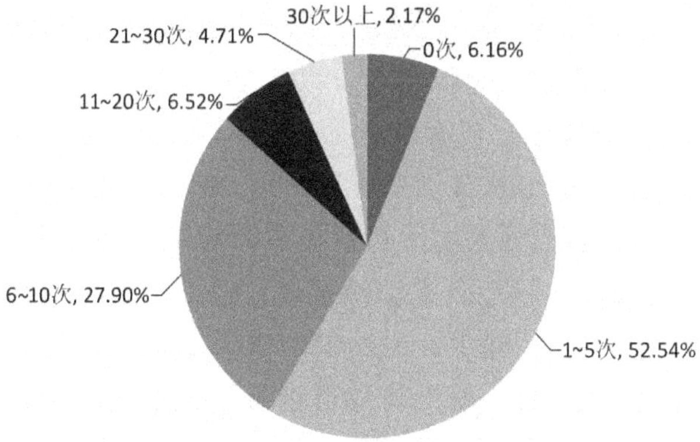

图 11-5　毕业生与家人通话次数

从城乡差异看，农村学生主动给父母打电话的平均次数为 9 次，城市学生主动给父母打电话的平均次数为 11. 96 次。农村孩子在成长的过程中成为留守儿童的可能性很大，农村父母为了供养子女，往往选择离家去往大城市打工，从小陪伴孩子的时间较少，亲子关系不如城市家庭亲密。因此，农村学生主动给父母打电话的频率可能较低。从上一部分中我们得知，农村学生在承担父母养老的义务中更具有责任心，但是他们对父母的实际关心可能不够，这两个看似矛盾的结果实际上是非常符合中国农村地区特征的。农村地区非常淳朴，在养老问题上的态度比较单一地偏向由子女负责，同时，因为单纯朴素的性格，农村地区长大的学生可能并不是那么善于表达自己对父母的关心。综合而言，城乡学生在践行孝道中表达孝心的方式不同。为了调查与父母的联系和是否同父母一起住两者之间的关系，我们将样本分成三组，分别是同父母双方住在一起、同父母一方住在一起、未与父母住在一起，观察这三组之间的差异。结果显示：不与父母双方同住的学生主动给父母打电话的次数最少，为 8.89 次；与父母一方同住的学生主动给父母打电话的次数最多，为 11.05 次；与父母双方同住的学生主动给父母打电话的次数为 9.63 次。说明留守学生关心父母的意识最薄弱，而单亲家庭的学生更能体恤父母的不容易，表现出最大的关心。健全家庭（没有父母离异、不存在留守情况等）的学生在关心父母的行动上则处于中等状态。

11.2.2 联系的原因

主动给家人电话联系的次数不能够完全代表是孝顺的行为，给家人打电话可能有多种情况，将其划分为：没钱了；想家了，想家人了；心情不好，找父母排解；纯聊天，找个地方吐槽；关心问候父母等五种情况。每种情况有四个等级，分别为：经常、偶尔、极少和从不。

图 11-6 表明，从样本的总体水平来看，极少因为没钱而主动给父母打电话的比例最高，为 33.38%，其次分别是从不（30.95%）、偶尔（24.62%），最后才是经常（11.04%），说明索要生活费不是主动给父母打电话的主要原因。经常因为“想家了，想家人了”而主动给父母打电话的比例最高，为 50.46%，随着程度的降低比例在逐渐减少，说明想念家人是主动给父母打电话的主要因素之一。偶尔因为“心情不好，找父母排解”而主动给父母打电话的比例最高，为 34.64%，其次分别为极少（27.10%）、经常（20.34%）、从不（17.92%），四种程度所占比例较为均匀，没有很大的差距。经常因为关心问候父母而主动给父母打电话的比例最高，为 61.10%，并且该比例也远高于其他经常给父母打电话的原因，说明就样本整体而言，主动给父母打电话的主要原因是关心问候父母。主动向父母表达关心和问候能够给辛苦工作的父母带来

一丝安慰，是孝顺父母的表现。因此，样本总体在日常联系中的孝行实践情况是比较良好的。

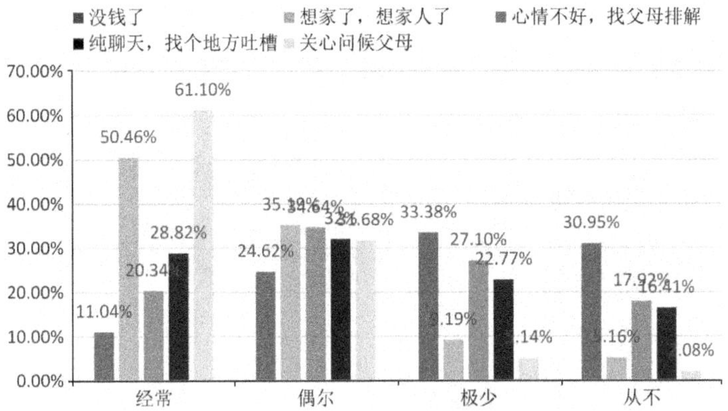

图 11-6　通话原因

11.2.3　父母的生日

中国人讲究在重要的节日或生日向亲近的人送上祝福，节假日是全国性的日子，即使忘记了，也会被每天接触的各类信息提示，因此，记住节日不是一个具有代表性的变量。而生日则是私人化的，在父母生日采取行动体现了对父母养育之恩的回报，是孝顺的表现。调查中从三个方面由浅至深对此进行研究，首先是是否能够记住父母的生日，紧接着是父母的生日是否会打电话问候，最后是是否会在父母生日送上礼物表达爱意。每个问题设置了四个维度的可选项，均为：经常、偶尔、极少、从不。同时，还将学生对待其他亲属、恋人、朋友生日的做法与其进行比较。

1. 是否记得父母生日

如图 11-7，从样本总体来看，经常记得父母生日的比例是非常高的，分别为 70.68%、73.68%，经常记得母亲生日的比例更高，这可能与母亲与孩子相处时间较长、相互之间更加了解有关。说明父母的关心与孩子的回报是相互的，孝行为的实践情况也取决于父母对孩子的付出。除父母以外，团队还调查了样本是否记得其他亲属、恋人、朋友等人的生日。从结果的分析中发现，被调查者对其他亲属和朋友的生日只能偶尔记住的频率是最高的，而对恋人的生日有近 80% 的比例能够经常记得，这一比例甚至超过了对父母生日经常记得的频率。在对比中发现，受访者对父母和恋人的生日最为重视，然后才是朋友和其他亲属。说明在受访者中大多数人将家庭放在第一位，无愧于父母的养育之恩。尽管经常记住恋人生日的频率较高，但恋人关系存在的时间同与父母间存续关系的时长相比较为短暂，并且社交媒体上的朋辈压力会使得有对象的个体间存在一定的攀比现象，攀比的内容与为恋人庆生、节日庆祝等息息相关。因此，这一现象并不能说明受访对象将恋人放在比父母更重要的位置。

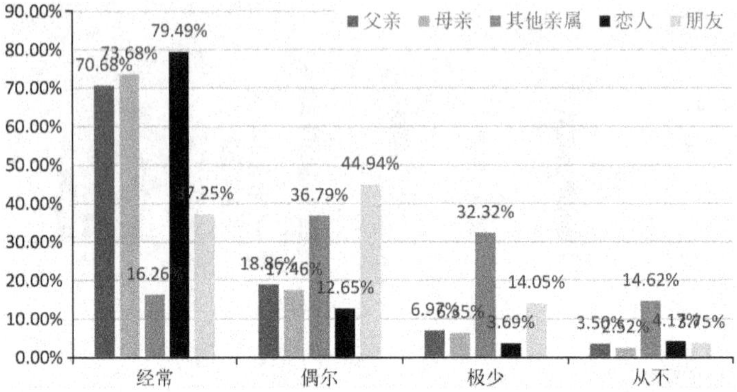

图 11-7　记得生日的情况

如图 11-8 和图 11-9，从性别差异中看，女性被调查者能够经常记住父母生日的比例远高于男性。普遍认为，女性比较细心，更倾向于特意记住父母的生日，以实际行动回报父母，使父母感到温暖体贴。但男女性都存在更容易记得母亲生日的情况，这可能与中国家庭中母亲在育儿事业中承担更重责任的实际情况有一定关系，子代往往与母亲有更亲密的关系，因此，在潜移默化中记得母亲生日的可能性就更高。由此也说明，子代在尽孝的过程中，针对母亲的行动可能更加突出。

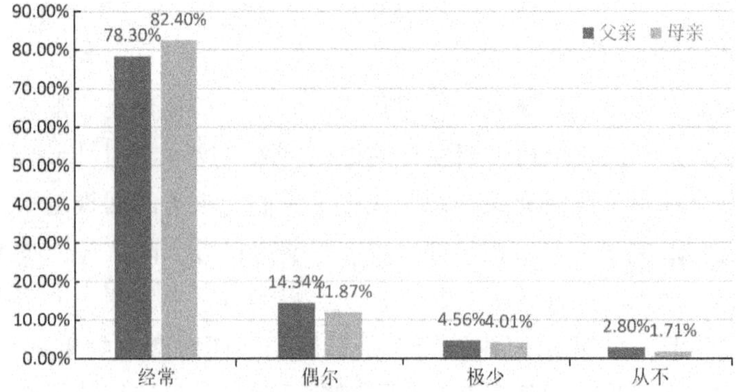

图 11-8　女性记住父母生日的情况

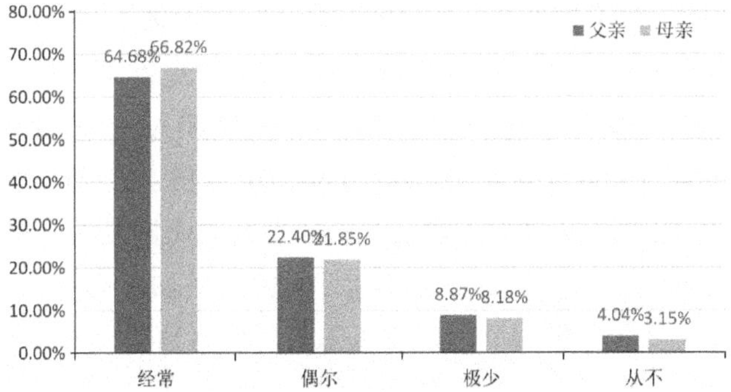

图 11-9　男性记住父母生日的情况

如图 11-10 和图 11-11，从城乡差异来看，城市学生能够经常记得父母生日的比例都在 75% 左右，而农村学生该比例只略微超过 65%，比城市学生大约低 10%。一方面，城市学生可能从小与父母共同生活，从生活中得到关于父母的信息较多，而农村学生的父母外出打工的较多，和父母相处的时间较短，对父母生日较少知悉。另一方面，城市学生从小生活的环境较为优越，可能对过生日这类较有仪式感的活动更加重视，而农村学生对于生活关注侧重的内容可能是不同的，于是形成了差异。城乡学生大部分都能够经常记住父母生日，说明了大学生将父母摆在非常重要的位置，对父母的重视是孝顺父母的体现。

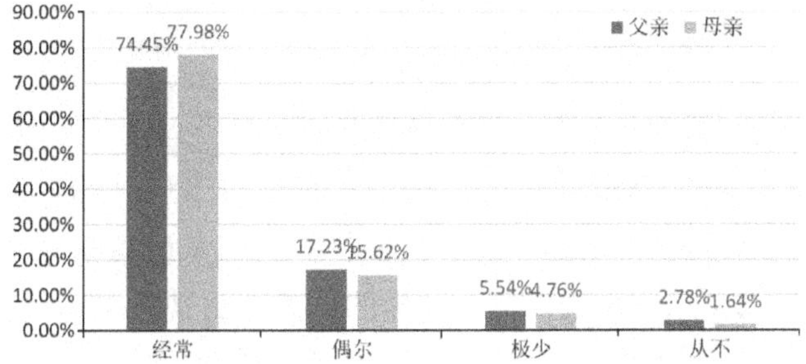

图 11-10　城市样本记住父母生日的情况

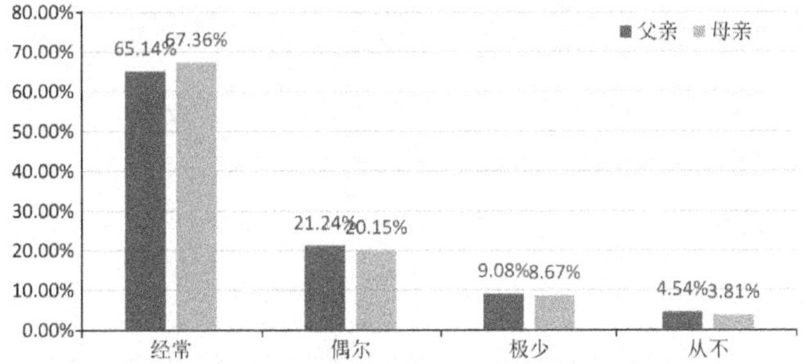

图 11-11　农村样本记住父母生日的情况

为进一步探究产生上述城乡差异可能的原因，根据被调查个体的家庭年收入进行分组，共分为七组，分别是家庭收入在5000元以下、5000～10000元、10001～20000元、20001～50000元、50001～80000元、80001～150000元、150000元以上。将每组中经常记得父亲、母亲生日的比例与组别绘制成折线图，如图11-12，能够观察到，经常记得父母生日的比例存在一种明显的趋势，即随着家庭收入的增加，经常记住父母生日的比例增加。说明家庭收入可能会影响学生对父母生日的重视程度，低收入家庭的学生可能通过其他更实在的方式孝顺父母，如好好学习，努力在社会上站住脚跟，为父母谋求更美好的晚年生活。

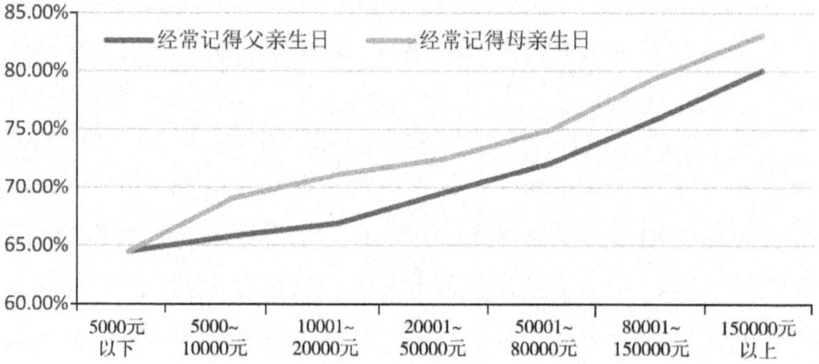

图11-12　家庭经济状况与记得父母生日情况

此外，是否与父母住在一起也可能是造成城乡差异的重要原因。因此，我们分别观察了是否与父亲/母亲住在一起和记住父亲/母亲生日的联系。如图11-13和图11-14，与父亲同住的5290个有效样本中，经常记得父亲生日的比例为72.99%，高于不与父亲同住的比例。同样的情形也出现在了与母亲同住的情况中，其有效样本为5377个，与母亲同住且经常能够记得母亲生日的比例为75.49%，而不与母亲同住且能经常记得母亲生日的比例为70.74%。印证了与父母同住能够获取更多关于父母的信息，从而更可能记住父母的生日。农村学生从小与父母分离的可能性较大，直接从父母处获得的关于父母的信息相对较少，因此，经常能够记住父母生日的比例较低。

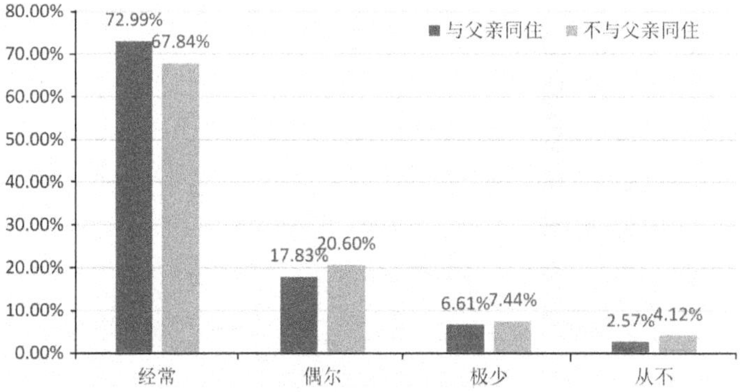

图 11-13　和父亲同住与记得父亲生日情况

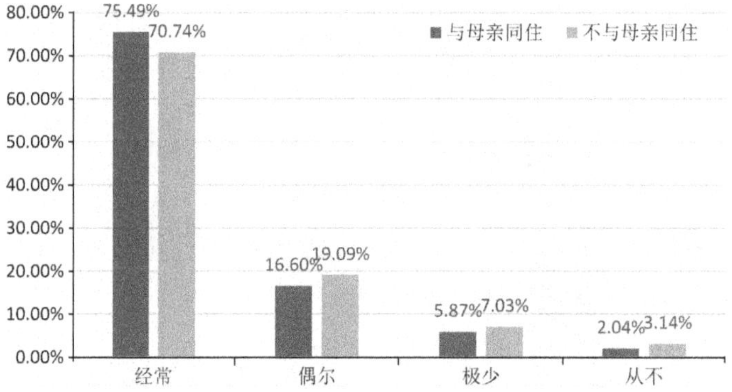

图 11-14　和母亲同住与记得母亲生日情况

2. 是否在父母生日打电话问候

除了记得父母的生日，在父母生日是否付出行动，主动给父母打电话问候也是孝顺的一种重要体现。经过分析发现，能够经常在父亲生日、母亲生日主动打电话问候的比例分别为 67. 68%、72. 08%，如图 11-15 所示。说明超过半数的学生通常都能在父母的生日准时送上祝福和关心。在恋人生日经常记得打电话问候祝福的比例依然是最高的，超过父母的比例。能够经常在朋友生日致电问候的不超过一半，经常在其他亲属生日致电问候的比例最低。总体情况与上述记得生日的情况大致相似，进一步说明父母和恋人在大学生心中的地位是最高的。大部分学生能够记得在父母生日时向辛苦的父母问候，表达对父母的情感，使父母感到宽慰，这是孝顺父母的体现。

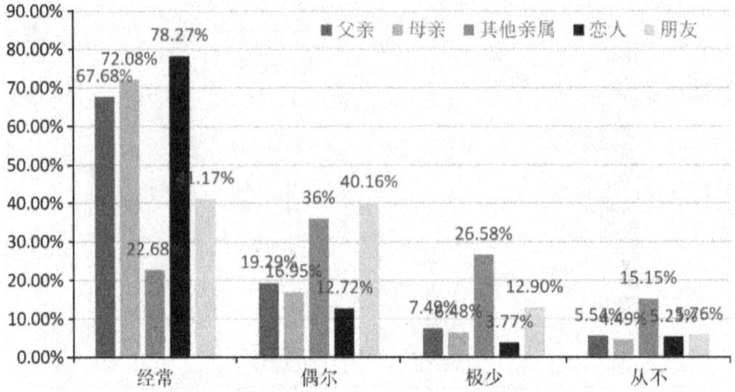

图 11-15　生日打电话

进一步分析在父母生日时打电话问候父母的情况是否存在不同群体之间的差异。首先是性别差异，无论是父亲生日还是母亲生日，女性能够经常打电话问候的比例均显著高于男性。同时，依然存在母亲比父亲能够经常收到来自子女的生日问候电话的比例更高的情况，如图 11-16 和图 11-17 所示。总体来说，女性在表达孝心的实际行动中表现得更好。

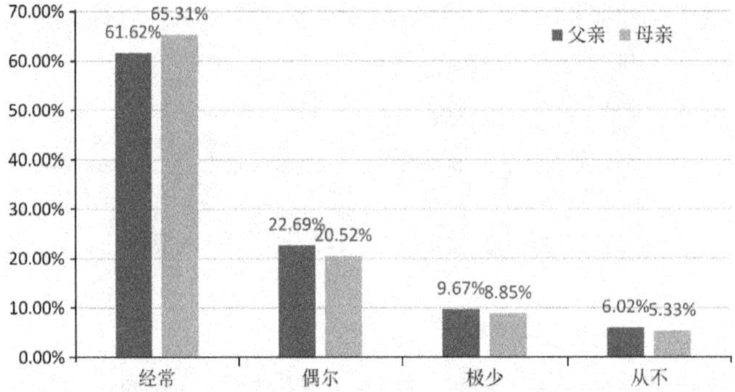

图 11-16　男性在父母生日致电问候的情况

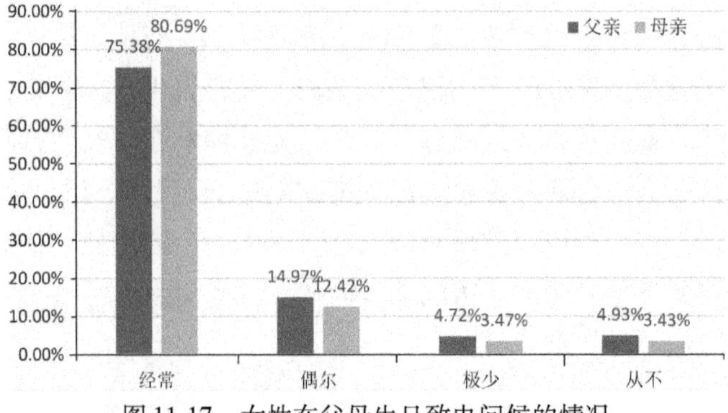

图 11-17　女性在父母生日致电问候的情况

接下来，我们对在父母生日时致电问候父母的情况进行城乡差异分析。结果发现，来自城市的样本在父母生日致电问候的情况都更好，能够经常在父母生日致电问候的比例达到了 70% 以上，说明大多数来自城市的样本都能在父母的生日及时向父母传达爱意，表示关心。来自农村的样本表现略差一些，能够经常在父母生日致电问候的比例约为 65%，说明大多数农村学生或毕业生也能够在父母生日及时传达爱意，表示关心，如图 11-18 和图 11-19 所示。同时，不管是城市样本还是农村样本，都存在着母亲能够接收到更多关心的情况。

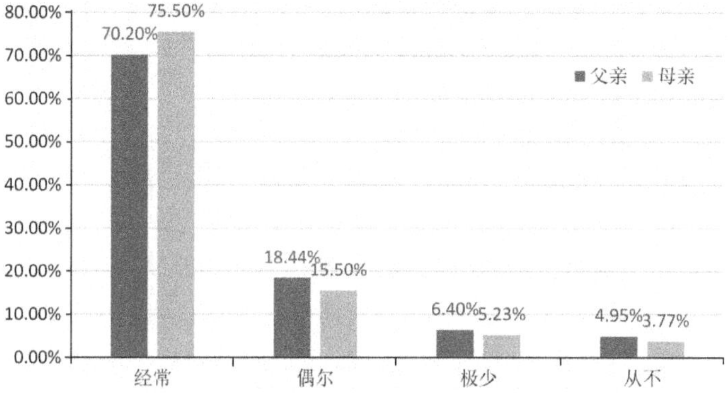

图 11-18　城镇样本在父母生日致电问候情况

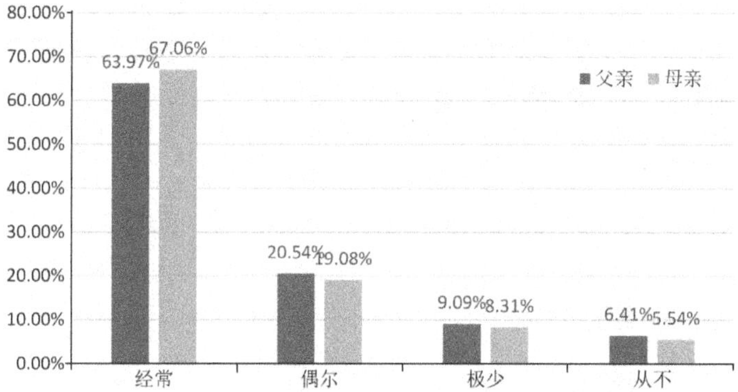

图 11-19　农村样本在父母生日致电问候情况

同时，我们对不同家庭经济状况的学生表现出的差异以及是否与父母同住对孝行为实践的影响进行分析。首先分析随着家庭年收入水平的提高，经常给父母打电话比例的变化情况。从图 11-20 的结果可以看到，总体而言，随着家庭年收入水平的提高，无论是父亲生日还是母亲生日，经常致电问候的比例都具有提高的普遍趋势。从图中能够明显反映出母亲比父亲在收到子女生日问候上具有更优越的地位。该结果反映了家庭经济状况越好的学生越能通过在父母生日致电问候的方式尽孝。

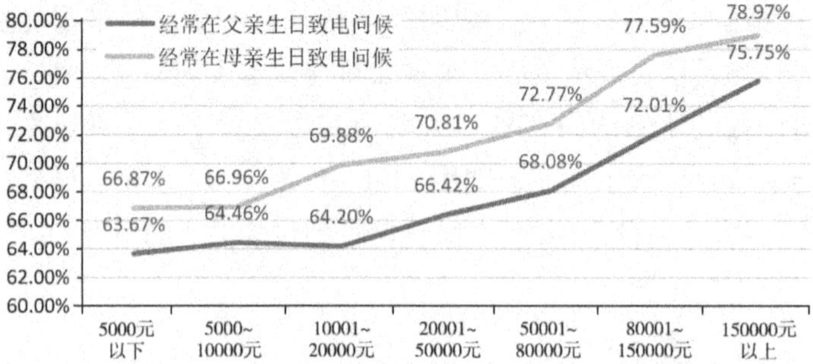

图 11-20　家庭经济状况与父母生日致电问候情况

接下来对与父母同住情况对向父母进行生日问候比例的影响进行分析。如图 11-21 和图 11-22，与父亲同住且能够经常在父亲生日致电问候的比例为 69. 83%，而不与父亲同住且能够经常在父亲生日致电问候的比例略低于与父亲同住的学生，为 65. 44%，但依然超过了半数，说明无论是否与父亲同住，经常能够做到向父亲致以生日问候的学生为多数。与母亲同住且能够经常向母亲致以生日问候的比例依然略高于不与母亲同住的群体，两者分别为 73. 89% 和 69. 37%。同时，在该群体中依然是母亲比父亲收到更多的关心和生日问候。根据是否与父母同住的情况划分，发现不与父母同住的学生能够经常向父母致以生日问候的比例稍低，但做到的学生也都超过了半数，说明尽管有父母的陪伴可能会使践行孝道的频率更高，但没有父母陪伴的多数学生也能够自觉向父母表现孝心。

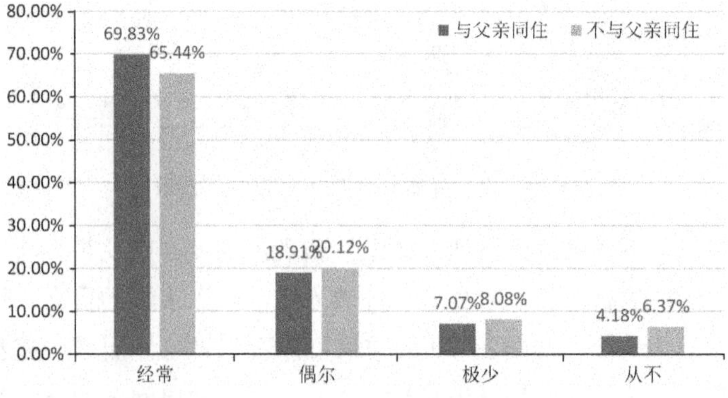

图 11-21　和父亲同住与父亲生日致电问候情况

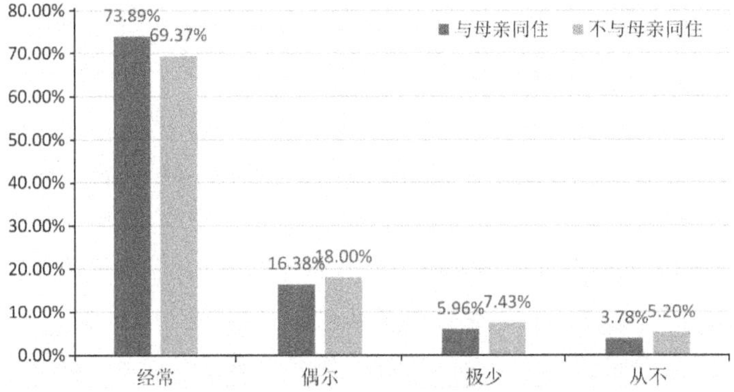

图 11-22　和母亲同住与母亲生日致电问候情况

3. 赠送生日礼物

除了打电话给父母进行生日问候以外，赠送礼物向父母表达爱意也是尽孝的一种方式。大学生已经拥有了一定数额的生活费，有一定的经济能力向父母赠送表示心意的礼品，并且父母对子女赠送的礼品不会有太高的期待，甚至一个小小的手工品就能让他们高兴很久。因此，调查大学生及毕业生在父母生日赠送礼物的情况是对大学生及部分毕业生践行孝道情况的一种衡量方式。从调查结果来看，向父母赠送礼品的情况与前面研究的记住父母生日及在父母生日致电问候等情况出现较大的差异，仅有约三成的被调查者经常在父母生日向其赠送礼品，比例最高的频率类型变成了偶尔，但也不超过四成。还有一个明显的变化就是经常向朋友赠送礼物的比例变得高于向父母赠送礼物的比例。而经常向恋人赠送礼物的比例依然处在最高的水平，其他亲属依旧被摆在最末端的位置。说明大学生或毕业生在父母生日选择的尽孝方式大体为致电问候，而不是送礼物表达心意。而大学生送礼物最频繁的对象为恋人和朋友，这可能与父母一般不会要求甚至会制止子女为自己购买礼物有关。同时大学生经费有限，会更加注重将有限的资源配置到更有必要消费的领域。大学生在社交中几乎就是和朋友、恋人关系比较密切，朋友、恋人之间也更加容易产生礼物往来。尤其是恋人之间，在生日送礼物几乎成为这段关系中非常重要的一种关系维护，没有在生日收到恋人礼物的人往往会对这场恋情产生怀疑，进而造成关系僵化等情况。朱考金和杨春莉（2007）的研究发现，在上海，恋爱消费已经占据了男士年收入的 1/3。这说明了男士在恋爱过程中存在花费畸高的现象，该研究认为产生这种现象的原因之一是存在恋爱攀比的情况。如图 11-23，结合经常和偶尔两类频率，发现超过半数的被调查者至少有偶尔在父母生日向父母赠送礼物的行为，说明多数学生能够以赠送礼物的实际行动向父母表达孝心。其中，母亲能够收到礼物的频率略高于父亲。

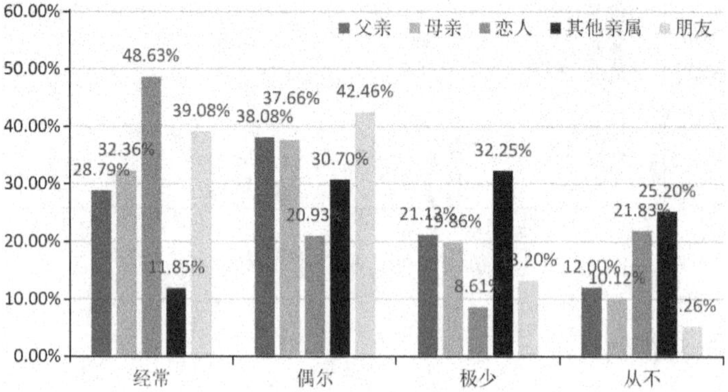

图 11-23 生日送礼物情况

进一步分析在父母生日时赠送礼物的情况是否存在性别差异，结果发现，男性在父母生日能够经常赠送礼物表达孝心的比例远低于女性，但偶尔赠送礼物的比例略高于女性，总体来看，男性在父母生日向父母赠送礼物表达孝心的比例低于女性，如图 11-24 和图 11-25 所示。这种情况的出现可能与社会上男性的普遍情况有关，即他们会更多地将有限的社交资金花在女友或其他好友身上。而女性通常能够兼顾到父母、亲人、恋人、朋友，因此女性在父母生日赠送礼物的比例更高。说明了在孝行为的实践中存在着性别差异。

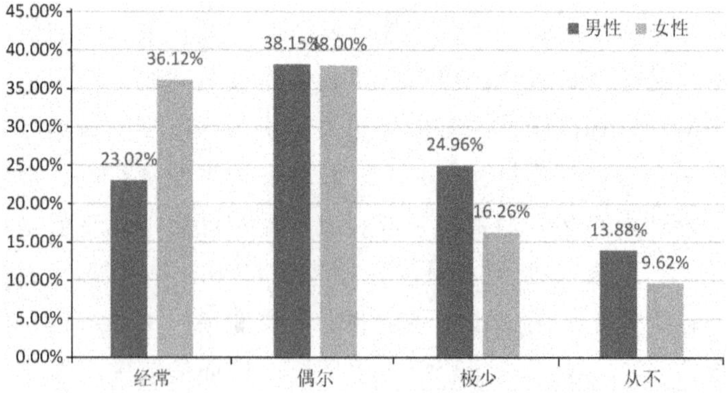

图 11-24 男性和女性在父亲生日送礼情况

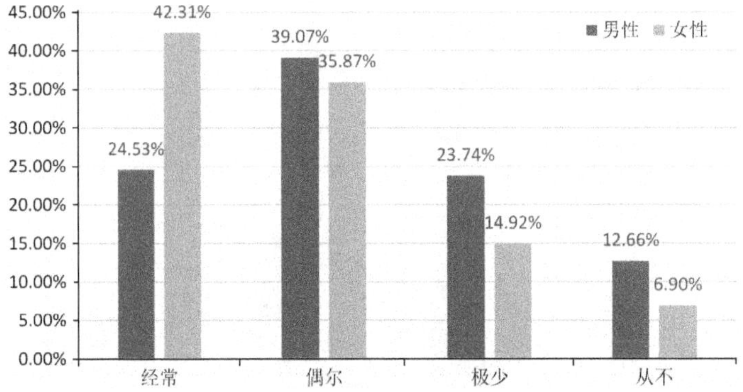

图 11-25　男性和女性在母亲生日送礼情况

如图 11-26 和图 11-27，从城乡差异的角度看，向父母亲赠送生日礼物，来自城镇的样本能够经常做到的比例都远高于来自农村的样本；在偶尔这一频率上，来自农村的样本的比例略高于来自城市的样本。有趣的是，来自城市的样本中能够经常在母亲生日赠送礼物的比例高于偶尔赠送礼物的比例，说明来自城市的母亲在生日时能够收到礼物的概率更高，来自城市的学生或毕业生对母亲给予了更多关心和爱。总体而言，在父母生日赠送礼物这一维度上，存在明显的城乡差异，来自城市的学生能够更经常完成这一孝行，而农村学生则差一些，这可能与城乡经济差异有关。经济未独立的农村学生更可能将生活费花在日常吃穿用度及必要的社交上，而没有余钱给父母购买礼物。进一步，我们探究家庭经济状况与在父母生日赠送礼物之间的关系。

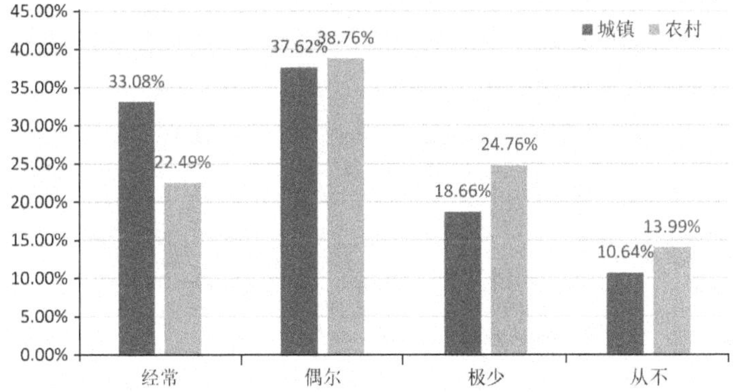

图 11-26　城乡样本在父亲生日赠送礼物情况

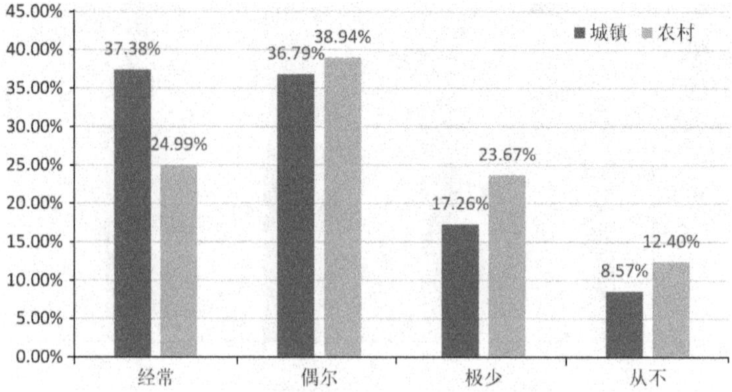

图 11-27　城乡样本在母亲生日赠送礼物情况

如图 11-28，由于在赠送礼物的情况中比例最高的频率类型为偶尔赠送，为了避免得出不具有可靠性的结论，将经常和偶尔两类加总的比例作为变量，观察 2016 年年收入与赠送父母礼物的情况。发现家庭经济状况与赠送父母礼物的情况并非单一的正相关关系，家庭年收入在 50000 元以下的区间时，两者大体上呈现出负相关的关系，即家庭年收入越高，经常或偶尔给父母赠送礼物的比例越低，但总体上差别不大。这可能是由于家庭经济较困难的学生更加能够体谅父母的辛苦。经济状况较为困难的家庭中，父母为了供养孩子上学可能会节衣缩食，在物质方面尽量苦自己而不是苦孩子，而有心的子女看到了父母的不容易，更可能省钱或通过做兼职等途径在父母生日为父母购置一些必需品，从而向父母赠送礼物的比例较高。年收入在 50000 元以上的家庭中，子女向父母赠送礼物的比例随着家庭收入的增加而提高。家庭收入更高的孩子往往有更高的生活费，比较容易产生为父母购买礼物的结余。

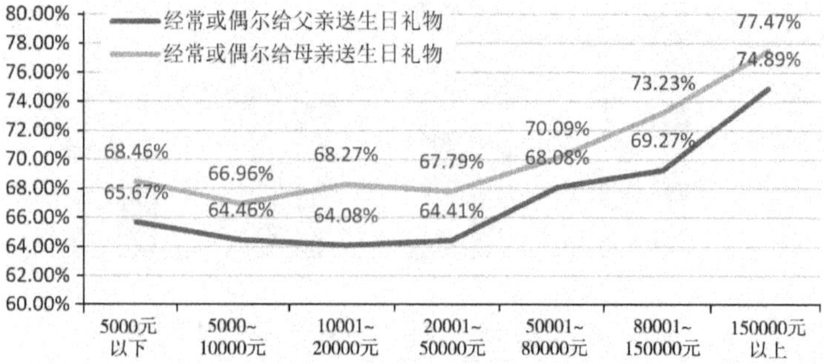

图 11-28　家庭经济状况与父母生日送礼情况

除此之外，是否与父母同住对赠送礼物表达孝心的影响也是值得探讨的。调查发现，与父亲同住且能经常或偶尔在父亲生日赠送礼物的比例高于不与父亲同住的比例，与母亲同住且能经常在母亲生日赠送礼物的比例高于不与母亲同住的比例，而后者中偶尔赠送母亲礼物的比例略高。总体而言，与父母或至少其中一方同住能够提高赠送父母礼物的比例，说明孝行为的实践情况在一定程度上依赖于父母与子代之间的互动，如图 11-29 和图 11-30 所示。

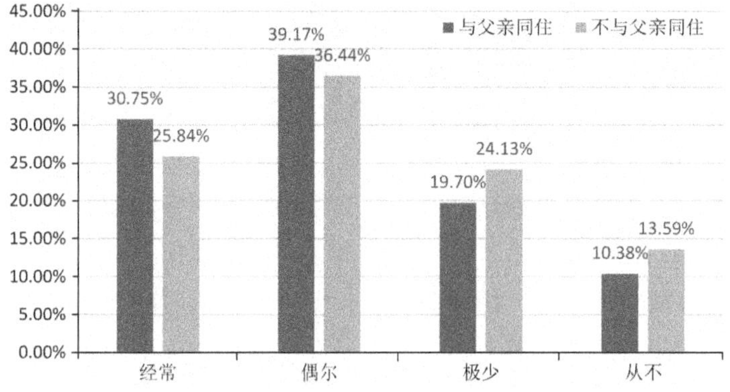

图 11-29　和父亲同住与父亲生日送礼情况

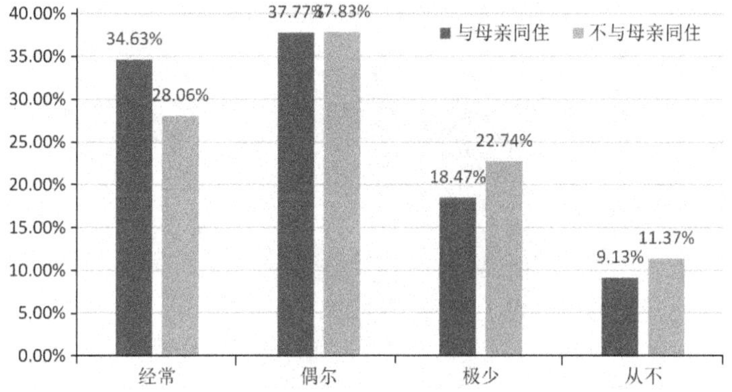

图 11-30　和母亲同住与母亲生日送礼情况

11.2.4　假期陪伴父母情况

“常回家看看，哪怕帮爸妈刷刷筷子洗洗碗。”这首歌呼吁年轻人多空出一些时间陪伴父母，给予父母更多的关爱。大学生由于平时几乎都在学校，只有在假期可能有回家陪父母的时间，因此，假期中陪伴父母的情况可以视为尽孝的一个表现。同样地，毕业生刚入社会，平时工作较忙，也只有在假期或周末有时间陪伴父母。这一部分，我们从调查中获得了一些关于大学生如何度过假期或周末的数据，结果来自问题：下班或放假时，是回家和家人待在一起，还是和朋友出门玩呢？该问题有四个选项，分别为：A. 陪父母散步，聊天，给他们讲学校里/单位里的事；B. 一半一半吧，有主动和家人交流，同时也不忘记和朋友玩；C. 不怎么会出去、待在家里享受，不怎么和父母交流；D. 整天和朋友出门玩，根本没时间搭理家人。调查结果发现，只有1%的人会在假期或周末陪父母散步聊天，给父母分享身边的事；7%的人选择自己在家待着，也不怎么和父母交流；比例最高的是整天和朋友们在外面玩，没时间陪伴父母的，达到了63%；能够平衡花在父母和朋友身上的时间的只占29%，如图11-31。这个结果说明了现代年轻人更愿意同朋友一起度过假期和周末，而愿意陪伴父母的相对而言则少很多。大学生经历了作息严格的高中时代，非常渴望能够在假期好好放松，约上朋友出去玩。同时，父母和自己有很深的代沟，在休闲娱乐上与父母有着不同的品味，因此，大多数年轻人会选择和朋友一起度过周末或假期而不是和父母。这也反映了年轻人对父母的陪伴不够。父母自子女出生起，为了照顾年幼的子女放弃了很多和自己的朋友休闲娱乐的时间，如今他们年纪大了，子女应该给他们更多关心和陪伴，以回报他们的养育之恩。

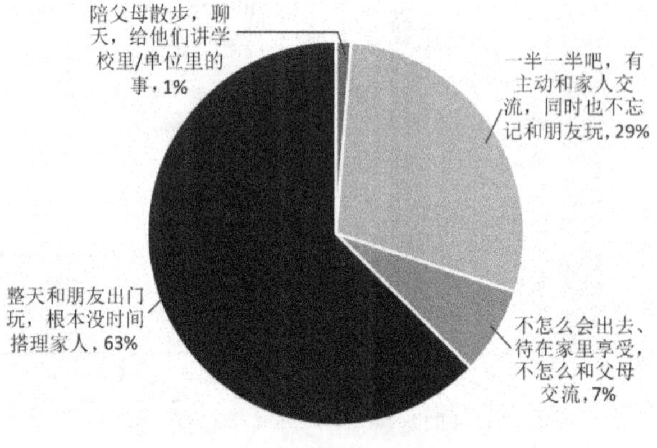

图11-31　假期陪伴父母情况

1. 性别差异

从性别差异的角度看，整天和朋友出门玩，没时间陪伴父母的比例在男女性之间几乎无差别，均在62.5%左右。但女性中能够平衡好家人和朋友占据自己假期时间的比例更高，达到了30.63%，而男性只有26.64%，如图11-32所示。令人意外的是，选择陪伴父母，与父母聊天分享的男性比女性比例更高，这与印象中男性和女性在陪伴父母、关心父母中的表现相反，不过这一比例并不高。女性相较男性能够更好地处理父母与朋友相互替代的矛盾，平衡好家庭与社交之间的关系。

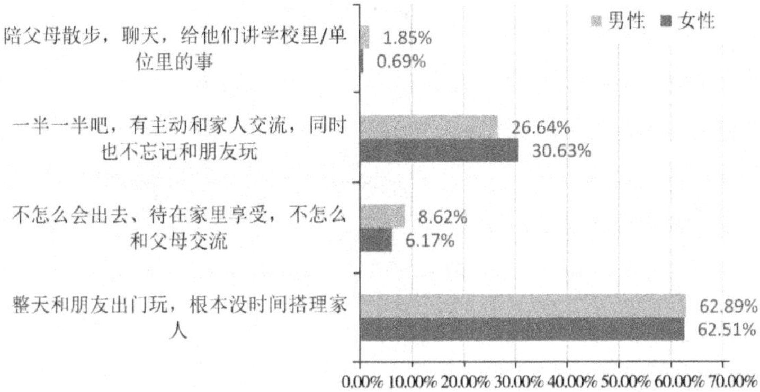

图 11-32　假期陪伴父母的性别差异

2. 城乡差异

如图 11-33，从城乡角度来看，来自农村的受访者能够更好地平衡家庭与社交的关系，选择“一半一半吧，有主动和家人交流，同时也不忘记和朋友玩”的比例达到 30. 95%，但城市的只有 27. 10%。来自城市的受访者也更容易整天和朋友出门玩，将父母置于一旁，比例为 65. 26%，高于来自农村的 58. 76%。这种情况可能是因为城市中娱乐设施更多，来自城市的被调查者可能更容易在假期和朋友在外玩耍。然而农村受访者的朋友很可能已经开始工作或者住得很远，因此，一起玩的机会更少一些。但多数来自农村的受访者依然选择在假期和朋友出门玩耍，而不是待在家里。同时，我们发现，待在家里且不和父母交流的农村样本比例更高。从陪伴这一项尽孝指标来说，农村孩子似乎做得更好一些，他们中有更多人能够平衡好家庭与社交的关系。城市孩子将假期更多地花在社交与自我娱乐上，而更多的农村孩子愿意陪伴父母，在朋友和父母之间较好地平衡。

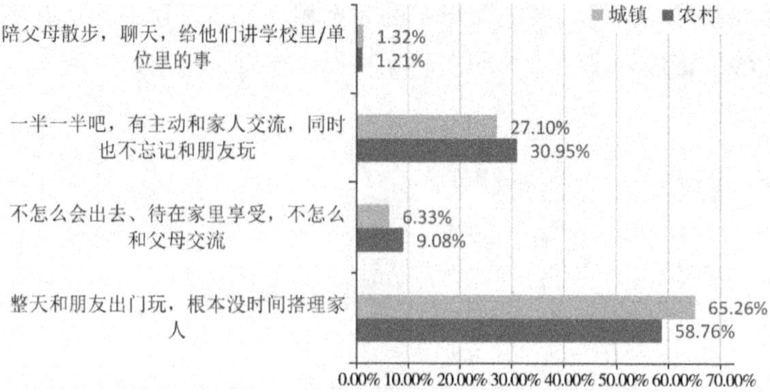

图 11-33　假期陪伴父母的城乡差异

11.3　群体差异

11.3.1　孝行为实践中的性别差异

从上述结果中发现，被调查女性在践行孝道上具有更好的表现。这样的情况是普遍存在的，杜鹏和曲嘉瑶（2013）根据子女性别将子女状况分为：只有儿子、只有女儿和儿女双全三类。结果发现，只有女儿的老年人，评价孝顺的比例最高。说明女儿比儿子更能让老人感受到幸福。与“养儿防老”的观念不同，当今有“小棉袄”的老人对孩子的孝顺状况更加满意。尹银（2012）持有相似的观点，认为在孝行为实践中女儿比儿子的作用更大。但这主要是由于有女儿的老人不用承担照顾孙辈的义务还能得到女儿的照顾。在英文文献中，这类性别差异也普遍存在，Shi（2009）基于在中国东北一个农村社区的民族志田野调查，提出了一个关于孝道转变的观点，认为女儿更孝顺，正如中国的谚语“女儿像棉衣，温暖父母的心”所生动表达的那样。Chappell 和 Krusch（2007）发现，更高水平的孝顺感与多生女儿有关，而与多生儿子无关。这一发现的部分原因可能是女儿在为年长的父母提供照顾、支持和家务方面的主导作用。老龄化社会的到来给整个社会带来了更为艰巨的养老任务，独生子女家庭特殊的家庭结构加重了养老的负担，儿子单独赡养父母显然已不能满足社会发展的养老需求。以事业为重的男性扮演“主外”角色，可能无暇照料父母，儿子的缺位使父母奉养的空位需要有人来填补。社会事实呼唤着女儿赡养父母，成为女儿赡养父母的必要性因素。此外，越来越多的女性接受更高教育、拥有自己独立的工作和可观的劳动收入，女性社会经济地位的提高增强了她们赡养父母的能力，为她们向父母尽孝提供了更大可能。从情感上讲，“女儿是父母的小棉袄”，女性在与父代的情感关系上比男性更加紧密。不少女性因为不忍父母年老受苦而主动承担起照料责任。情感驱动或可成为女儿赡养父母意愿的助推器。必要性、可能性和意愿性使得孝道担上增多了一份女性力量。许琪（2015）的研究也认同，现代社会儿子在赡养老人时更多承担的是经济义务，而女儿会照顾老人的日常生活。对于勤俭又体贴的老年父母，他们或许更加需要的是情感上的回归，而女儿往往能给敏感又容易感到寂寞的父母带来一些安慰，使父母感到开心，从而提升了老年父母的幸福感。因此，我们在此呼吁广大男性同胞，尤其是独生子女的男性，应当给父母更多关心，让辛苦一辈子的他们安度晚年。

11.3.2　孝行为实践的城乡差异

本部分中发现，无论是记住父母的生日还是在父母生日时给父母打电话关心问候，或者是向父母赠送礼物表达爱等孝行为的实践上，都存在着较为显著的城乡差异。来自城市的样本孝行为的实践情况更好，能够对父母表示出更高水平的关心和爱；而来自农村的样本尽管在赡养父母的态度上更加倾向于由子女负责，但关心和尊敬父母的实际行为还不够。很多农村老年人都会选择在农村老家养老，而绝大部分子女无疑会在城市工作，这样就会形成农村众多空巢老人的情况。与赡养同等重要的是，这些不与子女同住的老人也需要子女的关心，而来自农村的学生或毕业生在关心父母方面做得还不够好，如果按照如此趋势发展下去，留守在农村的空巢老人问题更加不能得到解决。因此，建议来自农村的学生从现在开始，多关心自己的父母，不要让父母的期待落空，向不懂言辞但总是非常体恤子女的父母表达爱。

11.3.3　家庭经济状况对孝行的影响

通过对不同家庭经济情况分组的研究发现，家庭经济状况良好的受访者往往表现出更好的尽孝行为。与我们印象中听过的孝道故事主角都是贫寒家庭出生的孩子不同，孝子实际上更容易出现在比较富裕的家庭。其原因可能有两个方面：一方面，因为条件较为宽裕的家庭中成长的子女往往接受了更好的文化教育，家庭氛围也更好，所以会更加孝顺。另一方面，从社会学的角度来说，富裕家庭更具备可传承性的社会资源，当父母掌握了越多的财产、越大的权力时，子女若想顺利继承，则需要表现出更大的孝心并付诸实际行动。孝顺问题实际是父辈用自己手中的财产和其他社会资源去交换子女未来对自己的赡养。影响孝道实践情况的原因是复杂的，单靠道德的约束是不够的，子女的孝行还受到许多现实因素的影响。因此，社会应该对家庭经济状况不太好的父母施以援手，给他们更多关心，弥补他们从子女处没有获得的足够的关心。

11.3.4　与父母同住情况对孝行为实践的影响

从上述的结果中能够发现，与父母同住的大学生或毕业生在尽孝时普遍表现得更好。子女在与父母同住的情况下，能够从父母那里得到更多的好处，这种好处可能是经济上的，也可能是体力上的，更有可能是情感上的。同时，这也反映出，父母应当与子女保持良好的代际关系和沟通，以确保能够在更多的子女关心中度过晚年。鄢盛明等（2001）的研究也支持了这一看法，其认为，与父母同住的子女尽孝的情况最好，其次是与父母住得近的子女，情况最差的是与父母相隔较远的子女。尽管这些研究与本研究探讨的是不同状态的人群，前者更多讨论的是已婚或已步入社会的成年子女，而本研究则主要讨论即将步入社会的成年人，两者面临的社会压力和家庭压力可能有所差异，但爱惜子女的父母也会根据子女的情况提供力所能及的帮助，因此，两类人都从与父母同住中接受了相应的帮助，因而可能表现出更加孝顺的举动。

11.4　小结

本部分着重探讨了子女孝行为的实践情况，分为两个主要的部分。

第一部分为父母的养老问题该由谁负责。大多数学生及毕业生认为应该由子女负责，还有一些人认为应该由政府、子女及老人自己共同负担，认为父母养老责任应该全部由政府或老人自己负担的比例非常小。说明绝大多数被调查者都认为父母的赡养问题有自己的一部分责任。从群体差异看，男性认为应该由子女负担养老的比例更大，说明男性更加愿意在保障老人晚年生活上承担更多经济支出。从城乡差异看，来自农村的被调查者认为应由子女承担老人赡养责任的比例更高。说明农村样本在老人赡养问题上表现出的责任心更强。

第二个部分为在实际行动中表现的孝行为。其中又分为日常联系情况，父母生日的行动，以及假期陪伴父母的情况。在日常联系部分中，样本平均上个月主动给父母打电话的次数约为 9 次，女性样本的平均次数更多，来自城市的样本的平均次数更多。

在父母生日时行动的情况这一部分中，记得父母生日和在父母生日时打电话问候是多数样本能够经常做到的事情，并且普遍存在女性在此类孝行中表现更好的情况，同时，母亲普遍比父亲收到的关心和实际的孝行更多。在这一部分中，存在着明显的城乡差异，来自城市的样本在关心父母上表现得更好。此外，我们还探讨了家庭经济状况及与父母同住的情况对子女孝行实践情况的影响。在记得父母生日和父母生日给父母打电话的情况中，家庭经济状况好的群体表现得更好，但这可能不是子女孝心的差距造成的，而是不同经济状况使得其对生活关注的方面不同而形成的。与父母同住的群体往往表现得更好，说明孝行为的实践同个体本身与父母互动的情况有关。在父母生日赠送礼物的情况中，能够做到偶尔赠送礼物的占比最多，赠送父母礼物的情况不如赠送恋人和朋友礼物的情况，但大多数学生或毕业生至少能偶尔向父母赠送生日礼物表达孝心。赠送礼物的情况依然存在性别差异，并且母亲收到礼物的频率高于父亲。与父亲或母亲同住的群体能够更好地利用赠送礼物表达对父母的孝心。而家庭经济状况与赠送父母礼物的情况则相对复杂，存在家庭经济状况越困难，向父母赠送礼物的比例越高的情况，但随着家庭年收入的增加，两者之间又开始呈现出正相关的关系。

在假期陪伴父母的部分，我们发现，大多数受访者倾向于在假期中将父母晾在一旁，而选择和朋友一起度过，只有不到三成的人能够平衡好家庭与社交的关系。与男性相比，女性在处理家庭与社交关系时表现得更好。与城市样本相比，来自农村的样本在处理家庭和社交关系时具有更好的表现。

第12章　总结与建议

12.1　基本信息与家庭背景部分

本部分收集了受访大学生的基本信息与家庭背景信息。其中基本信息包括：生源所在地、性别、专业、年级、年龄、民族、信仰、政治面貌、期待的最高学历等；家庭背景信息包括：父母文化程度、父母职业、家庭收入、兄弟姐妹情况等。

总结发现：大学生在总体人数上不存在性别差异；来自农村的大学生人数远低于来自城镇的大学生人数；父母的文化程度与职业的分布都相对分散，无明显集中现象；大学生父母的收入呈较为明显的右偏钟形分布；大学生中是独生子女的比例也存在较为明显的城乡差异；超过半数的大学生期待获得本科以上的最高学历。

结合该部分的分析，提出以下建议：

第一，进一步落实农村家庭子女享受高等教育的优惠政策。消除贫困、改善民生、逐步实现共同富裕，是社会主义的本质要求，是全面建成小康社会的要义所在。教育是人力资源开发最为重要的渠道。通过发展教育，提升贫困人口受教育水平，增长他们的知识，提高他们的技能，对于促进贫困人口就业、提高贫困家庭收入水平、从源头上阻断贫困的代际传递具有重大意义。习近平总书记多次指出，治贫先治愚，扶贫先扶智。

政府应该加强顶层设计，完善教育体系，缩小我国教育公共服务的城乡差距、区域差距和群体差距。许多贫困地区，同时也是教育公共服务供给最为薄弱的地区。政府应该为贫困家庭的子女接受公平且有一定质量保障的基础教育提供机会，同时最大可能地提供有效的职业技能培训。

第二，保证高等教育的优质性。借助教育信息化的东风，在推广普及教育信息化的基础上，推动融合与创新，特别是解决贫困山区和边远地区的均衡发展问题，从而探索出创新的信息化教育教学模式和可持续的教育信息化运营模式，促进教学方式与学习方式的变革，支撑引领教育改革创新，最后达到优质教育的目的。

第三，健全完善大学生资助体系。要完善资助方式，实现家庭经济困难学生资助全覆盖。不断提高服务水平，优化工作流程，保障政策落实。通过全方位的支持方式和现代信息化建设，提高资助工作的管理效率。要注重推动教育公平，继续对农村和贫困地区学生上重点大学实行倾斜，让更多困难家庭孩子能够受到良好教育，在平等竞争中，拥有上升通道、释放创新潜能。

12.2　教育经历部分

本部分综合分析了教育基本情况，包括教育资源分配，受教育过程中不同经历，学习态度以及课余时间安排四个方面，基本涵盖了调查对象从幼儿园到大学的完整教育历程信息。结合我国城乡差异基本情况，主要采取城乡对比分析，结合小学、初中和高中三个时间段分别观测。

基本分析分为在校生和毕业生两个大样本。首先，整体来看，不论在哪个样本中都是城市教育资源远远优于农村教育资源。但是从调查结果来看，教育资源带给学生学习的差异随着学历的提升不断缩小，这也说明了自身的努力起着非常重要的作用。其次，对比两个样本发现，随着时代的变迁，来自农村的学生的特长辅导班类型逐渐丰富，但与城镇学生相比，他们在课外特长辅导班方面还是有很大差距。再次，重理轻文的现象依旧严重。在选择大学和专业的问题上，农村和城市的学生并没有太大差异，虽然越来越多的学生在专业选择上更偏重于兴趣，但是大学的综合排名和声望依旧是所有大学生最优先考虑的问题。最后，根据统计调查结果，我们发现了一个非常有趣的现象，理工科学生的课余时间相对较多，但他们对于实践活动的热情却远远不如非理工科学生，这也值得我们好好讨论。

在本部分的后面，我们还开设了成绩分析专题，分析发现，不同性别、来自不同地区的大学生在校成绩存在差异。其中，女生成绩稍好，来自较发达地区的学生成绩也相对较好。在对成绩影响因素的分析中发现，期待的最高学历、对未来的职业规划、学习态度以及家庭收入都会对学习成绩有较大程度的影响，身体状况、参加社会实践也都或多或少地影响学习成绩，但对父母文化程度这一影响因素进行分析时却又得到了意想不到的结果，值得往后深入探究。

结合上述统计结果，本文得到如下建议：

（一）政府层面政策

第一，国家应该重视教育资源合理分配。不论是学前教育，还是更高层次的教育阶段，农村教育经费投入还不够，特别是农村教师的薪资问题有待解决，可以以此为一个切入点改善农村教育环境和水平。

第二，教育体制亟待进一步探索。重理轻文的结果正是由于“文科学的人少，但录取率低，理科学的人多，但录取率高”的现状导致的，这正是我国亟待改进的地方，社会需要多方面的人才。

第三，加大对成绩的重视程度及职业规划的正确引导。首先，正确引导在校大学生对在校成绩的合理重视，不能一味地引导学生参加实践而放松对学校知识的学习；其次，加大教育阶段对学生职业规划的引导，例如，适当安排职业规划课程，让学生有机会接触到相关信息。

第四，调节课程安排，使之更贴近实际应用以及调动学生学习兴趣。调查中有 54.07% 的学生对学校安排的学习非常不感兴趣。相关部门可以从这里下手，让大学生能够在大学教育期间接收到他们所需所求的知识，进一步调动学生学习兴趣，提升教学效果。

（二）个人层面建议

第一，天道酬勤，出身不再决定一切。从统计结果中我们可以发现，随着学历不断提升，城乡学生在教育资源上的差距逐渐减小。更多的农村学子进入和城镇同学相同的资源平台，这说明自身的努力可以弥补教育资源的短缺。

第二，大学生应该有自己的未来职业规划。比较清晰的未来职业规划，无论是对当前在校成绩还是对未来的工作都有显著的帮助。在大学里，大学生可以通过多参加社会实践、接触社会来体验自己的所求所需，规划好自己未来的发展方向。

12.3　投资与消费部分

本部分通过 CCSLS 数据进行大学生投资与消费相关内容的分析研究，主要内容包括：大学生生活资金来源、每月经济状况、理财产品投资（重点为股市投资）、每月花费情况、相关消费习惯、个人居住情况等。

相关分析结果表明，当今大学生投资与消费的各项数据由于性别、地区、年龄的不同而具有明显差异。大学生资金来源不足，投资消费具有一定程度的理性但普遍偏于保守。大学生投资与消费受家庭支持较多，经济独立能力尚待提高。

针对以上结果，本文提出以下建议：

（一）政府与学校层面政策

第一，政府应完善社会投资环境。一个良好的投资环境对于整个国家宏观经济总体运行意义重大，并有利于降低每个投资者的意外风险，特别是大学生群体这种需要投资公平保障的小额投资者。当代大学生投资相对保守，与相关投资环境不够完善有一定关系，政府应通过合理制定投资规则与有效监督投资环节，解决投资市场弊端，以此促进大学生合理投资。

第二，政府应加强经济适用房建设。相对于大学毕业生的工资，房价过高致使其购房相当困难，经济适用房契合大学毕业生的住房需求，也有利于在供给层面降低房价。

第三，学校应适当培养大学生的投资消费观念。学校可通过设立相关课程、建立投资消费交流平台等帮助大学生合理投资消费，培养正确的消费观念。学校这一举措不仅有利于学生整体投资消费素质的提高，也能使学校教育多样化，有利于学校发展。

第四，政府和学校应合作支持贫困大学生。大学生之间差距较大，不利于大学生之间建立良好关系。对贫困大学生的支持，将帮助一部分大学生解决生活困难问题，并缩小大学生贫富差距。从长远来看，还可加速贫困地区发展，为贫困地区培养高素质人才。

（二）个人层面建议

第一，培养正确并适合自身情况的投资消费观。合理的投资消费观对于大学生的发展十分重要，大学生应努力学习相关知识，在社会、学校的帮助下建立投资消费观并不断完善，为以后财富增长做好个人层面的充足准备。

第二，合理投资消费，逐步实现在财产上独立自主。大学生大多依赖父母，传统观念是一方面，收入不足与盲目消费是另一方面。建议大学生根据自身情况进行小额合理投资并克服盲目消费，逐步实现独立自主，摆脱经济上对家庭的依赖。

第三，大学生应了解经济形势和政策，谨防上当受骗。大学生对于经济形势政策的了解，可以提升大学生认知水平，有利于自身发展。此外，大学生掌握相关知识可减少上当受骗，维护财产安全。

12.4 职业意向与工作情况部分

该部分调查了大学生的职业意向以及毕业生的工作情况。分析发现，超过半数的大学生大学期间对未来的职业规划只是基本规划，规划得比较清晰和非常清晰的占比较少。在对工作的认识上，大学生认为实践与工作经验比较重要，选择工作时更看重薪酬与发展机会，就业意向则更偏爱大公司和专业对口的工作。对于毕业后的打算，超过半数的大学生表示会继续国内读研或出国留学深造，其中选择国内读研的占了大部分，只有不到四成学生表示毕业后直接就业。毕业生的就业情况中，校园招聘会完成了超过一半毕业生的工作签约，成为大学生主要的就业渠道。大学生刚毕业的第一份工作的普遍特点有：起薪低、专业对口、多为技能型工作、就业地区集中于东部与中部地区等。大部分大学毕业生对当前的工作比较满意。

针对该部分的分析结果，给出以下建议：

（一）政策建议

第一，做好大学生职业生涯规划工作。虽然调查结果显示，越往高年级未来职业规划越清晰，但可能为时过晚。因此，高校应重视低年级大学生职业生涯规划工作，加强大学生职业生涯规划课程的建设，建立职业生涯规划指导团队，加强职业生涯规划咨询和测评等。

第二，建立健全就业指导工作机制。校园招聘作为大学生就业的重要渠道，高校应该予以充分重视，并做好学生就业指导工作，保证签约就业的成功率。

第三，继续深化西部大开发战略。调查结果显示，仅有6.06%的毕业生投身西部地区工作，这必然不能满足西部开发建设的人才需求，国家还得继续制定人才吸引政策。

（二）个人层面建议

第一，自觉做好职业生涯规划。考上大学是新的奋斗过程的开始，必须尽快找准方向，做好规划。

第二，选择出路时要有正确的心态。大学生要清楚自己未来或当下需要承担的责任，树立责任意识。例如选择读研深造，不应该是为了逃避工作就业压力。

第三，择业时戒骄戒躁。大学生应该清楚，自己虽有较高文化水平，但工作经验与社会经验还相当欠缺，因此，初入职场时，要调整好心态，从基础做起。

12.5　创业部分

本部分调查了大学生创业的情况和影响因素。调查包括 16 个方面的内容：创业率、大学生创业动机、创业规模、新产品和服务、过去三年的年度销售额增长率、创业方向、方案、创业前所做准备、影响创业领域选择的标准、创业意愿、未创业的理由、亲友的创业情况、各学习阶段的创业打算和创业情况、对创业的态度、对相关法律与政策的了解、获得的创业支持，并通过创业活力指标与创业动力指标，对比分析了大学生创业情况的地区差异、性别差异、年级差异和专业差异。

分析结果表明：第一，创业的大学生占比极低。毕业之后的大学生大多选择继续深造或者就业，只有很少的学生选择创新创业，其中，西部地区学生选择创业的占比多于中东部地区，男生占比多于女生，农村学生占比多于城市学生，不同专业的大学生对创业的观念差异较大。第二，多方面的因素决定大学生的创业观念和态度。大学生选择创业的原因主要是兴趣和梦想，有强烈的自我意识，偏向于自己做老板。而未创业的最重要的两个因素是缺乏资金和经验。同时，家庭、社会资源、对法律的了解等因素也影响着大学生的创业观念。第三，大学生创业状况堪忧。创业学生公司近三年的销售额增长率极低，大多数选择创业的学生的公司经营业绩不理想，只有少数发展较快。大学生创业由于受实践经验、社会资源以及市场竞争等方面的影响，成功者凤毛麟角。

根据以上结果，本文提出以下建议：

（一）政府政策建议

第一，推进积极的财政政策，扩展融资方式，调动社会各界力量，筹建创业园区。虽然在新企业所得税法实施照顾性的税率，但是这个税率对刚刚毕业或仍在学校读书的大学生来说还是很重的负担。因此，相关部门可以适当延长毕业生纳税的宽限期，以便最大限度地发挥税收优惠政策对大学生创业的鼓励作用。而且，税收优惠可不仅仅局限于企业所得税，税务部门应当把营业税、个人所得税等都考虑到税收优惠政策设计中。

第二，注重政策落实的连续性，统筹协调各部门，强化政策落实力度。政府要注意政策设置的连续性，对毕业生创业的扶持不仅仅是资金、创业教育等单独的政策扶持，而是要系统地设置创业政策，使得这些政策形成连贯的体系，形成一个合力，引导资金、技术、人才、信息等发展要素流入大学生创业企业。

第三，加大对西部地区政策扶持力度。调查结果显示，来自西部地区的大学生的创业意向和活力高于中东部地区，然而，我国创业政策资源与创业教育资源分配不公，明显偏重中东部地区。因此，政府应加大对西部地区的政策扶持力度，尽量保证区域间平衡，让不同地区的大学生都能够享受到创业优惠政策。

（二）学校建议

第一，注重实践指导，培养学生实践能力。近年来，尽管高校加强了创业方面的教育，但是课程种类单一，而且课程设置偏重理论教育，对学生实践能力的引导作用不强。因此，高校要加强创业实践指导，着重培养大学生的动手能力，为大学生自主创业打好基础。

第二，提供创业平台和资源。大学生可能会由于资金、商业机会等资源的缺失而放弃创业，或直接导致创业失败。因此，学校应利用自身优势，为学生营造良好的创业环境。如与当地企业家合作，共同培养创业者；又如联系天使投资人，为有优秀的创业策划的创业者投资，解决其资金上的瓶颈。

（三）个人层面建议

第一，创业者需要了解创业的含义与意义。创业是一项从无到有、由简入繁、除旧迎新的过程，创业者需要整合资金、技术、人力资本、商品机会、产品服务等各方面资源，自力更生，把兴趣和职业紧密结合起来，培养自立自强意识、拼搏意识、风险意识和艰苦奋斗的作风。这样既有助于为国家造就一批年轻的企业管理人才，又能够缓解就业压力，为社会提供更多的就业机会。

第二，明确创业者应具备什么样的素质和能力。创业不是简单地为自己打工，而是考虑到人、财、物、进、销、市场定位、竞争、管理体系、团队、财务等一系列问题的系统工程，要求创业者具备创业意识，自信、自强、自主、自立的创业精神、竞争意识和创业心理品质，以及专业技术能力、经营管理能力、人际沟通能力和决策判断能力，应对在创业过程中遇到的一系列问题。

第三，创业前的准备。大学生创业一般有把握创业商机、明确创业目标、分析创业项目、制定行动计划等步骤。创业者应了解所在地区相关的创业政策。为支持大学生创业，国家各级政府出台了许多优惠政策，涉及融资、税收、培训、创业指导等诸多方面。对打算创业的大学生来说，了解这些政策是创业前必要的准备工作。

12.6　社会交往部分

该部分主要从朋友构成、交往方式、微信朋友圈和网络虚拟社区知识分享几个方面对大学生的社会交往方式进行调查，有助于我们更加深入地了解当代大学生的行为及心理，反映信息技术发展对人们社交方式的影响。

通过这一部分的分析我们可以看出，新时代大学生的生活、交往方式不断发生着改变，呈现出了许多新的特点：（1）相似性。大学生的朋友构成以年龄、性别、身份、经历相似的人群为主，更容易因有相同的价值观而产生共鸣。（2）开放性。网络社交工具为大学生提供了一个开放性平台，在网络上能够更广泛地参与，更自由地展示。（3）自主性。丰富的社交渠道为大学生的交往提供了更加多样的途径，大学生可以自由地选择不同的交流平台和交往方式。网络较为自由宽松的环境也使得大学生可以更加自由地表达自己。（4）间接性。大学生的交往很大一部分是以网络为媒介进行的，人与人之间面对面直接的交流减少。（5）虚拟性。社交网络的兴起使得大学生能够在网络上重新构建一个虚拟的形象，并以此进行交流交往。

针对以上的结论，为适应新时代大学生交往方式所呈现出的新特征，提出如下几点建议：

（一）政府与学校层面政策

第一，加强网络管理，净化网络环境。21 世纪，随着信息技术的发展，网络已经完全渗透到人们生活的各个方面。网络作为一种新媒介，彻底改变了人们的生活方式，尤其是对于善于接受新鲜事物的大学生，其生活交往方式受到了巨大的影响。从调查数据结果可以看出，当代大学生对网络的依赖度很高，可以说网络已成为与他们生活息息相关的一部分。然而，我国的网络缺乏规范，管理不严，导致网络环境出现了一定的混乱，网络信息可信度较低，造成了信任危机，这些都将成为阻碍大学生进行正常网络交往活动的因素。因此，加强网络管理、净化网络环境势在必行。

政府应当建立起一套完整的网络管理法律法规。针对目前网络管理中存在的漏洞，尽快完善相关法律法规，使得法律对网络的监管不留死角。同时，加强有关部门的建设，明确职责，从而加强其对网络环境的有效监管。高校需要做的是，对学生施以正确的引导，加强对大学生网络行为的教育，引导大学生遵循网络人际交往秩序的相关法规，认真履行网民的义务，同时，综合网络人际交往失范事例，帮助大学生提高警惕和增强防御意识。

第二，优化校园文化环境浸染。客观环境对个人发展有着潜移默化的影响。校园是大学生日常生活的主要环境，大学四年的学习生活是大学生成长中的重要阶段。校园文化环境在很大程度上影响着大学生的交往方式。良好的校园文化环境可以培养大学生积极健康的交往方式、行为习惯，并且能够对大学生进行价值引领，因此，如何为大学生塑造一个良好的校园文化环境是当前高校教育值得探讨的一个问题。大学生的人际交往活动离不开物质基础。在物质层面，高校应完善基础设施的建设，配备相关的大学生生活交往、科研实验以及其他活动所需设施、场所，并且加强师资队伍的建设，从而为大学生生活交往以及各类文化活动的开展提供必要的条件。在精神层面，大学应当形成开放、积极的文化氛围。这需要高校注重校园文化活动，积极开展多种类型的文化活动，为学生的交往活动提供丰富的渠道，鼓励学生积极参与到社交活动中。这不仅是对大学生基本需要的满足，也为其提供了锻炼的机会，让大学生的人际交往、组织协调、合作沟通等能力获得提升，有助于全方位人才的培养。

第三，与时俱进，适应新时代的交往方式。随着科技的发展，社会的变革，人们的生产生活方式产生了天翻地覆的变化。新时代的科技、经济、政治、文化全方位地影响着人们的思想、行为，环境的变化促使人们的交往方式产生相应的调整变化。现代科技发展带来的网络化、信息化、全球化大大改变了人们的交往方式，大学生是受其影响较深的一部分群体，尽管新型人际交往方式在发展过程中出现了诸多问题，但我们应该意识到，这是大环境下未来发展的必然趋势，因此我们不应该排斥，而应该积极适应新时代的人际交往方式。

（二）个人层面建议

第一，大学生在网络交往中应当重视自我管理，树立正确的网络交往意识，共同营造健康的网络环境。

第二，大学生应当成为新型交往方式的主导者而不仅仅是被动的接受者。要防止网络化、信息化所带来的消极影响，充分利用网络人际交往方式的积极作用，让信息化技术更好地服务于自己。

12.7　身心健康部分

该部分主要就大学生的身体健康（如身高、体重、视力、睡眠情况和亚健康状况等）、心理健康、行为习惯（如锻炼时间和频率、作息时间、饮食习惯等）做了详细的调查和分析。在分析中，又以性别、在校生或毕业生，以及居住地是城镇还是农村等因素进行分类，对数据进行了对比分析，从而总结出不同群体在身心健康问题上的不同特征。

分析结果表明：（1）大学生的身体健康状况较好，但仍旧存在不少问题，如视力问题较严重，近视眼比例非常高，达 82% 左右；相当一部分人经常出现注意力难集中，记忆力减退、经常贫乏无力，反应迟钝、用脑后易疲劳等身体亚健康状况，以及感冒发烧、肠胃问题和眼睛问题等身体不适情况。（2）大学生的心理健康状况表现为大部分学生状况良好，但也有相当一部分学生出现经常性情绪低落、对生活绝望等不良情绪。（3）大学生的行为习惯着重表现为锻炼少、爱用电脑、饮食不规律、作息不自律。在锻炼方面，大学生锻炼频率低，锻炼时间短，锻炼方式也较为单一，多为快走、跑步和球类。对大学生而言，不论是学习、工作、看节目还是打游戏，都离不开电脑，每天面对电脑的时间至少 5 小时。在饮食作息方面，晚睡情况非常严重，尽管学校有严格的作息安排，仍然挡不住大学生当一名“夜猫子”的热情，而三餐不全的情况也较为突出，尤其是一些女生，执着于通过节食减肥。

笔者认为，大学生不健康的行为习惯与其身体健康状况和心理健康状况具有一定的关系。因此，要改善大学生的身体心理健康状况，首先应当从行为习惯入手，帮助大学生养成良好的行为习惯。针对以上分析，提出以下建议：

（一）政府层面政策

第一，加大体育设备投资，扩建学校的运动设施。锻炼方式单一是造成很多人疲于锻炼的因素之一，没有对运动的兴趣，自然很难坚持长时间的锻炼行为。如果加大体育设备投资，让学生可以选择自己喜欢的运动锻炼方式，那么一定会激起更多人对运动的热情。

第二，倡导运动锻炼的良好社会氛围，形成全民运动的良好社会风气。通过举办各种大型的全民性的运动竞赛如马拉松等，形成良好的社会氛围。

第三，加强高校心理健康指导建设。大学生的心理健康由于各方面的因素处于一个不稳定的状态，在这个特殊的时间段，来自学校、社会的心理健康指导就显得尤为重要。开设心理健康教育课程、开设学校心理健康指导室和相关的讲座对学生的心理健康建设具有重大意义。

（二）个人层面政策

第一，把自己从手机、电脑中解放出来。许多学生对手机有严重的依赖症，机不离手是日常状态。如此也导致了“晚睡拖延症”、视力下降严重等问题，因此，对学生而言，学会放下网络，回归生活很重要。学生可以通过培养其他的兴趣爱好来逐渐达成这一目标。

第二，积极参加校内校外活动，学会向他人倾诉。积极参加校内校外活动可以帮助学生形成积极乐观的人生态度，结交更多的朋友，对生活和未来充满信心。这对学生的身体和心理健康都具有相当的益处。学会向他人倾诉也能帮助学生释放自己，避免不良情绪的积累，塑造健康的心理环境。

第三，严格要求自己的饮食和作息，制定适合自己的锻炼计划。规律的饮食和作息不仅有益于学生的身体健康，还有助于学生形成规律的生活节奏。而适合自己的锻炼计划更是增强体质的不二法宝。

第四，培养正确的审美观，科学减肥。许多女生以瘦为美，其实匀称健康亦是美。不要盲目地节食，而是要通过科学的方法，控制饮食，加强锻炼，以达到减肥的效果。

12.8 婚恋家庭和社会观部分

本部分从大学生的婚恋情况、家庭观和社会观三方面进行分析。其中，婚恋情况涵盖了大学生过往及目前的恋爱情况，婚姻状况和对此的态度；家庭观则折射大学生对家人的关心情况，对养老问题的看法；社会观涉及参与环保、志愿活动等情况。

在对婚恋情况的分析中，我们发现：性别、地区和专业都会影响大学生的恋爱情况。虽然主观意愿是大学生恋爱与否的主要因素，但是单身仍旧是大学生的主流状态。在已有恋人的群体中，男性比女性对自己的恋人更满意，毕业生对恋人的满意程度高于在校生。相对于传统观念，结婚已经不再是恋爱的主要目的，而选择在校期间同居的为极少数。对于赡养方式，大学生所持的态度与传统观念大致相符。与家庭成员的关系中，大学生与父母保持了良好的沟通关系，但从生日关注度这一角度来看，与恋人/爱人的关系密切度高于与父母之间的关系密切度。虽然近几年频频出现社会冷漠等现象，但绝大部分大学生坚信社会成员间仍旧充满信任，并且坚持通过公益志愿活动、环保出行等方式来贡献自己的一份力量。

针对以上结果，提出以下建议：

（一）政府层面政策

第一，宣传正确的恋爱观。在大学生群体中，传统恋爱观念在发生改变，结婚不再是大学生恋爱的主要目的。宣传正确的恋爱观，既能破除部分学生对待恋爱较为禁锢的观念，又能警醒对恋爱持轻浮态度的学生，降低社会中出现的由于恋爱问题而发生的悲剧。

第二，提倡适时婚恋。调查结果显示，晚婚是大学生婚姻的主要趋势，大多数大学生对婚姻依旧保持谨慎的态度，并选择用时间来审视并巩固稳定的婚姻关系，而其中的婚姻基础主要分为物质层面和精神层面。目前，随着我国人口形势和女性初婚初育年龄发生变化，国家不宜再提倡晚婚晚育，2015 年新修订的《人口与计划生育法》取消了对晚婚的奖励假。提倡适时婚恋，有利于控制大学生晚婚的趋势，减轻劳动力缩减，缓解人口老龄化。

第三，继续实施紧缩的房价压制政策。调查结果显示，大学生对于赡养的认识依旧是传统的养儿防老观念，很多刚步入社会的“80 后”，不堪房价过高的压力，沦为“房奴”，“蚁居”在各个城市的角落，这无形中给当代大学生和刚毕业的大学生施加了压力，也成为父母与孩子分开两地居住的主要原因，长期的分离难免会导致沟通的减少，以及赡养问题的出现。所以，政府实施相应房价政策限制房价过高，会在一定程度上促使大学生购买更大的住房，有利于解决其父母及恋人的居住问题，使大学生更好地赡养父母。

第四，加强亲子关系等方面的教育。调查结果显示，虽然与家人沟通良好，但在大学生群体中有一部分人对自己父母的生日记得还不太清楚，反映出大学生在慈孝之心上存在一定不足。应该从小对学生进行感恩父母、了解父母等方面的理论、实践教育，让学生从小更多地与父母沟通，并通过学习认识到自己应该更多地了解父母，而不只是恋人。

第五，创新社会道德管理。尽管近年频频出现社会冷漠等现象，但大学生坚信社会成员间仍旧充满信任，并且坚持通过公益志愿活动、环保出行方式来贡献自己的一份力量。政府应当合理利用这部分群体的力量来带动全社会形成良好的社会道德观。近期网络上出现部分大学生做志愿活动而被骗等现象，政府应为大学生的公益志愿活动提供良好的环境，加强监督与对不法分子的惩治。

（二）个人层面政策

第一，在择偶方面，大学生应树立正确的择偶观，并不断提高自身能力，最重要的是拥有良好的品格与品质。在恋爱交往中，应严肃并正确对待性，男生要懂得尊重女生，严于律己；女生应当洁身自爱，使自己的思想和行为约束在一定的纪律、社会道德与法律范围内。

第二，对在校生或刚毕业的大学生来讲，大多数人的父母已进入不惑之年，感情等难免会略显敏感。此时，我们更应该注意与父母经常联系，报喜不报忧或许是最好的选择，让他们在感受到来自儿女的关心的同时，感受到幸福和骄傲。大多数大学生已成年，对于物质层面的需求应尽量自己争取而不是总靠父母。正确处理好父母与恋人的关系，做好中间人，是大学生家庭成员之间良好关系的重要枢纽。

第三，对于社会观念，我们面对社会冷漠现象，应做到正确看待与处理，不盲从跟风，加剧社会舆论引起的恐慌。应加强自身的道德修养，积极参与社会公益志愿活动，实现社会价值。

12.9 孝行为部分

本部分主要探究大学生及毕业生的孝行情况，主要分为对待赡养问题的态度和孝行为的实践情况两个部分。其中，孝行为的实践部分又包含三部分内容，分别是日常中主动联系父母及联系的原因、是否记得父母生日及行动情况、假期或周末陪伴父母的情况。

从调查结果中发现，大多数受访者认可父母的赡养责任应该主要由子女承担，认同由政府、子女和老人三方共同承担的比例排在其次。男性群体更加认同应该由子女承担老人赡养责任，来自农村的群体也更加认同这一观点，兄弟姐妹个数越多越认同这一观点。从孝行为的实践看，普遍存在性别差异，女性在践行孝道中表现更好，并且母亲往往能够得到更多关爱。同时，家庭经济情况更好的受访者表现得更加孝顺，与父母同住的受访者相应地给予父母的关心也更多。

针对以上结果，提出以下建议：

（一）政府层面政策

第一，随着社会的进步，养育子女、照料老人等所需成本越来越高，因此，年轻人面临的压力会越来越大。政府一方面应该着力解决住房贵、幼儿教育贵等生活成本提高的问题，降低年轻人的经济压力；另一方面应该加快建设和完善养老保障体系，尤其要重视农村地区的养老保障体系建设，保障农村老年人老有所依、老有所养。

第二，加快推进养老院、托老所等养老机构的建设。未来老年人的居住模式更倾向于不与子女同住，政府应该为身体欠佳或独居的老人提供能够被照料的环境，这样的机构能使老人不感到孤单，降低社会中老年人在家中生病无人发现或老人因长期独自生活患精神疾病的可能。

第三，着手解决独生子女家庭的赡养问题。在我国独生子女的政策下，大多数“80 后”“90 后”是没有兄弟姐妹的，独生子女家庭在未来需要承担很大的养老压力，独生子女的夫妻双方需要承担四位老人的养老责任，而二孩政策鼓励年轻人生育二孩，那么，一对年轻夫妇需要承担赡养四位老人及养育两个小孩的责任，压力巨大。独生子女家庭为我国经济发展做出了贡献和牺牲，国家应该保障独生子女家庭的养老问题，保证社会的和谐稳定。

（二）个人层面建议

第一，大学生或毕业生应该给父母更多的关心，同时也要将自己的情况及时告知父母，让父母不要为自己担心。通过调查我们发现，大部分受访者联系家里的原因是关心、问候父母和想家了，而为了向父母说明近况的和分享生活的频率较小。年轻人应该多和父母分享交流，让父母更加了解自己的状况，减少信息不对称带来的争吵与误解，和父母更好地相处，彰显孝心。

第二，尽管传统的中国父母可能没有过生日的习惯，但是能够将父母生日铭记于心并在父母生日时有所表示仍然不失为一种非常直接的向父母表达爱意和孝心的好方式，这宣告着将父母放在很重要的位置，尊敬和爱父母。因此，大学生和毕业生需要更加留心，铭记父母的生日和在父母生日时对他们表达爱，让他们感到幸福和欣慰。

第三，调查发现，大部分受访者在假期对父母的陪伴不足，经常是和朋友在外玩耍度过假期，而置父母于不顾，能够兼顾家庭和社交的受访者只是少数。在此我们呼吁，年轻人群体应该平衡好家庭与社交的关系，在假期与朋友休闲娱乐的同时也不要忘记抽出一些时间来陪伴父母，为他们做一些力所能及的小事。

参考文献

[1] Amato P R, Danelle D D. The Transmission of Marital Instability Acrossacross Generations: Relationship Skills or Commitment to Marriage? [J]. *Journal of Marriage and Family*, 2004, 63 (4): 1038-1051.

[2] Butler A B, Dodge K D, Faurote E J. College Student Employment and Drinking: A Daily Study of Work Stressors, Alcohol Expectancies, and Alcohol Consumption [J]. *Journal of Occupational Health Psychology*, 2010, 15 (3): 291-303.

[3] Chappell N L, Kusch K. The Gendered Nature of Filial Piety——A Study Among Chinese Canadians [J]. *Journal of Cross-Cultural Gerontology*, 2007 (22): 29-45.

[4] Chen S X, Bond M H, Tang D. Decomposing Filial Piety into Filial Attitudes and Filial Enactments [J]. *Asian Journal of Social Psychology*, 2007 (10): 213-223.

[5] Cheung C K, Kwan A Y. The Erosion of Filial Piety Byby Modernization in Chinese Cities [J]. *Aging and Society*, 2009 (29): 179-198.

[6] Cheung C K, Kwan A Y, Ng S H. Impacts of Filial Piety on Preference Forfor Kinship versus Public Care [J]. *Journal of Community Psychology*, 2006 (5): 617-634.

[7] Deutsch F M. Filial Piety, Patrilineality, and China´s One-Child Policy [J]. *Journal of Family Issues*, 2006 (3): 366-389.

[8] Dong X Q. The Expectation and Perceived Receipt of Filial Piety among Chinese

Older Adults in the Greater Chicago Area [J]. *Journal of Aging and Health*, 2014 (7): 1225-1247.

[9] Hu C P, Li W. The Influencing Factors of Knowledge Sharing Behavior on College Students in Virtual Communities [J]. *International Symposium on Distributed Computing and Applications to Business Engineering & Science*, 2014: 239, 239-242.

[10] Ketkaew C, Naruetharadhol P. Determinants of International College Student's Performance in Mathematics [J]. *Procedia-Social and Behavioral Sciences*, 2015 (195): 1525-34.

[11] Liu Y X, Zhao J Z. The Impact and Countermeasures of Social Network on Mental Health of College Students [J]. *Lecture Notes in Management Science*, 2012, 46 (46): 235-238.

[12] Orpen C. The Effects of Organizational and Individual Career Management on Career Success [J]. *International Journal of Manpower*, 1994, 15 (1): 27-37.

[13] Pusnik K, Tajnikar M. Cross-countries Differences in Entrepreneurial Processes: The Case of Slovenia and Croatia in International Context [J]. *International Journal of Sustainable Economy*, 2010, 2 (4): 382-399.

[14] Rontoyanni G V, Baci S, Cooper A R. Association between Nocturnal Sleep Duration, Body Fatness, and Dietary Intake in Greek Women [J]. *Nutrition*, 2007, 23 (11): 773-777.

[15] Shi L H. Little Quilted Vests to Warm Parents'Hearts: Redefining the Gendered Practice of Filial Piety in Rural North-eastern China [J]. *The China Quarterly*, 2009 (198): 348-363.

[16] Sun F F. Analysis of Psychological Factors and Guidance Countermeasures of College Studengts' Using Behaviors of Social Network [J]. *Advances in Social Science Education and Humanities Research*, 2016 (91): 331-336.

[17] Tsai H H, Chen M H, Tsai Y F. Perceptions of Filial Piety among Taiwanese University Students [J]. *Journal of Advanced Nursing*, 2008 (3): 284-290.

[18] 陈章源，於鹏. 体育锻炼对大学生主观幸福感的影响：同伴关系的中介效应 [J]. 首都体育学院学报，2015，27 (02)：165-171.

[19] 初云宝. 户籍与大学生学习成绩相关研究——以广东省三所大学为例的实

证分析［J］. 高教探索，2011（3）：110-116.
［20］“当代大学生婚恋观调查研究”课题组. 当代大学生婚恋观调查［R］. 调研世界，2012（10）：23-27.
［21］丁大建，高庆波. 毕业了你将去哪里——2003 年北京地区高校本科毕业生就业意愿调查分析［J］. 中国人力资源开发，2004（04）：4-10.
［22］杜鹃. 新媒体对当代女大学生婚恋观的影响［J］. 青年记者，2016（23）：32-33.
［23］杜鹏，曲嘉瑶. 中国老年人对子女孝顺评价的变化及影响因素［J］. 人口研究，2013（05）：30-41.
［24］方洁. 大学生投资理财状况调查与研究——以合肥地区高校为例［J］. 现代商业，2015（26）：190-191.
［25］付晓丽. 大学生消费行为的社会学研究［J］. 中国青年研究，2009（09）：73-77.
［26］高鸣，成科扬. 虚拟社区文化与大学生思想政治教育［J］. 江苏高教，2006（04）：120-122.
［27］郭丛斌，闵维方. 家庭经济和文化资本对子女教育机会获得的影响［J］. 高等教育研究，2006（11）：24-31.
［28］胡娟. 大学生消费心理和消费行为的研究［J］. 心理科学，2003（02）：297-300.
［29］黄永真. 宜春学院医学生营养知识、态度及饮食行为调查［J］. 现代预防医学，2008（02）：291-293.
［30］晋晋. 大学生身体亚健康状况及成因调查［J］. 中国科学技术大学学报，2014，44（06）：531-534.
［31］兰竹虹，屈改柳，崔鹏勇. 大学生群体网上购物消费行为的影响因素分析——基于成都地区高校的实证调查［J］. 消费经济，2013，29（04）：58-63.
［32］李红. 大学生择业观探析与引导［J］. 四川师范大学学报（社会科学版），2006（04）：88-94.
［33］李欢欢，骆晓君，王湘. 大学生的孤独感与自杀意念的关系：来自内隐和外显测量的证据［J］. 中国临床心理学杂志，2012，20（06）：805-808.
［34］李珊珊，王海俊，吴双胜. 北京市不同体型小学生饮食行为调查［R］. 中

国学校卫生，2010，31（06），662-664.
[35] 刘艳军，朱慧玲．从全球化的视角解析当代青年“孝”之观念的现代性转变［J］．中国青年研究，2007（04）：29-33
[36] 陆根书，刘珊，钟宇平．高等教育需求及专业选择中的性别差异及其影响因素分析［J］．高等教育研究，2009，30（10）：14-29.
[37] 陆汉文．大学生：消费与现代性［J］．青年研究，1999（06）：37-42.
[38] 马良，方行明，雷震．父母的政治资本和人力资本对子女深造意愿的影响及传导机制——基于中介效应和调节效应的分析［J］．教育与经济，2016（03）：83-90.
[39]《青少年价值观评测指标体系模拟研究》课题组．当代大学生的婚恋价值观研究［J］．中国青年研究，2011（5）：42-47.
[40] 沈翔．运动干预和运动——认知干预对大学生压力应对及心理承受力的影响［J］．武汉体育学院学报，2015，49（10）：76-82.
[41] 宋军，肖璨，李晓北，等．在校大学生对超重肥胖的认知情况及减肥行为调查［J］．中国健康教育，2012，28（6）：463-465，468.
[42] 孙敬水，黄秋虹．中国城乡居民收入差距主要影响因素及其贡献率研究——基于全国31个省份6937份家庭户问卷调查数据分析［J］．经济理论与经济管理，2013（06）：5-20.
[43] 涂晓明．大学毕业生就业满意度影响因素的实证研究［J］．高教探索，2007（02）：117-119.
[44] 王处辉，余晓静．从填报高考志愿看城市家庭的代际关系和教育问题——2003年高考考生/家长填报志愿情况调查报告［J］．高等教育研究，2004（01）：24-31.
[45] 王东．当代大学生的婚恋价值观研究［J］．中国青年研究，2011（05）：42-47.
[46] 王明忠，付聪，周宗奎．“大五”人格、依恋与青少年孤独感的关系研究［J］．心理学探新，2015，35（05）：436-441.
[47] 王玉秀．生态文明视域下大学生环保意识与行为培养［D］．锦州，辽宁工业大学，2012.
[48] 吴薇．大学生职业生涯规划的现状调研及应对策略［J］．教师教育研究，2009，21（05）：35-39.

[49] 肖斌．微信朋友圈对大学生人际交往的研究——基于强弱关系理论的视角［J］．教育学术月刊，2015（10），93-98.

[50] 徐小洲，梅伟惠，倪好．大学生创业困境与制度创新［J］．中国高教研究，2015（01）：45-48，53.

[51] 许琪．儿子养老还是女儿养老？基于家庭内部的比较分析［J］．社会，2015（04）：199-219.

[52] 颜向东．体育活动对高校女大学生情绪调节的作用［J］．中国学校卫生，2016，37（12）：1897-1898

[53] 杨桂兰，刘蕾．大学生网络行为成本与收益分析［J］．继续教育研究，2015（12）：105-107.

[54] 杨淑萍，杨俊平．女大学生婚恋观研究［J］．教育理论与实践，2013，33（33）：38-41.

[55] 杨曦．城市老人对孝行期待变化研究——以杭州市上城区老人个案为基础的考察［J］．中国社会科学院研究生院学报，2016（1）：140-144

[56] 叶光辉，杨国枢．中国人的孝道：心理学的分析［M］．重庆：重庆大学出版社，2009：376-401.

[57] 尹银．养儿防老和母以子贵：是儿子还是儿女双全？［J］．人口研究，2012（06）：100-109.

[58] 安维维，余小鸣，张芯，等．大学生不良饮食行为现状及其影响因素［J］．中国学校卫生，2011，32（10）：1173-1175.

[59] 张川川，陈斌开．“社会养老”能否替代“家庭养老”？——来自中国新型农村社会养老保险的证据［J］．经济研究，2014（11）：102-115

[60] 张文娟．儿子和女儿对高龄老人日常照料的比较研究［J］．人口与经济，2006（06）：9-13.

[61] 张彦．体育锻炼对大学生人际交往能力影响的研究［J］．高教探索，2014（05）：185-189.

[62] 张雨露，周宏杰，郑拓斌．九零后在校大学生股票投资行为调查报告［J］．教育教学论坛，2015（45）：28-29.

[63] 钟明华，高卓生．现代社会公益精神生成的多维审视［J］．中国特色社会主义研究，2009（02）：23-28.

[64] 钟扬．家庭理财教育与大学生消费行为相关性分析［J］．时代金融旬刊，

2013（35）：125-127.
[65] 朱考金，杨春莉. 当代青年的婚姻成本研究 [J]. 中国青年研究，2007（04）：18-2.
[66] 朱正平. 高校公益精神培育的有效模式研究 [J]. 未来与发展，2015（3），62-65.

后　记

我们一直在路上。在“无中生有”的路上，在让世界认识我们的路上，也在不断追求卓越的路上。

人生有很多意外，有些意外来得很美丽。机缘巧合来到了湖南大学，又幸运地承担了组织这个调查项目的工作。这是一个“无中生有”的事情。我只是一个毫无资历的年轻老师，我从未参与大型调查项目，更不要说组织相关的调查项目了。是领导、同事、同学们的信任，是经济与贸易学院包容的氛围让我有勇气接受这个崭新而又艰巨的任务。

我们从“一无所有”走来。不懂得组织调查，我们就去参与相关的培训，请教各方面的专家。不会设计问卷，那就把相关的二十几个大型调查的问卷仔细研读，再参考上百个网络问卷的设计。没有调查员，我们就派学生去参加兄弟院校的大型调查项目。问卷从一张白纸增加到 200 多页，再从 200 多页缩减到 50 多页；试调查，效果不好，再修改；再试调查，再修改；反反复复，折腾了近 30 次。等到纸质问卷确定下来，问卷修改得早已“面目全非”。这还没完，从纸质的问卷变成可以操作的网络问卷也是漫漫长路。两个多月的时间，几乎每天都在反复地修改，就是要让每一个问题都尽可能地体现科学性、严谨性、友好性。因为我们要追求卓越、超越期待，要让世界留下我们的精彩、感受我们的热度。

大型调查项目的实施，需要多方面资源的广泛持续的投入。在黑暗中探索，在挫折中坚持，我们不断收获了信心。有的人离开了，有的人加入了，我们的队伍在蜕变，变得越来越坚强。回顾过往，如果有人问我：这其中最大的收获是什么？是那包含丰富信息的数据库？还是个人在朋友圈的曝光率的提升？我说："都不是！"每当我看到那群一年前还是显得稚气而不知所措，现在已经变得自信满满，甚至感觉无坚不摧的学生，我知道这个项目最大的财富是他们的成长！而他们必然也是这个项目未来得以继续提升的支柱！感谢你们，是你们的坚持，是你们的热情，给予了这个项目以勃勃生机！

我们还在路上。路上有风雨，有彩虹；有你，有我！

邓卫广

2021 年 5 月 31 日